キャリア発達支援研究10

本人を中心とした柔軟な思考としなやかな対話をとおして新たな価値を相互に生み出すキャリア発達支援

【編著】 キャリア発達支援研究会

巻 頭 言

　昨年度、キャリア発達支援研究会の設立から10年の節目を迎え、2022年12月に記念大会を開催いたしました。まだコロナ禍であったことから、記念大会自体はオンラインでの開催となりましたが、北海道、東北、関東、北陸東海、関西、中四国・九州の各支部がリレー学習会としてハイフレックス型による学び合いの場を企画し、半年間にわたってつなぎ、10周年記念大会を盛り上げました。

　10周年記念大会では、独立行政法人教職員支援機構理事長である荒瀬克己氏に基調講演「子どもたち一人ひとりが幸福に生きることのできるように」をいただき、オンデマンド配信をしました。荒瀬先生には、学習指導要領改訂から令和の日本型学校教育に至るまでのプロセスを踏まえ、重視すべき事項についてご教示いただくほか、当日は鼎談にもご参加いただき、記念大会テーマのキーワードでもある「柔軟な思考としなやかな対話」について沢山のご示唆をいただきました。また、株式会社クリスタルロード代表取締役社長であり、感覚過敏研究所所長の加藤路瑛氏による記念講演「多様に生きる。今をあきらめない社会を目指して」では、感覚過敏のある当事者としての「これまで」を踏まえ、現在進めている「いま」と「これから」の社会を変えていく様々な取組についてご紹介いただきました。

　ポスターセッションでは、「キャリア・パスポート」「ICT活用」「地域協働活動」等の最新の実践研究を中心とした13本のポスター発表を基にディスカッションを行い、テーマ別トークセッションでは、「重度・重複障害」「幼児・児童」「高等学校」「成人期」「デジタル活用」「多職種連携」の6テーマに分かれて、話題提供を基に積極的に意見交換がなされました。

　さらに自主シンポジウムでは、「地域との共創」「対話」「当事者」「教員のキャリア発達」「特別支援学級」等のテーマを踏まえた企画が挙げられ、限られた時間ではありましたが、参加者同士の積極的な対話がセッションごとに積み重ねられていきました。

　この場をお借りして年次大会にご協力いただいた皆様、ご参加いただいたすべての皆様に改めて御礼申し上げます。

　本研究会の設立の経緯については、第9巻の巻頭言でも述べさせていただきましたが、本研究会では10年間にわたる多様な取組をとおして「本人が中心にあること」と「対話が生まれる場であること」を常に大切にしてきました。このことは、オンラインであっても対面であっても変わりません。

　2023年3月に新型コロナウイルス感染症の位置付けが5類感染症となったことにより、様々な制約が緩和されました。このことを受けて、再び各地の学習会が対面で開催されるようになるとともに、コロナ禍で培ったオンラインのノウハウを活かし、ハイフレックス型の学習会が日常

的に行われるようになりました。そしてこれまでの本研究会の積み重ねを踏まえ、2023年12月には、念願の完全対面方式の年次大会が4年ぶりに開催されました。改めて対面での学び合いのよさや各地の皆様との「輪」と「和」のつながりを実感しています。

さて、機関誌として10年目の節目を迎えることになった「キャリア発達支援研究」第10巻「本人を中心とした柔軟な思考としなやかな対話をとおして新たな価値を相互に生み出すキャリア発達支援」は、以下のような構成となっております。

第Ⅰ部では、研究会設立以降、特に過去10年間の施策等のトピックとキャリア発達支援とのつながりについて概説するとともに、この間に挙げられたキーワードやトピックについて解説しています。

第Ⅱ部では、「これからのキャリア発達支援」というテーマで、荒瀬克己先生との対談、副会長の木村宣孝先生と研究会会員の丹野哲也先生との座談会1、本研究会役員による座談会2を収録しました。

第Ⅲ部では、10周年記念大会の基調講演と記念講演の記録、自主シンポジウムとリレー学習会の概要等について収録しました。

第Ⅳ部では、「新たな時代の学校教育について考える」というテーマで、従前のスタイルから一歩踏み出し、先を歩んでいる小・中学校等の取組について紹介しています。

第Ⅴ部では、「実践からキャリア発達を支援する教育の本質や可能性を捉え直す」というテーマで、10周年記念大会のテーマ別トークセッションにおける実践報告を中心に紹介しています。

第Ⅵ部では、「キャリア発達支援研究の最前線」というテーマで、学校現場における実践研究を中心に最新の知見を紹介しています。

第Ⅶ部では、投稿論文・海外視察等報告として、地域協働に関する論文と海外視察報告を紹介しています。

このように機関誌第10巻はこれまでの本研究会の取組や機関誌としての集大成と言えるものとなり、過去最大のページ数となりました。改めてこれまでのキャリア発達支援に関する取組の推進と充実により、「キャリア教育」「キャリア発達」への理解が広がり、深まってきたことを大変うれしく思っております。

最後に、年次大会の開催並びに機関誌の発刊にいつもご尽力いただいております、ジアース教育新社の加藤勝博社長をはじめ、関係の皆様のご協力に対し心より感謝申し上げます。

令和6年3月

キャリア発達支援研究会　会長　森脇　勤

Contents

第Ⅵ部　キャリア発達支援研究の最前線

第Ⅶ部　投稿論文・海外視察等報告

投稿論文

海外視察等報告

第Ⅷ部　資料

編集委員・編集協力委員

執筆者一覧

第 I 部

キャリア発達支援研究会設立から現在に至るまでの取組と施策等のトピックとの関連

　第 I 部では、我が国における共生社会の形成に向けた取組の進展とキャリア発達支援との関連について考察することを目的として、論説とトピック等の解説で構成している。

　論説では、平成 23 年 1 月に中央教育審議会から出された「今後の学校におけるキャリア教育・職業教育の在り方について（答申）」や平成 24 年 7 月に中央教育審議会初等中等教育分科会から報告された「共生社会の形成に向けたインクルーシブ教育システム構築のための特別支援教育の推進（報告）」を含め、直近約 15 年の施策等の動向がキャリア発達支援の方向性とどのようにつながっているかについて、キャリア発達支援研究会の歩みを交えながら重要なキーワードを取り上げて概説した。

　「主要な用語やトピック等の解説」では、エージェンシー（Agency）やウェルビーイング（Well-being）をはじめとする「人間としての生き方や在り方」を語る際に重要となる概念や教育・医療・福祉等の施策の中で多様性を確保し、柔軟に対応していくためのキーワード等についてキャリア発達との関連を踏まえて解説した。

| 1 | 論　説

キャリア発達支援研究会設立から現在に至るまでの取組と施策等のトピックとの関連

弘前大学大学院教育学研究科教授　菊地　一文

1　キャリア発達支援研究会の沿革

　キャリア発達支援研究会（以下、本研究会）は2013（平成26）年11月に設立され、昨年度10年目の節目を迎えた。設立当初から会員の多くを特別支援学校に勤務する教員が占めていたが、本研究会では敢えて名称に「特別支援教育」「教育」という文言を位置付けなかった。その理由は、「キャリア」という概念そのものが、障害の有無や教育という特定の分野に限定しないものであるためである。また、「学会」としなかったのは、アカデミックな方向性よりも、臨床や実践をより大切にし、会員同士が「学び合い」「対話し」「高め合う」ことを重視したためである。

　なお、このような本研究会の方向性は、機関誌への寄稿や年次大会での講演のほか、設立前から多くのご指導・ご支援を受けてきた渡辺三枝子先生（筑波大学名誉教授）の助言を受け、後押しいただいたものである。

　また、本研究会では、翌2014（平成26）年から年次大会を支援いただいているジアース教育新社の協力を得て、機関誌「キャリア発達支援研究」（以下、機関誌）を刊行し、本巻で10巻目となる。機関誌は、その時期の施策等の動向やキャリア発達支援の本質を踏まえて設定した前年度の年次大会テーマをタイトルとしている。各巻のタイトルについては、本稿の最後に示す文献を参照いただきたい。

　本研究会のウェブサイトは、設立前の2009年9月に国立特別支援教育総合研究所の「知的障害教育におけるキャリア教育の在り方に関する研究」（以下、特総研キャリア研究）の一環として開設され、現在に至っている。2度のリニューアルを経て、2024（令和6）年2月時点で1万7千アクセスを超えている。

　本稿では、本研究会のこれまでの歩みを改めて振り返るとともに、キャリア発達支援に関連する施策等の動向を踏まえ、話題となったトピックやキーワードについて概説する。

2　キャリア発達支援研究会設立からの約10年間における施策等の動向

　本研究会の前身にあたる「キャリア教育推進者研究協議会」（2010-2012）及びその前提となった特総研キャリア研究（2008-2009）の5年間を含む、2008（平成20）年度から2023（令和5）年度の15年間を対象とした。この間の主なトピックを表1に示す。

表1　キャリア関係施策一覧

年度		キャリア研関係	施策の動向や社会の動向
2008	(平成20)年	特総研「キャリア教育」研究	小・中学校及び特別支援学校小・中学部学習指導要領等の公示
			「特殊教育」から「特別支援教育」への転換
2009	(平成21)年	特総研「キャリア教育」研究	高等学校及び特別支援学校高等部学習指導要領等の公示
2010	(平成22)年	第1回キャリア教育推進者研究協議会	
2011	(平成23)年	第2回キャリア教育推進者研究協議会	中央教育審議会「キャリア」答申
			障害者基本法改正
2012	(平成24)年	第3回キャリア教育推進者研究協議会	中央教育審議会初等中等教育分科会「インクル」報告
			文部科学省「通常の学級に在籍する学習上又は行動上の困難のある児童生徒に関する調査」いわゆる6.5%調査
2013	(平成25)年	第1回年次大会（特総研）・キャリア研設立 特総研「学習評価」研究	
2014	(平成26)年	第2回年次大会（特総研）・機関誌1刊行 特総研「学習評価」研究	障害者の権利に関する条約を批准
2015	(平成27)年	第3回年次大会（京都）・機関誌2刊行 特総研「資質・能力」研究	
2016	(平成28)年	第4回年次大会（北海道）・機関誌3刊行 特総研「資質・能力」研究	中央教育審議会「接続」答申
			障害者差別解消法の施行
2017	(平成29)年	第5回年次大会（横浜）・機関誌4刊行	小・中学校及び特別支援学校小・中学部学習指導要領等の公示
2018	(平成30)年	第6回年次大会（特総研）・機関誌5刊行	高等学校及び特別支援学校高等部学習指導要領等の公示
			学校教育法の一部改正による高等学校における通級による指導が開始
2019	(平成31・令和元)年	第7回年次大会（金沢）・機関誌6刊行	文部科学省「キャリア・パスポート」通知
			OECD Learning Compass 2030
			中央教育審議会「学習評価」報告
2020	(令和2)年	第8回年次大会（東京）・機関誌7刊行	新型コロナウイルスが世界中で蔓延
			東京オリンピック・パラリンピック延期
2021	(令和3)年	第9回年次大会（広島）・機関誌8刊行	中央教育審議会「令和の日本型学校教育」答申
			改正障害者差別解消法の成立
			東京オリンピック・パラリンピック開催
			医療的ケア児支援法の施行
2022	(令和4)年	第10回年次大会記念大会・機関誌9刊行	中央教育審議会「教員の研修観」答申
2023	(令和5)年	第11回年次大会（千葉）・機関誌10刊行	文部科学省「通常の学級に在籍する学習上又は行動上の困難のある児童生徒に関する調査」いわゆる8.8%調査

（1）特総研によるキャリア教育研究（2010）等と中教審キャリア答申（2011）

　前学習指導要領（2009）において「キャリア教育の推進」が位置付けられた後、中央教育審議会による、いわゆる「キャリア答申」により、キャリア教育は「一人一人の社会的・職業的自立に向けて、必要な基盤となる能力や態度を育てることを通してキャリア発達を促す教育」と再定義され、教育活動全体をとおしてキャリア発達を支援する教育であることが明確に示された。なお、「キャリア発達」については、「社会の中で自分の役割を果たしながら、自分らしい生き方を実現していく過程」と定義され、現在に至っている。同時期の成果としては、特総研キャリア研究が挙げられ、「知的障害のある児童生徒のキャリアプランニング・マトリックス（試案）」は、各地の特別支援学校等の参考とされた。また、同時期には文部科学省や都道府県等教育委員会においてキャリア教育に関する様々な事業が展開された。

（2）中教審インクル報告（2012）と障害者の権利に関する条約への批准（2014）

　この間の大きなトピックとして第1に挙げられるのは、世界的潮流である「障害者の権利に関する条約」及び「インクルーシブ教育」に向けた諸対応である。我が国では、これまで進めてきた連続した多様な学びの場の機能を活かした柔軟な仕組みである「インクルーシブ教育システム」として、それぞれの自治体等における構築を求めた。「インクルーシブ」という用語の中核理念として挙げられる「多様性を認め合う」ことは、まさにキャリア発達の相互性に通じる重要なポイントであると捉えられる。

　障害者の権利に関する条約への批准に向けて各分野における一連の制度改正が進められる中、中央教育審議会初等中等教育分科会（2012）は、「共生社会」の形成に向けた、インクルーシブ教育システムの構築を求め、そのためにはこれまで進めてきた特別支援教育の一層の推進・充実を図ることの重要性について報告した。本報告を受ける形で、その後の学習指導要領の改訂や、学校教育法の一部改正による、高等学校における通級による指導の開始、さらにはいわゆる「障害者差別解消法」の施行並びに一部改正など、一連の制度改正が進められていった。当時、本研究会前会長であった尾崎氏は、「共生社会」や「インクルーシブ教育システム」とキャリア発達を支援する教育の重なりについて論説[7][8][9]をとおして指摘している。また、インクルーシブ教育システムをテーマとした新たな用語の解説[11]を位置付けたり、全ての学校種別・段階を視野に入れた特集[11][12]を展開したりするなどの対応を進めた。

（3）キャリア発達の視点を踏まえた教育活動の充実（2013〜）

　本研究会の現会長である森脇は、従前から地域協働活動の取組の意義について提言してきた[21]。京都市総合支援学校職業学科3校プロジェクトを進める中で、上述した「共生社会」と関連付け「地域協働・共生型活動」と称し、その成果を書籍として刊行している[16]。

　この一連の流れの中で、職業教育の一層の充実を図る観点から、ビルメンテナンスや接客サービス、オフィスサービス等、流通・サービス系の作業種目等が増加するとともに、「特別支援学校技能検定」を企画・実施する自治体等が増加し、成果が挙げられてきた[11]。しかしながら地域とのコラボレーションが進む一方で、依然として障害が重いと言われる児童生徒に対するキャリア教育についての疑問や悩みを抱える学校が散見されていた。

　この課題については、学校現場の課題として挙がることかが少なくない、いわゆる「障害の重い」児童生徒へのキャリア発達支援についても、従前からの丁寧な取組をキャリア発達の視点で捉え直すことによって充実が図られてきた。なお、このことについては、特集で実践知見を整理し、ポイントや方向性を示した[14]。

　さらに、ICT機器の普及やアプリケーションの開発に加え、学校現場におけるネットワーク環境の強化が図られ、遠隔での活動が進められるなど、新たな取組や従前からの取組をキャリア発達の視点から捉え直した実践が進められていった[7][8][9][10][11][12][13][14][15]。

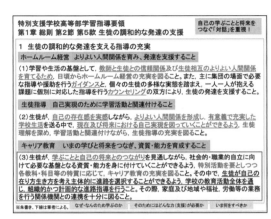

図１　学習指導要領へのキャリア教育の位置付け

図２　学習指導要領改訂の方向性の全体像

（４）学習指導要領の改訂（2017・2018）

　その後、答申された中央教育審議会（2016）による「幼稚園、小学校、中学校、高等学校及び特別支援学校の学習指導要領等の改善及び必要な方策等について（答申）」及びこれを受けて公示された学習指導要領等（2017・2018）では、総則の柱の１つである「発達を支える指導」（特別支援学校学習指導要領では「調和的な発達を支える指導」）においてキャリア教育は「学級活動（高等学校及び特別支援学校高等部は「ホームルーム活動」）」「生徒指導」に次いで位置付けられた（図１）。

　これらのいずれにおいても「対話の重要性」が示唆されており、小学校・小学部段階から全ての学校・学部段階において、「キャリア教育の充実を図る」ことが明示された。また、現行の学習指導要領では「社会に開かれた教育課程」「育成を目指す資質・能力」「主体的・対話的で深い学び」「カリキュラム・マネジメント」の４つのキーワードを示した（図２）。これらの

意図することと、キャリア教育の目指す方向性は軌を一つにするものであると捉えられた。

　例えば「社会に開かれた教育課程」は、地域協働活動をはじめとした多様な地域リソースの活用による豊かな実践に通じ、「育成を目指す資質・能力」は、contents based から competency based へと教育課程の転換を図るものとして、「基礎的・汎用的能力」（中央教育審議会、2011）や「知的障害のある児童生徒のキャリアプランニング・マトリックス（試案）」（国立特別支援教育総合研究所、2010）の考え方と共通するものと言える。また、「主体的・対話的で深い学び」が重視する児童生徒を主体とした学習プロセスは、まさに「キャリア発達」を支援していく上で重要な視点を明示していると捉えられ、「カリキュラム・マネジメント」はキャリア発達を促す教育課程改善の方向性を示していると捉えられる。

　このようにキャリア発達支援に関する研究等において検討してきたテーマは、４つのキー

ワードによって具現化が図られることにつながった。

　なお、4つのキーワードとキャリア発達支援との関係等については、キーワード解説[9]を取り上げ、論説として整理[12]した。

（5）キャリア・パスポート（2019）の導入

　中央教育審議会（2016）が示した「小学校から高等学校までの特別活動をはじめとしたキャリア教育に関わる活動について、学びのプロセスを記述し振り返ることができるポートフォリオ的な教材」として、文部科学省（2019）はいわゆるキャリア・パスポート通知を発出した。キャリア・パスポートとは、「児童生徒が、小学校から高等学校までのキャリア教育に関わる諸活動について、特別活動の学級活動及びホームルーム活動を中心として、各教科等と往還し、自らの学習状況やキャリア形成を見通したり振り返ったりしながら、自身の変容や成長を自己評価できるよう工夫されたポートフォリオ」と説明している。また、「その記述や自己評価の指導にあたっては、教師が対話的に関わり、児童生徒一人一人の目標修正などの改善を支援し、個性を伸ばす指導へとつなげながら、学校、家庭及び地域における学びを自己のキャリア形成に生かそうとする態度を養うよう努めなければならない」と留意すべき点を示し、対話をとおして児童生徒が学ぶことの意義や自らの成長に気づけるようにする教材としての活用を求めている。

　このことは、本研究会が大会テーマやプログラム、機関誌においてキャリア発達を促すための「対話」を重視してきたことから、注目すべ

きトピックの1つである。なお、本件に関連して知的障害特別支援学校における活用状況の現状と課題に関する調査[5]が進められたほか、特集として取り上げ、実践事例と効果的活用の方策を紹介した[15]。

（6）新型コロナウイルスによる制約とGIGA
スクールに向けたICTの充実（2020）

　世界的規模で蔓延した新型コロナウイルス感染症の影響により、学校現場においては様々な教育上の制約が生じた。具体的には地域協働活動の中止をはじめ、「ソーシャルディスタンス」等による対話等の制約など、キャリア発達支援における困難な状況が発生した。しかしながら、新型コロナウイルス感染症に対する社会的な捉えが「ウィズコロナ」へと変化し、学校現場では子どもの学びを止めず、創意工夫を重ね、現在の状況にまで至った。

　この間、本研究会においても年次大会を対面開催からオンライン開催に転換せざるを得ない状況となった。その一方で、オンライン開催のノウハウが蓄積されたことにより、各支部では創意工夫された柔軟なスタイルの学習会が積極的に展開されていった。そのノウハウは現在も活かされており、各支部の学習会や年次大会においてもハイフレックス開催の形で運営されている。

　なお、同時期に東京オリンピック・パラリンピックが開催され、本来であれば、スポーツを含む生涯教育の推進と共生社会の形成に向けた一つの大きな契機になった可能性があったが、コロナ禍のため、残念ながら十分なムーブメントにつながったとは言えない結果であった。

　機関誌においては、生涯学習の充実を図る視

点から、「青年期の多様な役割を踏まえて取り組むキャリア発達支援」[11] や本人参画や意思決定支援を踏まえた「本人の『思い』と向き合い、『可能性』を紡ぐキャリア発達支援」[12] をテーマとした座談会を収録するなど、機関誌で取り上げるキャリア発達支援についても広がりを見せた。

（7）中教審令和3年答申（2021）

中央教育審議会（2021）による「『令和の日本型学校教育』の構築を目指して～全ての子供たちの可能性を引き出す、個別最適な学びと、協働的な学びの実現～（答申）」では、社会の在り方が劇的に変わる「Society5.0時代」の到来や、新型コロナウイルスの感染拡大など先行き不透明な「予測困難な時代」であることを踏まえ、学習指導要領の着実な実施とICTの活用により、「一人一人の児童生徒が、自分のよさや可能性を認識するとともに、あらゆる他者を価値のある存在として尊重し、多様な人々と協働しながら様々な社会的変化を乗り越え、豊かな人生を切り拓き、持続可能な社会の創り手となることができるようにすること」の必要性を述べている。そして、「令和の日本型学校教育」と称し、「自立した学習者」を目指す「個別最適な学びと協働的な学びの一体化」を提言した。

なお、本答申とキャリア発達支援との関連については、本章の用語解説で概説した。

（8）中教審令和4年答申（2022）

いわゆる中教審令和3年答申を踏まえ、主語を教師としたものが「『令和の日本型学校教育』を担う教師の養成・採用・研修等の在り方につ

いて～『新たな教師の学びの姿』の実現と、多様な専門性を有する質の高い教職員集団の形成～（答申）」である。

本答申は教師を主語とし、令和3年答申で示された「変化を前向きに受け止め、教職生涯を通じて学び続ける」「子供一人一人の学びを最大限に引き出す役割を果たす」「子供の主体的な学びを支援する伴走者」等の教師の有り様を踏まえ、教師に共通的に求められる資質能力の柱を①教職に必要な素養、②学習指導、③生徒指導、④特別な配慮や支援を必要とする子供への対応、⑤ICTや情報・教育データの利活用の5項目に再整理した。本答申で注目したいのは、求められる教師の学びの姿は、令和3年答申が示す子供の学びの姿と「相似形」であると示したことである。このことは本研究会が設立時から重視し、機関誌の中で継続して取り上げてきた「教師のキャリア発達」「組織的取組」につながると考える。

（9）今後求められる方向性
～ OECD Learning Compass2030 （2019）を踏まえて～

OECD（2019）によるLearning Compass 2030（図3）は、今後求められる教育の方向性を示しており、次期学習指導要領の改訂にも影響を与えると考えられる。Learning Compass 2030では、これからの教育において求められる概念として、ウェルビーイング（Well-being）とエージェンシー（Agency）を示している。

ウェルビーイングとは「個人の権利や自己実現が保障され、身体的、精神的、社会的に良好

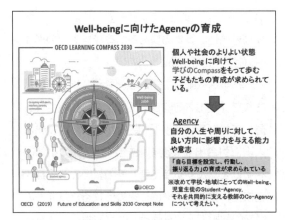

図3 Learning Compass2030が示す教育の方向性

な状態にあること」であり、かつてのADLから QOL の捉えの変化をさらに発展させたものと言える。

また、教育の目的は「個人のウェルビーイングと社会のウェルビーイングの2つを実現すること」と示している。つまり、教育そのものは本来的に「子どもたち一人一人、そして社会全体が、いまや将来にわたって幸せで満ち足りた状態であること」を目指す営みであると言える。

また、エージェンシーとは「変化を起こすために、自分で目標を設定し、振り返り、責任をもって行動する能力（the capacity to set a goal, reflect and act responsibly to effect change）」と定義しており、これを受けて、文部科学省では「自ら考え、主体的に行動して、責任をもって社会変革を実現していく姿勢・意欲」と説明している。着目したいのは、児童生徒の Student-Agency とそれを共同的に支える教師の Co-Agency があることであり、相互発達の視点が見て取れる。

今後「ウェルビーイング」や「エージェンシー」

に関する議論や検討を進めていくことが必要であるが、以上のことを踏まえ、「キャリア教育」や「キャリア発達」の定義や理念を捉え直すと、これらは「ウェルビーイング」や「エージェンシー」と異なるものではなく、軌を1つにしているものであると捉えられる。

これまでのキャリア発達支援の知見を踏まえつつ、両者の示唆することを再整理すると、以下の3点の必要性が指摘できる。

① 児童生徒にとっての「学び」を踏まえた授業及び教育課程の在り方の再考
・teaching（教える）から多様性を踏まえた learning（学ぶ）への転換
・contents based curriculum から competency based curriculum への転換
・児童生徒にとっての「なぜ・なんのため」を踏まえた skills と mind 双方の重視
② 児童生徒が何かを為して「認められ」「役に立つ」経験の重視
・一人一人の自己実現＋社会参加・社会参画・（社会変革）意識の醸成
・responsibility（責任）＝「繰り返し相手の求めに応じる」ということの理解
・様々な「役割」をとおした見方・考え方の広がり・深まりへの着目
・多様な他者との協働や求めに応じていく経験の拡大
③ 対話と省察の意義と効果を踏まえた対応
・方法としての個人思考・個人作業から集団思考・集団作業への転換
・省察をとおした「思い」や「願い」の表出（言語化や文字化）と共有への支援
・振り返りにおける対話をとおした共感と相

違から高め合う姿勢の育成

以上、誌幅の制約により十分とは言えないが、本研究会の歩みを振り返り、施策上のトピック等を踏まえて概観した。本巻を節目に次の10年に向けて、本研究会のさらなる発展を目指したい。

文献

1) 中央教育審議会 (2011). 今後のキャリア教育・職業教育の在り方について (答申).
2) 中央教育審議会初等中等教育分科会 (2012). 共生社会の形成に向けたインクルーシブ教育システム構築のための特別支援教育の推進 (報告).
3) 中央教育審議会 (2021).「令和の日本型学校教育」の構築を目指して～全ての子供たちの可能性を引き出す、個別最適な学びと、協働的な学びの実現～ (答申).
4) 中央教育審議会 (2022).「令和の日本型学校教育」を担う教師の養成・採用・研修等の在り方について～「新たな教師の学びの姿」の実現と、多様な専門性を有する質の高い教職員集団の形成～ (答申).
5) 菊地一文・藤川雅人・杉中拓央 (2022). キャリア・パスポートの作成と活用に関する実態調査報告書.
6) 国立特別支援教育総合研究所 (2010). 知的障害教育におけるキャリア教育の在り方に関する研究 研究成果報告書.
7) キャリア発達支援研究会 (2015). キャリア発達支援の理論と実践の融合を目指して. キャリア発達支援研究1, ジアース教育新社.
8) キャリア発達支援研究会 (2016). キャリア発達を支援する教育の意義と共生社会の形成に向けた展望. キャリア発達支援研究2, ジアース教育新社.
9) キャリア発達支援研究会 (2017). 新たな教育への展望を踏まえたキャリア教育の役割と推進. キャリア発達支援研究3, ジアース教育新社.
10) キャリア発達支援研究会 (2018).「関係」によって気付くキャリア発達、「対話」によって築くキャリア教育. キャリア発達支援研究4, ジアース教育新社.
11) キャリア発達支援研究会 (2019). 未来をデザインし可能性を引き出すキャリア発達支援. キャリア発達支援研究5, ジアース教育新社.
12) キャリア発達支援研究会 (2020). 小・中学校等における多様な個のニーズに応じたキャリア教育～深い学びとキャリア発達支援～. キャリア発達支援研究6, ジアース教育新社.
13) キャリア発達支援研究会 (2021). 思いと向き合い可能性を紡ぐキャリア教育. キャリア発達支援研究7, ジアース教育新社.
14) キャリア発達支援研究会 (2022). いま、対話でつなぐ願いと学び －キャリア発達支援の新たな広がりと深まり. キャリア発達支援研究8, ジアース教育新社.
15) キャリア発達支援研究会 (2023).「共創」多様な人が協働し、新たな価値を創造するキャリア教育. キャリア発達支援研究9, ジアース教育新社.
16) 京都市総合支援学校職業学科 (2017). 地域と共に進めるキャリア発達支援. ジアース教育新社.
17) 文部科学省 (2017). 特別支援学校幼稚部教育要領・特別支援学校小学部中学部学習指導要領.
18) 文部科学省 (2018). 特別支援学校高等部学習指導要領.
19) 文部科学省 (2019).「キャリア・パスポート」例示資料等について.
20) 文部科学省 (2020).「キャリア・パスポート」Q&A について (令和4年3月改訂).
21) 森脇勤 (2011). 学校のカタチ「デュアルシステムとキャリア教育」. ジアース教育新社.
22) OECD (2019). Learning Compass 2030. https://www.oecd.org/education/2030-project/teaching-a nd-learning/learning/learning-compass-2030/. (2024年2月27日閲覧)

｜2｜主 要 な 用 語 や ト ピ ッ ク 等 の 解 説

「エージェンシー」及び「ウェルビーイング（well-being）」の概念

千葉県立特別支援学校流山高等学園校長　松見　和樹

はじめに

　OECD（経済協力開発機構）が、2015年より進めているEducation2030プロジェクトでは、2030年という近未来において子どもたちに求められるコンピテンシーを検討するとともに、そうしたコンピテンシーの育成につながるカリキュラムや教授法、学習評価などについて検討を進めている。プロジェクトでは、これからの社会は、VUCAな時代、すなわち、変動性が高く（volatility）、不確実（uncertainty）、複雑（complexity）で曖昧（ambiguity）な時代になることが予測されており、このVUCAな世界で満足のいく人生を過ごしていくためには、生徒がウェルビーイング（well-being）に向けて自分をナビゲートするように学ぶことが必要であるとした。そして、そのような未来を生きる子どもたちに必要となる資質・能力を育むための新たな学習の枠組みとして、子どもたち一人一人が羅針盤を手に、自分の力で未知なる環境の中、歩みを進めていってほしいという願いを込め、ラーニング・コンパス（学びの羅針盤）を示した。このラーニング・コンパスで中心的な概念として位置づけられているのが、生徒エージェンシーの発揮である。

1　エージェンシーの概念

　OECDでは、エージェンシーを、「変化を起こすために、自分で目標を設定し、振り返り、責任をもって行動する能力（the capacity to set a goal, reflect add act responsibly to effect change)」と定義している。自分の未来を自分で形作ること、そしてそれを実現していくことがエージェンシーの発揮であると考えられるが、ラーニング・コンパスで描いているのは、個人のみならず社会のウェルビーイングを目指して学んでいく姿であることに留意が必要である。そのため、周囲との関係性を重視した主体性の発揮が重要となる。ラーニング・コンパスでは、エージェンシーの発揮に必要な3つのコンピテンシーとして、①新たな価値を創造する力、②対立やジレンマに折り合いをつける力、③責任ある行動をとる力を掲げ、その育成に向け、見通し(anticipation)・行動(action)・振り返り(reflection)の「AARサイクル」が重要であるとしている。

2　ウェルビーイング（well-being）の概念

　ウェルビーイングは、「幸福」「健康」と訳され、身体的・精神的・社会的に良い状態にあることを意味する言葉である。短期的な幸

福だけではなく、生きがいや人生の意義など将来にわたる持続的な幸福を含むものであるとともに、個人のみならず、個人を取り巻く場や地域、社会が持続的に良い状態であることを含む包括的な概念であるとされている。

ウェルビーイングは、人それぞれによって多様な求め方があり、その捉え方は国や地域の文化的・社会的背景により異なるものである。なお、OECDは、「私たちが実現したい未来（The Future We Want）」は、一人一人が描き、その実現に向けて取り組むものであるが、「多くの異なった見解があるとしても、社会としてのウェルビーイングは共有すべきゴールである」と説明している。

OECDでは、「教育の目的は、個人のウェルビーイングと社会のウェルビーイングの2つを実現することである」としており、個人及び集団としてのウェルビーイングの実現という目標を含めた学習の枠組みとして示したのが前述のラーニング・コンパスである。

現在、経済先進諸国においては、経済的な豊かさのみならず、精神的な豊かさや健康までを含めて幸福や生きがいを捉えることが重視されてきており、ウェルビーイングの考え方が国際的にも注目されるようになっている。日本においても、令和5年に閣議決定された「教育基本振興計画」において、「日本社会に根差したウェルビーイングの向上」を大きなコンセプトとして掲げるなど、ウェルビーイングは、日本の教育政策の基本的な考え方になってきている。

3　おわりに

ウェルビーイングの向上、エージェンシーの発揮は、障害のある児童生徒にとっても、急激に変化する時代の中で、自らの良さや可能性を認識しつつ持てる力を十分に発揮しながら自立し社会参加していくために欠かせないものである。

特別支援学校学習指導要領解説総則編では、「学びに向かう力」について、「児童生徒一人一人がよりよい社会や幸福な人生を切り拓いていくためには、主体的に学習に取り組む態度も含めた学びに向かう力や、自己の感情や行動を統制する力、よりよい生活や人間関係を自主的に形成する態度等が必要となる」としている。学習指導要領の着実な実施を踏まえ、新しい時代に必要となる資質・能力の育成を図る中で、自分を取り巻く状況を受け入れ、自ら「自己理解」、「自己分析」を進めてメタ認知を高めながら学習の「自己調整」を可能にしていくための学びを充実していく必要がある。そのために、学んだことと一人一人のキャリア発達とを関連付けながら、他者や社会との関わりの中で自分らしい生き方を自ら考えて実現していく力の育成を目指すことで、一人一人の多様なウェルビーイングとエージェンシーの発揮を実現していくことが大切である。

文献

白井俊（2020）．「OECD Education2030プロジェクトが描く教育の未来」ミネルヴァ書房．
http://www.oecd.org/education/2030/.
OECD（2019）．コンセプトノート「ラーニング・コンパス（学びの羅針盤）2030」（OECD Learning Compass 2030 仮訳）．
文部科学省（2018）．特別支援学校教育要領・学習指導要領解説総則編（幼稚部・小学部・中学部）．

子供たちの多様化
～特別な配慮や支援を必要とする子供たち～

秋田県立大曲支援学校せんぼく校副校長　　清水　潤

1　はじめに

平成 19 年 4 月に特別支援教育が本格実施となり、障害のある幼児児童生徒など特別な支援を必要とする子供への対応が推進されてきた。その後、平成 29 年には小学校及び中学校学習指導要領総則に、平成 30 年には高等学校学習指導要領総則に（以下、学習指導要領総則）、「特別な配慮を必要とする児童生徒への指導」（下線は筆者、以下同じ）が項目として示された。さらに、令和 4 年改正の「公立の小学校等の校長及び教員としての資質の向上に関する指標の策定に関する指針」（以下、改正指針）には、教師に共通的に求められる資質能力の柱の一つとして「特別な配慮や支援を必要とする子供への対応」が示された。

以上、下線の用語には、子供たちの多様化が背景にあると考える。子供たちの多様化について解説した後、キャリア発達支援の視点から考察する。

2　解説（子供たちの多様化）
（1）学習指導要領総則における位置付け

学習指導要領総則には「児童生徒の発達の支援」が新設され、「2　特別な配慮を必要とする児童生徒への指導」として、「障害のある児童生徒などへの指導」「海外から帰国した児童生徒や日本語習得に困難のある児童生徒の指導」「不登校児童生徒への配慮」が示された。

なお、学習指導要領につながる中央教育審議会（2016）「幼稚園、小学校、中学校、高等学校及び特別支援学校の学習指導要領等の改善及び必要な方策等について（答申）」（以下、2016 年答申）では、子供たちの現状として、「子供たち一人一人の成長を支え可能性を伸ばす視点の重要性」の中で、「子供の貧困」についても示されている。

（2）「令和の日本型学校教育」答申における位置付け

中央教育審議会（2021）「『令和の日本型学校教育』の構築を目指して～全ての子供たちの可能性を引き出す、個別最適な学びと、協働的な学びの実現～（答申）」では、先述した子供たちのほか、「特定分野に特異な才能のある児童生徒」や「性同一性障害や性的指向・性自認（性同一性）に悩みを抱える子供」などについても示されている。

また、中央教育審議会（2022）「『令和の日本型学校教育』を担う教師の養成・採用・研修等の在り方について～『新たな教師の学びの姿』の実現と、多様な専門性を有する質の高い教職員集団の形成～（答申）」（以下、2022 年答申）では、「ヤングケアラーと言われる本来大人が

担うと想定されている家事や家族の世話を日常的に行っている子供たち」についても示されている。

2022年答申には、先述した改正指針に示された「特別な配慮や支援を必要とする子供への対応」の記述もある。対象となる子供は明示されていないが、これまで示した子供たちが特別な配慮や支援を必要としていることが考えられる。

なお、2022年改訂の生徒指導提要では、不登校など生徒指導上の課題のほか、「多様な背景を持つ児童生徒への生徒指導」として、発達障害、精神疾患、健康、家庭や生活背景などが課題として取り上げられている。

3　考察（キャリア発達支援の視点）

特別な配慮や支援を必要とする子供たちのキャリア発達支援には、次の2点の理解が必要であると考える。

1点目は、学習指導要領総則「児童生徒の発達の支援」における位置づけの理解であり、キャリア発達支援の前提となる。

2016年答申では、子供たちの現状から、学習指導要領等改訂の基本的な方向性の一つとして「子供一人一人の発達をどのように支援するか」が示された。そして、学習指導要領総則の「児童生徒の発達の支援」の「1　児童生徒の発達を支える指導の充実」にはキャリア教育の充実などが示され、「2　特別な配慮を必要とする児童生徒への指導」という構成になっている。

学校教育全体として、子供一人一人の発達を重視した意義は非常に大きいと考える。

2点目は、中央教育審議会（2011）「今後の学校におけるキャリア教育・職業教育の在り方について（答申）」で端的に示されたキャリア発達の定義「社会の中で自分の役割を果たしながら、自分らしい生き方を実現していく過程」の理解である。

特別な配慮や支援を必要とする子供たち一人一人のキャリア発達に向けて、子供たち自身が社会の中で自分の役割をもち、自分らしさは何かを知り、自分らしい生き方を描くことはできているのだろうか。このことを、身近にいる教員や大人が、子供たちと共に考え、取り組んでいくことが、キャリア発達支援では大切であると考える。

文献
中央教育審議会（2011）．今後の学校におけるキャリア教育・職業教育の在り方について（答申）．
中央教育審議会（2016）．幼稚園、小学校、中学校、高等学校及び特別支援学校の学習指導要領等の改善及び必要な方策等について（答申）．
文部科学省（2017）．小学校学習指導要領（平成29年告示）．
文部科学省（2017）．中学校学習指導要領（平成29年告示）．
文部科学省（2018）．高等学校学習指導要領（平成30年告示）．
中央教育審議会（2021）．「令和の日本型学校教育」の構築を目指して〜全ての子供たちの可能性を引き出す、個別最適な学びと、協働的な学びの実現〜（答申）．
中央教育審議会（2022）．「令和の日本型学校教育」を担う教師の養成・採用・研修等の在り方について〜「新たな教師の学びの姿」の実現と、多様な専門性を有する質の高い教職員集団の形成〜（答申）．
文部科学省（2022）．公立の小学校等の校長及び教員としての資質の向上に関する指標の策定に関する指針．
文部科学省（2022）．生徒指導提要．

通級による指導について

国立特別支援教育総合研究所情報・支援部総括研究員　滑川　典宏

1　通級による指導について

通級による指導は、通常の学級に在籍し、通常の学級での学習に参加して、一部特別な指導を必要とする児童生徒に対して、障害に応じた特別の指導を行うものである。通級による指導では、特別支援学校学習指導要領に示す自立活動の内容を参考にし、個々の児童生徒の状態や特性及び心身の発達の段階等を的確に把握し、指導目標及び指導内容を設定する。

なお、自立活動の目標は、「個々の児童生徒が自立を目指し、障害による学習上又は生活上の困難を主体的に改善・克服するために必要な知識、技能、態度及び習慣を養い、もって心身の調和的発達の基盤を培う」と示されている。

2　通級による指導の制度化

平成5年度に通級による指導が制度化され、平成18年の学校教育法施行規則改正により学習障害（LD）及び注意欠陥多動性障害（ADHD）が新たに対象となった。現在、言語障害、自閉症、情緒障害、弱視、難聴、LD、ADHD、肢体不自由、病弱及び身体虚弱のある児童生徒が対象となっている。

3　通級による指導を受ける児童生徒数

通級による指導を受けている児童生徒数は、制度化の初年度12,259人であったが、令和3年3月末には、164,697人まで増加している。また、「通常の学級に在籍する特別な教育支援を必要とする児童生徒に関する調査」結果（文部科学省、2022）では、通常の学級に在籍し、学習面又は行動面で著しい困難を示すとされた児童生徒数の割合は、小学校、中学校において推定値8.8%、高等学校においては推定値2.2%であった。このように、通級による指導を受ける児童生徒数、通常の学級に在籍する特別な教育的支援を必要とする児童生徒数の増加に伴い、小・中学校の通級による指導に係る教員定数の基礎定数化（平成29年度～令和8年度）、自校通級や巡回指導の促進等が図られている。

4　高等学校における通級による指導

高等学校においても、小学校、中学校と同様に、通級による指導のニーズが高まっていることから、平成30年度より高等学校における通級による指導が制度化された。高等学校で通級による指導を受けることで自己理解が進み、主体的に学校生活を送る生徒がいる一方、潜在的な通級対象生徒を踏まえた教員配置、校内の体制整備、小・中学校等からの指導の引き継ぎ等の課題が明らかになってきた。今後、高等学校の通級による指導については、義務教育段階の通級による指導との関係等の引継ぎを踏まえた指導体制等の在り方について検討が求められている。

5　通級による指導の実施形態等について

通級による指導の実施形態は、児童生徒が在

籍する学校で受ける「自校通級」、児童生徒が他の学校において通級による指導を受ける「他校通級」及び通級による指導の担当教師が対象の児童生徒の在籍する学校へ巡回して指導を行う「巡回指導」の３つの実施形態がある。通級指導教室に通うために、児童生徒、保護者の送迎等の負担を軽減すること、児童生徒が在籍校の慣れた環境で安心して指導を受けられるようにするために、自校通級や巡回指導を一層促進することが求められている（文部科学省、2023）。

巡回指導を行う場合、担当教員は、自校においても、巡回先においても同僚との人間関係の構築が難しくなり、指導等の相談ができず、孤立してしまうことが考えられる。課題解決を図るために、教育委員会と連携を図りながら、担当教員の複数配置等の工夫が求められている。なお、障害の特性による指導効果や本人・保護者の意向等により他校通級が望まれる場合は、それぞれの実情に応じて柔軟に対応することが大切である。

6　通級による指導を担当教員の専門性向上

通級による指導を担当する教員には、児童生徒一人一人の実態に応じた指導方法、通常の学級担任等に対して、ＩＣＴを含む合理的配慮の提供、通常の学級で実行可能な手立ての提案等が求められている。しかし、通級による指導を受ける児童生徒の増加とともに特別支援教育に関する経験の浅い教師が、通級による指導を担当する場合も増えている。

そこで、ＯＪＴ (On the Job Training：仕事の遂行を通して訓練をすること) 等での人材を育成し、通級のよる指導の専門性の維持・向上・継承をすることが非常に重要となっている。

7　今後の通級による指導の充実に向けて

通級による指導の指導内容について、児童生徒にとって、「本当に必要な指導内容だったのか」、「児童生徒に何を目標として何を指導したのか」、「その結果はどうであったのか」という評価・検証が大切である。

また、特別な支援を必要とする児童生徒の一人のニーズは異なり、周囲の環境に影響を受けやすい。そのため、周りの児童生徒との関係、教師との関係、在籍している学級での状況、家庭環境等を踏まえて、様々な要因について把握することも大切である。通級による指導の担当教員は、担任、保護者、関係機関等と定期的に情報交換等を行い、機能的に連携して、指導の充実を図る必要がある。

なお、現在、知的障害のある児童生徒に対する通級による指導を行うモデル事業が実施されており、学校全体で組織的に対応することによる一定の成果が報告されている。

その際、本人や保護者等が、通級による指導の仕組みや意義等を理解し、納得した上で指導を受け、「通級指導教室に通って良かった」と実感することが大切である。そして、キャリア発達支援の視点からも、児童生徒が信頼できる他者（通級担当教員、保護者等）との対話を通して、自分との向き合い方を知り、暮らしの中での役立っている自分を見つけ、自分らしい生き方を実現していくことが重要である。

文献

文部科学省（2021）．新しい時代の特別支援教育の在り方に関する有識者会議報告．

文部科学省（2022）．通常の学級に在籍する特別な教育的支援を必要とする児童生徒に関する調査結果（令和４年）．

文部科学省（2023）．通常の学級に在籍する障害のある児童生徒への支援の在り方に関する検討会議報告．

「個別最適な学び」と「協働的な学び」の一体化

広島都市学園大学子ども教育学部教授　竹林地　毅

1　「個別最適な学び」と「協働的な学び」の提言

　「『令和の日本型学校教育』の構築を目指して～全ての子供たちの可能性を引き出す、個別最適な学びと、協働的な学びの実現（答申）」（中央教育審議会、令和3年1月26日）（以下、答申とする。）では、「2020年代を通じて実現を目指す学校教育を『令和の日本型学校教育』とし、その姿を『全ての子供たちの可能性を引き出す、個別最適な学びと、協働的な学び』とした」と述べられている。また、「ICTの活用と少人数によるきめ細かな指導体制の整備により、（中略）『個別最適な学び』と、これまでも『日本型学校教育』において重視されてきた『協働的な学び』とを一体的に充実することを目指している」としている。以下、答申を引用しながら概説する。

2　「個別最適な学び」

　「『指導の個別化』と『学習の個性化』を教師視点から整理した概念が『個に応じた指導』であり、この『個に応じた指導』を学習者視点から整理した概念が『個別最適な学び』である」と定義されている。

(1)「指導の個別化」について

　「子供一人一人の特性や学習進度、学習到達度等に応じ、指導方法・教材や学習時間等の柔軟な提供・設定を行うことなどの『指導の個別

化』が必要である」と提言されている。

　また、現行の学習指導要領でも「個別学習やグループ別学習、繰り返し学習、学習内容の習熟の程度に応じた学習、（中略）、指導方法や指導体制の工夫改善により、『個に応じた指導』の充実を図ること」等が規定されていることが述べられている。

　一方、現在の学校教育が直面している課題として、「子供たちの多様化」と「生徒の学習意欲の低下」等が示され、これまでとは異なる状況であることが述べられている。

(2)「学習の個性化」について

　「教師が子供一人一人に応じた学習活動や学習課題に取り組む機会を提供することで、子供自身が学習が最適となるよう調整する『学習の個性化』も必要である」と提言され、児童生徒が「学習を調整する」ことが重要であることが指摘されている。また、学習活動や学習課題に取り組む機会の例として、「幼児期からの様々な場を通じての体験活動から得た子供の興味・関心・キャリア形成の方向性等に応じ、探究において課題の設定、情報の収集、整理・分析、まとめ・表現を行う等」が示されている。

　「課題の設定、情報の収集、整理・分析、まとめ・表現」の活動に児童生徒による「学習の調整」が生じるよう展開したい。

(3)「個別最適な学び」を進めるための方途

　専門職としての教師に求められること・方途

として、「子供の実態に応じて、学習内容の確実な定着を図る観点や、その理解を深め、広げる学習を充実させる観点から、カリキュラム・マネジメントの充実・強化を図ること」等が示されている。また、「子供が自らの学習状況を把握し、主体的に学習を調整することができるように促していくことが求められる」とし、「子供がICTを日常的に活用することにより、自ら見通しを立てたり、学習の状況を把握し、新たな学習方法を見出したり、自ら学び直しや発展的な学習を行いやすくなったりする等の効果が生まれることが期待される」と述べられている。

さて、特別支援教育研究 No.785（2023年1月）の特集では、脳科学と心理学の知見から「個別最適な学び」を目指すことが紹介されている。「学習の個性化」の具体例である。子供自身と教師が一人一人の得意な学び方を理解し・見つけ、意欲が高まるよう指導・支援を具体化することが重要である考える。

3　協働的な学び

「『個別最適な学び』が『孤立した学び』にならないよう、「探究的な学習や体験活動などを通じ、子供同士で、あるいは地域の方々を始め多様な他者と協働しながら、あらゆる他者を価値ある存在として尊重し、様々な社会的な変化を乗り越え、持続可能な社会の創り手となることができるよう、必要な資質・能力を育成する『協働的な学び』を充実することも重要」と提言されている。つまり、体験だけではなく、多様な他者との協働が重要だと考えられる。

また、育成する資質・能力として、「多様性を尊重する態度や互いのよさを生かして協働する力、持続可能な社会づくりに向けた態度、リーダーシップやチームワーク、感性、優しさや思いやりなどの人間性等」や「主体的に学習に取り組む態度も含めた学びに向かう力や、自己の感情や行動を統制する力、よりよい生活や人間関係を自主的に形成する態度等」が述べられている。これらは、中山（2023）が指摘する「自分と向き合う力」（自制心、忍耐力、回復力）など）、「自分を高める力」（意欲・向上心、自信・自尊感情、楽観性など）、「他者とつながる力」（コミュニケーション力、共感性、社交性・協調性など）と重なる。中山（2023）は、これらを育成するためには、プロジェクト・ベースド・ラーニング（PBL）が有効であるとしている。

4　「個別最適な学び」と「協働的な学び」の一体化

加藤（2023）は「『個別最適な学び』の成果を『協働的な学び』に生かし、更にその成果を『個別最適な学び』に還元するなど」と往還があることを述べている。

このことから、「一体化」には、「何をどのように学ぶか」「児童生徒にとって自分事（必要性・必然性がある）を解決する」という単元・授業設計と実施、「体験を経験にする」年間指導計画の作成・実施が求められていると考えられる。

文献

加藤宏昭（2023）．「個別最適な学び」と「協働的な学び」の視点から考える「各教科等を合わせた指導」．特別支援教育研究 No.793. 東洋館出版社．

中山芳一（2023）．教師のための「非認知能力」の育て方．明治図書出版株式会社．

全日本特別支援教育研究連盟（編）（2023）．特別支援教育研究 No.785，東洋館出版社．

「令和の日本型学校教育」の構築を目指して〜全ての子供たちの可能性を引き出す、個別最適な学びと、協働的な学びの実現〜（答申）（2021）．中央教育審議会．

通常の学級に在籍する特別な教育的支援を必要とする児童生徒に関する調査結果（令和4年）

神戸親和大学発達教育学部准教授　武富　博文

1　はじめに

　文部科学省が 2022 年 12 月に公表した「通常の学級に在籍する特別な教育的支援を必要とする児童生徒に関する調査」の結果は、10 年前である 2012 年に実施した「通常の学級に在籍する発達障害の可能性のある特別な教育的支援を必要とする児童生徒に関する調査」の後継調査である。

　更に 10 年さかのぼれば 2002 年に「通常の学級に在籍する特別な教育的支援を必要とする児童生徒に関する全国実態調査」が実施されている。これは当時から教育的な対応が課題であると認識されていた LD、ADHD 等の児童生徒の通常の学級における在籍状況について、我が国で最初に公的に明らかにされた統計データである。

　我が国の特別支援教育推進施策を検討する際には、これらの通常の学級に在籍する特別な教育的支援を必要とする児童生徒の実態とその支援の状況等も明らかにした上で、施策の在り方等が検討されてきた。

2　調査結果の概要

　2022 年の調査結果では、「学習面又は行動面で著しい困難を示す」児童生徒数の割合が、2012 年の調査では推定値 6.5% であったものが、小学校・中学校においては推定値 8.8% と増加している状況が伺えた。ちなみに 2002 年の推定値は 6.3% であった。

　2012 年の推定値 6.5% については、点推定を行ったものであるが、区間推定では 95% 信頼区間（端的には「95% の確率で、悉皆調査の場合の集計結果が含まれる範囲」と説明されている）で 6.2 〜 6.8% の値が示されており、この範囲を超えて 8.8% という数値（95% 信頼区間では 8.4 〜 9.3%）が結果として示された点は、特別支援教育関係者に大きな驚きを与えるものであった。

　なお、この調査は「学級担任等による回答に基づくもので、発達障害の専門家チームによる判断や医師による診断によるものではない」こと、「発達障害のある児童生徒数の割合を示すものではなく、特別な教育的支援を必要とする児童生徒数の割合を示すもの」であることに留意が必要とされている。

　また、この調査は 2021 年 8 月に「『通常の学級に在籍する特別な教育的支援を必要とする児童生徒に関する調査』有識者会議」を設置して計画・実施・分析された。結果については「有識者会議における本調査結果に対する考察」の中でも述べられている通り、困難さを示す児童の割合が増加していることについて、その理

由を特定することは困難とされたものの「通常の学級の担任を含む教師や保護者の特別支援教育に関する理解が進み、今まで見過ごされてきた困難のある子供たちにより目を向けるようになったこと」や「子供たちの生活習慣や取り巻く環境の変化により、普段から1日1時間以上テレビゲームをする児童生徒数の割合が増加傾向にあること」、「新聞を読んでいる児童生徒数の割合が減少傾向にあることなど言葉や文字に触れる機会が減少していること」、「インターネットやスマートフォンが身近になったことなど対面での会話が減少傾向にあること」、「体験活動の減少」などの影響があったことが可能性として考察されている点に注目することが必要であろう。

さらに、今回の調査では全日制と定時制の高校1年生から3年生までを調査対象としており、「学習面又は行動面で著しい困難を示す」生徒数の割合は、推定値2.2%（95%信頼区間では1.7〜2.8%）となったことが注目される。前2回の調査では高等学校段階の生徒は調査対象となっていない。また、学年ごとに見

ると高校1年生＝2.3%、高校2年生＝2.2%、高校3年生＝2.1%となっており、学年が進行するにつれて、その推定値は減少している。

このことは小学校や中学校においても概ね同様の傾向を示すと言え、「学習面又は行動面で著しい困難を示す」児童生徒の学年ごとの割合の変化は、表1のとおりとなっている。

特に小学校低学年では推定値が12%前後となっており、1クラスの児童数が35人としても3〜5人程度は学習面又は行動面で困難さを抱えている児童が在籍することとなる。これらの児童生徒が学校生活や家庭生活等において、自尊感情・自己肯定感が低下しないようキャリア発達支援の視点を踏まえた対応を図り、わかる喜びやできる楽しさ、充実感や生きがい等を十分に味わいながら充実した学齢期を過ごすことが大切である。

表1　学習面又は行動面で著しい困難を示す児童生徒の割合

学校・学年	割合	95%信頼区間
小学校1年	12.0%	10.7%〜13.5%
小学校2年	12.4%	11.2%〜13.7%
小学校3年	11.0%	9.8%〜12.2%
小学校4年	9.8%	8.8%〜10.9%
小学校5年	8.6%	7.6%〜9.8%
小学校6年	8.9%	7.8%〜10.1%
中学校1年	6.2%	5.3%〜7.2%
中学校2年	6.3%	5.4%〜7.3%
中学校3年	4.2%	3.5%〜5.1%

文献

文部科学省初等中等教育局特別支援教育課 (2022).「通常の学級に在籍する特別な教育的支援を必要とする児童生徒に関する調査結果 (令和4年) について」. https://www.mext.go.jp/b_menu/houdou/2022/1421569_00005.htm（2023年9月1日閲覧）

文部科学省初等中等教育局特別支援教育課 (2012).「通常の学級に在籍する発達障害の可能性のある特別な教育的支援を必要とする児童生徒に関する調査結果について」. https://www.mext.go.jp/a_menu/shotou/tokubetu/material/1328729.htm（2023年9月1日閲覧）

文部科学省「参考2『通常の学級に在籍する特別な教育的支援を必要とする児童生徒に関する全国実態調査』調査結果」. https://www.mext.go.jp/b_menu/shingi/chousa/shotou/054/shiryo/attach/1361231.htm

「障害者の権利に関する条約」の初回対日審査に係るパラレルレポート及び総括所見の概要
～主に第24条の「教育」に関する条項について～

神戸親和大学発達教育学部准教授　　武富　博文

1　はじめに

　我が国は2007年9月28日に「障害者の権利に関する条約」に署名し、その後、2014年1月20日に批准書を寄託するとともに、同年2月19日に同条約が効力を発することによってこれを批准した。各締約国は、「この条約に基づく義務を履行するためにとった措置及びこれらの措置によりもたらされた進歩に関する包括的な報告」を行うことが求められる。

　初回の報告は批准後2年以内と規定されており、我が国は2016年6月に報告を行った。また、この報告に基づく初回の審査が、新型コロナウイルス感染症の世界的な流行等の影響もあって、2022年に実施された。

　なお、審査にあたっては、第三十三条「国内における実施及び監視」の規定に「市民社会（特に、障害者及び障害者を代表する団体）は、監視の過程に十分に関与し、かつ、参加する」ことが定められており、市民社会団体等からの国連（障害者権利委員会）への文書報告である「パラレルレポート」も審査のための貴重な情報源となる。

2　パラレルレポートの概要

　障害者権利委員会は、我が国からの初回の報告を受けて2019年9月に「事前質問事項」を提示したが、パラレルレポートは、それ以前にも、つまり事前質問事項の検討に資するために市民社会団体等から提出されている。また、障害者権利委員会から事前質問事項が提示され、日本政府が回答した後にもその内容を受けて、本格的な審査に向けたパラレルレポートが改めて市民社会団体等から提出されている。その内容は国連のホームページにも掲載されているが、前者は9団体、後者は7団体からの提出となっている。この中で、第24条に規定された「教育」の条項に関わるパラレルレポートの概要は以下の通りである。

○総合的判断による就学先決定の仕組みに改められたものの、地域の通常の学校や通常の学級に通うことが原則となっていない。

○学級規模の縮小を含め、学校設備のバリアフリー化等の基礎的環境整備や合理的配慮が未だ不十分である。

○インクルーシブ教育を推進するための予算として、特別支援学校に在籍している児童生徒一人当たりの予算と同等額を通常の学校の児童生徒にも配分する必要がある。

○学習指導要領上にインクルーシブ教育や合理的配慮に関する言及がない。

○知的障害児のみが通級指導を選択できない。

○義務教育課程を卒業した後の進路は、特別支援学校を選択せざるを得ない状況にある。

○生涯学習を確保するための体系的な取組が進

められていない。

○学校教育法上の特別支援教育の目的規定が医学モデルとなっている。

○質の高いインクルーシブ教育についての教職員に対する制度的な研修や自主研修の機会を確保する必要がある。

○障害のある児童生徒の卒業後の進路や退学に関する状況等の統計データが十分に収集されていない。

3　障害者権利委員会の総括所見の概要

日本政府からの報告やパラレルレポートの内容及び 2022 年 8 月 22 日〜23 日の 2 日間にわたる建設的な対話を踏まえて、同年 9 月 9 日に障害者権利委員会は、我が国に対しての総括所見を公表した。その概要（懸念や要請）については、以下の通りである。

○「医療に基づく評価を通じて、障害のある児童への分離された特別教育が永続している」状況や「障害のある児童、特に知的障害、精神障害、又はより多くの支援を必要とする児童を、通常環境での教育を利用しにくくしている」状況、「通常の学校に特別支援学級がある」などの状況が認められることから「分離特別教育を終わらせることを目的として、障害のある児童が障害者を包容する教育（インクルーシブ教育）を受ける権利があることを認識すること」が必要である。

○「障害のある児童を受け入れるには準備不足であるとの認識や実際に準備不足であることを理由に、障害のある児童が通常の学校への入学を拒否される」などの状況があること、「特別学級の児童が授業時間の半分以上を通常の学級で過ごしてはならないとした、

2022 年に発出された政府の通知」があることなどから「全ての障害のある児童に対して通常の学校を利用する機会を確保すること」や「通常の学校が障害のある生徒に対しての通学拒否が認められないことを確保するための『非拒否』条項及び政策を策定する」こと、さらには「特別学級に関する政府の通知を撤回する」必要があること。

○「障害のある生徒に対する合理的配慮の提供が不十分であること」から「全ての障害のある児童に対して、個別の教育要件を満たし、障害者を包容する教育（インクルーシブ教育）を確保するために合理的配慮を保障すること」が必要であること。

以上が主な勧告となっており、次の報告に向けて今後どのような施策を講じていくかに注目が集まっている。教育分野のみならずあらゆる分野において展開される新たな施策が、人々のキャリア発達を念頭に、個人と社会の幸福がともに実現できるような施策が待たれるところである。

文献

外務省ホームページ「障害者の権利に関する条約」.
https://www.mofa.go.jp/mofaj/fp/hr_ha/page22_000899.html

中山忠政（2021）.「初回報告に対するパラレルレポートの分析　第 24 条（教育）を中心に」弘前大学教育学部紀要第 125 号 169-176.

国連条約機関データベース.
https://tbinternet.ohchr.org/_layouts/15/treatybodyexternal/SessionDetails1.aspx?SessionID=2545&Lang=en

日本弁護士連合会「障害者の権利に関する条約に基づく日弁連報告書（その 2）〜総括所見に盛り込まれるべき勧告事項とその背景事情について〜」2020 年.

日本障害フォーラム「日本への事前質問事項向け　日本障害フォーラムのパラレルレポート」2019 年.

障害を理由とする差別の解消の推進に関する法律と合理的配慮

島根大学教育学部准教授　藤川　雅人

国連の「障害者の権利に関する条約」の締結に向けた国内法制度の整備の一環として、障害を理由とする差別の解消を推進することを目的に、平成25年6月、「障害を理由とする差別の解消の推進に関する法律」(いわゆる「障害者差別解消法」)が制定された。この法律は、障害のある人もない人も互いに、その人らしさを認め合いながら、共に生きる社会(共生社会)の実現を目指したものである。平成28年4月1日から施行され、行政機関等及び事業者に対し、障害のある人への障害を理由とする「不当な差別的取扱い」を禁止するとともに、障害のある人から申出があった場合に「合理的配慮の提供」を求めている。「合理的配慮の提供」とは、障害のある人から「社会の中にあるバリア(障壁)を取り除くために何らかの対応が必要」との意思が伝えられたときに、行政機関等や事業者が、負担が重すぎない範囲で必要かつ合理的な対応を行うことである。「合理的配慮の提供」は、これまで行政機関等は義務、事業者は努力義務とされていたが、改正法により令和6年4月1日から事業者も義務化されることとなる。

学校における「合理的配慮」について、改めて確認していく。平成24年の「共生社会の形成に向けたインクルーシブ教育システム構築のための特別支援教育の推進(報告)」(以下、報告書)に「合理的配慮」の定義が示されている。「障害のある子どもが、他の子どもと平等に『教育を受ける権利』を享有・行使することを確保するために、学校の設置者及び学校が必要かつ適当な変更・調整を行うことであり、障害のある子どもに対し、その状況に応じて、学校教育を受ける場合に個別に必要とされるもの」であり、「学校の設置者及び学校に対して、体制面、財政面において、均衡を失した又は過度の負担を課さないもの」としている。

また、報告書には「合理的配慮」の内容は個別の教育支援計画に明記することが望ましいとされている。個別の教育支援計画や個別の指導計画では、本人の思いや願い等を記入する項目が設定されていることが多いことから、「合理的配慮」を踏まえつつ、児童生徒本人が作成に参画し、キャリア発達を促すことが重要である。「合理的配慮」を検討する際、児童生徒からの思いや願いの理解に努め、学習や活動への意味付けができるよう支援してくことが大切である。児童生徒の「いま」と「これから」の充実に向け、キャリア発達を促すといった視点から、校内体制として「合理的配慮の提供」をすることが求められる。

また、報告書において「合理的配慮」は、一人一人の障害の状態や教育的ニーズ等に応じて

決定されるものであり、設置者・学校と本人・保護者により、発達の段階を考慮しつつ、「合理的配慮」の観点を踏まえ、「合理的配慮」について可能な限り合意形成を図った上で決定し、提供されるものと示されている。この「合理的配慮」の観点については、「教育内容・方法」、「支援体制」、「施設・設備」の3観点とその下位項目の11項目で整理されている。例えば、「合理的配慮の観点①教育内容・方法の（イ）教育方法のa情報・コミュニケーション及び教材の配慮」では、障害の状態等に応じた情報保障やコミュニケーションの方法についての配慮や、ICT機器等による教材の活用についての配慮が考えられる。この項目の障害種による配慮の例を表1に示す。

表1　情報・コミュニケーション及び教材の配慮例

視覚障害	見えにくさに応じた教材及び情報の提供を行う。（聞くことで内容が理解できる説明や資料、拡大コピー、拡大文字を用いた資料、触ることができないもの（遠くのものや動きの速いもの等）を確認できる模型や写真等）また、視覚障害を補う視覚補助具やICTを活用した情報の保障を図る。（画面拡大や色の調整、読み上げソフトウェア等）
病弱	病気のため移動範囲や活動量が制限されている場合に、ICT等を活用し、間接的な体験や他の人とのコミュニケーションの機会を提供する。（友達との手紙やメールの交換、テレビ会議システム等を活用したリアルタイムのコミュニケーション、インターネット等を活用した疑似体験等）
言語障害	発音が不明瞭な場合には、代替手段によるコミュニケーションを行う。（筆談、ICT機器の活用等）

文部科学省のGIGAスクール構想により、ICT環境が整備されつつあり、「情報・コミュニケーション及び教材の配慮」についても、多様な方法が提供できる可能性がある。近年、障害が重い、あるいは重度・重複障害と言われる児童生徒の教育において、視線入力装置を活用した取組がなされている。視線入力はパソコンのマウスカーソルを視線で操作するものであるが、この技術を使うことによって、文字や絵をかくなど、表現活動を充実させることができるとともに、自己選択や自己決定、自己表出が可能となる。つまり、障害が重いと言われる児童生徒の「思い」や「願い」を受け止め、「問い」かけ、彼らの学びの姿をとらえて「意味付け」「価値づけ」することが可能となる。今後、合理的配慮の観点を踏まえた実践の蓄積が求められる。

障害のある幼児児童生徒に対する支援については、法令に基づき又は財政措置により、国は全国規模で、都道府県は各都道府県内で、市町村は各市町村内で、教育環境の整備を行う。これらは「合理的配慮」の基礎となる環境整備であり、それを「基礎的環境整備」という。そのため、「合理的配慮」の充実を図る上で「基礎的環境整備」の充実は不可欠である。なお、特別支援教育総合研究所の「インクルDB（インクルーシブ教育システム構築支援データベース）」のサイトでは、「基礎的環境整備」と「合理的配慮」の事例が豊富に掲載されている。

文献
中央教育審議会（2012）．共生社会の形成に向けたインクルーシブ教育システム構築のための特別支援教育の推進（報告）．

対話をとおして学びをつなぐ「キャリア・パスポート」

弘前大学大学院教育学研究科教授　菊地　一文

1　キャリア・パスポート導入の経緯

「幼稚園、小学校、中学校、高等学校及び特別支援学校の学習指導要領等の改善及び必要な方策について（答申）」（中央教育審議会、2016）では、キャリア教育は、就業体験や進路指導等の狭義の捉えが散見されることや、自らのキャリア形成のために必要な様々な汎用的能力を育てていくものであり、教育活動全体を通して行うものであることを指摘した。

これらの課題を踏まえ、キャリア教育における特別活動の役割を明示する必要があることから「小学校から高等学校までの特別活動をはじめとしたキャリア教育に関わる活動について、学びのプロセスを記述し振り返ることができるポートフォリオ的な教材（「キャリア・パスポート」）」の作成と活用を提言した。

2　キャリア・パスポートの定義と目的

本答申を踏まえ、学習指導要領及び学習指導要領解説特別活動編では「キャリア・パスポート」の定義を以下のように明示した。

「キャリア・パスポート」とは、児童生徒が、①小学校から高等学校までのキャリア教育に関わる諸活動について、②特別活動の学級活動及びホームルーム活動を中心として、各教科等と往還し、③自らの学習状況やキャリア形成を見通したり振り返ったりしながら、④自身の変容や成長を自己評価できるよう工

夫されたポートフォリオのことである。なお、その記述や自己評価の指導にあたっては、⑤教師が対話的に関わり、⑥児童生徒一人一人の目標修正などの改善を支援し、個性を伸ばす指導へとつなげながら、⑦学校、家庭及び地域における学びを自己のキャリア形成に生かそうとする態度を養うよう努めなければならない。

（番号、傍線、太字は筆者）

この定義を踏まえ、キャリア・パスポートの目的を以下のように示した。

小学校から高等学校を通じて、児童生徒にとっては、自らの学習状況やキャリア形成を見通したり、振り返ったりして、自己評価を行うとともに、主体的に学びに向かう力を育み、自己実現につなぐもの。教師にとっては、その記述をもとに対話的にかかわることによって、児童生徒の成長を促し、系統的な指導に資するもの。

キャリア・パスポートは、児童生徒にとって「対話」をとおして「なぜ・なんのため」学ぶのかを考え、目標を設定し、諸活動を振り返り、自身の成長を実感したりする「学びをつなぐ」ためのツールであり、「教材」である。また、教師にとっては、キャリア・パスポートを用いた児童生徒との対話的な関わりによって、効果

的な指導・支援に活かすものである。

3　キャリア・パスポートと個別の諸計画

　「キャリア・パスポート」の様式例と指導上の留意事項（文部科学省、2019）では、キャリア・パスポートの内容について、「特別支援学校においては、個別の教育支援計画や個別の指導計画等により『キャリア・パスポート』の目的に迫ることができると考えられる場合は、児童生徒の障害の状態や特性及び心身の発達の段階等に応じた取組や適切な内容とすること」としている。つまり、個別の指導計画は個別化された「指導計画」であり、キャリア・パスポートは「教材」であるが、適切な内容であれば代替できるとしている。

　この「適切な内容」を踏まえ、現行の学習指導要領における「個別の指導計画の作成と内容の取扱い」における留意事項を再確認したい。ここでは、新たに「興味をもって主体的に取り組み、成就感を味わうと共に自己を肯定的に捉えることができるような指導内容」「自己選択・自己決定する機会」「思考・判断・表現する力を高める指導内容」「学習の意味を将来の自立や社会参加に必要な資質・能力との関係において理解し、取り組めるような指導内容」とある。これらは、特別の教育課程の要となる自立活動の指導において本人にとっての必要性を踏まえることが不可欠であることを示している。そのために、安心し、信頼できる関係性を土台とした教師との対話、そして同世代であり共感性の高い児童生徒同士の対話の充実が求められる。この趣旨を踏まえた個別の指導計画等の活用例として「キャリアデザイン」が挙げられる。しかし、現状では個別の指導計画への本人参画はまだ多いとは言えないため、上述した目的に迫る教材である「キャリア・パスポート」による対話の充実が期待される。

4　目標設定と振り返り

　キャリア・パスポートの活用のポイントとして、①対話の促進に向けた「可視化」「具体化」「共有化」「段階化」を踏まえたツールの開発と活用、②対話を支えるICT機器の効果的活用③対話のサイクルとカリキュラム・マネジメント、④対話における教師の力量形成のための学び合いの4点が挙げられる（菊地、2023）

　キャリア・パスポートの活用においては、目標設定や振り返りの機会の設定と、これらをとおした「これまで」と「いま」と「これから」をつなぐ対話が重要である。Locke（1968）の目標設定理論では、「チャレンジングな（高めの）目標」「明確で具体的な目標」「フィードバック」の効果を報告している。高めの目標とは期待目標としての「願い」、具体的な目標とは、願いに基づく本人が設定する到達目標としての「ねらい」と捉えられ、これらはPATHのステップにも重なる。上述した4つのポイントを踏まえ、目標に対する取組状況を可視化したり、言語化したりし、フィードバックすることにより、児童生徒の意欲の向上や目標に向けての行動の生起につなげるなど、今後の活用と取組の成果を期待したい。

文献

菊地一文（2023）．キャリア発達を促すキャリア・パスポートの意義と活用に向けた具体的方策．キャリア発達支援研究9 共創，キャリア発達支援研究会編，ジアース教育新社，pp24-31．

文部科学省（2019）．「キャリア・パスポート」の様式例と指導上の留意事項．

文部科学省（2020）．「キャリア・パスポート」に関するQ＆Aについて．

Locke, E. A. (1968). Toward a theory of task motivation and incentives. Organizational Behavior and Human Performance 3, pp157-189.

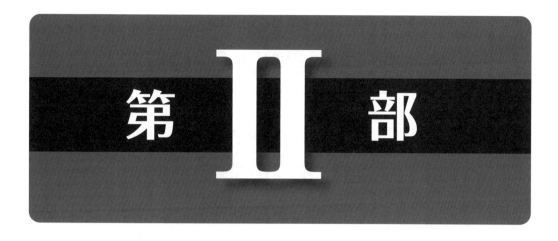

第Ⅱ部

第一特集：
10周年記念企画
「これからのキャリア発達支援」

　第Ⅱ部では、キャリア発達支援研究会10周年の節目に当たり、本研究会の役員やゲストによる座談会を行い、「これまで」のキャリア発達支援を振り返るとともに、「これから」のキャリア発達支援を考えていく。

　対談「糸の切れた凧第2弾『令和の日本型学校教育』の行方」では、「キャリア発達支援研究会第3回京都大会」において、自立の意味や多様な人との協働の意味等についてご講演いただいた荒瀬克己氏をお招きし、「令和の日本型学校教育の行方」と題し、本キャリア発達支援研究会会長森脇勤氏との対談を収録した。

　座談会1「『これまで』のキャリア発達支援と『これから』のキャリア発達支援」では、本研究会が10周年の節目を迎えることから、社会情勢の変化や学習指導要領の改訂、いわゆる令和答申等を踏まえ、標題について考えた。コーディネーターを丹野哲也氏にお願いし、森脇勤氏と木村宣孝氏による座談会を収録した。

　座談会2「キャリア発達の視点を踏まえ、インクルーシブな教育の在り方を考える」では、本キャリア発達支援研究会設立から現在に至るまでの10年間を振り返りながら、国内外での様々な制度改正等の動きを踏まえ、本研究会設立当時からの理事である、武富博文氏、松見和樹氏、菊地一文氏、の3者による標題について考える座談会を収録した。

| 対談 | 糸の切れた凧 第2弾
「令和の日本型学校教育」の行方 |

対談参加者

荒瀬　克己 氏
あらせ　かつみ

独立行政法人教職員支援機
構理事長

森脇　勤
もりわき　つとむ

京都市教育委員会学校指導
課参与、キャリア発達支援
研究会会長

企画趣旨

　本研究会初の地方大会であった 2015（平成 27）年 12 月に開催した「キャリア発達支援研究会第3回年次大会京都大会」（以下、京都大会）の大会テーマは、「『新たな教育への展望』を踏まえた『キャリア教育の役割と推進』」であった。この時期は、新学習指導要領への改訂に向けた審議が進んでいる時期であり、翌年の 2016（平成 28）年8月には、中央教育審議会より「次期学習指導要領等に向けたこれまでの審議のまとめ（案）」が公表されている。まさに変化する時代における今後の教育に関する方向性が見え始めた頃であり、これからの教育に求められるキャリア発達支援について考え始めていた時期でもある。

　このような背景を踏まえ、京都大会における基調講演で「糸の切れた凧」と題してご講演いただいたのが荒瀬克己氏である。これからの新しい教育における大切な視点として、「自立の意味や多様な人との協働の意味」、「グローバル・コミュニケーション」、「異文化共生」等についてご講義いただいた。その後、2017（平成 29）年に現行学習指導要領が告示され、新たな時代における新たな教育実践が進むなか、2021（令和3）年に中央教育審議会による「『令和の日本型学校教育』の構築を目指して〜全ての子供たちの可能性を引き出す、個別最適な学びと、協働的な学びの実現〜（答申）」が公表された。現在、学校現場では、「個別最適な学びと協働的な学びの一体化」を提言した本答申を踏まえ、学習者の自立と主体的な学びを目指し、新たな実践に取り組んでいるところである。

　このような時期に 10 周年を迎える本研究会では、予測困難な新しい時代を生きる子供たちに求められる資質・能力とキャリア発達支援の役割について改めて考えていく必要があると考えた。かつて「糸の切れた凧」で述べられた視点は、さらに重要性を増し、人と人とのコミュニケーションや対話は、新たな教育におけるキャリア発達支援の在り方を考える上でより重要な視点となっている。そこで新たな教育実践が進むなか、2022（令和4）年 11 月に実施した「キャリア発達支援研究会設立 10 周年記念大会関西支部リレー学習会」のプログラムの一つとして、再び荒瀬氏と森脇氏に「糸の切れた凧第2弾『令和の日本型学校教育』の行方」について語り合っていただくことで、これからのキャリア発達支援の在り方を展望する機会とした。

司会　開会させていただきたいと思います。独立行政法人教職員機構理事長の荒瀬克己先生です。よろしくお願いします。

荒瀬　よろしくお願いします。

司会　荒瀬先生は大学卒業後、京都市の伏見工業高校、堀川高校の国語教諭をされておりまして、その後、京都市教育委員会の指導主事で京都市立堀川高校の教頭先生、校長先生であられました。その在職中に人間探求科、自然探求科が新設されたり、文部科学省によってスーパーサイエンスハイスクールの研究指定校となっておりました。その後、京都市教育委員会、教育学館、大谷大学文学部教授、関西国際大学学長補佐を経て、現職であられます。他に中央教育審議会の副会長、初等、中等教育文化会長、「令和の日本型学校教育」を担う教師の在り方特別部会委員、大学改革支援学位授与機構、国立大学教育研究評価委員会の委員等を務めておられます。著書に「奇跡と呼ばれた学校」「アクティブラーニングを考える」等のご本もございます。このような機会にお話をいただけるということで、とてもありがたく思っております。

それでは、「糸の切れた凧 第二弾」ということで荒瀬先生と森脇先生でお願いしたいと思います。よろしくお願いします。

森脇　荒瀬先生、ありがとうございます。今日お話出来てとても嬉しいです。この対談の題ですね。「糸の切れた凧」、今日は第二弾ということなのですけれども、第一弾は 7 年前にキャリア発達支援研究会の第 3 回だったと思うのです。京都大会の時にご講演をお願いした時に引き受けていただいて、どういう演題にしようかということで、某居酒屋で相談させていただいたわけです。その時に出て来たのが「糸の切れた凧」で行こうか、という話になりまして、それでずいぶん盛り上がったのですが、それがどういう意味で、どういういきさつでそうなったのかというのは、さっぱり未だに思い出せない。そんなことがありまして、今日はその第二弾ということで、また何かそんな話をお聞かせいただけたら嬉しいなと思っております。そんなことで、そもそも糸の切れた凧というのは何だったのでしょうか？

荒瀬　物事というのは、ことほど左様に意味の

分からないところから生まれて、後から意味付けるということが多いのかなと思ったりするのですけど、それはそれとしまして、多分、凧って糸が付いていると誰かに引っ張ってもらったりとか、ちょっと言い方を変えると操られたりとかするものだと思うのですけれども、それが切れてしまって、自分で飛んでいかないといけないという、そういうのが生きていくということかというのを、これ今シラフで言うと、おもしろくもなんともないのですけど、あの時は盛り上がったのですね。だから、ということだと思います。それで何か『天空の城ラピュタ』とかあるいは国際宇宙ステーションがどうのこうのとか、話はおそらく支離滅裂に展開して行ったのだと思うのですけれども、本当にお話をする時に、何を話したらいいのかと困りまして、大変ご迷惑をおかけしたことかと思います。反省をしております。その反省の言葉が「糸の切れた凧」でありまして、今日も反省しながら話をさせていただければと思います。

森脇 ちょっと思い出しました。そういう意味では自立って何だろうなとか、共生社会ってどうあるべきなのかなとか、コミュニケーションって何だろうとか、そんなことをわけも分からず話をしていたような気がしてきました。その先に糸の切れた凧というものがあったように、今よみがえって来ました。荒瀬先生というのは、そういうおもしろい言葉をいっぱい知っておられてね、そこがすごく私にとっては魅力なところです。

荒瀬 ありがとうございます。

森脇 今日はその第二弾ということでもあるのですけれども、ここのキャリアカフェで今話題にしている、対話って何だろうって、いっぱいいろいろなところで対話という言葉が、今、学校現場でもそうですし、いろいろなところで、国際間の対話というのもあるだろうし、目の前の私たち先生方同士の対話というのもあるだろうし、生徒同士の対話というのもあるだろうし、先生と生徒との対話というのもあるだろうし、いろいろな対話がいっぱい言葉として出ているのですけれども、そもそも対話って何だろうなというのを1つのテーマにしながらご意見を聞かせていただいたり、お話させていただけたらと思ったりしております。

僕と荒瀬先生の共通している部分というのは、平田オリザさんのこの本ですね。『わかりあえないことから』という、この本、私ずっと前に現職の頃、退職してからだったかもしれません、読んでいて、すごく自分が思っていたことがまさに目から鱗がいっぱい落ちて行くように、ポロポロと、引き込まれるようなことがいっぱい書いてありまして、ああ、そういうことだったのかなという気付きがいっぱいあったのですけれども。荒瀬先生もこれを大学でお勤めの時にずいぶん学生さんといろいろテキストにされたりとかというふうなこともお伺いしましたし、そんなことをおっしゃっていたということで、ちょっと話ずれるのですけれども、平田オリザさんのこの本の、どういうところに魅力を感じられていたのかなというのをお聞きしたいなと思ったりしています。

荒瀬 お読みになった方は本に帯というか、今、

カバーみたいな感じですかね。ありますか、今そちらに。

森脇　帯、忘れて来ました。帯は飛んでしまいました。（笑）

荒瀬　糸の切れた帯ですね。その帯、最初、帯3人だったのですね、書いていらっしゃったのが。鷲田清一先生と茂木健一郎さんと、もう1人誰だったかな？

森脇　あの人です。詩人の。

荒瀬　あ、谷川俊太郎さんね。その後、どんどん、どんどん刷が重なるにつれて変わっていって、多分『週刊文春』で対談をされる際に彼女……名前が出て来ないです、女性が……今、名前はちょっと置いておいて。その方も帯に書かれるようになって、4人になったのですけどね。その方は対談するために具体的に読んだ上で書かれたのですけど、あとの3人、もし帯またご覧になる機会があったら、あとの3人の方、谷川俊太郎さんと鷲田清一さんと、そして茂木健一郎さんの3人の中で読まないで書いている人がいると私はにらんでおりまして、果たしてそれは誰なのだろう、というのをぜひ考えていただきたいのですけど、ちょっとそれは置いておいて、タイトルが素敵ですよね。あ、なんでそのこと、今、帯の話をしたかと言うと、鷲田清一さんが帯を書いていらっしゃって、本文の中にも鷲田先生のお名前は出て来ますけれども。鷲田先生がそれこそしょっちゅうおっしゃっているというか、書いてもいらっしゃいますけ

ど、できないとか、分からないとか、そういうところから出発するということが本当はとても大事なのではないかと。われわれは分からないことがいっぱいだし、できないことも山のようにあるし、知らないことだらけだし、という。そこから出発するということが大事で、平田さんは多分それを非常に素直に分かり合えないところからスタートして、分かり合えたらとっても嬉しいという、そっちの方へ持って行っていらっしゃって、しかしそう簡単に分かり合えるものではないという。これが内田樹さんになると、内田さんの方がもっとびしっとおっしゃるというか……なんか平田さんはびしっとおっしゃらないみたいですけど、内田さんびしっとおっしゃるので、コミュニケーション能力というのは、内田樹さんの言葉を借りると、「コミュニケーション不全に陥った時にそこから抜け出す力だ」という、そういうのもおっしゃっているのを知って、コミュニケーションって本当に難しいのな。ところが、何となくスタートするかという時にわれわれは分かるものだとか、話せば分かるということは、これ自体は意味がちょっと違いますけれども、話をしても分からないことがあるとか、そもそもが分かり合えないのだけれども、しかし何とか少しでも分かり合える部分を増やして行こうと努力するという、そこのところの生きて行く上での人の誠実さというか、そういうものに惹かれると思うのですけど。平田さんのこの本というのは、そこのところに本当にこだわって書かれている本ではないかなということを思います。もちろん演劇の人ですから、演劇の手法を使えば、こんなことができる、あんなことができるというのも

書いてあって、そこは話としてはやや宣伝みたいなところもあるなとは思うのですけれども。しかし、どんな方法がいいのかって場合によっていろいろ違うので、平田さんの書いておられる演劇の手法というのも役に立つ場合はおおいに活用させてもらうようにしたら良いと思うのですが、ただ、そんな簡単にはできないなというのも改めて思います。

　書かれている「旅行ですか？」という４人掛けのシートのところで２人が座ってしゃべっているところに全く知らない人が１人やって来るというシチュエーションのスキットは私も学生にやってもらったりしましたけど、これはそんな簡単にできるものではないですね。学生もしんどいけれども、やって行こうとしているこっちがそんな技術的なものも含めて持っていないので。それに実際平田さんがやっているのを拝見したりすると、ああ、やっぱりすごいなというのは思いましたね。

森脇　この本の中で書かれている中身でコンテクストのことが結構ていねいに書かれていたと思うのですけれどもね。宿題を忘れて学校に行った子どもがいて、その子どもが叱られなかった、と言って家に帰って来た。その時お母さんはどう言うのか、という問いかけがあったと思うのですけど。あのシチュエーションというのはすごいなと思っていて。だから、その時に宿題を忘れて帰って来た、今のコンピューターの AI で言わせたら、「儲かったな」であったりとか、「次忘れたらあかんよ」というふうなことであったりとか、そういう答えしか返ってこないのだけれども、実はその子が言いた

かったのは、「田中先生、大好きよ」ということを言いたかったのだって書いてあったくだりがあるのですけどね。あれってすごいなって思ったりするのですね。私たちも生徒と接して行く中で、そういうコンテクストというのをどこまで理解できているのだろうかなというのを、あれを読んだ時にすごく衝撃だった。こちらからしゃべるのは一方的に結構いろいろな情報を伝達はするわけですけれども、そのことをどう受け止めているかという問題もあるのです。それを生徒たちは何が言いたいか、どういう思いを持っているかということを受け止めるアンテナというのは、私たちは持っているのだろうかなというのがすごく気になりましてね。特に私たち障害のある、困りのある生徒たちや子どもたちと日頃接している時に、いわゆる平田先生もおっしゃっていますけれども、言語的弱者というのは社会的な弱者とほぼ等しいのだということもおっしゃっていました。そういう人達のコンテクストというのはどんなふうに読み取れる力が私たちにあるのだろうかというのが、そこのところがすごく気になった。答えはないのですけど。コンテクストってそういう意味では、何て言うのですかね、対話の基になるというか、何かそんな気がするのですけどね。

荒瀬　今、森脇先生がおっしゃった子どもが宿題を忘れて学校へ行った。宿題しなかったか、忘れたか、忘れましたけど、それでも先生に叱られなくて、家に帰って、「宿題忘れたけど、怒られなかったよ」と言った時に、お母さんがどう答えるか、という話ですよね。それを学生に聞いたら、学生はなかなか答えが出て来

ないというようなことも書いてあったような気がしますが、AIは今おっしゃったような答えしかしないだろうということなのですけど。私、あの本の中であれが最も怪しいと思っていまして。実はそういう時に子どもはこんな気持ちだったのだよ、というのが書いてあって、それは分からないのではないのですけど、そんなふうに子どもが思っているのだよ、という答えを簡単に導き出す、まあ平田さんが簡単に導き出したかどうかわからないのですけど、簡単に導き出したらだめなのではないか、逆に、という。それって平田オリザさん、それはあなたがしてはいけないと言っていることをあなたが今ちょっとここでやってしまったのではないのって、私はちょっとひねくれているので、そんなふうに思ってしまって。

森脇　なるほど。

荒瀬　学生に聞くと、あの部分非常に答えが分かれるのです。書いてある中で、賛成とか、反対とか、ちょっと気が付いたこととか、気になったこととかを言ってもらうような、そういう機会を持つと、「いや、うまくいったって思った子がいても不思議ではないのではないでしょうか」って学生が真面目に言うのですよね。忘れたのだけれども、叱られなかった、うまくいったよっていう。田中先生が好きとか、そんなものは全く関係なしで、なんかうまくいったってほっとしているという、そういう気持ちの子どもがいたって全然不思議ではないのに、なんでここまで子どもも考えるのですかね、みたいな。必ずこんな思いになるのですかね、というふう

なことを言われて、いや、本当にそうだなと。だから、結局『わかりあえないことから』というあの本の中であの部分だけが妙に分かったというか、読み切った。この子どもの気持ちを読み切った、みたいな自信にあふれていて、そうではないのではないのかなというのをその学生と後からも話をしていて、ちょっと意気投合したりしたのですけどね。だから、分からないっていうことは、何も悪いことではない、ということを平田さんは書いておられて、私もそう思いますし、森脇先生もそうお考えかと思うのです。分からないことが悪いのではなくて、分からないというところに立って、ああかな、こうかなって思わないのは、これは少なくともわれわれみたいな仕事をしている人間からすると、あんまりよろしくないのではないかなと。少なくとも大人って呼ばれるような年代になったら、もう少しいろいろな人がああかな、こうかなって考えてみる。分からないのだけれども、考えてみるというふうなことが大事かなと思いましたね。すみません、なんか勝手な言い方をしている気がします。

森脇　きっと平田オリザという方は演劇をされているという1つの文脈の中でコンテクストというのをうまく演劇の中で活用しているというところがあるかもしれませんね。対話そのものを演劇の中にどんなふうにデザインしていくかというか、そういうところもあるのかもしれませんね。

荒瀬　そうですよね。一方で劇というのは、芝居というのはすごくて、それまでのコンテクス

トがどうであれ、その場面で急に役になりきるわけですよね。だから、その場合はコンテクストを引きずっている人間が別の仮面かぶって役を演じるという、だから逆に自分の引きずっているというか、自分の持っているコンテクストとは別の形で物を考えることができる。それはとても大事なことなのではないか、ということもおっしゃっているように思いますから。だから、コンテクストというものをとても意識した人だなというのは思いますね。

森脇　そういう意味で私たちは日常的に学校現場の中で接している子どもたちを見た時に、どう見てもやっぱり論理的に話ができなかったり、説明できない人達が、もう日常的にそういう人達と接している。そういう中でどういうふうに、何を伝えようとしているか、あるいはひょっとしたら伝えようとしていないかもしれないですよね。どうそれを彼らの思いを受け止めるかというところ、だから、対話というのは何も論理的にしゃべることだけではなくて、むしろ受け止める側のすごく感度というのか、それをどう磨き上げるかというところにかかっているような気がするのですけどね。その辺はどうですかね。

荒瀬　いや、それはもう全く賛同いたします。だから、きっと弱者か強者かというのは置いておいて、少なくともさっき、私はなんか大人という言葉は結構大事なような気がしていて、今度18歳で青年に達することになって、この4月から、そうなったら、大きな子どもではなくて、小さな大人として生きて行くという、その

ための準備を初等・中等教育でやって来ている。これはもう障害のある、なしに関わらず年齢的には、法的には大きな子どもではない、小さな大人になるということで、その意味で大人という言葉にいろいろな思いを持っているのです。大人であればこそ、話をしている時に相手が言った言葉で自分はこう受け止めた。相手はこう言った、というそこの事実が大事であると同時に、その事実の向こう側に何があるのかなと考えて、あえて自分からそれを受け取りに行くみたいなこと、それはどういう具体的な行為につながるかと言うと、問うという事ですよね。問いかけるという。例えば私は今こういうふうに聞いたけど、これでいい？　とか。もう一度ここのところを説明してくれない？　とか、それってこういうふうに言い換えてもいいの？　とか、そんな自分で何とか理解というか、受け止めるために、理解もなかなか難しいですけど、何とか受け止めるために問いをかけていくということは、とても大事なことではないかな。もちろん子どももそれをしますけれども、大人になったら、そういう形でいろいろな大人と関わるとか、いろいろな子どもと関わるとか、とりわけ自分が少しここの部分は経験が多いだろうなとか、自分の方がよくできないまでも、まだしもできるかな、みたいな、そういう場面では、必ず問いかけるということが必要かなと思いますね。

森脇　新しい学習指導要領の中でいわゆる資質・能力の問題が書かれていますよね。知識・技能であるとか、思考力や判断力や学びに向かう力であるとか、それを身に付けるためにとい

うか、そのことを中心として学びの在り方として、主体的で対話的で、というふうな言葉であったりとかね。学校現場でそれを具体的になにがしかの教材を使いながら展開していく中で先生方は非常に苦労されているのではないかなと思ったりするのですけれどもね。今おっしゃっているような問いかけ、問いをどう作り出していくか、というところはすごく大事な気がするのです。一方で対話の裏側にあるものというのか、何かその辺の見方というのは、私たちはものすごく下手な気がするのです。そういうふうな日常生活をあまり送っていないというか。平田さんは会話と対話は違うのだ、とはっきりおっしゃっていますよね。そこら辺の、これも「柿食えば 鐘が鳴るなり 法隆寺」ではないですけど、そういうハイコンテクストの裏社会の中でずっと生きていて、小学校の4年生になる孫に、英語始まっているの？　という話を聞いたら、別に英語使わなくても全然不自由ないし、とかってこの間言っていましたけどね。何かどうも理念とするのはすごくよく分かるのだけれども、実際現実社会生活というもののギャップみたいなことを感じながら、対話、対話と言っているような気がして仕方がないようなところもあるのですけれどもね。

荒瀬　ちょっと外れてしまいますけれども、今お孫さんのお話をされましたけど、私の孫って日本にいないので、スウェーデンにいるのですけど、その子らは英語を真剣に学ぶのです。なぜかと言うと、必要だからです。何で必要なのかと言うと、ディズニーを見るためには英語を必死に学ぶというのは嘘ですね。何か知らんう

ちに学んでしまうのですね。字幕がないし、吹替えがないので。英語のままやっているのです。『アナと雪の女王』とか。上の子なんて『アナと雪の女王』大好きだから、そこでどんなことをやっているかというのは見ているうちになんとなく状況が分かるではないですか。だから、こんなのかな、あんなのかなと思っているところで、次第に意味をそこで身に付けていくというか。多分それこそジョン万次郎が漂流して英語を覚えたのと同じような感じで状況の中で学んでいくということをしていると思うのですね。だから、先生のお孫さんが英語を使う必要がないっておっしゃったのは、それはそうだと思います。私、高校の時に英語がペラペラの先生がいましたけど、万博に一緒に行った時に日本語でしかしゃべらないので、「なんで英語しゃべらないのですか？」って聞いたら、「ここ、英語でしゃべる必要ないでしょう」ってはっきり言って笑ってはったので。必要性がある状況を作らないと、なかなか浸透しないなと思いますね。それは別な話ですけど。

　対話と会話と、平田オリザさんは辞書で引いても定義の違いが非常に不明瞭であるので、自分で定義付けていますよね。そうしたら、あそこで言う会話って、どっちかと言うとおしゃべりっぽい感じで、これがレベルが低いとか、どうでもいいではなくて、これはこれで大事だと思うのですが、対話という時には、その価値観が異なる者同士の価値観のすり合わせというか、そういう意味合いの言葉も定義の中に入っていましたよね。多分、コンテクストということを考えた時にここが一番大事で、価値観ってやっぱり自分で何を経験したかとか、もっと言

うと、学びという経験をいっぱいしているわけ
で、ある種経験というのは全部学びと言えるか
もしれないけど。その学びの中で自分が作られ
ていっていると思うのですよね。その作られて
いったものによって私たちはものを見たりと
か、考えたりするので。そういうものは人によっ
て相当違ってきていると思われますね。だか
ら、そこをお互いに、俺ってこんなふうなこと
をして、こんなふうな経験をして、こんなふう
な見方をする、これについてはこう考えるので
すよっていうふうなことを対話の中である種交
換しながらやっている。でないと、お互いに1
つのスタートラインについて話ができないとい
う、そこの協定を結ぶみたいなところが話をす
るという上では大事なのかなということを思い
ます。それが見えない相手の場合は、さっき言っ
たみたいに問いかけることを通して、この人が
どういうつもりで今話をしているのかとか、こ
の言葉をどんな意味で使っているのかというの
を考えていくということが大事なのかなと思い
ますね。

森脇 なんかその辺のことで平田さんは共感す
るのではなくて、そういう力ではなくて社交性
が大事なのだ、みたいなことをおっしゃってい
ますよね。

荒瀬 協調ではなくて社交という。

森脇 違いは違いで分からなくてもいいと。置
いておいてもいいのだと。大事なのは社交的に
接する中で新しいものを見つけ出して行こうと
いう、そんなふうな社交性が大事なのだ、みた

いなことを書いてあったような気がするのです
けれども。

荒瀬 そうですね。後ろの方です。第7章か何
かに書いてあった。あれが一番読むのがめんど
うくさい章だと思います。

森脇 めんどうくさいですね。

荒瀬 はい、本当めんどうくさいですね。「み
んな違ってみんないい」って。

森脇 そうそう。

荒瀬 みんな違って、大変だって、あの人が言
うわけだから。本当にめんどうくさいというこ
とをおっしゃるわけですけど。結局ちょっと寂
しいかもしれないけど、お互いになかなか分か
り合えないのだ、というその認識の強さが平田
さんって相当おありなのだなと思いますね。分
からないのだけど、分からなくていいとは思っ
ていらっしゃらなくて、分からないのだけど、
どうしたらもう少し分かり合えるようになるの
だろうかとか、分かり合えないからと言って関
わりを持たないわけではないので、関わりを持
つので、その際どんなふうに関わりを持ったら
いいのか、というところで協調性よりも社交性
といったような言葉が出て来たりとか、同情す
るとか、同感するとかいうのは、別にそれは悪
いことではないと思うのですけど、本当にそれ
できるのかなという問いかけみたいなものを
持っていらっしゃるんではないですかね。むし
ろそれよりも自分の中にある似たものでもって

理解して、辛いと言って、自分の中でこんな辛い気持ちがあったから、この辛い気持ちみたいなものを同じかどうか分からないけれども、この人は今持っているのか。そうしたら、きっと辛いよね、みたいな、そういうめんどうくさい手続きなのですけど、それを経て、何とか相手を理解して関わりを持とうとしているという、そういう姿が浮かんできますね。

森脇　なかなか難しい章だったと思うのです。シンパシーではなくてエンパシーなのだ、ということの意味とかね。結構何回も読んでなかなか難しいことなのだなって思っていたのですけれどもね。さっきも言ったように支援学校であるとか、あるいは福祉の現場の中で彼らの困り自体、私、それを自分の中で同じようにその困りというのは分からないわけですよね。当然ですよね。以前、私、筋ジストロフィーの生徒がいる学校に勤務していました。彼らのしんどさ、あるいはもうすぐ命が無くなっていくだろうという焦りであるとか、何かそういう気持ちは頭の中では理解できても、本当の彼らの心の中には一緒に同調はできないですよね。でも、ずっと一緒にいる中で、何かしてあげるではなくて、自分の持っているものを別に何も与えられるものは何もないのですけど、一緒に考えることはできるし、一緒に何かすることもできるわけですよね。それって本当に意味があるのか、ないのかというのはずっと悩んでいたこともあったのですね。相手の痛みとか苦しみとかいうこと、そのものは自分の中ではある意味分からないわけですよ。最近、肩が痛いのですけれどね。肩が痛いって言ったって、私の痛さというは

うちのかみさんは分からないわけですよ。それと一緒で、でも一緒にいていろいろしゃべってくれるだけで、結構その間は忘れてしまうことだってあり得るわけで。でも、それがどうやの、という問題でもないのだけれどもね。

　例えばキャリア発達と言った時に、キャリアって、私も当初キャリア教育って言った時、キャリアアップばかり考えていたけれども、そうではないのだということがだんだん分かってきて、そうこうしているうちにキャリアというのは相互発達するものだって、自分が何か変化していけた時には相手も何か変化していくという、そういうお互いが1つのことの中で変化していくという、そういうおもしろさというか、何かそこがキャリアのすごく本質的な気がするのですね。だから、自分だけではなくて相手がいることによって相手も変わって、自分も変わっていくという関係性というか。そこがキャリア発達というおもしろさというか、一番大事な気がするのですけれどもね。

　それともう1つは、京都市立白河総合支援学校に昔いた時に思ったのは、当然働くということをテーマにした学校だったから、働くということの向こうには働いてお金を得るということもあるのですけれども、相手から認めてもらえる、役割というものを通して相手からなにがしか認めてもらえるという、そういう経験の積み重ねみたいなところ。でも、その前に働くという、もっともっと以前の中で自分自身の存在みたいなものを認めてもらえた経験がどれだけあったかによって、ずいぶん違うのではないかなと思ったりね。だから、それは1日や2日でできることではなくて、小さい時から、あなた

は大事な人なのだというふうに思ってもらえた期間がどれだけあったかということで、そういう経験の上に何か、今テーマにしているような対話というのも、何かそういう部分とすごく関係しているような気がしてね。うまく言えないのですけど、何かそんな気がするのですけどね。

荒瀬 さっきこれもお話しましたけど、キャリア発達の話をなさっていて、2016年12月の中教審答申の中に新学習指導要領、今動いている学習指導要領ですけど、この新学習指導要領を具体的に実施していくにあたって、キャリア教育って改めて重視していくべきだ、ということが随所に述べられていますけれども、そのうちの1つで脚注なのですけれども、そこにキャリア発達というのを「社会の中で自分の役割を果たしながら自分らしく生きて行く過程」というふうに意味付けているのだということを書いてあって、今森脇先生がおっしゃったことは、多分私なりの理解ですけど、このキャリア発達という言葉の中には細かく言うと、もっとたくさんあるかもしれませんが、2つの大きなことが書かれていると思っていまして、1つは自分の役割を果たすということ。もう1つが自分らしく生きていくということ。役割を果たすということと、自分らしく生きていくということは、これちょっと同じようでだいぶ違っている気がするのですよね。自分らしく生きるというのは、一番極端なことを言うと自分の好きに生きるということでもあるかもしれないのですけど。でも、自分の役割を果たすという時にその役割って、自分だけで考えられる役割ももちろんあるけれども、他者との関わりの中で役割って決定

されている面があると思うのですね。それは場合によっては好まないものもあるかもしれない。求めていないものもあるかもしれない。しかし、その役割をどれだけどれもこれも果たせるかというと、それはなかなかいっぺんには難しいし、場合によっては、こっちの役割は十分果たせたけど、こっちは果たせていないということも出て来るかもしれないのですけれども。その自分の役割を果たすという時に他者との関わりというものがとても意識されてきて、でもその中でやっぱり自分らしく生きていく。自分にとって最も幸せな生き方って何かって考えていく。ただ、それは自分の役割を果たすことにもまたつながっていくはずで、今よくウェルビーイングと言われるのですけど、OECDがいろいろ言っていて、これはチャンスだから、ウェルビーイングというのもおおいに、とても変な言い方ですけど、使わせていただいたらいいと思うのです。自分の役割というのと自分らしく生きていくって、この2つの持っている意味合いがさっき森脇先生がおっしゃったような、だからこそ対話というものも必要になってくるし、というところにつながっていくのかなと思いながらお聞きしました。

森脇 そうですね。何かそういう理念、共生社会という言葉も今すごく大事な言葉になっているし、インクルーシブという言葉も大事になってきて、令和の日本型学校教育の中でも個に応じた教育、指導ということも新たなフレーズとして強調されているかなと思ったりもするし。今おっしゃっているようなキャリアの理念というのと、1つの文脈としてはずっとつながって

いるように受け止められるのですけどね。その1つの、それをどう解決していくかという意味付けの中で対話ということはやっぱり大事なのだなということを改めて今日お話を聞かせてもらっていて、ちょっと分かったような気がします。

荒瀬　私もご一緒に学ばせていただいたと思っています。1つだけちょっと言っていいですか？　個別最適な学びというのは、これまで個に応じた指導って全面的に出して来たのに、それを個別最適な学びって言い換えて、何か新しいものが始まった、みたいに思われている方が当時いらっしゃったのですけどね。これこそ対話の精神みたいなものだと私思っていまして、個に応じた指導を私たちはやっていると思っているのだけれども、果たしてそれは受け手からすると、指導の受け手、学びの主体者である児童、生徒からすると、その児童、生徒の最適な学びになっているかどうかという視点を持つ必要があるのではないか。だから、対話をする際に問いを立てることの大切さ、ということを先ほどご一緒にお話させていただきましたけれど

も、まさに個別最適な学びというのは個に応じた指導というものに問いを立てた結果、こういった視点というのを持つ必要があるのではないか、ということではないかなというのを思っています。だから、先生がおっしゃる対話というのは今後もさまざまな形で重ねていくということが大事かなということを思いました。すみません、途中で。

森脇　ありがとうございました。もう時間が来てしまったのですけれども、「糸の切れた凧」の第三弾を相談するために、またどこかでご一緒できたらなと思ったりしていますので、その際はよろしくお願いします。

荒瀬　糸の切れた凧、やりましょうか、みたいな。何月何日何時から。

森脇　（笑）ありがとうございました。

荒瀬　はい、ありがとうございます。

森脇　また相談しましょう。

座談会 1

「これまで」のキャリア発達支援と「これから」のキャリア発達支援

座談会参加者

森脇 勤
（もりわき つとむ）
京都市教育委員会学校指導課参与、
キャリア発達支援研究会会長

木村 宣孝
（きむら のぶたか）
札幌大学地域共創学群教授、キャリ
ア発達支援研究会副会長

丹野 哲也 氏
（たんの てつや）
東京都立多摩桜の丘学園統括校長、
キャリア発達支援研究会

企画趣旨

　学習指導要領の総則は、「児童生徒が、学ぶことと自己の将来とのつながりを見通しながら、社会的・職業的自立に向けて必要な基盤となる資質・能力を身に付けていくことができるようキャリア教育の充実を図ること」と示されている。学習指導要領を踏まえ、変化の激しい予測困難な時代を生き抜くために必要となる資質・能力を育成するためには、教育活動全体で「キャリア教育」すなわち「キャリア発達を促す教育」の視点を持つことが重要となり、今まで以上にその充実を図ることが求められている。なお、共生社会の形成に向けたインクルーシブ教育システムの構築を図る上で特別支援教育の推進が求められてきた背景から、本研究会においては、これまで様々な施策等との関連を踏まえてキャリア発達支援の在り方を考えてきたところである。

　これまでの10年間を振り返ると、学習指導要領等が2017（平成29）年に告示されて以降の社会情勢の変化は激しく、特に新型コロナウイルス感染症の蔓延は、私たちの生活にとどまらず、生き方に影響を与えたといえる。また、ICTやAIの普及は、私たちの生活スタイルや価値観を変え、国際情勢の不安定化、少子高齢化・人口減少、グローバル化等から、我が国は変化の激しい予測不可能な時代を既に迎えている状況にあるといえる。

　2023（令和5）年6月に閣議決定された新教育振興基本計画では、新たな時代の要請を取り入れていく「不易流行」の考え方を基調としており、新しい時代における教育の動向とともに、社会情勢を踏まえたキャリア発達支援の在り方について改めて考えていく必要があると考える。

　そこで、本座談会では、特別支援教育の現状や社会全体の潮流を踏まえたキャリア発達支援について、「これまで」を振り返りながら、「これから」を展望していく。

丹野 ただいまからキャリア発達支援研究会10周年の節目に当たり、座談会を始めます。登壇していただく先生は、キャリア発達支援研究会会長の森脇勤先生、そして、同研究会副会長の木村宣孝先生、コーディネーターの研究会会員の丹野哲也でございます。どうぞよろしくお願いいたします。

　座談会にあたりまして、令和元年8月に森脇先生、木村先生をお招きして同様の座談会を計画して、キャリア発達支援研究会機関誌6に掲載しているところです。令和元年8月から現在まで思い越してみますと、大きく社会的な情勢が変わったところがございます。1つには新型コロナウイルス感染対策を踏まえたさまざまな制限下の中で、いろんな活動が展開されてきて、大きく私たちの生活様式も変わったところがあるかと思います。また、国際的に視点を転じれば、国家間の戦争、あるいは紛争等、こ

れまでにない社会情勢、世界情勢になっているかと思います。またここ数年、人工知能と言われるAIの画期的な進展、そういったところも社会の中で話題となりつつございます。

　そういったところを踏まえながら、前回の座談会に続きまして、今を見つめるということで、まず森脇先生からお話をいただきまして、そのあと木村先生からお話をいただければと思います。基本的に両先生方のお話をどんどん広げていかれるような座談会になればと思いますので、どうぞよろしくお願いいたします。それでは森脇先生からよろしいでしょうか。お願いいたします。

森脇 はい。昨年度、荒瀬先生と一緒にいろいろお話させてもらった「糸の切れた凧」なんですけど、第1弾は京都大会のときでしたから、平成27年やったと思うんですけどね。丹野先

生からも、京都大会のときに新しい学習指導要領、今の現行学習指導要領の改訂についての話をいただいたように思っているけど、その10年の中で、やっぱり大きな教育そのものの柱がずいぶん大きく変わってきた。そのこととキャリア発達ということとの関連性というのは、非常に深いのかなと思います。キャリア発達支援研究会自体は平成25年に発足し、そういう時代のニーズであるとか流れの中で、私たちが目指してきたものと、これからまたさらに目指そうというものが、やっぱり、何て言うかね、1つの流れとしてつながっているような、そういう確信はすごく感じるところであります。

　じゃあ何が変わったかということやけど、ものの本質は変わってないと僕は思うんですね。変わってないんやけど、見方が変わった。その見方というのは、たとえば令和答申なんかでも子どもが主体だ、みたいな、本当に90度、180度、見方自体が変わったりとかね、そういう表現までが変わってきているかなと思うし、コロナみたいな3年間のあの空白の時間の中でも、どう生きるの？　というところの、今までの当たり前が当たり前じゃない世の中って、それって経験したことがあまりなかった中で、それでも生きていくという、なんかそういうふうな価値観そのものの有り様というか、コロナにどう関わっていくかであるとか、それが自分との関わりの中で、社会と自分、自分と社会という、なんかそこら辺の視点そのものがね、ずいぶんここ数年の中で変化があったかなというふうに思います。

　個に応じた指導は私たちがやっていると思っているのだけど、果たしてそれは受け手からす

ると指導の受け手、学びの主体である児童、生徒からすると、その児童、生徒の最適な学びになっているかどうかという視点は、普通はあるのではないかという。だから個に応じた指導というのは、本当にそれが子どもにとってどうかということと、学びの主体が子どもだという視点からもう一度考えたときに、子どもの最適な学びになっているかという、そこら辺の視点を私たちが持つ必要があるのかなって。だからそれは、見方の問題。個別最適な学びということに向けて、どういう問いを持てるかという、そこが大事だと荒瀬先生がおっしゃっているんですね。だから問いの立て方ということ。そのことを私たちがどんなふうに考えていくかというところが、すごく大事な視点にこれからなっていくんじゃないかなっていうふうに思うんですよ。だから、何も本質は変わってない。変わってないんやけど、見方を変えることによってすごく大事なものが見えてくるかなって。なんかそんな気がしております。いったんお返しします。

丹野　ありがとうございます。森脇先生のほうから、前回の話の内容等を踏まえまして、話題提供いただきました。次に、木村先生から話題提供していただきます。

木村　はい、ありがとうございます。このメンバーで対談やったときの原稿を読み返しましたら、あのときは京都市立白河総合支援学校での森脇先生の取組の経過などもとても丁寧に紹介いただきました。これは本当、私自身が森脇先生の実践の中でかなり深く学ばせていただいた

人間ですし、多くの先生方もこの経過は知って
おいた方がいいのでは？という点で、すごく価
値があったと思うんです。それから５年くらい
い経ったんですかね。コロナ禍を挟んだので、
様々に様相が変化してきましたが、今回の「こ
れまでのキャリア発達支援」というテーマから
すると、この研究会ってどうやって始まったの
か、どういう立ち位置を重視しようと考えたの
かということを改めて確認するのも、大事なこ
とではないかと考えました。

　我が国の重点教育施策として「キャリア教育」
が打ち出された初期の段階では、キャリア教育
は「教育改革の理念と方向性を示すキャリア教
育」と紹介されました。キャリア教育そのもの
はアメリカ発なんですが、1971 年にそのとき
のアメリカの教育省長官だったシドニー・マー
ランドが提唱した理念であり、その趣旨は「教
育改革」でした。当時のアメリカの社会変化に
対して、学校教育が生徒のニーズに応じ切れて
いないという課題認識があり、仙崎武氏は、そ
の当時の学校の「過去指向性」とか「非現在性」
という課題への改革提言だったと指摘していま
す。私自身は、このようなキャリア教育が潜在
的に担っている根本理念を、この 10 年間、重
く感じてきたところがありました。キャリア発
達支援研究会のメンバーの皆さんと出会って、
キャリア教育が教育改革理念だという私たち自
身の受け止め方として、菊池武剛先生が指摘さ
れているように「キャリアは相互発達する」と
いう考え方を、キャリア発達支援研究会の皆さ
んが自分のこととして受け止めようとしてき
た、そういう方々と一緒に歩んでこられたとい
うのは本当に幸福だったなって、すごく思いま

した。

　この「キャリアの相互発達」ということです
が、私が特総研で研究を始めたときは参考とな
る情報自体が極めて少なかったのですが、最初
に深い衝撃を受けたのが、菊地武剛先生と渡辺
三枝子先生がご執筆されているいわゆる「基礎
的研究」（H8/9）という報告書の中の一節でし
た。その一節を引用しますと、

　『キャリア発達は決して子どもだけのもので
はない。子どもが自分の進路にたくましく取り
組んでいけるということは、教師や親自身の
キャリア発達がそれに対応していることを意味
する。子どもが自立的、主体的に進路の選択・
決定ができるということは、同時に親や教師自
身がそれを可能にする成熟をしているというこ
とである。これはどちらが先でどちらが後とい
うことではなく、いわば相互発達と言うべきこ
とである。（抜粋）』

　本会発足以来、キャリア発達支援研究会のメ
ンバーたちは、自分の在り方を振り返って見直
そう、捉え直そうという姿勢が多くの方々の研
究報告、実践報告の中で見られるようになり、
本会の本質的な理念ともいえる文化がつくられ
ていったように思われます。皆さん、とても前
向きに受け止められてきたんだなと、すごく感
じたんです。「相互発達」って、自分の役割を
見直すのにすごくいいキーワードだったと思う
んです。でも、実際、自分たちも、そして、親
の方々も、子どもに最も身近な影響を与える存
在である人たちが、自分たちのキャリア発達が
子どものキャリア発達に対応しているっていう
のは、結局どういうことなのかと、ずっと考え
てきました。

　このところ、北海道ＣＥＦでは不登校の問題に関ってきたのですが、子どもたちが不登校という状態になり、親も我が子が学校に行けなくなってしまったことに心底心配で心配でしょうがなくなっていって、どうやって関わっていいのか分からなくなる、というのも、昨今ではたくさん語られるようにはなったんですけど、そういう状況の中でも、ゆっくり時間をかけて「休養」という経過を経て、子どもは、不思議と変化していく、変わっていく姿っていうのをやっぱり見ることができるんですよね。それは親が本当に心配しながらも、自分の生活、自分のキャリアをちゃんと大事にして、なるべく一緒にいようとしたり、子どものために何ができるかっていうことを一緒に考えたりする人もたくさんいて、それが子どものプレッシャーになったりすることもあるにはあるのですが、親自身も自分の人生を生きようとする、自らのキャリアを追求しようとする姿を見せる中で、子どもたちが、その親の背中を見ながら自分の在り方を考えていくというプロセスをたどっているんじゃないかなと思ったりもするのです。このような「姿」に、「相互発達」の様相を、私は感じてきました。

　皆さん既にご存じのように「キャリア」の語源はラテン語で、「轍」という意味があって「進む」という意味を内包しているのですが、渡辺三枝子先生のご解説を伺って、目からうろこが落ちました。その「進む」というのは、まっすぐに階段を上るような「進む」だけではなく、「進む」方向は 360 度なのだと・・・。つまり、今、自分が乗っている「レール」から外れた方向に進んだり、自分の過去のことを振り返って、

ときに後悔したり、やり直したり、リスタートしたりというようなことをグルグルと自分の中で思い巡らせたり、いろいろ探索したりするような、そういう「探索的」「探究的」な意味を含む「進む」なのだと。そういう試行錯誤するような姿も時期も「発達」の姿なのです。「キャリア発達」の意味深さっていうのをね、すごく感じることができたのです。皆さんも、「キャリア発達」という奥深さについて、ご自身なりに探究していくことがこれからのキャリア発達支援研究会の、ある意味永遠のテーマなんじゃないかなと考えています。

　それと、私たちの研究会は「キャリア教育研究会」じゃなく、「キャリア発達支援研究会」としました。私は最も適確なのではないかと、今でも考えています。「キャリア教育」って言っちゃうと、教育の実施は大人側ですから、だから我々の問題ではあるんですけど、でも、キャリア発達って子ども自身のテーマですよね。だけど私たちの役割というのは支援や環境づくりという面もあるので、「キャリア発達支援」ということになるのでは？　と。

　ここには、先ほど述べた「キャリアの相互発達」という意味が内包されています。

　先ほど、森脇先生から「問いの立て方」という話があって、私たちがこの研究会で何を探究するのかという立ち位置として、子どもたちの発達を支援するということがとても重要なんだと。それは私たちが学校教育の中で、また社会のさまざまな活動の中で私たちが何を支援できるのかというのを考えようと。そういう立ち位置がこの研究会にはある。そこでの学びが実践のフィールドなんだっていうことですね。

この研究会の発足段階の第1回研究大会で菊池武剋先生と渡辺三枝子先生にご講演をいただいたのには、そんな意味があって、お二人に出会えたっていうことが私たちの研究会の核になっていますし、いまだにメンバーの方々もそういう理念の中で、進んで来られたんじゃないかなということをね、この10年振り返ってすごく感じているところでした。

丹野 はい。ありがとうございます。この数年間、特にコロナを前後して、私たちの生活様式だとか、さまざまな考え方が大きく変化してきたのではないかなというふうに、個人的に思っています。私も実際にコロナで、全国一斉休業になるときに、教育委員会にいましたので、本当にそのときの対応というのは国と連携しながら、先が読めない中で対応してきたという状況がありました。そういった中で、やはり今までコロナ前まで使っていたキャリア発達というところの言葉の使い方と、あとコロナ後の今現在、私たちが使う言葉の重みというのが、やはりそれぞれ違っているのかなというふうに感じています。やはりコロナの苦しい状況の中で、さまざまな方向性を見出し、取り組んできたというところは、やはりそれぞれのキャリア発達が支え合ってのことだというふうに考えています。そういった中で中教審の答申、令和答申ですとか、あるいはこのたびの教育振興計画が策定されているというようなこともあるかと思います。

こういったような状況を踏まえながら、森脇先生にまたお伺いしたいんですけども、森脇先生のお話の中で、当たり前が当たり前でない価値観というのが新たにクローズアップされてきているというようなことですとか、あるいは日本型のウェルビーイングをどう考えるのか、あるいは個別最適な学びというのが本当に子どもたちの学びになっているのかというところを見定める視点、そういったところが大事なんじゃないかというようなところのご指摘がございましたので、そういったところについてまた触れていただければと思います。また木村先生からは、キャリアの相互発達というところで、発達というところの捉え方についてお話いただいたところです。本研究会が進めるべき方向性を見据えながら、どういったところを、よりブラッシュアップしていけばいいのかというところについても、また触れていただければと思います。森脇先生、ウェルビーイングという言葉が出ていますけど、ウェルビーイングを森脇先生なりに日本語の言葉で説明するとどういうふうに捉えられているかというところをお話いただけると、またキャリア発達にもつながってくるのかなというふうに思いましたが、よろしいでしょうか。

森脇 いや、先ほどね、木村先生がこの研究会の立ち位置の話されていましたけど、そういうことを僕も言いたかった。うまいことまとめていただいたかなと思ったりしています。子どもの発達というところに視点が、本質があって、そこのところを私たちはどう支えていくかというのが、この研究会の目的だというのは、すごく共感しますし、そこがやっぱり出発点であるというのは、すごくわかりやすいかなと思うん

ですね。

　ウェルビーイング。難しいですね。なんかね、幸福って何？　とか、幸せって何？　とか、そんな言葉では表してしまうと簡単すぎて、そういう問題ではなくて、やっぱり価値観、多様な価値観の中でいかにうまくお互いが協調できるか、許容していけるか。それは決して自分自身を諦めちゃうんじゃなくて、妥協するだけじゃなくて、その妥協の先にある。僕がずっと前から言っている、同じ土俵の中で共に生きていくという、なんかそういう意味かなとか思ったりします。だから相手を認めながらも、自分を見失わないような、そういう協調性の中で生きていくという、その辺がウェルビーイングなのかなと思うんです。でも、そのためにじゃあどうしたらええの？　ということが一番大事なことで、そこにはよく言われる一般的なことで言ったら対話ということが出て来るんやけれども。対話というのが何者なんだ？　というのは、まさにこの研究会そのもののテーマでもあるし、これはもう永遠に続く命題。何て言ったらいいかな。ずっとみんなで考え続けていく問題なんだろうなって。対話って何なんだ。

木村　ですね。

森脇　だから、そういう中で起こってくることが、相互発達。私たち自身の相互発達でもあるのかなって。もちろん子どもたちへの支援を通した相互発達でもあるし、私たち自身の中での相互発達でもあるのかなって思ったりしていますけどね。それから、当たり前というのはね、自分の中で、僕もよくわからない。普通というのはね、自分にとっての普通というのはね、ようわからんのですよ。歳を重ねてくると、今までの健康やった自分というのが普通なんですよね。ところが、できていたことができなくなるようなことが普通に起こるんです。だから普通というのも変化していくというか、これ、当たり前っていうのは変化していくような気がしていて。だから今というのはどんどん変化していく中での当たり前であり、普通であり、と言うような気がするんですよね。だからどこに基準を置くかというのは、ものすごく自分の中でわからなくなるようなときがあるような気がしていて。でも、世の中そうはいかないから、これは価値観というのかルールというのか、これが当たり前だとか、そのような視点で物事を見ていくと、やっぱりちょっと違うんじゃないの？というのが、時間の流れ、あるいは空間という軸の中でね、当たり前というのがなかなか定まらない気がします。だから非常に難しい。木村先生、助けてください。

木村　いえいえ、でも、その相互発達に必要な「対話」というのは、ものすごく重要なキーワードなんだっていうのは、本当に実感します。いや、実感というか、その通りだなって。それこそ荒瀬先生との対話の中でもたくさん出てきましたよね、その話題。それをどうやるかっていうのは、とても難しい話で、それこそ平田オリザさんは、対話というのは知らない人との間の情報交換や、知っている人の間でも価値観が異なるときのすり合わせなんだとおっしゃっています。価値観が異なるときのすり合わせ。私、キャリア発達支援研究7巻の巻頭論説・展望

に、渡辺三枝子先生から教えていただいたこと、対話の意味について書いたんですけど、他者の意見、他者の考えに耳を傾けるって、他者のことをちゃんと理解しようっていう姿勢がまず大事なんだけど、ときにすごく共感できるときがあって、心地よいときもあるんですけど、でも、お互いに違う人間で考え方も違うので、ときに自己改革を迫らなきゃいけないことがあるんだと。だから対話ってけっこう苦しいことなんだという話を聞いて、本当にその通りだと実感しています。そこに私は自分たちの発達というかね、自分を変化させていく重要なきっかけになるのかなというのが、対話の中に存在するのだと思います。

それと、今回の学習指導要領にキャリア教育の充実ということで、特別活動を要としつつ、という文言が出てきましたよね。これ、私すごく重要なキーワードだなと思っていて、今までのキャリア教育の推進に当たっては、国としても少し右往左往していたところがあったと思うんです。最初は勤労観・職業観を育てる教育って言ってみたり、学校全体を通じてやるんだということで、非常に取組が曖昧になったりとか、国から出されたことの受け止め方というのがね、すごく学校によってまちまちであったみたいな反省があって、今回また改めて出されたのが、『特別活動を要とする』ということですね。

とても意味深いなと思うのですが、平成23年、キャリア発達に関わる諸能力の育成に関する調査研究報告書で、「基礎的汎用的能力」が提起されましたが、その報告書の中に「発達について」という解説があるんですよ。これはあとで聞いたら、この箇所は渡辺三枝子先生が執筆されたとのこと。発達の基本概念が6点示されていて、すべての人に起こるんだとか、生涯続くんだとか、そういう発達の概念の説明があるんですが、そのうちの1つに、「発達には漸次性があると同時に連続的な側面と、不連続・革新的な側面の両方が相互に機能して起こるものである」があります。それに対する解説が続けてあって、この連続的な側面の発達というのは、坂道を徐々に上っていくように発達していくという側面で、これは学校のカリキュラムでいうと「教科」が担うのだと。教科は、段階的に設けられていますよね。

ところが、一方で不連続な側面。つまり飛躍するように、子どもの内面に革新が起こるような変化。発達ってよく階段に例えられたりしますよね。越えるのが容易ではない階段をある時ふと上がってしまう、というような飛躍的な変化や革新的なことが起きるというような発達の様子を見せることがしばしばあって、それはきっと皆さん経験的に「あ、なんか子ども、ちょっと雰囲気変わったな」みたいな、そんな印象？　というか実感？　というものを、親も感じることがあると思うんですけど、この不連続な飛躍的な側面を担保するのが、「領域」の活動だって言うんですよ。このことは、渡辺三枝子先生が口頭で教えてくれたんですけど、教科という学びが連続的な発達を支える機能と、領域の活動、特に特別活動を中心とする活動が、本人の中の革新を起こすような機能を担うのだと。「教科」は教える内容と時期とか内容が順次示されていますよね。それに対して「領域」にははそういうものがなくて、「領域」は発達を促すことに視点を置いた分類なんです。

だから、領域の活動というのが、キャリア発達の中でも特に革新的な発達を生み出す非常に重要な契機になるという機能があるので、「特別活動を要として」、と書かれたことが、私にはものすごく意味深いなと思えてしょうがないんです。残念なことにこのコロナの時期は、この特別活動を軒並み制限しました。おそらく、子どもたちへの影響って、大人が考えている以上にものすごく負の影響というか、大きなダメージというのを受けてしまった。それは今の大学生を見ていても本当にその通りなんですよ。結局、オンラインを使った授業で教科の内容はなんとか実施するようにって、皆さん学校で努力してきたと思うんですけど、でもはやはり他者との関わりの多い特別活動ってどうしても制限せざるを得なかった。これはね、はやり子どもたちに大きな影響を残したんではないかな、と。私、学校ってなんのためにあるのだろうと、改めて考える機会にもなりました。学校って、やっぱり「発達」を支えるためにあるんじゃないですか？　発達の契機になるような場じゃないのですか？　と。コロナ禍を通じて、とても考えさせられました。

丹野　ありがとうございます。今、森脇先生と木村先生のお話をお伺いして、特にコロナの状況の中で、今まで経験したことのないことを、私たちが経験したということもあって、これは子どもたちもそうですし、我々大人もそうだと。そういった中でやはり今まで学習指導要領だとか、たとえばいろいろな振興施策に書かれていた言葉が、リアルなものとしてね、私たちが受け止める状況になってきたのかなと思っていま

す。たとえば予測できない社会に生かせるような力、資質、能力を育てていくというような、まさにその予測できない状況を目の当たりにしたというようなこともありますし、そういった中で、たとえば特別活動のこともそうですけど、学校教育が担うべきもの。そういったものの本質をまた見直していくきっかけにもなったと思いますし、またオンラインの在り方ですとか、さまざまなオンラインを通した対話もありますが、対話とはなんなのか。対面でやることの意義だとか、そういったところの意義をもう一度見直すきっかけにもなってきたのかなというふうに思っています。そういった中で、本研究会が今後目指していくべきところ、そういったところについて少し話を発展させていきたいなというふうに思っていますが、木村先生のほうから発達というところが1つクローズアップしていただきました。

特にこれは個人的な考えなんですけど、特に発達をどういうふうに捉えるのかというところを、研究会としてもしっかりと整理していくということが1つ大事なのかなというふうに思っていますし、またさらにキャリア発達という言葉を本研究会は使用していますので、キャリア発達という言葉も非常に大切になるのかなというふうに思っています。また相互発達という言葉も出てきておりますので、そういったところも少し議論をしていくといいのかなと思っています。木村先生、森脇先生の順番でお願いします。

木村　発達ってどういうふうに捉えていくのかについて、非常に主観的な側面が多くて、もち

ろん数値化できるような発達の側面に関しては、例えば、知的発達とか、運動発達とか、そういう数値化できる側面には、人間としてのその子の特性というのはある程度把握はできるのかもしれませんけど、でもキャリア発達、心理社会的な発達ってなかなか数値化できないので、捉えるのってすごく難しいと思うんです。逆説的な見方をすれば、ということになるんですけど、その発達が停滞するというか、子どもたちの発達上の危機ってどのように生じるんだろうって。そこを見ることも1つの着眼点なのかなと考えています。

「キャリアクライシス」という言葉がありますが、一般的には「キャリアクライシス」って「仕事上の経験における重大な局面」という意味で用いられますが、子どもたちの「発達」という側面からどんなキャリアクライシスを抱えるんだろうというのが、今の私自身の関心の一番大きなところで、不登校なんかもそうなんだと思います。

もちろん、自殺とか、それに、貧困とか、虐待とか、いじめとか、最近若い人たちが陥ってしまう闇バイトとか、そんなような、いわゆるその子どもたちのキャリア発達の危機と言えるような状況になることも、かなり増えているんじゃないかなって気がしているんですよ。この背景には、子どもたちの心理社会的発達に「危機的な影響をもたらしかねない環境要因」にも目を向ける必要があるのだと思います。今、生徒指導提要も改訂版が出されて、発達支持的生徒指導など少し新しい概念が出てきますよね。今までは、生徒指導の行動の中で成長を促すというように、成長って書いてあったんですけど、

今回は発達支持的生徒指導。ここで発達というのが出てきます。成長と発達って、ほとんど同じ意味で使われることもしばしばですが、ある人によると「成長」っていう言葉を使うときに含まれるニュアンスの1つとしては、量的な変化。背が伸びるとか、体重が増えるとか、筋力が付くとか、そういうように「量的」に増えていくような変化のときに、成長という言葉のニュアンスがあって、「発達」というときには、「質的な変化」というニュアンスのときに、発達という言葉が主に使われるのかもしれません。キャリアクライシスの典型的な例というのはどういうふうに生じて、その周りの人たちがどう関わって、それが、プラスにもマイナスにもどのように相互作用して、そして、彼らはどうやってそれを超えていくのか。そこに、私たちは高い感度を持つ必要があるのではないでしょうか。言いたいことは、発達上の危機を「キャリアクライシス」と捉えることも考えられるのではないか。このことは、いろんなところで生じているようで、広く見れば、たとえばNHKが毎年特集している「君の声を聞きたい」という番組の中にも、1万人のアンケートの中で若者たちが自分の願いを書いているんですけど、お金が欲しいという願いが一番多かったらしいんです。でも、その回答を書いた若者たちにインタビューすると、いや、贅沢したいからお金が欲しいっていうんじゃないんだと。この先、自分が就職してから奨学金も返さなきゃいけない、仕事も転職しなきゃいけなくなるかもしれない、みたいな、すごく経済不安を根本的に抱いていて、今の本学の学生たちもそうなんですけど、背景には、今の若者たちは大きな不

安の中にいるという、そういうことがね、本人たちの声を聞けば聞くほど出てくるんですよ。

それはクライシスとまで言えないのかもしれませんけど、危機に結びつきかねないような環境に今の子どもたち、若者たちが置かれているのではないでしょうか。私は、学校教育というフレームだけじゃなくて、もっと広い社会で、子どもたちがどんな不安やつまずきや、それをどういうふうに自分からサポートを受けているのかの把握に努めて、（でも実際は相談している人たちはほとんどいないというアンケートも出てきているんですけど）、では、学校教育としては何ができるのかということをね、もっと真摯に考えていかなくちゃいけないのかなと思います。もちろん、教育の分野でも「SOSの出し方教育」にも注目が集まりつつあります。教師は、子どもたちにとって最も身近で、親の次に信頼感を持ってもらう可能性のある存在だから、そういう存在である学校の役割を果たしていくことが、キャリア発達支援を考えるときに非常に重要な土台になるんじゃないかな。今、まさにそういう時代に入ってしまったというふうに考えているところです。

丹野 木村先生、ありがとうございます。キャリア発達の危機というところで、私自身、新たな知見を得て、また生徒指導提要についても改めて見てみますと、発達支持的生徒指導ですとか、かなり発達の観点が盛り込まれているなというところが、よくわかりました。本当にありがとうございます。

森脇先生、相互発達というところで、何か少しご助言いただけますでしょうか。たとえば

キャリア発達の危機を乗り越えるときに、やはり対話というのも非常に重要になってくると思いますし、そういったところでもし何かご教示いただけたらと思います。

森脇 発達と、それからもう１つはやっぱりキャリアという視点の中でのキャリア発達といったときに、もう１つは自立って何？　という視点。自立そのものというのは、やっぱり周りの環境であるとか、あるいは周りの人との関係性であるとか、そういう中での自立ということを考えたときに、自立と発達との関係みたいなものをね、キャリアという中で考えていかなあかんことなのかなと思ったりはしています。やっぱりそこは社会的な発達っていう意味で、先ほど木村先生もおっしゃっていたような相互発達という視点の中でね、互いに影響を受けながら共に変化していくというパラダイムというのか、そういう軸の中で発達というのを捉えていくというのが、キャリアの中でも発達なのかなと思ったりするんですけどね。先ほども何回も出てきていた生徒指導提要が、すごくわかりやすいなと思って。今、学校教育は、ことに一般の高等学校、私ここ５〜６年回っていますけど、こういう考えに移ってきているという。今までは物事が起こったことに対して、それをどう対応するかというか、そこばっかり見ていたんだけど、そうじゃなくて、もっと根本にあるものはなんなの？　という、そういう視点にずいぶん変わってきているなと思ったりしています。

臨床哲学の鷲田清一先生が、コロナになって自殺者が増えたことについて述べられているの

をどこかで読んですが、失業したりとか、仕事がなくなったりして、生活苦の中で自殺するということ以上に、自分というものの代わりは他の人が代理をしたらいいんだという、社会から存在を否定されることが原因じゃないか。自分の代わりはなんぼでもあるだというふうな考えね。そうじゃなくて、周りが、あなたがいてもらわないと困るんだという。あなたは必要な人なんだという、そういう社会構造になっていないことが、こういう危機的なことが起こったときに、自殺が増加した原因じゃないかと。そう考えたときの、たとえば自己肯定感。あなたは大事な人なんだよ、というふうなことをいかに受け止められるか。あるいはそういう発信を誰がどのようにしていくかということは、すごく大事な気がするんですね。このことは、自立ということとすごくつながっているような気がするんですね。キャリア発達という側面から考えたときには、そういう個人一人一人のもちろんキャリアという部分も大事なんだけど、そのキャリアを支えていく社会的な構造自体の在り方というかね。それをどう作りあげていくかということも、すごく大事な視点のような気がします。こういう、特に危機的な時期、ことが起こったとき、何かそのことがさっきのウェルビーイングという言葉もありましたけど、それは単なる個人の問題じゃなくて、社会構造の中でウェルビーイングというのを考えていかないと、不登校とかいじめとかいろんなことと関連しているような気がする。

木村 そうですね。同じことが子ども食堂を支援する全国組織の中心的役割を担っている湯浅

誠さんも言っています。彼は、この間 NHK の視点論点という番組で言っていたんですけど、やっぱり自分が居場所と思える場所で、まず自分のことを認められるということがものすごく大事で、これまでの社会は「頑張ると認められる。認められるとまた頑張る」という、そういうベクトルが主であったところですが、今の子どもたちに一番大事なのは、まず認めてもらう。あなたの存在って大事なんだということを、その場にいることでまず認められると、段々に頑張れるようになるのだと。このベクトルは逆なんだという話をされていました。だから私たちにできることは、実は発達というものに目を向けるというよりは、私たちの役割ってそういう環境を作ることにあるんじゃないかなというのを非常に納得しました。「居場所」っていうのは、単に「場所」、piece のことだけを指すのではなく、大切なのは本人にとっての「居場所感」、それを支えるのが「関係性」なのだと湯浅さんは言っています。それって、森脇先生がずっと白河総合支援学校でやってこられた活動が、まさに場所と活動を通じて、本人にとっての「居場所感」がちゃんとできていって、地域の人たちに認められていくことを生み、そういう「サテライト」という形で「居場所」を創造していったことが、日本全国のこの教育を志向する先生たちに、とてもヒットしたのではないかなと。今日、そういう意味（価値）をいろんな方々がさまざまな形で、違う言葉で語るようになってきた。居場所っていうのは今とても重要なキーワードになっていて、場所のことじゃなくて、関係性の有り方を言っているわけです。

丹野 森脇先生、今、関係性の作り方というところで、白河総合支援学校のさまざまな先駆的な実践を踏まえながらいかがでしょうか。居場所作りというわけではないんですけど、そういった活動を通して子どもたちに自己肯定感を高めるというところについて。

森脇 以前からね、もう繰り返し同じことをお話させてもらっているかもしれないけど、やはりはじめは企業さんと生徒との関係の中で、いわゆる Win-Win。この子ができる子なんだということを、企業さんに知ってもらうことで、そのことが企業にとっても障害者雇用の拡大につながっていくというふうなことで、企業啓発。企業の見方が変わったら、雇用も増えるし、生徒も伸びていくだろうという考えでやっていたんですね。どうもそれだけでもないだろうと、途中で気が付いて。企業も理解してくれる。理解してくれることによって、生徒の能力、ポテンシャルが広がっていくという考えでやっていたんですね。どうもそれだけではないなというのが見えてきた時期がありました。そのときに木村先生とか渡辺三枝子先生と出会って、キャリア発達支援研究会の前身のようなものができあがってきた、ちょうどその時期やったかなと思うんです。丹野先生とも出会ったのはその時期じゃなかったかなって。地域コミュニケーションというのを専門教科として作るっていう無謀な話をやったんですよ。平成20年にそういう専門教科って本当にそんなものできるかどうかわからへん話で。地域の人への貢献活動みたいなものでね、専門教科を作っていいのかなって思いながらも、それはやっぱり絶対正解

だって思っていましたからね。

木村 あれ、画期的でしたよね。職業学科なのに、なんで地域コミュニケーション？ ってみんな思ったと思います。だから、先生方はなんでこんなことをするの？ って。森脇先生のお話を聞いて意味がやっと分かったと思うのです。地域の人たちともっと私たちが積極的にコミュニケーションを取って、その中で地域づくりをお手伝いするというのは、それこそコミュニティスクールの大きな命題の1つじゃないかなって思いましたね。それを、具体的に白河総合支援学校の先生たちや生徒たちが見せてくれたので。

　森脇先生たちがやってきた実践が随所に頭の中によぎるんですよ。

丹野 ありがとうございます。森脇先生が校長先生をなさっていたとき、本当に平成16、17年くらいからいろいろとね、地域との協働活動ということで発信されていって、その先駆性には本当に敬服するところであります。一方でコロナの中で、いわゆる地域との結びつきがかなり制限されてきたところもありますので、これからね、またアフターコロナという、まあ、ウィズコロナになるのかもしれませんけど、まさに学校、地域とのいろんな関係性作りというのが大きな課題になるかなというふうにも思っているところです。

　また、木村先生からご指摘のあった特別活動、特に行事がやはりさまざまに制限されてきたというところもありますし、今、全国的にまだ配慮事項というのは自治体によっても違いますけ

ど、かなりコロナ前と同じような形、あるいは
さらに発展させた形で学校行事に取り組んで行
くというような動きが出てきているところでは
あります。こういった中で、また次の学習指導
要領の改訂に向けた動きも少しずつできてきて
いるというようなところも、少し関係者から漏
れ聞くところではあります。次の改訂を見据え
ながら、本研究会として発信していくべき、あ
るいは何かメッセージがあれば、両先生からお
話をいただいて終わりにしたいと思います。

　両先生のさまざまな知見をいろいろといただ
きながら、さらに研究会が充実できればという
ような願いでお話をいただければと思います。
それでは木村先生、森脇先生の順番でいただい
てもよろしいでしょうか。それでは木村先生、
お願いします。

木村　ありがとうございます。今後のというこ
とで、学習指導要領の改訂に直結するのかどう
なのかということかどうかわからないんですけ
ど。インクルーシブ教育ってやっぱり障害のあ
る子どもたちの教育、障害児教育にすごく集中
しすぎだという意見があって、その通りと思い
始めています。インクルーシブ教育はすべての
子どもを対象にして行われるんだって書かれて
いるわけですから。たとえば、外国籍につなが
りのある子どもとか、貧困層の子どももそうだ
し、虐待やマルトリートメントの背景のある子
どもとか、性的マイノリティも。これからきっ
とその話題は大きくなっていくでしょうね。障
害のある子どもだけではなく。不登校の子ども
たちって、ある意味、その代表者として社会に
訴えているんじゃないかなとすごく思います

し、同様のことを言う方々もいらっしゃいます。
だからもっと私は、インクルーシブ教育の概念
を、本質的にと捉え直していく必要性を強く感
じています。

　子ども食堂を支援する全国組織である「むす
びえ」の調査によると、子どもたちに「学校は
居場所ですか？」という質問に対して、「はい」
と答えた子どもは全体の半分ですって。残り半
数は「学校は（自分にとっての）居場所ではな
い」との結果だそうです。

　「心理的安全性」というのが、今、あらゆる
場面で注目されだしましたね。若い人たちも就
職にあたってとても気にしているようですし、
そうなると、当然雇用者やミドルリーダーの人
たちも自分の職場は心理的な安全性が確保され
ているのかどうなのかということを考えるよう
になってきているようです。企業が人を確保す
るために重要なコンセプトになっているような
んですけど、やっぱりそれと同じように、子ど
もたちの今の学校生活の中で、本当にこの「心
理的安全性」というのが確保されているのかど
うか。それが今、生徒指導提要を通して改めて
問い直そうという意味が、この中に含まれてい
るのではないでしょうか。

　そうしたときに、やっぱり私たちの在り方。
私たちとしてはキャリア発達支援と呼んでいま
すけど、もっと非常に広い意味での人間存在と
しての自分の在り方というのを、もっと幅広く
いろんな分野（教育分野以外を含め）の人たち
の知見にも注目し、学びながら、今後は進んで
いくことが期待されるんじゃないかなって個人
的には考えています。だから今後ともみなさん
で一緒に情報交換しながら、いろいろね、やっ

ていけたらいいなというふうに期待をしています。ありがとうございます。

丹野 ありがとうございます。人間のね、在り方というところで、かなり哲学的に深く入っていくんだろうなというふうに感じました。
　森脇先生、よろしくお願いいたします。

森脇 今も木村先生がおっしゃっていたインクルーシブ教育システムのことで言うと、本当に私も高等学校をずっと今まで回ってきて、そこで話が出てくるのは合理的配慮の話がいっぱい出てくるんですね。合理的配慮ってそもそも何？　という話ですけど、今も木村先生もおっしゃっていたように、共生社会の対象となるのはすべての子どもだっていう話で言うたら、たとえば早生まれの子どもさんですね。小学校の1年生あたりで2月3月生まれの子と、4月2日以降の子どもとの年齢差って1歳以下。それを同じ場所でやっているというのは、これってやっぱり合理的配慮じゃないの？　っていう話もあってね。そんなことまでやっぱりこれからは考えていかなあかん時代がやってくるんとちゃうかなと思います。
　だから個別最適という言葉は単なる言葉じゃなくて、個別最適ってどういう意味かというのをやっぱり一つ一つ確認していかなあかんのと、今まではカリキュラムありきやったんだけど、やっぱりはじめに子どもありきという、そういう視点がすべての学校にこれからどのようにそれを実現していくのかというのが、次の課題になってくるだろうなと思います。はじめに子どもありきというのは、特別支援教育の発想

そのものですから、そういう特別支援教育が今まで求めてきたことが、すべての学校の中でね、当たり前にこれが動いていくように、学びの在り方自体をどう再構造化していくっていうのが、次の課題になってくるのかなって思ったりはしています。やっぱり私たち自身がコロナというものを3年間、乗り越えてきたっていうかね。その中にもヒントがあるような気がするんですね。いろんな部分で対話ということをもう一度見つめ直さないかんなというのが、このコロナで学んだことではないかなと思ったりするのでね、なんかそこら辺にヒントがあるかもしれないかなと思ったりもしています。

丹野 ありがとうございます。すごいハッとするようなキーワードを教えてくださいました。学びの在り方の再構造化っていうのが、すごいスッときたんですね。それで現行の学習指導要領は、やはり指導から学習へという価値観を大きく変えていくというようなところで、学び方についても初めて言及したところがあるので、今度、その学びの在り方そのものをもう一度見直して、子どもの視点だとか、あるいは社会環境だとか、そういったことも踏まえながら見直して、構造化していくというところで、すごくこれからの大きな流れになっていくといいかなというふうに思いました。それは子どもたちのためにいいかなというふうに感じたところです。次の学習指導要領ってまだまだ早いような気もするんですけど、少しずつ研究会の中で意見交換をしながら、私たちが大切にしたいことを研究会として発信していくというようなことも大事な時期なんではないかなというふうに思

いまして、最後に大変僣越ではあったんですけど、両先生方からご教示をいただければという、私の思いでお聞きしたところです。

　ちょうど時間にもなりました。本当に今、両先生方からいろいろいただいたお言葉の中で、一つのキーワードだけで原稿ができてしまうよ

うなことも感じていますので、またそういったところを別の機会にでも深められればと思います。

　森脇先生、木村先生、本当にありがとうございました。

座談会 2 キャリア発達の視点を踏まえ、 インクルーシブな教育の在り方を考える

座談会参加者

<ruby>武富<rt>たけどみ</rt></ruby> <ruby>博文<rt>ひろふみ</rt></ruby>

神戸親和大学発達教育学部准教授

<ruby>松見<rt>まつみ</rt></ruby> <ruby>和樹<rt>かずき</rt></ruby>

千葉県立特別支援学校流山高等学園
校長

<ruby>菊地<rt>きくち</rt></ruby> <ruby>一文<rt>かずふみ</rt></ruby>

弘前大学大学院教育学研究科教授

企画趣旨

　キャリア発達支援研究会が発足したのは、2013（平成25）年11月である。この時期は、2012（平成24）年に中央教育審議会初等中等教育分科会が取りまとめた「共生社会の形成に向けたインクルーシブ教育システム構築のための特別支援教育の推進（報告）」等を踏まえ、2013（平成25）年8月には、障害のある児童生徒等の就学の仕組みが見直され、学校教育法施行令が一部改正されるなど、我が国における共生社会の形成に向けた取組が本格的に進み出していた頃である。また、2014（平成26）年には、我が国は「障害者の権利に関する条約」を批准し、2016（平成28）年には、いわゆる「障害者差別解消法」が施行されるなど、キャリア発達支援研究会の発足後の歩みは、「共生社会」を形成していくための基盤整備と重なっている。

　当時発刊した記念すべき機関誌第1号の冒頭部分で、本研究会初代会長の尾崎祐三氏は「共生社会の形成に向けたインクルーシブ教育システムを構築する上で、キャリア教育が果たす役割は極めて大きいものがある。」と述べている。キャリア発達支援に資する教育の充実・発展を図ることを目的とした本研究会では、これまで関連施策や社会の動向を的確に捉えながら、キャリア発達支援との関連性を検討してきた。学習指導要領を踏まえ、新しい時代における新しい教育の実践が進む現在において、今回改めてキャリア発達支援研究会設立当時からの理事3者でこれまでを振り返りつつ、今後の展望等について自由に語り合いながら、キャリア発達の視点を踏まえたインクルーシブな教育の在り方を考えていく。

キャリア発達、キャリア教育への理解の深化

菊地 2013（平成25）年のキャリア発達支援研究会（以下、キャリア研）の設立から10周年を迎えました。昨年度は記念大会が開催され、機関誌も本巻で10巻目となります。本日は設立当時からの理事3者でこれまでを振り返りつつ、今後に期待することなど、自由に語り合えればと思います。

　キャリア研設立から現在に至るまで、国内外の動向の中で様々な制度改正等がなされてきたわけですけれども、これまでの10年間を振り返りながら、印象に残っていることについてお話しいただきたいと思います。いかがでしょうか。

松見 キャリア研設立の前に「キャリア教育推進者研究協議会」（以下、協議会）の流れがあって、私はそこからの参加でしたが、まずはキャリア教育という視点から、これまでの現場での実践を捉え直し意味付けをするということから始まったように思います。そして研究会の立ち上げにより、いろいろと情報交換したり、対話したりする中で、私たちが従前から大切にし、取り組んできたことがキャリア教育であるということが徐々に理解されてきたように思います。

　ちょうど第1回年次大会の時は、国立特別支援教育総合研究所（以下、特総研）に勤務していて、時期的には現行学習指導要領の改訂の少し前の時期でした。特総研ではインクルーシブ教育システム構築に関する研究に取り組んでいて、「インクルDB」を作っていました。そこでキャリア研でも「共生社会」といったキーワー

ドや、学習指導要領改訂に関する中央教育審議会が示したキーワード等を先取りし、新しい教育施策の動向を踏まえ、連動させながら、参加者と共に学びあってきたという印象があります。

第1回、第2回年次大会では、「インクルーシブ教育システム」関係のことや、当時「アクティブ・ラーニング」と言われていた、児童生徒自身の主体的な学びに向けた考え方が印象に残っています。また、年次大会は当初特総研で開催していましたが、地方でも開催しようということで、最初は京都から始まり、北海道、横浜と続くのですが、このように地方で年次大会を全国各地で開催することになり、それに伴って各地における研究の動きというものが熱を帯び、固まってきて、それぞれの地域で研究会が活性化してきた点は、本研究会にとっても大きなことであったと思います。

菊地 ありがとうございます。特総研のキャリア教育研究は、知的障害教育における進路指導や職業教育の文脈から始まり、いまで言う「資質・能力」の明確化や教育課程全体におけるつながりの再確認、指導内容や指導方法の一貫性・系統性の問い直し、さらには本人主体という視点からのアプローチがなされてきました。その成果を踏まえ、3年間の協議会を経てキャリア研設立に至ったわけですが、私も協議会やキャリア研に参加いただいた、多くの方との多様な対話をとおして「キャリア教育」「キャリア発達」への理解が図られ、本質に接近していったように思います。

発足当時、学校現場では、キャリア教育について狭義の捉えや誤解も生じており、障害の重

い子どもに対するキャリア教育や小学部段階のキャリア教育をどう考えたらいいのかという悩みや疑問も多かったように思います。しかしながら、その後、松見先生が触れてくださったように、私たち自身もインクルーシブ教育システムや共生社会といった文脈の中でキャリア教育を捉えた時に、環境との相互作用や「支援する・される」関係を超えた相互発達への気づきにつながったように思います。キャリア教育の理解の深まりにつながるターニングポイントがそこにあったような気がし、大変興味深いです。さらに、その後学習指導要領に明示された「社会に開かれた教育課程」「育成を目指す資質・能力」「主体的対話的で深い学び（アクティブ・ラーニングの視点）」「カリキュラム・マネジメント」の4つのキーワードによって、キャリア発達支援の理解の深まりや意識化につながっていったと思います。武富先生、いかがでしょうか。

武富 まず、キャリア教育をテーマにした研究が国の中で進められてきた経緯について触れたいと思います。やはり背景にある国の社会状況、あるいは人口動態とか、それからニートの問題とかあったかと思いますが、そういった文脈や問題を解決する中でキャリア教育に視点が当てられ、国立教育政策研究所や特総研においてキャリアに視点を当てて研究が始まったということに重要な意義があると思います。現在もそうなのですが、社会の大きな動きやトレンドを捉えながら、今後個人として、そして社会としてどうあれば良いのかを捉えていくというのがキャリア発達支援ということなのかと思います。

必ずしも個人だけでもなくて、地域の有り様

や社会の有り様を俯瞰しながら教育活動を展開していく、あるいはキャリア発達支援は教育に限定しているわけではなく、福祉や労働施策等についても勘案しながら展開していくという意味においては、この「キャリア」という視点を置くことは、非常に重要な、本質的な意味のあるものだと思っています。

また、直近の話題を挙げると、働き方改革みたいなものが教育だけではなく、企業の側でも求められています。労働生産性の話が出てはいるのですが、それがイコール人生の質とか、いわゆる幸福度とか、生活満足度と直結というか、正しく符合しているかどうかというのは、少し冷静に状況を見ていかなくてはならないのかなと思います。今の状況は働き方改革という旗印が先行している部分があって、何でも見直して、何でも縮減するとか、圧縮するとかいうような話ではなくて、そこら辺の労働生産性とか、あるいは生活の質、満足度、そういったものも含めて捉えていかなければならないのかなという気がしているところです。

菊地 ありがとうございます。武富先生がお話くださったことはその人自身の「働く役割」との向き合い方にもつながっているように思います。キャリア教育の推進において、まず児童生徒本人が自分らしく、よりよく生きていくために、その土台となる授業等をどう見直していけばよいかという課題意識があったと思いますが、このことを起点に、多くの先生方が集まり対話する中で、教員自身の有り様が語り合われ、問い直されてきたように思います。このような流れを踏まえ、年次大会や機関誌においても「教員のキャリア発達」「組織的取組」というような

カテゴリーが位置付けられてきました。これらのことは、相互発達という視点からも大変興味深いです。

また、よりよく生きるということについては、特別支援教育においては、従前からの障害のある子どもの「自立と社会参加」という文脈があり、世界的潮流として ADL から QOL の向上、そして本人参画等へと転換が図られてきました。このことは、いまの社会との関係の中で捉える「ウェルビーイング」の考え方にも通じると思います。今般の議論では、子どもだけでなく、教師や学校としての「ウェルビーイング」についても触れているという意味で興味深いです。

さて、キャリア研の設立当初については、いわゆる権利条約への批准に向けた取組や、今般の学習指導要領の改訂の方向性が議論になりはじめた頃で、特総研では学習評価研究を立ち上げた頃でもありました。この頃は、初代会長の尾崎先生の存在が大きいと思うのですが、印象に残っていることやエピソードなど、何かありますでしょうか。

松見 尾崎先生が「知的障害がある子どもも、確かに『思考』している」のだとおっしゃられていたことが印象に残っています。その頃は「できる・できない」という評価が大半だったため、観点別の評価で子供の「思考」を捉えるということは、学習活動の中に思考する場面をちゃんと作ることにつながるとおっしゃられました。「知識や技能」だけではなく「思考、判断、表現」をしっかり評価できるようにするということは、新しい学びにつながっていくということだったのかなと思いました。いまの新しい時代

の教育にもつながる根本的な部分だったような気がします。特に重度といわれる子供でも、周りの様子を見ながら、自分で考えて行動しようとしている場面があり、しっかりと捉えていく必要があるんだ、というようなことを熱く語っておられたことを思い出しました。

菊地 三木安正先生の「行動的理解」という言葉が思い浮かびました。知的障害のある子どもが生活や学習の場面で示す具体的な行動は、そこに至る過程や背景で思考や判断がなされている、というものです。問いに対して言語で答えることができなくても、説明できなくても、行動でもって理解していると捉えられるという考えです。学習評価という切り口で子供の学びに迫ることにより、改めてこのような考え方が改めて理解されてきたように思います。このことと「キャリア発達の見取り」が大きく関係していると思うのです。

私たちは、特総研のキャリア教育研究以降、日本特殊教育学会で自主シンポジウムを企画・実施してきましたが、2012（平成24）年のテーマは「キャリア教育の評価をどのように捉え、どのように進めていくか」というものでした。その頃によく問われていたテーマです。シンポをとおして確認したことは、「キャリア教育とキャリア発達の評価の違い」や「アウトカムへの着目の必要性」「本人にとっての意味」「その時点だけではなく、経緯（プロセス）を見ていくことで変化を把握する必要性」でした。

また、学習活動における「学び」は、教師による「教える」という行為と子どもの「学ぶ」という行為があり、その相互作用による結果と捉えられます。その行為と相互作用の後に、子ども自身にとっての何らかのよいことにつながるという意味づけがなされてはじめて、子どもにとっての「学び」となると考えると、このことはまさに「キャリア発達」につながる大事な部分だと思うのです。

現在、「キャリア発達の評価」という文言はあまり用いられず、「内面の育ちの見取り」という文言で語られることが多くなったと思います。このことは、「思考」への着目と共通するものと言え、「振り返り」や「対話」の重視にもつながっていると思うのですが、武富先生、この辺りいかがでしょうか。

武富 思考については、対談「糸の切れた凧」でも話題になっていましたけれども、問いをクリアにするということがとても重要で、学びの主体者である子ども自身がしっかりとクリアにもてるように環境を整え、支援していくことが重要かと思います。ただし、重度・重複障害のある子どもたちのことも考えると、問いを言語化するということが必ずしもできるわけではないので、そこはでも生きていく中で、何とかしたいなとか、こういうものが欲しいなとか、この状況は何とかならないかなというのを言語ではなくて、行動とか、表情とか、身振り手振りとかで示す、そんな環境を整備していきながら、なんとか問いを自分自身、あるいは支援者と共に解決していくプロセスを大切にするということが大事だと思います。それが思考の過程だというふうに見て取れるのかなと思っていて、最近はこの問いとか、何とかしたいなという思い、あれっとか、えっ、なんでとかいう、そういう思いを大切にするような学びのプロセスづくりの大切さや、問いは変わっていくものです

から、教える側としては問いのマネジメントそのものも重要だということを講演等でお話しています。このようなことが人生の中で自ら問いを立ててよりよく生きていこうとするアプローチにつながっていくのではないのかなと思っているところです。

菊地　ありがとうございます。これまで授業や単元、あるいは教育課程を構想していくという、「作っていく側面」と、その中で学んでいる「子どもの学びを捉えて、応じていく側面」によって、教育の精度を高めていくという営みがなされてきたと思います。まさに後者の力量を高めていくことが求められると思います。いま思うと、このような過程を大切にしてきたからこそ、キャリア発達や、キャリア教育という言葉に接近していたようにも思います。そして、子どもや教師を主語にしてその姿や思い、解釈を語り合っていくことで、キャリア発達やキャリア教育と言うことばの意味が徐々に明確になっていった気がします。これらの言葉になじみのなかった先生方が、あ、これがキャリア教育なんだ、これがキャリア発達なんだというように、単に職業的な活動をしていれば、キャリアではないということを分かっていったのかもしれませんね。

年次大会をとおした学びの広がりと深まり

菊地　先ほど松見先生が触れてくださったように各地で年次大会が展開され、いろいろな分野の方々がこの研究会に関わるようになってきました。当初は知的障害特別支援学校の教員が大半だったと思うのですが、近年では小中学校の特別支援学級の先生方、肢体不自由教育、病弱教育に関わる先生方など、広がってきています。この辺りの印象に残っていることや、成果または課題でも構いませんので、いかがでしょうか。

松見　札幌大会では、福祉関係や就労支援関係の方が参加されていました。教育に直接、携わっていない方の参加は大きいかなという気がします。今年度の千葉大会でも、学校以外から参加者を募り、福祉や就労、企業の方など、広く声をかけてグループセッションをやろうかと計画しています。このような流れはとても自然なことで、それがさらに広がっているという気がします。ただし、教育関係では、特別支援学級、小中学校、高等学校の話題提供こそありますが、幼児教育についてはまだまだ少ないです。現在就学前教育、幼児教育が注目されてきていますので、今後はこの辺りの関係者や話題が入ってくるといいのかなと思います。ぜひ広げていきたいです。

武富　特総研でも幼児教育の専門家が研究員として位置付き、国の方ではこども家庭庁が設置され、こども家庭審議会が非常に重要な議論をしていますので、そこにフォーカスするのは非常に重要なことだと思っています。連続性のある多様な学びの場と、いわゆるライフステージにおいて切れ目のないところでキャリア発達のことについて考えていくことの重要性というのは、引き続き在り続けるのかなと思っています。私個人としては、本会の年次大会の記念講演で教育関係以外の方が、例えば旭川動物園の坂東園長先生（札幌大会）、あるいは富山のナラティブホームの佐藤先生（金沢大会）のお話がもの

すごくインパクトがあったというか、キャリア発達やキャリア発達支援の本質に迫っている部分がありました。もちろん教育関係のお話もいいのですけれども、分野・領域が違っていても、我々とは違った側面からキャリアということに向き合っている方々が同じテーマや思いで取組を進めているということを共有していかなければならないと常に感じているところです。そういう意味では千葉大会もまた特徴的な方をお呼びして意義のある大会になると期待しています。

菊地 ありがとうございます。インクルーシブ教育システムの考え方が進められてきた影響というか、機関誌6巻の時ですかね。小学校、中学校、高等学校に範囲を広げてアプローチすることを企画しました。最終的には幼稚園までは踏み込み切れませんでしたが、その後、幼稚園における実践等も寄稿いただけるようになってきました。

　また、坂東園長先生、佐藤先生のどちらのお話もヒトや動物が生まれてから亡くなるまでを語られていて、キャリアという本質に迫っていくような思いと同時に、心の中に何らかの大事な感情が生じたように思います。

各支部の学習会の発展と学びの変化

菊地 さて、コロナ禍によりオンラインのノウハウが確立されたことで、各支部の学習会が増え、活性化してきましたが、この辺りはどうでしょうか。現在、東北支部では各県で学習会をリレーしているのですけど、今回新たに幼稚部、小学部にフォーカスした学習会が企画され盛り

上がりました。関西支部はフリーに語り合うワールドカフェ形式でやっていたようですが、いかがでしょうか。

武富 そうですね。森脇先生を中心にしながら、それぞれ疑問に思っていることを、肩ひじ張らずに語らうことを中心にしながら展開しています。他の支部ではいろいろなテーマを設定をされて、回数も質も非常に充実してきたかなと感じます。

松見 コロナ禍により、オンラインという方法がある程度定着し、会議や研究会のやり方がだいぶ変わり、結果として学習会の機会や参加者が増えたと思います。遠方でも発表しやすくなったこともあるのでしょうけど、いろいろな学校種や障害種のことが話題に出て、学べるような学習会になってきています。重度・重複障害のあるお子さんなどの実践や、高等学校における実践など、情報交換の内容も拡がったと思います。

菊地 いわゆる「令和4年答申」が示す、教員の学びは「子どもの学びと相似形」ということを踏まえ、研究会とか各支部の学習会の学びのスタイルは変わりましたでしょうか。

松見 キャリア発達研究会だけではなく、各学校の中でも、多くの先生方が、先ほど話しあったように対話をするようになってきています。校内の授業研究会では、発表を聞いて感想を言ったりとか、課題を挙げたりとか、そういう一方的な研修ではなくなりました。何かしらの問いかけがあって、それに対してグループに分

かれてみんなで話をするというのが当たり前になってきています。

菊地　より対話的とか、協議的なものが増えてきているのでしょうね。武富先生、この辺りいかがでしょうか。

武富　情報の量の質も各段に増えたような気がしていまして、しかも必要な情報がいつでも入手できるような状況になってきているように感じます。他にも直近の ChatGPT などの活用も含めると、調べたいことがすぐに手に取れるような状況になってきていて、しかも、自分の知り合いとか、いろいろな意見を聞きたい人に聞くということもできれば、AI と語らうなんていうこともできる状況になってきて、私自身も、今まさに困っている時には１回聞いてみようかなということをやっていたりもしていまして、学び方が本当に多様になってきたと感じますし、情報にアクセスしやすくなってきたなと思っています。

菊地　私たちもパソコンとか、統計ソフトとか、翻訳ソフトのおかげで、解決できることが格段に増え、かつ時短効果もあると思います。しかしながら、オンラインも含めて、顔を突き合わせて対話することによる集団思考、集団作業的なところにウェイトが置かれてきているようにも思うのですが、この辺りはいかがでしょうか。

武富　先ほど AI の話をしたのですけど、手応えが違う感じがするんです。人とこうやって直接対話をするのと、ロボットを通じて意見を求めたりとか情報を求めたりするのとでは、重み

も含めて実感というか、そういうものが違っているという気がしています。

菊地　なるほど。ただ答えが分かればいいというだけじゃなく、そのことによって生じる自分自身の感情や、他者との関係で生じる共感、疑問、その一致やズレに対してもつ認知、そして行動に移すというスイッチが入っていく部分ですね。

武富　そうですね。感情を揺さぶられる。

菊地　それがまた一方ではストレスになることも。

武富　もちろん、ありますね。

菊地　これまでの機関誌のタイトルには、「対話」「関係」のような文言が示されています。まさに本研究会における学びの大事な点と思います。松見先生いかがでしょうか。

松見　同じようなことを考えていたのですが、学校の様子を見ていると２つあって、ICT が進んでいますので、様々な情報に関しては掲示板で共有し合っています。よくあるのが、「研究会の話し合いの振り返りを掲示板に書き込みましょう」というものです。また、意見を出し合うことに関しても、ネットワーク上でできてしまいます。その方が意見を言いやすく、自分の好きな時間帯に情報を得ることができます。情報そのものについてもサーバ等に残っていますので、参照しやすく、提案しやすいという扱いやすさがあります。反面、対面での実施によ

る手応えとは確かに違うような気がしています。

あともう1つ、これは私の感じ方かもしれないのですが、チーム学校というように、一体感をもって1つのことに向かって取り組んでいこうとするのは大事なことです。ただ、オンラインでは、そういうことがなかなか見えにくくなってしまった感じもしています。どうやっていったら良いのか、このICTという新しいツールを活用する中でのうまいやり方を今後考えていかなければいけないと感じているところです。ツールとしてはとても便利なのですが、新しい学校の中での一体感の作り方とか、チームの作り方というのは何かもうちょっと少し工夫することがあるのではないかという気がしています。

菊地 ありがとうございます。それぞれが問いをもつということの重要性と、その問いについて多様な他者と協働しながら、より良い答えを見つけていく必要性は、まさに今の教育の方向性とリンクしていくところだと思います。

今後の教育やキャリア発達支援の方向性

菊地 現在、学習指導要領の改訂・実施からある程度経過し、次の改訂に向けた検討が始まる折り返しの地点になると思います。OECDによるラーニングコンパス2030で示されたエージェンシーやウェルビーイングといったキーワードの影響を受けつつ、令和のさまざまな答申も出されているところです。これらのことを踏まえ、いかがでしょうか。

松見 エージェンシーについては、私が勤務する流山高等学園が文部科学省の指定を受けて、研究開発学校として研究を進めているところです。エージェンシーを発揮することが、これからの時代に必要とされています。具体的には、自分の未来を自分で形作ること、そしてそれを実現していくことがエージェンシーの発揮であると考えられています。言うなれば自分で自分の未来や生き方を考えて主体的に行動し、実現していくということですが、周囲との関係性を重視して主体性を発揮するということが重要になってきます。周囲のことをより意識しながら、ということがキーワードになっていますので、自分のことをしっかりと捉えるメタ認知的な部分、その上で周囲との関係性を考えながら、資質・能力を発揮していくということが大事になってきます。この辺りが、キャリア発達と非常に関連していると思います。周りとの関係性の中で相互発達するということは、キャリア教育の根本にあたる部分ですが、これからのキャリア発達支援は、自分の学んだことや、育成してきた資質・能力をいかに社会の中で発揮していくかということが重要な部分になると思います。

菊地 ありがとうございます。エージェンシーの定義としては、「変化を起こすために自分で目標を設定し、振り返り、責任を持って行動する能力」とありますね。キャリア発達は「社会の中で自分の役割を果たしながら自分らしい生き方を実現していく課程」とあって、どちらも主体は本人であるのだけど、その役割は社会の中での役割、すなわち個人で完結しない、他者との関係性を踏まえた立ち位置ということもあ

るわけです。ですから、より役割と向き合うこととして社会参加とか社会参画の先にある社会変革意識というのでしょうか、少しスケールが大きくなってしまうのですが、「自分が今やっていることは他者や社会にとっても意味があること」なのだということを実感できるようにする教育の必要性を感じます。そう考えると、森脇会長がよくおっしゃっていた、「責任＝responsibility」とは相手の求めに繰り返し応えることができる力の育成や、そのことをとおして、発達や変化を期待するということが大きいと思っています。武富先生、いかがでしょうか。

武富　資質・能力の育成の方向性は、おそらくそれで変わらないのだと思っています。気になるキーワードとして、いまの日本の教育のことについて懸念しているという点では、「人口減少」と「人材流出」の問題がものすごく心配になっています。このままだと、人口流出の顕著な県、例えば、青森だとか、秋田とか、結構深刻な自治体があって、コミュニティへの帰属感みたいなものをしっかりと育てていくということを考えていく必要があります。どの自治体もそうなのですが、経済基盤も含めて今後はそういったところが揺らいで来るような状況があると思っています。小さなコミュニティ、例えば、家族とか、学校とか、そのようなサイズのコミュニティから、自分が生活をするような地域コミュニティとか、あるいは各自治体とか、そのような大きなレベルでの帰属感とか、所属意識みたいなものをしっかりと育てていくような教育がすごく重要なのではないかなと思っているところです。それが正しいのかどうかは分か

らないのですけれども。

　今後の社会は、世界的視野で働く人材が増えていくと思います。日本を拠点にしながら、海外で活躍するのはもちろん構わないのですが、少なくとも拠点を日本に置いてもらうような施策を考えていかないといけないのではないでしょうか。私自身、今、教育の分野を中心に研究をさせてもらっているのですが、教育は教育だけでは成り立つわけではないので、経済とか、色々な政策の動きとかを考える時に、この人口減少や人材流出の問題というのがすごく無視できないというか、実際には国の議論の中でもその点を問題にはしていただいてはいるのですけれども、もう少し真剣に考えていかないといけないのではないのかなと思っているところです。

菊地　ありがとうございます。人口減少が加速する北東北では、深刻な問題として多くの分野で人材不足が生じています。とりわけ学校に目を向けると、学校が統廃合されている一方で、１学年１学級の小中学校が増えています。そうなると、どこかで不調を来した教員が出た時に、学級だけでなく学校全体が揺らぐことも生じかねない状況です。障害の有無にかかわらず、子どもたちが安心できる居場所が家庭や学校という前提が、大人の社会が揺らいでくると不安定になってしまいます。そうした、安心、安全でなくなっていくことをなんとか回避しなければなりません。

　この問題を解消するという意味では、地域協働活動をとおして子どもたちが社会の中で役割を担うという取組を重視して、各地で積極的に展開するようになってきていることに注目して

います。その効果と可能性についても、例えば秋田や京都、横浜等の実践が示してきていますし、カリキュラムの中核に地域協働活動を位置付けながら、地域と学校が連携・協働することで、相互に発達・変化していくような実践が増えてきたと思ういます。こうした実践が社会に及ぼす影響という視点についてはいかがでしょうか。

武富 そういう意味でのコミュニティ・スクールとか、学校運営協議会方式、あるいは地域学校協働活動ですよね。そういう取組も進んで来ているところかなと思います。直近のデータで特別支援学校が1,200校近くある状況の中でコミュニティ・スクールを運営しているのが400校ぐらいですかね。3割近くにじわじわと伸びてきていて、例えば私がいた京都市は先に動いて、平成17年ぐらいから動き出しているわけなのですけれども、後発のグループでも、やはり先発の学校運営協議会の状況等をよく情報収集されながら、独自のコミュニティ形成を進め、そしてそのコミュニティごとに課題やテーマを共有したり、活動を共有したりして、うまく展開されていると感じます。その中で子どもたちや大人も含めて、自分の身の置き場というか、心を置く場所とか、先ほど申し上げた集団帰属意識、地域の中で生きていくみたいな心が培われていくと良いなと。願わくば、経済活動の活性化も含めてコミュニティの中で充実させていってもらうと良いなと思っています。

菊地 この辺りも先ほど話題に出た多様な他者が接点を持つことの効果でしょうか。最近では積極的に農福連携が進められようとしています

し、伝福連携、伝統工芸と福祉ですね。あと観福連携。観光資源と福祉みたいなことを進めようという動きが見られます。そういった融合的な取組ということが学校現場でも、あるいは学校現場に限らず起きているのではないかなと思います。松見先生、この辺りについてはいかがでしょうか。

松見 コミュニティ・スクールについてですが、本校は4年目になります。地域との関わりは欠かせませんが、コロナで途切れてしまったので、元に戻すというか、新たに進めている状況です。地域との協働ではwin-winの活動が一番良いのですが、地域の方は高齢化していて、本校の地域自体でできないことが出てきています。ただ、ここまでの実績もあり地域の方から求められるという状況が多く、全てを受け入れることができない葛藤もあります。どれも大事な活動になるのですが、地域と一緒に協働する中での帰属意識を高めるという、やはり居場所の話と、自分ごととしてやった、役に立ったという自己肯定感だったり、自己有用感だったりということが大事になってきます。そこを大事にしながら地域とどのような協働ができるのか改めてしっかりと考えていく必要があると思います。それと、もう1つ、似たような協働の取組は、いま職業科の高等学校がとても積極的に進めていて、地域コラボ、町おこし、観光資源の開発など、地域と生徒が一緒になって考え、開発しています。そこに地元の大学生まで加えて事業を起こしていく活動もあり、高校の場合は、どちらかというとアントレプレナーシップ教育を考え、起業家を育てることを意識している学校も多いです。これは特別支援学校も見習いたい

と思います。例えば流山高等学園では、ものづくりをとおして働く力を付けることに力を入れてきました。高校の職業科も基本はものづくりのスキルを磨くことを大事にしています。それだけではなくて、学校のものづくりを生かして地産地消で地域の新しいお土産を開発したり、地元の赤字の鉄道会社を応援する製品を開発したり、園芸では花を育てるだけでなく、フラワーアレンジメントのコンテストに出て賞を取るなど、学校で学んだことをさらに発展させて地域と協働したり、地域を元気にしたりしています。このように、学校の中で完結させるのではなくて、もっとそれを、今までは地域だったのですけど、地域からもっといろいろなところに広げて行って、社会とつながる活動をとおして、学校で学んだことの意義とか、やりがいとか、そういったことを得ていくということが広がっています。特別支援学校と地域、コミュニティ・スクールだと地域が主ですが、その地域と、そこから何をやるかというところでいろいろな広がりをもたせていくことも大事ではないかという気がしています。

　2016年の中教審答申の中にもあったように、より良い教育を通してより良い社会を作るという話があって、学校はもちろん通ってくる子どもたちを育てていくというのが第一義的に重要なのですけれども、そのことを通しながら、より良い社会を作っていく、人を作っていく、町を作っていくというところに先生方が使命感を帯びて活動を展開していくということがものすごく重要です。そのような意識をもつことが、これからもっと重要になってくるのかなと思っています。

菊地　ありがとうございます。この答申を受けて現行の学習指導要領には初めて前文が示されましたが、その前文にものすごい危機意識が表れていますよね。教育は教育だけで完結しないということが明確に示されている。そう考えると、本研究会は教育の現場だけではなく、より広く空間的広がりと時間的な流れの中で多様なつながりをもって共に作り上げていくことが求められる研究会なのだと改めて思います。

　一昨年の年次大会のテーマが「共創」でした。多様な他者が接点を持つという視点は、最初はどっちかがお願いしてお付き合いで始まる、仕方なく始まることも少なくないと思うのですが、共に場を共有することによって、「共同」から支援する・されるという関係を超えて共に目的に向かって取り組む「協働」となります。その次に利害に関わらず、自分たちごととして何かを作り出して行くという理想に向けて発展していく「共創」になっていければいいなと思って聞いておりました。ありがとうございます。

おわりに

菊地　最後に先生方、今後に向けて現在お考えになっていることなどについていかがでしょうか。

松見　今回の千葉大会のテーマを考えるにあたって、改めて渡辺三枝子先生のキャリアの話を振り返り、やはりキャリア教育とは、生徒自身が時間的な流れと空間的な広がりの中で今の自分を関係づけるという、そういうことを大事にする教育だと捉え直しました。それを改めていまの時代というか、ちょうどこのタイミング

だからこそ、それを大事にしたいという思いがあります。「将来を見通したいま」の重要性について改めて考えました。だからこそ、目の前のことだけだと狭まってしまうのですけど、武富先生のお話のように、むしろやっていることをもう少し、学校の中とか自分の学びだけじゃなくて、それをいかに社会とか、あと自分の将来につなげるような、そういう感覚をもっともったほうがいいのではないかと思っています。先生方も、生徒たちも、学ぶ方も。そう考えると、時間的とか空間的とか、そういう相互の関係の中にある「いま」を捉え直すからこそ、その先や、自分が社会での役割を改めて考えられるんじゃないかと思います。それぞれが自身の中で、このようなことを大事にしてほしいなという気がしています。

武富 テーマから逸脱するかもしれませんが、次の学習指導要領の改訂がどうなるのかということをずっと考えています。既に議論は始まってはいるのですが、大きなトレンドを変えようという雰囲気はないのかなと思っています。現行の学習指導要領で結構大胆な改訂が行われてたので、それをまた大きく変えるとか、そのような改訂にはならずに、少しずつ補足的というか、何かそういう方向になっていくように感じています。もしかしたら特別支援教育としては、知的障害教育なども含めて色々なものが出てくるのかもしれませんが。

ただ、もっと解決していかないといけない大きな問いがあるように思います。例えば戦争の問題、イスラエルの問題とか、ロシア・ウクライナの問題とかも含めて、そういうことが起こっている状況の中で、我々はどのように人と

して立ち振る舞っていくのかみたいなことが問われていくように思います。それらの問題解決にも応じられるような教育課程を編成するためにはどうしたらいいのか。あるいは日本もデフレの状況が続いてきましたが、ようやくその状況から脱却できるかどうかの瀬戸際で、これは今後の政策の在り方次第なのでしょうが、例えば持続的な賃金上昇をどう実現していくかということを考えているみたいです。そこがうまくできていくためには産業構造をどうするかなどという話とも絡めて、理数系の教育が重要とか、ファイナンスの力で国の振興を図っていかないと資源が少ない国なので立ちいかないというような話になってくいくんだろうなと考えています。

OECD も言っているのですが、ファイナンシャル・リテラシーみたいなものについて、日本はその部分の能力が低いので、そこは「貯蓄から投資へ」というようなことを言ってる中で、おそらくもう少しダイレクトに入れ込んでくるような気がしています。今回、高等学校の家庭科とかには一定の内容が入っているのですけれども、まだまだ国民全体がそういう方向に向かおうとする状況になってきていないので、恐らくそこら辺にも経済的基盤をしっかりとしながら、その上で自分の生き方、在り方をしっかりと考えていけるような、そんな話が出てくるのではないかなどということを、最近いろいろなものを見たり聞いたりしながら思っているところです。

菊地 なるほど。お二人のお話を伺って、これからますます個人の在り方と社会との関係というようなことが強調されていくのだろうという

ことを改めて考えました。その社会というのは学級としての社会であったり、学校としての社会であったり、地域としての社会であったり、国としての社会であったり、世界としての社会というようなところまで広がり、これらと個々の在り様みたいな関係がより重視されていくのだろうと思いました。

　現在、次期学習指導要領の改訂に向けた、研究開発学校に関する企画評価会議の協力者として関わらせていただいているのですが、特別支援教育の分野に関する多くの研究開発校のほとんどは、いわゆる知的障害教育の各教科に加えて小学校の各教科を適用していくという研究に取り組んでいます。その中で唯一、流山高等学園はこれまでのキャリア発達支援の研究をさらに一歩進めた「エージェンシー」に関する研究

に取り組んでいます。これらの研究開発校の取組を通して、いずれも特別支援学校における教育課程の開発や知的障害のある子供たちの学びの可能性を追求することに留まらず、小学校や中学校等における多様なニーズのある子どもたちの学びの充実につながる、非常に大事な研究になっていくのではないかと捉えており、期待しています。

　いずれにしても、国内外の施策等の動向を見据えながら、本研究会のこれからの10年の発展に向けて、キャリア発達を支援するということの本質を踏まえつつ、より視野を広げ、また、これからを見通し、多様な他者との対話を重ねていく必要があると思いました。先生方、本日はありがとうございました。引き続きどうぞよろしくお願いいたします。

第Ⅲ部

設立10周年記念大会報告

　第Ⅲ部では、昨年度の設立10周年記念大会を6つのセクションで振り返る。

　はじめに、森脇勤会長が、研究会設立当初から大切にしてきたことを踏まえながら、記念大会の趣旨を踏まえたキーワード「柔軟な思考としなやかな対話」について解説している。

　続いて、独立行政法人教職員支援機構理事長の荒瀬克己氏による基調講演「子どもたち一人ひとりが幸福に生きることのできるように」、株式会社クリスタルロード代表取締役社長で感覚過敏研究所所長の加藤路瑛氏による記念講演「多様に生きる―今をあきらめない社会を目指して―」を掲載している。

　さらに、大会企画である会員による6つの自主シンポジウムと、大会開催の機運醸成として全国6支部が特色を生かして企画・実施したリレー学習会の概要が報告されている。

　最後に、木村宣孝副会長が、過去の大会テーマや企画運営に触れながら本大会を振り返り、今後への展望をまとめている。

キャリア発達支援研究会会長　森脇　勤

企画趣旨

1

キャリア発達支援研究会設立10周年記念大会の開催にあたって－研究会の成り立ちや記念大会の企画趣旨－

研究会設立10周年を迎えて

　平成25年2月8日、国立特別支援教育総合研究所において約150名が集まりキャリア発達支援研究会第1回大会が開催されました。横須賀では珍しく夕方には20センチを超える積雪となり、夜のホテルでの懇親会では大雪の影響で停電まで起こり、暗闇の中で幻想的な祝杯を交わしたのを思い出します。

　そのような第1回大会では、渡辺三枝子先生と菊池武剋先生から特別にご講演をいただき、キャリア教育の本質や意義について、また、どのような歴史的経緯の中で生まれてきたのかを両先生から学ぶことができました。

　10年の年月の中で、私達が一貫して大切にしてきたことがあります。それは、取りも直さず私達が関わっている特別なニーズのある児童生徒の「キャリア発達」を促すことが中心であることから、「子供たちが中心であること」「彼らの社会的発達を支援することが目的であること」、そして、そのために「キャリア教育の理念を正しく理解する必要があること」「支援に向けて私達自身の専門性を高めること」「共生社会の実現に向けて、また、相互発達の観点からも敢えて特別支援教育と限定しないこと」等です。このことは、「キャリア発達支援研究会」という名称を決めるにあたり協議したことでもあります。このように、会員相互の「対話」を大切にしながら専門性を高め、私達自身のキャリア発達をも促すことで、キャリア教育の充実・発展を目指していくことになりました。従って、「本人が中心にあること」と同時に「私達の対話が生まれる場であること」が本研究会においては、一貫して大切にしてきたことであると考えています。

本大会の趣旨：「柔軟な思考」と「しなやかな対話」とは

　第10回大会のテーマは、「本人を中心とした柔軟な思考としなやかな対話をとおして新たな価値を相互に生み出すキャリア発達支援」です。

　自身の視点に対して、他者の視点が加わることで、考えの広がりや深まりが期待されます。その際には、異なる視点や発想を受け入れていく柔軟な思考が必要です。その一方で、異なる視点や考えを尊重しつつ、クリティカルな視点で聴くことも大切です。相互の考えを尊重しながら、命題に対して真摯に向き合い、その考えを交わすことをとおして、ある意味で揺れながらも、最適解を目指して互いに聴き合うしなや

かな対話が求められます。

　このような柔軟な思考やしなやかな対話によって、単独では気付くことのできなかった新たな価値の創造が可能となり、また、柔軟な思考としなやかな対話は、それぞれが独立しているわけではなく、絶えず往還するものです。そのプロセスにおいて、「柔軟な思考」と「しなやかな対話」は、自己の見方や考え方等の志向性を自覚することにもつながります。さらにこれらをとおして新たな目標を見出すことは、本人にとっても、支援者にとっても「自分らしさ」の探求につながるものであり、新たな自己の発見や自己の確立への糸口となります。

　本研究会では、本人と支援者のキャリアは同時に、相互に発達することを理念の根底に据えています。異なる視点や考えによるしなやかな対話をとおして、新たな価値の発見を重ねながら、特別なニーズのある児童生徒等本人を中心に協働し未来を切り拓いていく、そのようなキャリア発達支援を目指していきたいと考えます。

本大会の内容

　「しなやか」で「柔軟」という言葉は、特に支援者としての私達の側に向けられており、自立をめざす本人をどのように支援していくかという問いかけに対する姿勢でもあります。適切な支援には、本人との対話、私達同士の対話を通して「しなやか」で「柔軟」な思考と学びが不可欠です。そこで、まず私達自身の学びを深める意味で、本大会では当事者であり若くして起業家でもある加藤路瑛氏に記念講演をお願いしました。また、10 年を振り返り、次代の目

指すべき在り方を考えるために、独立行政法人教職員支援機構理事長の荒瀬克己氏をゲストにお迎えして鼎談を企画しました。さらに、私達の対話を深めるための多様な企画を実行委員によって計画しました。

　第 8 回以降今も続くコロナ禍の影響で今年度もオンラインによる開催となりましたが、敢えてオンラインの良さも享受しながら、しなやかに、また、柔軟に参加いただき、対話を深めていただけたら幸いです。

　渡辺三枝子先生は私達の研究会の発足から絶え間なくご助言いただいてきましたが、先生は、「キャリア教育の本質を特別支援教育の中に見つけた。」と、いつも語りかけ勇気づけてくださいました。なぜ、キャリア教育の本質が特別支援教育の中にあると思われたのか、その答えは私達一人一人の実践の中にあると思います。その実践をこの記念大会の中で対話を通して考えていただけたらと思っております。

謝辞

　本大会のご後援をいただいた全国特別支援学校長会、全国特別支援学級・通級指導教室設置校長協会、全国特別支援教育推進連盟、全日本特別支援教育研究連盟、特定非営利活動法人日本障害者協議会の各団体の皆様に深くお礼申し上げます。また、毎年、大会運営に多大なるご協力を頂いております株式会社ジアース教育新社の加藤勝博社長様はじめ関係者の皆様に心より感謝申し上げます。今後とも関係各位のご指導とご協力を賜りますようお願い申し上げます。

基調講演 2

「子どもたち一人ひとりが 幸福に生きることのできるように」

講師　独立行政法人教職員支援機構理事長　荒瀬　克己　氏

こんにちは。子どもたち一人ひとりが幸福に生きることができるように、ということをご一緒に考えたいと思います。申し遅れましたが、独立行政法人教職員支援機構の荒瀬と申します。よろしくお願いいたします。

はじめに

まず成年年齢の引き下げということについて確かめておきたいと思います。法律が変わりまして、2022 年 4 月から成年年齢が 18 歳に引き下げられました。これまでは初等中等教育ではおとなになるということは少し遠い時期に訪れるという感覚でありましたけれども、もう学校にいる間に成年に達するということであります。その意味で、また後からも確認をいたしますが、キャリア教育の充実ということについて改めて考える必要があるのではないかと思っています。これは釈迦に説法のようなことになっ

てしまって大変恐縮ですが、職業教育とキャリア教育というのはこのような形（図 1）で定義が分かれています。またキャリアという言葉の定義を見ていくと、「人が生涯の中でさまざまな役割を果たす過程で自らの役割の価値や自分と役割との関係を見出していく連なりや積み重ね」という、ちょっと日本語としてスッと頭に入る言葉ではないのですが、非常に重要な点が示されていると思っています。ここでひとつ書かれていない言葉があって、キャリアという言葉の定義の中に職業という言葉が出てきません。学校教育で言うキャリアは職業を含めた、職業がいらないとか職業を無視しているということではなくて、職業を含めたもっと広い人間としての経歴という意味合いで考えていくことが必要ではないかと思っています。今回の学習指導要領改訂に向けて 2016 年の 12 月に中教審答申が出されました。その中では、「社会の中で自分の役割を果たしながら自分らしい生き方を実現していく過程」をキャリア発達と呼ぼうということが書かれています。

さて、今日は三つのことについて主にお話をしたいと思っています。一つめは新学習指導要領と令和答申、2021 年 1 月 26 日に出ました「令和の日本型学校教育の構築に向けて」という中教審の答申と現在動いている学習指導要領がどんな関係にあるかというのを、非常に簡単ではありますけれども見ておきたいと思っています。その後、カリキュラム・マネジメントと

成年年齢の引き下げ ……初等中等教育の最終段階は成人教育
　大きな子どもでなく、小さなおとなに育てることが求められる。
　自分で考え、判断し、行動して、幸福に生きることができるよう。
　（社会の変化、コロナ禍による「体験」の減少・変容……）

キャリア教育の一層の充実
「今後の学校におけるキャリア教育・職業教育の在り方について」中央教育
　審議会答申 2011（平成23）年1月31日
職業教育：一定又は特定の職業に従事するために必要な知識、技能、能力
　や態度を育てる教育
キャリア教育：一人一人の社会的・職業的自立に向け、必要な基盤と
　なる能力や態度を育てることを通して、キャリア発達を促す教育
キャリア：人が、生涯の中で様々な役割を果たす過程で、自らの役割の
　価値や自分と役割との関係を見いだしていく連なりや積み重ね
　2016年12月中教審答申
　社会の中で自分の役割を果たしながら、自分らしい生き方を実現
　していく過程を、キャリア発達としている。

図 1

いうことを考えたいと思っています。これはご承知のように、今回の学習指導要領改訂で大変重要な柱として位置付けられているものです。もう一つは、一人一人の自立に向けてということを考えるために探究についてご一緒に見ていきたいと思っています。

新学習指導要領と「令和答申」

　まず、新学習指導要領と令和答申ということです。とても簡単な話になってしまって大変恐縮ですが、一番上に書いてある（図2）のがこの答申の題名でありまして、本題とそれからサブタイトル、副題が付いています。副題は「全ての子どもたちの可能性を引き出す個別最適な学びと協働的な学びの実現」です。この答申が出たときに小学校では新しい学習指導要領が始まっていました。中学校ではこの次の4月から新しい学習指導要領が始まる、高等学校ではその1年後に学年進行で始まると、そういった時期だったものですから、新しい学習指導要領が始まる段階でまたぞろ何か新しいことが言われているのではないかという懸念があったということを聞いています。ただ、この「はじめに」のところを見ていただきますと非常に明快に書かれていて、これまで非常に重要だとしてきた個に応じた指導を、視点を変えて見たときに、個別最適な学びということが言えるのではない

> 「令和の日本型学校教育」の構築を目指して〜全ての子どもたちの可能性を引き出す，個別最適な学びと，協働的な学びの実現〜（答申）中央教育審議会2021年1月26日「はじめに」から抜粋
> ここでは，ICTの活用と少人数によるきめ細かな指導体制の整備により，「個に応じた指導」を学習者視点から整理した概念である「個別最適な学び」と，これまでも「日本型学校教育」において重視されてきた，「協働的な学び」とを一体的に充実することを目指している。さらに，これを踏まえ，各学校段階における子供の学びの姿や教職員の姿，それを支える環境について，「こうあってほしい」という願いを込め，新学習指導要領に基づいて，一人一人の子供を主語にする学校教育の目指すべき姿を具体的に描いている。

図2

かと書かれています。個に応じた指導を学習者視点から整理した概念である個別最適な学びにですから、ちょっと言い方を変えると、個に応じた指導という言葉を個に応じた学習と言い換えてもよかったのかもしれません。それはしかし個別最適な学びという表現にして、またこれまでも大事にしてきた協働的な学びと一体的に充実させるということの重要性を答申の「はじめに」のところに書いています。中を読んでいただくと、個に応じた指導の重要性についてたくさん書かれていますけども、個に応じた指導ということをしっかりと見ていくと、一つは指導の個別化、もう一つは学習の個性化、こういう二つの側面があるということが述べられています。詳しくはぜひ答申をお読みいただきたいと思っています。この答申の最後に、新学習指導要領に基づいて一人一人の子どもを主語にする学校教育の目指すべき姿を描いたのだということが述べられています。あくまでも新学習指導要領の着実な実施、これを支えるために書かれたものがこの答申であるということを示しています。少し言い方を変えると、この令和答申と呼ばれるものは、新学習指導要領の取扱説明書のようなものではないかと言えるのではないかと思っています。

カリキュラム・マネジメント

　さて、カリキュラム・マネジメントということについてご一緒に考えたいと思います。これも、もうすでに学校の中でいろいろと取り組んでいらっしゃることかと思いますので、私が申し上げるまでもないことかと思いますが、少し違った角度になるかもしれませんので、お聞きいただきたいと思います。よく目標から現状を引き算すると課題が見えてくる、その課題に取り組むことが大事なのだ、ということになるというのがマネジメント全般に言えることかと思いますけれども、カリキュラム・マネジメント

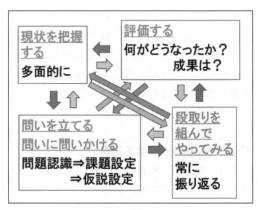

目標－現状＝課題

目標は現状の裏返し。現状は変容する。
よって、目標は見直され、課題も変わる。
子どもの現状・学校の現状を把握して、
目標を設定する。
その際、仮説を立てて、段取りを組む。
言語化（文字化）して共有し、
振り返りつつ取り組む。

図3

図4

もこういうことではないかと思っています。た
だ、この目標－現状＝課題という書き方（図3）
は少し課題があるように思っています。何かと
いうと順番です。まず目標が出てきます。そし
て現状を引き算すると課題が見えてくる、そう
いう書き方になっています。これでいくとまず
目標を考えなければならないのではないかと思
うのは当然なのですが、それはそれでいいのか
もしれませんが、しかしちょっとよくよく考え
てみると、目標を立てるということは具体的に
そこに向かっていくということであるわけです
けれども、では今、現状はどうなのかというこ
とを見る必要があるのではないかと思うので
す。まず現状をしっかりと把握する。そして、
その現状に応じて目標を設定する。そして具体
に取り組んでいく。そういったことが大事では
ないかと思っています。少し違った図（図4）
でお示ししますと、左上にありますように現状
を把握する。ここで多面的に把握するというの
はまた後ほど申し上げたいと思います。そして、
その現状の把握に基づいてどうしたらその現状
の克服ができるか、あるいは解決ができるかと
いうことを考えて問いを立てるということが大
事で、これもまた、ただ問いを立てればよいと
いうことではなくて、立てた問いに対してさら
に問いかけるといったようなこと、問いを磨く

ということも大事ではないかと思っています。
そして具体に段取りを組んで取り組んでいく。
当然のことながら、都度振り返って、これでい
いのだろうかといったことも見るし、全体を通
じて、今どこまで来ているかということの把握
も大変重要になってきます。評価するというこ
とをやるわけなのですが、これがこんなきれい
に順番にグルグル回るということでは必ずしも
ないと思います。逆向きだってあるかもしれな
いし、一つ飛ばすということもあるかもしれま
せん。こういったことを繰り返し、繰り返し
やっていく中で、常に振り返って今どうなのか
という、まさに現状に立ち返る。ただ現状は常
に変化していきます。当然のことながら取り組
んでいるからです。取り組めば現状は変化する。
そして目標に近づく。ならば、次の目標という
ものを設定しなければならない。そうなってき
ますと、先ほど見ていただいた目標－現状＝課
題だという、この目標とか現状とか課題はいず
れも変数であるということです。常に変わって
いく、だから常に振り返る必要がある。と同時
に、常にそれを共有（図5）していく必要があ
ると思います。この共有がなしにどんどんやっ
ていく、あるいは部分的に誰かがやっていると
いう状態は避ける必要があるのではないかと考
えています。もちろん分担をしてやっていくと

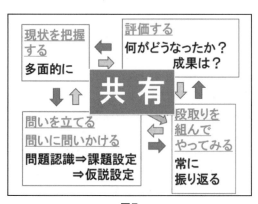
図5

現状把握
一人の目では、耳では、感覚では、わからない。
自分のいる場所が、自分では見えないし、
自分の言動・取り組みは自分では評価しづらい。

メタ認知、組織としてのメタ認知が必要になる。

図6

組織としてのメタ認知
コミュニケーションが必要になる。

そもそもコミュニケーションとはどういうものか？
受けとる力・理解する力、伝える力
・・・・・・振り返ること、やり直すこと

図7

いうことが通常でありますけども、その分担を
してやっていく中でも情報交換をしっかりとす
るということが非常に大事だと思います。学校
は忙しいですから、なかなかそういう時間が取
れないということがあるかもしれませんが、今
はICTの活用もできますし、いろいろな方法
を使って具体的に情報の共有をしていくという
ことがとても大事ではないかと考えています。
　さて、その現状の把握（図6）ということな
のですけれども、この現状はもちろんそれぞれ
の人が見たり、聞いたり、あるいは感じるとい
うことも含めて現状を把握していくわけです
が、自分一人の目で見ているものは自分の目で
見ているものに過ぎません。耳で聞くこともそ
うだし、感じることもそうです。ですから一人
だけの感覚でもってこれはこうだと判断するの
は、実際のものからかけ離れてしまっている可
能性だってあると思われます。そこでお互いに

見たこと、聞いたこと、感じたことを出し合う、
考えていることを口に出して伝え合う、そう
いったことが必要になってきます。それはまさ
に組織としてのメタ認知ということが進んでい
くということだと思います。この組織としての
メタ認知（図7）ということが、カリキュラム・
マネジメントということを考えるときに非常に
重要になってくると思います。もちろん学年で
あったりとか、クラスであったりとか、あるい
は個人であったりとか、そういったさまざまな
レベルのことについて、現状を把握していくわ
けですけれども、そのいずれもが組織としての
メタ認知として把握されている。一方の方向か
ら見ただけではなくて、いろんな角度から多面
的に見られた現状というものをしっかりと共有
していくということが大事ではないかと思いま
す。そのためにはコミュニケーションが必要に
なるわけですけれども、ところがコミュニケー
ションというのはなかなかうまくいきません。
我々はお互いに以心伝心であったり、しっかり
と思えば伝わるんだとか、そういった文化の中
で育ってきていますけれども、しかし現実は果
たしてどうなのか。それぞれがそれぞれの文脈
の中で生きてきて、考えるための材料も考える
方法もそれぞれが違っています。経験が違えば
ものを見ても見え方が違ってくるということが
あるだろうと思います。そういったときにお互
いに出し合っていくというコミュニケーション
が必要ですが、そのコミュニケーションが残念

ながら通じにくい。だから時間をかけて、なかなか通じないのだけれども、やっていくということが必要になってくるわけです。とてもよく売れている本なのでお読みになった方もたくさんいるかと思いますが、平田オリザさんの『わかりあえないことから』という講談社現代新書がありますが、あの題名がまさにわかり合えないことからスタートしようということになっているわけですね。だからなかなかコミュニケーションは通じないのだと。言ったから伝わっているということにはならないし、こんなふうに聞いたといってもその聞いた内容は実は自分なりの聞き方をしているかもしれない。そこのところの丁寧な、場合によったら修復であったりとか調整であったりとかといったことが必要になってくるというふうに思います。学校の中でコミュニケーションを少しでも丁寧な形でしていくための方法として、とても面倒なのですけれど、言葉の定義の共有（図8）ということが必要ではないかと思います。学力なんていう言葉は一般的によく使う言葉ではありますし、なんとなく自分たちの中で学力という言葉の定義は共有されているというふうな思いがありますけど、本当にそうなのかという問いを持つ必要があるのではないかと思います。キャリア教育という言葉自体もキャリアという言葉が一般的

に職業の準備であるとか、あるいは職業的な経歴であるとかいった意味で使われることが多いですから、キャリア教育という言葉はすなわち職場体験であるといった結び付け方も往々にして行われています。ではキャリア教育というのは今、ここではどういう意味で使っているのか。ちょっと本当に面倒なのですけれど、そこのところをしっかりと確認しながら取組を重ねていかないと、バベルの塔の状態になってしまうのではないかということを思います。言葉の定義をする、それによって具体的に取組を振り返ったときのその定義された言葉の状態に現状が達しているのか、そうでないのかといった評価もできるようになるというふうに思います。もう一つはコミュニケーションが成立するための条件としては、そういう場が整えられているかということがとても大事だというふうに思っています。ものすごく忙しい状態の職場の中で、言いましたとか聞きましたということが本当にきちんと伝わった状態であることを示しているのかというと、必ずしもそうでないこともあると思います。またそのことを、あることを伝えたいと思えるような場になっているか。あるいは伝えたいと思う相手であるか。この伝えたいと思う相手であるかという問いは、私自身が自問自答するとなかなか厳しい言葉だなと思うのですけれども、そういったことも考える必要があると思います。学校が多様である、先生方が多様である必要があるというのは、いろんな人がいて、たとえば一人の子どもがこの人には言いやすいのだけどこの人には少し言いづらいということがあるのは当然ですので、いろんな人がいて、いろんな聞き方をする、いろんな受け止め方をする。そういった状況が保障されているということが、とても大事ではないかと思っています。対話のできる場を作っていく。それは教室でもそうですし、児童生徒との間の関係でもそうですし、また職場ということでも非常に

教職員間のコミュニケーションの成立条件
言葉の定義と共有
　　……対話のための共通言語を持つために
教育課程／カリキュラム・マネジメント
評価／学習評価
キャリア教育／キャリア・パスポート／職業教育
主体的・対話的で深い学び
主体性／探究　　　学習意欲
学力／基礎学力　　　資質・能力
安全／安心　　　幸福感／充実感／成就感
スクール・ポリシー　…………

図8

コミュニケーションの成立条件
〇話そう、話したいと思う場であるか？
　「わたし」はそういう相手であるか？
〇（教室・職場で）対話の場をどうつくるか？
　対話の生まれる関係をどうつくるか？
〇相手は／自分は、言えるか／聞けるか？
　「わからない」「できない」「どうして」
　「違うと思う」「待つよ」「待って」
　「これはどう」「自分の夢」「相手の夢」
　「手伝おうか」「一緒にしよう」「助けて」

図9

大事になってくるというわけです。その際、た
とえばということでいくつか言葉を並べてみま
した（図9）。こういった言葉が自分から出せ
るか、あるいはそういった言葉が出たときにき
ちんと受け止められるかということを改めて確
かめてみていただければと思っています。わか
らないということを言えるような教室なのだろ
うか、あるいは職場なのだろうか。なぜそうなっ
ているのかということを尋ねられるだろうか。
あるいは、助けてという言葉を発することがで
きるだろうか。そういったことを常に考えてい
ただくということが大事になってくるのではな
いかということを思います。

　今ご覧いただいていますのは、特別支援学校
の小学部・中学部の学習指導要領の前文（図
10）です。これもご存じのように、学習指導

特別支援学校小学部・中学部学習指導要領
前文

　教育は，教育基本法第1条に定めるとおり，人格
の完成を目指し，平和で民主的な国家及び社会の
形成者として必要な資質を備えた心身ともに健康な
国民の育成を期すという目的のもと，同法第2条に
掲げる次の目標を達成するよう行われなければな
らない。

図10

要領の前文は基本的にすべて同じ内容になって
います。まず教育基本法について述べられ、そ
してそのあとの段落では、これからの学校には
こうした教育の目的および目標の達成を目指し
つつ、この場合は小学部と中学部の両方ですの
で一人一人の児童または生徒がという主語に
なっています。そしてこの一体のことができる
という意味合いで、教育課程についての説明が
行われています。一人一人の生徒がとか一人一
人の児童がとか、あるいは幼稚園の教育要領に
なると幼児が将来というような表現になってい
ます。ここに書いたような五つ、この五つは私
が勝手に五つに切ったのでこれをいくつに切る
かというのはまたそれぞれの方のまったくご判
断かと思うのですけれど、とりあえずここは五
つに切りました。この五つの内容（図11）が
できるようにするために、各学校で組織的、計
画的に組み立てたもの、それが教育課程なのだ
というわけです。これは必ずしも教育課程の定
義というわけではなくて、教育課程というのは
こういうものであってほしいという願いが込め
られているのではないかというふうに思いま
す。その一番はじめに書かれているのは、自分
のよさや可能性を認識するということです。自
分のよさや可能性を認識することができるよう
な教育課程になっているだろうか。一人一人の
児童が、一人一人の生徒が、ということを問い
かけられていると受け止めなければならないと

教育課程　　一人一人の ＜生徒／児童＞が
　　　　　　　　　　　＜幼児が、将来、＞
〇自分のよさや可能性を認識する
〇あらゆる他者を価値のある存在として尊重する
〇多様な人々と協働しながら様々な社会的変化を
　乗り越える
〇豊かな人生を切り拓く
〇持続可能な社会の創り手となる
ことができるようにするため、各学校において
組織的かつ計画的に組み立てたもの

図11

```
自己肯定感
○自分は、たいせつなひとりだ。
○いまの自分が自分のすべてではない。
　人間は学ぶことを通して成長する。
○目の前の世界が世界のすべてではない。
　少し動けば世界は変わる。
```

図12

```
自分には何ができるのだろうか？
何かの役に立っているだろうか？
自分はここにいていいのだろうか？
周りが気づかせる。支える。
        ↓  評価
自分で気づく。考える。行動する。
        自立
```

図13

考えています。自己肯定感（図12）というこ
とかと思います。自己有用感とか、自己効力感
とか、場面で使い方が違っていたりしますけれ
ども、ここでは自己肯定感ということでお話を
したいと思います。自分は大切な一人だという
認識、あるいは今の自分が自分のすべてではな
くて、人間は学ぶことを通して成長することが
できるのだということを自分自身の中でストン
と落ちる状態で持っているかどうか。あるいは
目の前の世界が世界のすべてではない。これは
いいときもいいことばかりではないかもしれな
いから、もっと幅広く見る必要があるというこ
とも言えますし、どんなに辛くてもその辛い状
態から抜け出せないということはないというこ
とにもなっていくと思います。こういったこと
を本人が気付いているかどうかということです
が、子どもも場合によっては大人もなかなかそ
こに気付けないケースというのはあると思いま
す。自分には何ができるのだろうか。あるいは
役に立っているのだろうか。もっと言うと、こ
こにいていいのだろうか。そういった思いを
もっている人に、なんでそれがわからないの？
と言ってもこれはあまり効果があるとは思えま
せん。周りが気付かせていくような、あるいは
支えた上で気付くことができるような、そうい
う取組をしていく必要があると思います。そん
な経験を積んだ人が自分で気が付くようになっ
て、そして自分自身で行動できるようになる。
まさに自立に向けて歩めるようになるというこ
とだと思います。この自立に向けて周りが気付

かせる、支えるという行動が評価（図13）と
いうことではないかと思っています。言い方を
変えれば、評価の重要な点はここにあるのでは
ないかということです。評価は子どもへの応援
でなければならないと思っています。ただ、な
んでもかんでも誉めればよいということでは必
ずしもないわけです。どういうことを言いたい
かというと、一人一人の学びを支えて促すよう
な評価になっているのだろうか、これは当然そ
の子の現状と目標と課題というものを考えた上
で、学びを支え、促す評価になっているかとい
うことを考えなければならないわけです。また、
それぞれの子どもが気付きを生むような評価に
なっているのだろうか。もっと言うと、評価の
観点が共有されている、評価する側と評価を受
ける側が共有できるような評価になっているの
だろうか。これは保護者も含めて、ここのとこ
ろもしっかりと考える必要があるのではないか
と思います。もちろん完璧な評価はありません。
観点別評価といっても、そこで見られる観点が
その人のすべてにわたって及ぶということでは
必ずしもないと思います。世の中にもし完璧な
評価があるとしたら、その評価を私は少なくと
も必ずしも受けたいとは思いませんし、完璧な
評価というのはたぶんできないのだろうと思い
ます。人が人のある部分について、ある基準に
基づいて、ある観点に基づいて評価をするとい
うことですので、するほうは当然のことながら

恐る恐るやっているわけです。そういう意味では、その評価が完璧であることにはならないわけで、よっていい加減なものでよいということではもちろんないのですけれど、こういった点において、この範囲において、この時点において、この観点からするとこのように言えるという評価の有り様でなければならないのではないかと思っています。自己肯定感を養えるような評価になっているか。教育課程というのは何を学ぶかということと共に、その学びがその子の中できちんとその子のものになったかという評価も含めて考えるわけですから、教育課程として自己肯定感を養えるようなものになっているのだろうか、ということは評価がそのようになっているのだろうか、というところまで考えなければならないと思います。人は幸福に生きるために学んでいます。当たり前のことですけど、この幸福に生きるために学ぶということを支えるのが、私たちの仕事だと思っています。

一人一人の自立に向けて・・・探究って？

　それでは探究についてお話をしたいと思います。探究ってなんだろうということをご一緒に考えたいと思っています。人は幸福に生きるために学ぶ。もう当たり前のことですが、じゃあどうしたら幸福に生きられるのだろうかということが、私たちにはとても大事な問いであると思っています。人によっても幸福というのは違うと思いますが、大事なことは自分自身の幸福が自分だけのものではなくて、周りの人も幸福にできるようなものになっているかどうかという、そういう判断が必要になってくると思っています。自分でやってみるということの大切さは、これは当然のことながらよく言われるわけですけれども、自分で考えたこととか自分でやってみたことというのは、本当の自分の力になっていくと思います。やらなければ、やはり自分のものにはなりません。その際、居場所と

自分で考えたこと、やってみたことは、
ほんとうの力になる。

居場所と出番がやりがいを生む。失敗もまた。
学習意欲が目を覚ます。

……どう仕掛けるか？

図14

出番がやりがいを生んでいくと思っています。当然、失敗をすることもあるわけですが、ちゃんと居場所があれば失敗をすることもまた力になっていきます。そのとき、学習意欲が目を覚ます（図14）と思っています。じゃあどんな仕掛けをするのか、ということです。学習意欲が目を覚ますと言いましたけれど、人間はもともと学習意欲を持って生まれてきていると私は思っています。赤ん坊がベビーベッドに寝かされて、天井から吊されたモールがグルグル回るのをジッと目で追いかけます。手が使えるようになると触ろうとします。そして口に持っていきます。なんで口に持っていくかというと、たぶん最も容易な、最も確かな認識の方法であるということだからではないかと思います。言葉が使えるようになると、なぜとか、どうしてとか、誰とか、そういった疑問を口にします。うるさいほど聞くというのが子どもの常です。すなわち学ぶということの基本的な姿勢は、子どもたちはもって生まれてきているのだということだと思います。なんでそんなことをするかというと、当然のことながら外界がどういう状態であるのか、それが何であるのかということを知ることが、生きていく上で非常に重要であるからです。幸福に生きるということもそこにつながっていくのではないかと思っています。それをどう仕掛けていくのかということです。令和の日本型学校教育の構築を目指しての答申においては、一人一人の子どもを主語にする学校

```
探究は、生徒自身の取り組み。
「生徒」が主語になる。

   気づく。
   問いを立てる。
   試行錯誤する。
   答えを生み出す。
   振り返る。

○生徒を応援する評価
  （評価はコミュニケーション）
○生徒の参加・参画
```

図15

で表すことができていく。ここでも生徒を応援する評価というのが非常に大事になってくると思います。

　子どもが学び、学び合う学校（図16）を作っていくというのが、一人一人の子どもを主語にする学校だと申しました。それはどうしたらできるかというと、教職員が学び、学び合うことで実現するのだろうと思っています。その教職員の新しい学び、新しい研修の在り方というのが今言われていて、一人一人の教職員にとって個別最適でかつ協働的な学びが非常に重要で、子どもだけではなくて教職員もまた主体的・対話的で深い学びを進めていくことが大事だということが言われているわけです。少しそれを図示（図17）しますと、子どもを主語にするというのを、教職員が主語になってということで、学びの循環を起こしていくことが大事ではないかということではないかと思っています。子どもから学ぶということは本当にたくさんあるわけで、これは先生方も当然、経験をなさっていることかと思います。その学んだことを通してまた子どもに学びを還元していく。そういった循環が生まれるといいなと思っています。これは私たち、教職員支援機構が今、いろんな場面で申し上げていることであります。新たな学びを作っていくというときに、図17の右下を見

教育を実現していくのだということを述べているわけです。じゃあ一人一人の子どもを主語にする学校というのはどんな学校なのかというと、一人一人の学びが自分のものになって、学び、学び合う学校を作っていくということではないかと思います。その際、探究というのは大変重要な取組ではないかと思います。児童生徒が主語になる取組（図15）である。気付くというところからその気付きを問いに立てていく。試行錯誤をして、答えを生み出していく。振り返って自分がどういうことでここまで来ているのか、あるいはなぜ失敗したのか、なぜうまく行ったのか、そういったことを自分の言葉

```
子どもが学び、学び合う学校
        ⬆
教職員が学び、学び合う学校
        ⬇
教職員の新しい学び（研修）の在り方
  一人ひとりの教職員にとって、
○個別最適な学び・協働的な学び
○主体的・対話的で深い学び
○体系的・計画的（即応も）
○多様性・振り返りが重要
```

図16

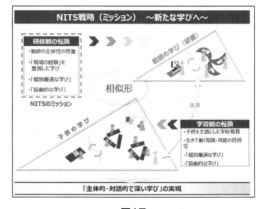

図17

ていただくと学習観の転換ということが書かれていて、これは学習指導要領であるとか、あるいは令和答申であるとか、そういったところで子どもを主語にした学校を作っていくのだとか、あるいは知識・技能といったようなことも生きて働くようなものにしていくのだ、それを活用することを通して探究を進めていくのだということで述べられているわけです。そういった学習観の転換を図っていくということが、学習指導要領の大変重要なポイントであると思いますが、左上を見ていただくと、そういった学校教育を進めていく上で、研修観の転換ということも考える必要があるのではないかと思っています。子どもの学習、教師の研修、もちろん教師の学習と言ってもまったく同じなわけです。研修が義務としてあるというのは、これは法律にも書かれていることで当然なのですけれども、一方で研修というのは教師の権利でもあると思っています。学ぶことを通して楽しいとか、わかったとか、自分自身に力が付いたとか、あるいは面白いとか、こういった思いを教師一人一人がもつことによって、子どもの学びに還元していくのではないかと思っています。その意味で教師の学びと子どもの学びは相似形で、子どもの学びから教師が学ぶ、その学んだものをまた子どもに返していくといったような往還が生まれてくるのだろうと思っています。

教師の満足度と子どもの幸福度、あるいはおとなの宿題

「顧客」の満足を生むのは「従業員」の満足であるという。
良質のものやサービスを提供する職業もそうだろうが、
豊かな学びを提供する教師ならばなおさらであろう。
子どもの満足は、教師の満足なしには生まれない。
もとよりこれは自己満足ということではない。
たとえば、探究心のない先生に出会うことで、
子どもの興味関心が引き出されるだろうか。
教育という仕事を面白いと思わない先生と一緒にいて、
子どもは幸せだろうか。
では、誰がそういう教師の姿を実現するのか。

図18

これはちょっとしたメモのような言葉ですけれども、教師の満足度と子どもの幸福度（図18）というのを考えてみますと、顧客の満足を生むのは従業員の満足だとサービス業で言われることでありますけど、良質のものを提供するサービス業は当然そうなのでしょうけれども、豊かな学びを提供する教師であればなおさらのことではないかと思っています。子どもの満足は教師の満足なしには生まれないのではないかと思います。もちろんこれは自己満足ということではなくて、たとえば探究心をもたない先生と一緒にいて子どもの興味関心が増すだろうか、引き出されるだろうか、学習意欲が養われるだろうか。教師という仕事を面白いと思わない先生と一緒にいて学校が楽しいだろうかということです。そういう楽しさの中で、あるいは充実感の中で、満足の中で、本来あったはずの学習意欲が引き出されていく。それは子どもにとっても楽しい、充実する、面白いということになっていくのではないかと思います。では、そういう教師をどう作っていくのか、どう支えていくのか、それが一番上に書きました大人に対する宿題ではないかと思っています。

　成年年齢の引き下げということが言われていて、2022年4月から成年年齢が18歳に引き下げられました。その中でどのように生きていくのかということが非常に大事な話になってきました。何度もこれは言われていることですけれど、学校の中に、高等学校であったりあるいは養護学校、特別支援学校の高等部であったり、そういった学校の中に成年になった人が存在する。大人になるっていうのは、初等中等教育から考えると少し遠い話だったわけですけれど、もうそうではないということになっているわけです。この中でキャリア教育をどういうふうにしていくのか、改めて考える必要があると思っています。大きな子どもではなく、小さな大人に育てていく。その大きな子どもではなく、小

さな大人に育てていくという、このキャリア教育においては、自己決定権ということが非常に重要になってきますし、ここを大事にしていくことが必要ではないかと思っています。自分で決めるということです。ただ、コロナの関係もあって体験の減少とか、体験の変容といったことが言われているわけで、その中には良いものもあるわけですけど、心配なこともももちろんあるわけです。その点は日々お感じになっていることかと思います。

　ところで先生は懸命に教えておられます。これは間違いのないことだと思います。ただ、子どもたちは果たして学んでいるのでしょうか。そこのところをしっかり考える必要があります。令和答申が個に応じた指導という言葉を個別最適な学びと言い換えたのは、指導はしているのだけれどそこに学びが成立しているだろうかという問いかけ（図19）であると考えられます。もしも子どもが考えることをしなくなってきているとしたら、それは与えられる教育を受け続ける中で、考えなくてもいい、考える必要がないということを学んでしまったのではないか、ということが心配になります。基礎はしっかりと身に付けなければならない。これは当然のことかと思います。ただ、そのあとは自分で考えることのできる場、時間を提供することが

必要ではないかと思っています。知識はその際とても重要なわけです。生きて働くという言葉を頭に付けましたけども、その知識が実際に活用できるということが非常に重要になってきます。その得た知識を活用する際に、子どもは深く学んでいくことにつながります。そのときの取組が探究というものを重視する中で生まれてくるのではないかと考えています。

　ちょっと具体的な話をしたいと思います。これは新聞の記事からお借りしてきた東京都立国際高校の家庭科の授業（図20）です。家を買うか借りるかということで、一人暮らしの部屋を実際に契約してみようという取組をなさった家庭科の授業です。物件が決まったら次に必要になるのは契約だというわけですね。そこで「こんな契約書、みんな見たことありますか？」と先生がお尋ねになる。実際に生徒はピンとこないですね。賃貸住宅標準契約書は普段目にするものではありません。ところが先生はおっしゃるわけですね。「これとよく似たものは十分、経験しているのではないですか？契約書って書かれてなくても利用規約とかあってたとえばアプリをダウンロードするときにこんなの出てくるよね」というように同意という言葉を示すと生徒たちは気付くわけですね。ああ、そうだ、そうだ。でもこれ、読まないよね、という

○子どもが考えることをしなくなってきているとしたら、「与えられる教育」を受ける中で、考える必要がないことを学んだからではないか。

○基礎をしっかり身につけさせて、そのあとは自分で考えさせる。そうすることで、子どもの自立に向けての成長を支えることになるのではないか。

○知識は重要。知識が、思考や課題解決を支える。すなわち、得た知識を活用することが極めて重要だ。探究するためには、知識を活用すること、活用するための知識を獲得することが必要になる。それらの知識が、問題に気づくことや、課題を解決するための方策を考えるために生かされる。学びが深まり、広がっていく。

○探究を軸にして、教師が「単に教える」から、子どもが「深く学ぶ」へ転換することが必要ではないか。

図19

将来、家を買うか、借りるか
家庭科の先生が生徒に教えられること
2022年8月7日 朝日新聞デジタル版
「住まい」に関する授業を進める
家庭科の岩澤未奈先生　東京都立国際高校

「一人暮らしの部屋を契約してみよう」

　6月下旬、東京都立国際高校2年生の家庭科の授業。岩澤未奈先生が生徒に配ったのは、二つの1Kの間取りが書かれたワークシートだ。専有面積はほぼ同じだが、家賃や築年数など条件は異なる。生徒たちは、敷金や礼金などを読み取り、契約時に必要となる費用を計算し、比較した。

図20

声も出てくるというわけです。ここでは家族の人数がどうなっていくかとか、あるいは引っ越しをするとどうなるかとか、家を買った場合には、あるいは借りた場合には、といったような比較をしながら、どんなことに気が付くかということを生徒に問いかけます。生徒はそこでグループに分かれて議論をします。いろんな声が出てくるわけですね。その気付いたことを口にして、たとえばメモにして、その中でメリットとかデメリットを比較していく。その際、何を大事にして判断していくかというのが、まさにその生徒一人一人の考えに基づいているわけです。もちろん先ほど申しましたように、自分の文脈の中で生きてきていますから、その文脈に照らして、こっちがいい、こっちは良くないというような判断をするわけですね。そういう流れの中で自分の家族、自分とか家族のライフスタイルとか、将来設計を考える中で選択することが必要なのだ、ということです。当然、生徒はいろんな声を出していきます。難しい選択は実はいっぱいあるのです、と先生が最後におっしゃるというわけですね。これが正解というものは、教えてあげることはできないのだと。教えてあげられるのはいろんな見方があるということなのだと。そのいろんな見方を自分のものにしていくことが大事ですよね。あるいは、どんなふうに判断するかという際に、常に得る情報をアップデートしていくっていうことも必要ですよね。それが豊かな人生を送ることにつながっていくのではないでしょうか、ということで授業が終わるというわけです。この先生は自分で意思決定をしていくための力を持つことの大切さを述べておられました。

もうひとつ、こちらは宮崎東高等学校定時制夜間部の取組（図 21）です。生徒が生き甲斐を感じるための探究活動が紹介されています。一つ一つご説明いたしませんけれども、三菱みらい育成財団のホームページで宮崎東高等学校を入力いただくと定時制夜間部の取組の紹介があります。これはひょっとしたら先生方がいらっしゃる学校でもこういう取組をしていらっしゃるかもしれませんが、三菱みらい育成財団が初等中等教育、とりわけ高等学校、高等部の生徒たちの取組に対して援助をしているんですね。この宮崎東高等学校の定時制夜間部もそれを受けておられて、具体的に取り組まれていることが三菱みらい育成財団のホームページに出ているということです。

宮崎東高等学校定時制夜間部

生徒が生きがいを感じるための探究活動

毎週火曜日の「総合的な探究の時間」でこのプログラムを行う。

多種多様な感性を持っているために、小中学校不登校の経験があったり、人前で話すことや多人数でいることが苦手な生徒が多いのだと捉え、既存教科の枠を超えた探究活動を利用すれば克服できる（目の色が変わる）可能性があるとし、以下のような内容で行う。

1. 新入年次：思考ツールや哲学対話を通し、自分の好きなところを見つけ探究活動のテーマを設定して、まとめる。
2. 在校年次：各自のテーマに沿って実際に探究活動を行い、まとめる。
3. 卒業年次：今まで行ってきた探究活動の視点から実際の進路実現につなげ、その過程をまとめる。

図21

ここで二つの例をご紹介いたしましたけども、大事なことはいろんな形で探究ということが可能なんじゃないかということ。あるいはまた具体的に探究というものには答えというものがないのだという、当たり前のことですけれども、それを確認しておきたいというふうに思います。

キャリア教育について、改めて

キャリア教育について改めてもう一度見ていきます。キャリア教育というのは自立に向かうための取組であるということが一つ。そしてそのキャリア教育の定義ですね。職業教育とキャリア教育があるけれども、職業教育の中にキャリア教育があるのではなくて、キャリア教育の中に職業教育が含まれている、こういう形の定義（図 22）になっています。改めてまたご確

「今後の学校におけるキャリア教育・職業教育の
在り方について」中央教育審議会答申
2011(平成23)年1月31日
職業教育：一定又は特定の職業に従事するため
に必要な知識、技能、能力や態度を育てる教育

キャリア教育：一人一人の社会的・職業的自立に
向け、必要な基盤となる能力や態度を育てること
を通して、キャリア発達を促す教育

図22

認いただければと思います。またキャリアというのは決して職業のことだけではなくて、生きていく人間としての経歴、人間としての経験といってもいいかもしれません。その中で培われるものの見方とか考え方、すなわち価値観なんかも含めたものがキャリアであると受け止めたらいいのではないかと思います。2016年12月の中教審答申、これは今回の学習指導要領改訂に向けた中教審の答申ですけれど、その中で、「社会の中で自分の役割を果たしながら、自分らしい生き方を実現していく過程」をキャリア発達としているという表現（図23）があります。具体的に学校教育を通して、社会の中で人と関わりながら、自分の役割を果たしていく。そして自分らしい生き方を実現していく。それがキャリア発達なのだということを言っているわけです。

キャリア：人が、生涯の中で様々な役割を果たす
過程で、自らの役割の価値や自分と役割との
関係を見いだしていく連なりや積み重ね
2011(平成23)年1月中教審答申
「今後の学校におけるキャリア教育・職業教育の在り方について」

2016年12月中教審答申
社会の中で自分の役割を果たしながら、
自分らしい生き方を実現していく過程を、
キャリア発達としている。
平成23年に中央教育審議会において取りまとめ
られた答申「今後の学校におけるキャリア教育・
職業教育の在り方について」に関する一層の理解と
取組の充実が求められる。

図23

探究的な学習とは

そのためにも探究というのが重要なのではないかと考えています。その探究について見ていただくために、これは先ほどから申し上げている2016年12月の中教審答申で、高等学校に新しい科目が生まれるということで、この中教審答申が探究の意義であったりとか、あるいは取り組む際の留意事項であったりとか、評価であったりとかについて述べています。あくまでもここに書かれているように、高等学校における数学、理科にわたる探究的科目の説明なのですけど、一般的に探究を考える上でも大変参考になると思いますので、簡単に見ておきたいと思います。まず探究的な学習というのは、学習に対する興味関心、意欲の向上を始め、知識技能の着実な習得や思考力、判断力、表現力等の育成に有効であるとも考えられているということです。実際にやってらっしゃるところもそのようにおっしゃいますし、私自身もその通りだなと思っています。いろんな課題がこの国にはある。ただ、ここでは、3行目の真ん中（図24）を見ていただくと「研究者には」と書かれていますけど、これは理数探究、理数探究基礎という新しい科目の説明に使われているので、研究者という言葉が出てくるのだろうと思いますが、一般的に考えてこの課題の中で生きていくという、そういう際には、深い知的好奇心とか、自発的な研究態度、自ら課題を発見したり未知のものに挑戦したりする態度が求めら

○　現在、我が国は様々な課題に直面しており、これらの解決手段としてイノベーションに大きな期待が寄せられているが、研究者には、深い知的好奇心や自発的な研究態度、自ら課題を発見したり未知のものに挑戦したりする態度が求められている。また、革新的な価値は、多様な学問分野の知の統合により生まれることが多く、従来の慣習や常識にとらわれない柔軟な思考と斬新な発想によってもたらされるものである。

図24

れるということは当然かと思います。

ただその探究をするときに、なんでもかんでも好きにやってみろではやっぱり厳しいわけですね。基礎を学ぶ段階が必要で、そこでは探究をすることの意義について、子どもたち自身が理解できるということがとても重要になってきます。さっきご紹介した家を借りるかどうするかという話というのはまさに基礎を学ぶ段階として非常に重要なものであると思います。そして探究を進める段階、なんのために探究をするのかという意義を理解して具体的に自分で課題を設定して取組を進めていく。そういう段階が当然必要になってきます。その際、さまざまな子どもたち自身の気付きから疑問を形成させるようにすることが重要だと述べられています。また、評価をする際に、どんな成果が出たかということよりも、むしろその探究をしていく過程でどんな力が身に付いたかとか、あるいは俯瞰的に自分の取組を捉えてどこまで自分が来ているか、あるいはなんで間違ったのか失敗したのかといったようなことが、自分の言葉で説明できるようになっているかということがとても大事だというふうに書かれています。そのためにも記録の重要性が述べられています。この記録が、具体的に自分がやったことあるいはその中で生まれた疑問、またどんなふうに考えを進めていったか、あるいは考えが変化していったか、こういったことを記録することによって自分の成長の過程を認識できるようにする。当然これらは評価でも使えるわけです。まさしく思い出してみると、学習指導要領の前文の中にある一人一人の児童生徒が自分のよさや可能性を認識することができるというのが教育課程のあってほしい姿として学習指導要領に出ているわけですが、そこにもつながるような内容であると考えます。当然これをやっていく上ではいろんな環境整備も大事ですよ、ということが書かれています。

遊ぶことの大切さをもっている大人に

最後に幼稚園教育要領（図25）を見ていただこうと思います。これは幼稚園教育要領の前文でして、幼児の自発的な活動としての遊びを生み出すために必要な環境を整える、遊びを生み出すために必要な環境を整えることがいかに重要かということが、幼稚園教育要領に書かれています。遊ぶということを通して、人との関わりはもちろんのこと、自分の中での工夫であったりとか、振り返りであったりとか、あるいは新しい気付きであったりとか、そういうものを生み出していく遊びというのがいかに重要かということです。いくつになっても、この遊ぶということの大切さというものをしっかりともっている、そういう大人であってほしいと思います。生きていく上で、この遊ぶということは非常に重要なものではないかというふうに思っています。それが幸福に生きるということにもつながっていくのではないかと考えています。ありがとうございました。

幼稚園教育要領 2017（平成29）年3月 **前文**
　幼児の自発的な活動としての遊びを生み出すために必要な環境を整え，一人一人の資質・能力を育んでいくことは，教職員をはじめとする幼稚園関係者はもとより，家庭や地域の人々も含め，様々な立場から幼児や幼稚園に関わる全ての大人に期待される役割である。家庭との緊密な連携の下，小学校以降の教育や生涯にわたる学習とのつながりを見通しながら，幼児の自発的な活動としての遊びを通しての総合的な指導をする際に広く活用されるものとなることを期待して，ここに幼稚園教育要領を定める。

図25

記念講演

3

「多様に生きる。今をあきらめない社会を目指して」

講師 株式会社クリスタルロード 代表取締役社長／ 感覚過敏研究所 所長

加藤 路瑛 氏

1　感覚過敏について

　本日はキャリア発達支援研究会の設立 10 周年の記念すべき大会にお招きいただき、ありがとうございます。加藤路瑛です。現在 16 歳、高校 2 年生です。今、通信制高校である角川ドワンゴ学園 S 高等学校に在籍しています。12 歳のときに起業して、株式会社クリスタルロードの代表取締役社長をしています。2020 年の 1 月に自分の困りごとでもある感覚過敏の課題解決を目指して、感覚過敏研究所を立ち上げました。今は感覚過敏の事業をメインに取り組んでいます。

　私は千葉県習志野市の公立小学校を卒業しています。小学校のときは、少し足が速くて、勉強は普通くらい、ゲームが好きな、普通の小学生だったと思います。中学受験をして東京の私立中学に通いました。勉強が得意だった訳ではなく、給食がどうしても嫌で、給食がない学校に行きたいという気持ちだけで中学受験をしました。私は味覚が過敏で、食べられるものが極端に少ないのです。小学校の給食の時間は地獄のような時間でした。習志野市の中学校は給食だと知って、絶対に無理だと思って中学受験をしました。しかし給食がない学校に行っても、お弁当の時間は食べ物のニオイがきつくて、結局、給食は避けられても学校が辛いことに変わりありませんでした。

2018年12月13日
株式会社クリスタルロード

誕生しました。

　中学 1 年の時に私は起業しました。この写真は法務局という会社の登記をする場所で撮ったものです。中学 1 年生の 2 学期の期末テストが終わった後に、私は社長になりました。この頃は子どもの起業を支援したいと思っていました。

　中学 2 年の 9 月、私は私立中学校を退学しました。原因はいくつかあります。起業して広い世界を知ったことで学校が退屈になってしまったこと、そして大きな理由は感覚過敏で学校が辛くなってしまったからです。私立中学を退学した場合、義務教育期間なので、私は習志野市の公立の中学校の生徒になりました。しかし学校の理解のもと、一度も学校には通わず卒業しました。世間ではこれを不登校と呼ぶでしょう。中学 2 年の冬、私は自分を苦しめる感覚過敏の課題を解決するために、感覚過敏研究所を立ち上げました。

2　感覚過敏研究所の取組

　まず感覚過敏というのは、視覚、聴覚、嗅覚、

味覚、触覚などの諸感覚が過敏になっていて、日常生活に困難さを抱えている状態のことを言います。これは病気ではなくて症状です。感覚過敏の1例としては、視覚過敏があると蛍光灯やスマホの画面で体調が悪くなる。聴覚過敏があると大きな音、騒ぐ音で体調が悪くなる。嗅覚過敏だと香水や食べ物のニオイで体調が悪くなったり、味覚過敏があると食べられるものが極端に少なかったり、触覚過敏があると服の縫い目やタグが痛くて服が着られないなどの問題があります。

　感覚過敏の原因としては発達障害、鬱病、認知症、脳卒中やてんかんなどの脳の病気、交通事故による脳へのダメージなどが挙げられ、後天的にも見られる症状です。症状なので感覚過敏自体を治す薬や治療方法はないのが現状です。感覚過敏の人口は？とよく聞かれますが、病名ではないので統計も取られていません。しかし研究論文を調べると、発達障害の95%の方に感覚過敏があるという結果が出ています。未診断やいわゆるグレーゾーンの方、あとは他の疾患なども含めると決して少なくない数字になります。

加藤路瑛の場合

視覚過敏	目に入ってくる情報量が多いと疲れる
聴覚過敏	人の話し声（特に甲高い声）で頭痛がする
嗅覚過敏	食べ物のにおいが特に苦手でレストランで気持ち悪くなる
味覚過敏	食べられるものが少ない、給食ムリ！
触覚過敏	靴下の縫い目が痛い、服が重く感じる

☆感覚過敏研究所

　私の感覚過敏を簡単にお話すると、視覚過敏は弱めなのですが、人の話し声で頭が痛くなったり、食べ物のニオイで気持ち悪くなったり、食べられるものが少なかったり、靴下の縫い目

が痛くて靴下が履けない等があります。これらの感覚過敏の課題を解決しようと、感覚過敏研究所を立ち上げました。もうこの頃は、私立中学も退学していて、フリースクールに在籍していました。

　感覚過敏研究所の取組についてお話しします。感覚過敏研究所は3つの軸で動いています。感覚過敏の啓発活動、感覚過敏に関する商品、サービスの企画、制作、販売、感覚過敏の研究です。最初に取り組んだのは、目に見えない感覚過敏の可視化でした。五感それぞれの過敏さを表すキャラクターを作りました。視覚過敏の猫、聴覚過敏のウサギ、嗅覚過敏の象、味覚過敏のコアラ、触覚過敏のハリネズミです。

　それぞれ過敏さの特徴を表す動物になっています。ハリネズミは触られると毛を針のようにしますし、コアラは毒の強いユーカリの葉の中でも毒の少ない葉を食べるくらいの味覚の過敏さを持っています。そしてこのキャラクターにはニッコリモードと過敏モードがあります。これによって過敏で辛い状態を表現したり、逆にイヤーマフとか、あとはマスクをしてニッコリしている状態も伝えることができます。このキャラクターをマークにして、缶バッジやさまざまな商品に展開しています。ちょっと可愛いキャラクターや色にしているのは、感覚の過敏

さをうまく表現できない小さな子どものお守りのような存在になったらいいなと考えたからです。実際、マークを付けているから頑張れると外出できるようになったお子さんもいらっしゃるようです。コロナ禍でマスクが付けられない人のための意思表示カードというものを作りました。今、いろんな自治体などでマスクが付けられないカードが出ていますが、たぶん日本で最初に作って公開したのは私だと思います。無料配布のカードも出していますが、缶バッジやシールも販売しています。そしてこのマークは航空会社のスカイマークさんにも採用されて、全国のスカイマークの搭乗カウンターや航空機に常備されています。さらにシールやカードだけでは根本解決になってないので、さらに一切触れない「せんすマスク®」というものを考案し、販売しています。このせんすマスクは当初、成田国際空港が採用してくださり、今もターミナルの案内所でマスクが付けられないと伝えると、無料で入手することができます。

このように中学 3 年のときに私が考えたことが、社会をほんの少し変えたのです。私は 12 歳で起業したときに、ネットでは中学生の社長の会社と付き合いたい会社なんてないと、ずいぶんと叩かれました。しかし社長の年齢が必ずしも判断基準ではないということを、成田空港さんやスカイマークさんが証明してくださいました。

さらに感覚過敏のためのアパレルブランド、カンカクファクトリーを展開しています。縫い目が外側、タグなしをコンセプトとしたアパレルブランドです。縫い目をただ外側にするだけではなくて、パイピングテープを使ってデザインにしています。フードは大きくなっていて、刺激を和らげるためのガードやクールダウンに使えます。ファスナーを上まで上げるとマスクモードにできたり、フードにワイヤーが入っているので、顔回りにフードが当たらないようになっています。

また学生服を作っているカンコー学生服さんと、感覚過敏の生徒が着られる学生服の共同開発をしています。学校の先生向けのカンコー学生服さんの展示会で、今年は感覚過敏のコーナーを大きく作っていただいて、先生方に制服だけではなくて、学校での感覚過敏の合理的配慮の必要性とか、あとは啓発活動も行っています。

他に服関連ですと、信州大学の繊維学部と繊維商社の瀧定名古屋と共同研究をしていて、感覚過敏の人にストレスの少ない生地開発の研究をしています。今、研究 2 年目には信州大学と一緒に論文も発表させていただきました。

私が 13 歳で感覚過敏研究所を立ち上げて、研究者と名乗ったときに、とある大学の先生に、研究者を名乗るなら大学を出てからしなさいとひどく怒られました。でも高校生で大学と一緒に研究をしたり、論文を出すこともできます。子どものキャリアの話にもつながる部分でもありますが、子どもの年齢で大人の社会でやるようなことを始めると、起業にしろ、研究にしろ、注意や批判をしてくる大人が必ずいます。子どもは子どもらしくしていて欲しいという大人の気持ちも分からなくはないですが、もうこれからの時代は年齢という壁はどんどんなくなっていくのだと思います。

話を戻します。生地の研究だけではなく、今は感覚過敏のスコア化を目指した尺度開発の研究や、感覚過敏のメカニズムの解明などの研究

も大学と一緒にやっています。感覚過敏研究所の研究方針としては大きく2つあります。感覚過敏の把握方法の確立と、感覚過敏の緩和方法の発見です。感覚過敏は病名ではないので、感覚過敏の診断とか感覚過敏の治療という表現ができません。ただやりたいこととしては、診断方法を見つけて治療方法を発見することです。これは未来の構想ではありますが、自分の快適な環境をカスタマイズできるシステムや、あとは自分で感覚をコントロールできる方法を発見したいと思って頑張っています。

　もう1つ、五感に優しい空間や時間を作る事業もやっています。クワイエットアワーやセンサリールームなどを日本に普及したいと思っています。クワイエットアワーとは、照明やBGMなどを落とした時間帯を作って、感覚過敏の人が落ち着いて買い物できる時間を作り出すような取組になります。センサリールームとは、光や音の刺激の少ない空間を作って、ライブやスポーツ観戦ができたり、感覚を落ち着かせる空間のことを言います。センサリールームは、海外では学校や福祉施設に設置されているケースが多くなっています。日本はまだまだなので、日本の学校にも設置していきたいと思っています。今年9月に、感覚過敏研究所とパナソニックがコラボして、有楽町マルイにセンサリールームを体験展示しました。感覚過敏のあるお

子さんがたくさん体験しに来てくださいました。私はこのような空間コンサルやプロデュースをどんどんやっていきたいと考えています。

　感覚過敏研究所のビジョンは自分の感覚を愛し、他人の感覚を尊重できる世界にすること。そして感覚を理由に、今を諦めなくていい社会にすることです。ミッションは五感に優しい社会の創造。究極のゴールは感覚過敏という言葉も概念も不要な社会にすることです。これらを目指して頑張りたいと思っています。学校の先生や保護者の方や社会全体の協力が必要なことばかりなので、ぜひ皆さんの力をお貸しいただけたらうれしいです。

3　感覚過敏の子ども支援（合理的配慮とは？）

　さて、ここからは子どもの感覚過敏について話したいと思います。特に親がフォローしにくい学校の生活についてお話しできればと思います。感覚過敏の症状も感覚過敏の強さも人によってまったく違いますので、この点をご理解いただけるとうれしいです。

（1）視覚過敏

　「ライトの光がまぶしい、スマホやパソコンの画面がまぶしい、白いノートがまぶしい」など、光と言いますか、光の刺激で痛みを感じたり、頭痛や体調が悪くなったりします。学校の

場合、「教室の窓側がまぶしい、白い紙がまぶ
しい、外の活動が辛い、視覚情報が多いと辛い」
などが想定される状態だと思います。視覚過敏
で辛い場合、先生に伝えたり、保健室で休むこ
とも重要です。私は、視覚過敏はあまりないよ
うですが、この辛さというものをみんなも我慢
しているものと、ずっと思って生きてきました。
我慢できない自分が弱いとか駄目な人間とか、
そう思って我慢してきたので、本当に辛いとき
に家族だけではなくて、学校の先生とか友達に
ＳＯＳを言えるようになることが大事だと思っ
ています。太陽の光がまぶしくて苦手な場合は、
廊下側の席にしてもらったり、カーテンを閉じ
てもらうだけで環境は変わります。他の対策と
しては、学校では少し難しいかもしれませんが、
明るさや色を変えられる照明があります。自宅
は間接照明だけで過ごしている方もいらっしゃ
います。スマホの画面とパソコンの画面はすご
く暗くしたり、白い紙ではなく緑とか黄色の色
の付いたカラーノートというものも試してみる
といいと思います。ほかにも調光レンズなども
一案であります。調光レンズは紫外線が少ない
ときは透明な眼鏡で、紫外線量が増えるとレン
ズの色が濃くなります。数万円するので気軽に
試すことはできませんが、ＰＣ眼鏡などは数千
円で売っているので、試着してみるのもいいと
思います。

また私はイノチグラスというカラーレンズを
扱う資格を持っています。まぶしくて生活に困っ
ている人に色の付いた眼鏡を作ることもやって
います。大人のお客さまもいらっしゃいますが、
小学生、中学生、高校生、大学生の方が、家族
と一緒に申し込まれます。まぶしくて学校に行
けていない方々です。皆さん、このレンズで学
校に行けるようになりたいとレンズを作りに来
ます。今、不登校の数も増えて、学校に行かな
くていいと言っている人もいますが、みんな学
校に行くのを諦めていません。通えるなら通い
たい。そう思って来てくれている生徒もたくさ
んいます。今日は学校の先生が多いと思うので、
こういったサングラスだったりとか、カラーレ
ンズを学校に付けていきたいという生徒の希望
を受け止めながら、どうやって他の生徒に伝え
ればこのような生徒が気持ちよく学校に通える
ことができるのか。そういった先生の立場でぜ
ひ考えていただければと思います。

他にも、タブレットの学習が今後、学校で増
えていくと思うので、スマホやタブレットでで
きる視覚過敏の対策も紹介していきます。スマ
ホも画面の明るさだけではなくて、背景の色を
黒に設定することもできます。それ以外にも文
字の大きさ、コントラスト、透明度などもカス
タマイズすることができます。

こんな感じで視覚に関してはテクノロジーの
進化によって解消される困りごとが増えてくる
と思っています。また他にもオンラインが増え
てきたので、視覚過敏や聴覚過敏で辛いことを
伝える意思表示背景を作りました。これは聴覚
過敏でオンライン授業が辛い大学生が、少し休
憩している間に先生に名前を呼ばれて対応でき
なかったために欠席扱いされたという話を聞い

て作成しました。この背景画像は感覚過敏研究所のサイトで無料でダウンロードすることができます。また、辛かったら休んでね、というふうに伝えることも大事だと思っています。

（2）聴覚過敏

　人が多くてうるさいところ、赤ちゃんの泣き声、救急車など、苦手な音は人によってさまざまです。私は中学校での授業中、みんなが文字を書くコツコツという音や休み時間の女子生徒の甲高い笑い声で頭が痛くなることが多くて、保健室にかなり通っていました。学校だと授業中の会話や、筆記の音、運動会や音楽祭のような大きな音の出る学校行事、学校の休み時間や放課後の騒がしい感じなどが耳に響いたり、刺さったりすることがあるかと思います。聴覚過敏で辛いときは保健室で休んだり、図書館などの静かな避難場所が必要で、安心できる空間があるといいと思います。

　聴覚過敏の対策はたくさん出ていますので、あとは自分に合うものを探すことができればいいと思います。ただなかなか見つからなくて、苦労されている方が多いです。感覚過敏研究所では、感覚過敏の当事者とその家族が無料で入れるコミュニティを運営しています。そこではイヤーマフ、ノイズキャンセリングの情報を求めている方が多いです。私の場合は買ってみたイヤーマフの圧迫感が辛くて合いませんでした。デジタル耳栓というものも試してみましたが、ノイズはキャンセリングされましたが、コードが触れるたびに雑音が入って、その音が不快でした。今はワイヤレスのデジタル耳栓も出ていると思うので、不快感は軽減されていると思います。耳栓はお子さまの耳に合うサイズや触

感を探すというのはかなり大変です。最終的に私がたどり着いたのは、普通の音楽再生用にヘッドホンとノイズキャンセリングの機能のあるワイヤレスイヤホンを併用することです。ノイズキャンセリングによってエアコンの音、クルマの音、環境音は劇的になくなりました。でも、耳の感覚としてはやはり気になりますし、しばらくしないと飛行機に乗っているような浮遊感のようなものはありました。

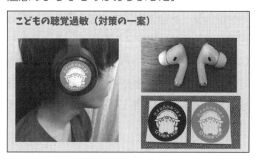

こどもの聴覚過敏（対策の一案）

　写真で見えているウサギのシール、これは感覚過敏研究所で出している、苦手な音があります、というシールです。缶バッジもあります。

（3）嗅覚過敏

　食べ物、香水、化粧品、柔軟剤、町の中の排気ガスや苦手なニオイは人によって違います。私はファミレスのようにいろんな種類の食べ物のニオイが混じり合った場所が苦手です。駅の改札に出て、その町の排気ガスや飲食店の排気口、ゴミなど複雑に入り交じったニオイがするとつらいです。すぐに体調が悪くなってしまいます。学校では給食のニオイ、友達の服の白衣の洗剤や柔軟剤のニオイ、それから習字や図工、家庭科の調理実習など、ニオイのある授業はストレスが多かったです。特に小学校のときの4時限目の途中、給食室から食べ物のニオイがすると、緊張して授業中に集中できませんでした。

これはニオイもそうですが、食べられないというプレッシャーも原因でした。

　嗅覚過敏の対策は、今のところほとんどありません。私は今、感覚過敏研究所として対策商品の開発や研究をしていますが、一番難しいと思っているのが嗅覚です。コロナ前から私はニオイのガードとしてマスクをしていましたが、気休めの部分はあります。ニオイを通しにくい活性炭入りのシート入りマスクもありますが、活性炭のシート自体のニオイもあります。感覚過敏研究所でも防毒マスクを使用している方もいらっしゃいますが、子どもには適さない対策方法です。今は嗅覚過敏マークを身に付けて意思表示するなどの対策しか提案できずにいます。

（4）味覚過敏

　とにかく味覚が過敏で、食べられるものが極端に少ないです。親としては子どもの成長や、健康に関わるところではあるので、食べられないと心配だと思います。私もかなり食べられるものは少ないです。好きな食べ物を聞かれたら、迷わず白米と答えます。苦手なものを食べると、私の場合、気持ち悪くなるだけでなく、頭も痛くなったりします。学校ではとにかく給食が食べられないことが、一番辛いことです。食べられないこともそうですし、残さないこと、一口でも食べなければいけないというプレッシャーが苦痛です。また調理実習で作ったものも食べられませんでした。修学旅行では食べられるものがなくて、地獄の経験をしました。しかも私は栄養失調と脱水症状で倒れてしまって、親に迎えに来てもらい、途中離脱してしまった辛い経験もあります。

　味覚過敏は、食べられないことのプレッシャーからの解放が一番だと思います。また保健室で食べるという選択肢もあると思います。対策としては、給食をお弁当に切り替えてもらったり、栄養補助食品を持参して、どうしてもお腹がすいたときに保健室で食べるという方法もあります。どちらも私が小学 6 年生のときに担任の先生が提案してくれた方法です。給食セットなどに味覚過敏のマークを付けることで安心するお子さんもいらっしゃいます。

（5）触覚過敏

　服、靴下、マスク、抱っこなど肌に触れたりするものが苦手です。触れた場所に痛みを感じたり、不快に感じます。感覚過敏研究所の大人のメンバーと快・不快に関する言語化をする取組をしているのですが、その中で触覚過敏だと「針に刺されたよう」「毛虫が這っている」「ラップが張り付いている」など、人によって触覚の感じ方、表現の仕方はさまざまです。これらの表現から辛いことを感じていただけるかと思います。

　学校では、制服が痛くて辛い、体操服・上履き・帽子など学校指定のものが着用できない、触れられない、触れたくないというような問題が発生します。私も中学生になって、制服のチクチク感とか重さで辛かったです。

　触覚過敏の問題は、身に付けるものに関しては代替案を考えるのが大切です。制服や体操服などは類似品で大丈夫そうなものがあれば、学校に使用をＯＫして欲しいというふうに思います。感覚過敏研究所でも、中学校や高校進学時に制服が駄目で、学校との交渉に苦労されている保護者さんも結構いらっしゃいます。最初は

みんな同じもの以外駄目だよ、という学校もあるのですが、感覚過敏を知ってもらうことで類似品OKになるケースもありました。

　視覚過敏や聴覚過敏とは違い、触覚過敏、味覚過敏、嗅覚過敏は補助具がありません。環境で工夫する必要があります。

　この写真ですが、私の家の中での日常です。服がとても辛いので、家の中ではランニングシャツとパンツだけです。体は楽ですが、冬でも夏でも体は冷えていて、とても寒く、そこは課題ではあります。またこの肌着、実は私が小学5年生くらいから着ています。これ以上にいい肌着に出会えず、5年以上着ていました。

　今年、ようやく自分の会社で、自分が着られるタンクトップを開発することができました。ですので、もうボロボロのタンクトップとはお別れはしたのですけど、家ではタンクトップとパンツだけの状態は何も変わっていません。服が着られないというのはどういう状態なのか、想像つきにくいかもしれませんがリアルな情報をお見せすることで、感覚過敏の日常を見ていただくことも、感覚過敏を知ってもらう1つの方法だと思い、公開しています。

　感覚過敏の辛さは目に見えないだけでなく、その辛さが伝わりにくい部分もあります。それは光がまぶしい、うるさい場所が苦手というだけではありません。そんなの他の人にもあるよ、わがままなだけなのでは、と思われてしまうことも多いと思います。その辛さを表現する方法が、今は少ないのです。わかりやすい例えで言うと、靴の中に入っている小石です。皆さんも痛いと思います。小石が入っていることに気が付いて、すぐに取りたいのに、立ち止まったり、靴を脱ぐ場所がないとしばらく歩かなければならず、我慢するしかありません。感覚過敏もこれに似ています。光に触れたり、音に触れたり、服を着たり、ものを食べたり、物理的には出来ます。ただずっと苦しいのです。取れない小石がずっと入ったまま歩いていると、皆さんも苦しいと思います。そういった感覚と似ているかなと思います。

　感覚過敏研究所では、学校の生活とそこでの困りごとを相談しやすくするための感覚過敏相談シートというものを作成しています。研究所のホームページで誰でも無料でダウンロードできるので、学校で相談したいときには使って欲しいなと思っています。逆に先生方がダウンロードして、感覚過敏の困りごとを記録するのも良いかなと思います。

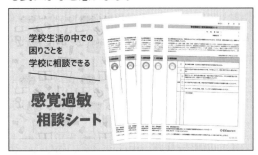

　シートには、先生が感覚過敏をすべて知っている訳ではないので、配慮のお願いと感覚過敏の説明が書いてあります。一般的な項目はチェックすればいいだけになっています。これ

は生徒や保護者が記入を楽にしたいという目的もありますが、チェック項目になっていることで、具体的な配慮は当たり前という印象を先生に持っていただくための私の戦略です。このようなツールのない中で口頭で説明するよりも、共有するシートがあるほうがいいと思っています。このシートは感覚過敏研究所のホームページで無料でダウンロードして使うことができますが、あまり宣伝できていないので、ぜひ今日ご参加してくださっている方が伝えていただけたらうれしいです。

4　子どもの生きづらさを考える

　さて、感覚過敏がある生徒にとって辛いことってなんだと思いますか？ 1 つは感覚の刺激が辛くて多くて、体調が悪くなることだと思います。そして一番辛いのは、その辛さが理解されないことです。それによって当事者である生徒は、孤独感や生きづらさを感じ、不登校や引きこもりの原因になっています。感覚は目に見えません。友達同士で交換することもできません。だから友達がどんなに苦しんでいるかは想像できない部分です。感覚過敏をテーマにして活動していますが、その場合に難しいのは、感覚が目に見えないということです。目に見えないので他人と比べられない、困っていることを理解されにくい、そもそも自分が困っているかも気付くことができない、という問題があります。

　1 つの手法として、目に見えない困りごとを可視化させて、感覚過敏マークなどを使うことがあります。マークによって感覚過敏を可視化させましたが、懸念点としては障害者をラベリングしたいのか、こんなマークを使ったら逆に

意地悪されるでしょ、というような声があることです。

　それぞれもう少し詳しく見てみたいと思います。感覚過敏マークを付けることによって、障害があるようなラベリングになるのではないか、という意見をいただくことがあります。これは障害や病気、困りごとは隠しておくべきもの、または恥ずべきものという価値観を持つ人の意見だと私は思います。ソーシャルビジネスをしている人に教えてもらいましたが、自分の障害や困りごとを表現できる人は 10％なのだそうです。私はまずこの 10％の人と一緒に感覚過敏を表現し、伝えて、社会を変えていこうと思っています。そして誰もが困っていることを表現しやすい社会にしていこうと思っています。これもよく言われました。マークを付けることによって、逆に意地悪されるのではないか。そんなことある？と思ってしまいますが、妊婦さんのマークを付けていると、逆にお腹を押されたりすることもあると聞きました。悲しい世の中だと思います。

　先ほど、ヘッドホンに苦手な音があります、というシールを貼っている写真をお見せしました。音を防ぐのにイヤーマフなどを使う人がいますが、音楽を聴いていると勘違いされて怒られることがあります。なので、聴覚過敏のあることを可視化させていますが、逆に大きな音を出したり、意地悪をする人がいると聞きます。そういうことをされると困りごとを表現しづらくなってしまいます。

　マークを付けるメリットは、安心感が生まれる、周囲の理解が得られやすくなる、自分との対話ができるということだと思います。もう少し具体的に説明したいと思います。マークを付

けることで安心感を得られます。困りごとを解決したわけではありませんが、例えば外出するのが怖かった人たちが、マークを付けることで外に出たり、学校に行ったりする勇気が生まれます。そして、困ったときのお守りになるようにと思って、可愛いキャラクターのデザインにしています。特に困りごとをうまく表現できない小さな子の力になればなと思っています。ただ、大人の方もたくさんの方がご利用くださっています。そしてマークを付けることによって、周囲から理解を得られやすくなります。

この写真は小学生の子がカバンにマークを付けているところです。マスクが付けられないことを学校に相談するときに、このマークを使いました。今では付けられない理由は学校が理解してくれていて、このマークを付けなくてもマスクを付けなくて OK になりました。理解されたらマークは不要になるのです。嗅覚過敏があってガスマスクで外出している方がいます。今までヘルプマークを付けても、ずっとじろじろ見られていたのが、缶バッジを付けてからは缶バッジに視線が行くようになって、ストレスが減ったそうです。それから缶バッジの効果として、ある中学校の特別支援学級の皆さんに感覚過敏の缶バッジを寄贈させてもらった際に、生徒が缶バッジを見ながら、「自分の中に象がいる」、とか、「私の中にはコアラがいる」、と

いうふうに表現したそうです。手に取ることができる缶バッジによって、客観的に自分の状態を見つめて、対話ができているのではないかと思います。

自分に感覚過敏があることを自覚してしまうことで、より過敏になってしまう場合はありますし、なんでも感覚過敏を理由に逃げやすくなってしまうこともあります。ただ、まず自分の辛さに気付けることは大事だと思います。感覚は何が普通で普通じゃないかなんて、誰にもわかりませんし、子どもが気付くことなんてできません。そのように見えない生きづらさというのを、私の中には象がいる、というふうに認識できることは、解決策や支援の第一歩につながると思っています。感覚過敏マークは感覚過敏の困りごとを表現できない子どもや、そもそも困っていることに気付けない子どものために必要なことだと思っています。この缶バッジを使ったワークショップなど、きちんとした形にこれからしていきたいですが、一緒に研究開発をしてみたいと言ってくださる研究機関の関係者がいらっしゃいましたら、ぜひご連絡いただければと思います。私のSNSか感覚過敏研究所のお問い合わせフォーム、あとはキャリア発達支援研究会を通してご連絡いただければうれしいです。子どもたちの自己表現ワークをやってみたいと思っています。

私が感覚過敏の辛さを表現できるようになってからの変化についてお話ししたいと思います。私が感覚過敏という言葉に出会ったのは、中学１年の時です。振り返れば小さなときから感覚過敏はあったと思います。お出掛けすればすぐに帰りたいと言ったり、レストランに入ったら早く出たいと言ったり、食べられるものが

ほとんどなくて給食は地獄でした。親も困って
いたと思います。だから周囲からはわがままな
子、神経質な子、好き嫌いの多い子と思われ
ていたと思います。ただ自分では、なんか嫌、
というふうに表現することしかできませんで
した。保健室の先生にそのことを相談したら、
聴覚過敏なんじゃないの？と教えてもらったの
が、感覚過敏を知った最初のきっかけでした。
その言葉で私は自分自身が感覚過敏だと知り
ました。知ったときは、今まで自分の表現できな
かった生きづらさのようなものの原因がわかっ
て、本当に気持ちが楽になりました。この時点
では解決したいというよりも、理由がわかった
ことで満足していました。自分が苦手な音とか
味とか、あとはニオイとか、そういったものを
無理に我慢しなくても避ければいいと思えるよ
うになりました。

　最初のほうで話したように、起業したばかり
の頃は子どもが起業しやすい社会を実現したい
と思って事業をしていました。しかしある日、
父に言われます。せっかく自分の会社を持って
いるんだったら、自分の困りごとを解決したら
どうだと。そのときに思い付いたのが感覚過敏
でした。ただ最初、これを事業にするというこ
とは、例えば何か自分の苦手なものを食べて、
それを研究したり、何かを触って開発しなけれ
ばいけません。それは私にとってとても辛くて
嫌だなと思って、すぐには取り組もうとはしま
せんでした。しかし気付いてしまいます。私は
感覚過敏を理由に今を諦めていると。友達から
ディズニーランドやカラオケに誘われていて
も、どうせ具合が悪くなるからやめておこうと
諦めていたり、家族と旅行に行ってその土地の
名物を何か食べたいと思っても、どうせ気持ち

悪くなるから食べないでおこう。かっこいい服
を見つけても、どうせ痛くて着られないからや
めておこう。そんなふうにやりたいと思ったこ
と、今やりたいと思ったことを諦める。そんな
人生を終わりにしたい。そう思って私は感覚過
敏の課題解決に取り組み始めました。

5　12 歳で社長になった私から見た子どもの キャリア

　今を諦めない生き方、それは私の軸になって
いるものです。ここからは 12 歳で起業した私
の起業ストーリーも話しながら、子どものキャ
リア、可能性、多様な生き方についてお話しで
きればと思います。

　中学 1 年の 6 月、私はケミストリークエスト
というカードゲームに出会いました。それは元素の
組み合わせカードゲームです。私は中身より先に
帯に書かれている、小学生で起業した、というと
ころに興味を持ちました。小学生で起業したスー
パー高校生社長考案と書かれています。

　少し遡ると、私は小さいときから働きたいと
思っていた子どもでした。それは何かすごいこ
とをしたいとかではなく、スーパーでレジを
打ってみたいとか、スーツをかっこよく着て会
社に行ってみたい、そういった憧れでした。で
も、そういったことを親や大人に話しても、働
くのは大人になってからね、と言われて、私は
そういうものだと思って生きていました。そん
なある日、ケミストリークエストに出会いまし
た。小学生で起業している人がいました。私は
これにとても衝撃を受けて、調べてみたら、親
子起業という方法なら小学生でも起業できるこ
とがわかりました。親子起業というのは、子ど
もが取締役社長、親が代表取締役になる方法で

す。社長になるのに年齢制限はないのですが、法人登記は15歳以上しかできません。法人登記に必要な印鑑証明が取れないからです。私が親子起業に感動したところは、働くのは大人になってからという自分の中の常識が一気に吹き飛んで、今の私でもできるはずと思えたから、そして学校の外に面白い世界があることに気付けたからです。

　「こんなに面白い親子起業を広めたい」「子どもでも起業できることを知らないで大人になるのを待っている人がいるなら、これを伝えてあげたい」「僕が起業して成功例になれば、子どもでも起業しやすい世の中になる」、だから私が起業して成功しようと決意しました。そのために、私はまず親の許可を取ることにしました。母に聞いてみたところ、「いいんじゃないの、学校の先生にも聞いておいてね」と言ってくれました。ただ、この時、母は私が本当に起業するとは思ってなかったそうです。次に担任の先生に相談すると「事業計画書を作って、メールで送ってください」と言われ、このとき、私は初めて事業計画書を知りました。私が実際作った事業計画書には、何か挑戦したい子どもにスポンサーをマッチングできるようにする事業とか、子ども専用のクラウドファンディング事業をしたい等と書いています。両方とも、挑戦したいのにお金がない子どもを助けるための事業

です。事業計画書を先生に送ったあと、私の担任の先生は「校長先生に1人でアポを取ってプレゼンをして許可を取ってきてください」と言いました。そして私は1人で校長先生のところへ行き、校長先生に話して起業の許可をもらうことができました。

　そして中学1年の夏休み、私は事業計画のプレゼン資料を作り、初めてのプレゼンを行います。この写真は私の初めてのプレゼンの日です。経営者交流会に参加させてもらい、事業内容について話しました。実はこの交流会、担任の先生が交渉してくれたものでした。この中学1年のときの担任の先生は、私のキーパーソンです。中学1年の6月、入学してようやく慣れてきたような生徒が、起業したいと言ってきたときに、事業計画書という具体的なアクションを明示してくれて、かつ、校長先生に自分の力でプレゼンをして許可を取れ、というミッションを与えてくれたのです。起業したいと生徒が相談してきたとき、それはいいね、じゃあ今は勉強を頑張ろうな、みたいな返答で終わってもおかしくないような世界で、私はラッキーにもこのような先生に出会うことができました。そして経営者交流会に参加できるようにセッティングしてくれました。先生の対応が何か違えば、私は起業していなかったかもしれません。

　そしてこの夏休み、いろんな場所で起業した

い、そしていろんな事業をしたいという話をしました。当時、中学生での起業は稀で、義務教育を終わらせてからにしなよ、とか、中学生で起業するなんてファンタジーだよ、とまで言われました。しかしそのおかげで思いました。子どもという理由で今を諦めたくない。年齢や常識で子どもが挑戦したいことができない社会を終わりにしたいと強く思うようになりました。今を諦めない生き方をすることは、私の軸になりました。

そして中学1年の秋にクラウドファンディングに挑戦します。クラウドファンディングというのは、こんなことに挑戦しますというプロジェクトを公開して、それを応援したい人がお金を出してくれるという仕組みです。私はここで88人の方から115万4,500円の支援をいただき、その資金をもとに2018年12月13日に株式会社クリスタルロードを立ち上げました。実はもうすぐ会社の誕生日で、4歳になります。そのあと、たくさんの人に事業内容を説明したりしました。会社を作っただけで、このときはまだ何もできていませんでした。中学生で起業してすごいと思われることもありますが、私は天才でもないですし、プログラミングができたり、何か特別な才能があるわけでもありません。何もできないからこそ、自分に何ができるのかを考えることができたのだと思います。

そんなことをしていると、何か面白そうなことをしている中学生がいるなと、いろんなところに注目され、例えばテレビ局に声をかけてもらったりとか、イベントとか講演会に誘われるようになりました。例えば、Googleに行ってみる？などと声をかけてもらえるようになりました。中学生がGoogleの中に入れるだけで、もうとても楽しかったです。

この頃、いろんなイベントに呼ばれて、子どもの起業とか、その可能性について話をさせてもらいました。こんな感じで社会見学とか社会体験、経験を積むというのは、感覚過敏研究所を立ち上げるまでにたくさん経験することができました。これは学校に馴染めなかった私にとって、本当に刺激を与えてくれる居場所でした。学校にいたら会えない経営者の方にたくさん会ったり、たくさん経験したり、たくさんいろんな場所に行くことができました。そういった行動というのは、私にとって大変大きなものでした。

そして私の12歳の起業ストーリーや感覚過敏に関する話が、実は本になっています。今、書店流通はしていないので、感覚過敏研究所のネットショップでのみ販売しています。また、子どもの多様性のキャリア教育の一環で講演させていただく小中学校には、数冊ずつ寄贈させていただいています。保護者の方が自分の子どもの過敏さを学校の先生や担任の先生に知ってもらいたくて、先生にプレゼンしたくて本を買いました、といった声もいただいています。私がまだ子どもの視点がなくなっていない15歳の1年間で書いた本です。ぜひ読んでいただ
ければと思います。

　話を戻すと、私は感覚過敏にしろ、病気や障害や学校に合わなかった、そういった人の生き方の選択肢として、子どもの起業、親子起業はアリだなと思っています。生き方の選択肢に関しては、いろいろあると思います。

　社長と呼ばれるだけで、私はうれしくなりました。会社を持つことで、自分の居場所が新しくできました。所属するものができた安心感のようなものがあります。さらに起業のおかげで母と仲がいいです。仲がいいというより、喧嘩したり反抗していたら会社が動かなくなるので、必然と親子というよりビジネスパートナーとなっていきました。起業によって私の反抗期はなくなりました。子どもが親に反抗するのは、もう自分でなんでもできる年齢になったというのに、自由にできないことへの苛立ちだなというふうに私は思っています。起業すると自分だけで何かをすることはできなくなって、親や学校の先生、応援してくれる方、商品を買ってくださる方、取引先、株主様、あらゆる人に支えられていることに気が付くことができます。そして改めて自分だけでは何もできない、その無力さに謙虚になるのかもしれません。

　特に子どもに病気や障害がある場合、親は子どもの将来を心配するものだと思います。私も記憶はありませんが、父も母も口をそろえて、「路瑛はサラリーマンはやれないと思うから、

社長か研究者が向いていると思うよ」と言っていたそうです。本当に私は社長になり、研究者にもなっているので、面白いなと思っています。親の目線では一般的な会社員は無理と思われていた人間のようです。それは不器用で、みんなと同じスピードで物事を処理できないとか、メモを取るのが苦手とか、そういった事務的な部分の能力の欠落です。そういった欠落した部分を無理に矯正して、人並みにさせようとしなかった両親のおかげで、起業家として、そして研究者としての道を歩んでいます。これはとてもラッキーだなと思っています。

　そして私は子どもの生きづらさの根底は、選択肢の少なさにあると思っています。学校に通えない選択、通えない時の選択肢、学校を出た時の選択肢がとにかく少ないです。学校には通うもの、勉強はするもの、就職はするもの、という常識の中で、とにかくすごく選択肢が少ないです。

　感覚過敏の話に戻ると、感覚過敏のある子どもたちの選択肢はとても少ないです。大人になれば、嫌いな食べ物は避けられる、服も自分で選べる、苦手な場所は避けるなど、選択肢が増えていきます。ただ、子どもは自分で選べるものが少ないです。大人ができるのは、子どもに選択肢があることを見せてあげる、教えてあげる、気付かせてあげる、子どもの選択肢を増やすことなのではないかなと思っています。もし学校の中で感覚過敏で困っていたら、感覚過敏マークを使って意思表示をしたり、音が苦手なら学校にいる間、ノイズキャンセリングのイヤホンをすることも可能です。他にも視覚が過敏ならサングラスやカラーレンズを付けることもできます。給食

が辛い、食べられなければ、お弁当を持参することに切り替えることもできると思います。制服が着られないなら、私服で登校することもできるはずです。

本当は選択肢があるはずなのに、その選択肢が取れていません。なぜでしょうか。他人と違う見た目や行動を、周囲の人はどう思うでしょうか。よく見てください。考えてみてください。想像してみてください。教室にヘッドホンを付けた人がいる。変な色の眼鏡をしている人がいる。制服を着てこない生徒がいる。アレルギーでもないのにお弁当を持っている。なんか、ガスマスクを付けてきている人がいる。どうですか？本当にみんな違っていいと言えるでしょうか？みんなと違うもの、自分と違うもの、よくわからないもの。それに対して、人、私たちは、怖い、キモい、なんか変と思うものです。これは当たり前の感情です。私もそういった感情はあります。ただ、そう思うのは知らないからこそだと思います。生き方も同じです。みんなと同じように学校に行って、勉強して、進学して、働き、結婚する。その生き方はもちろん素晴らしいですし、それが幸せであればそれでいいと思います。ただ、そうでない道、人とは違う道を歩むことを、子ども本人もためらうことはあるでしょうし、大人がその道を進めるのを止める場合もあると思います。それは正解がないこ

の世界で誰しもが答えを持たずに不安だからだからこそだと私は思います。

私のように通信制の高校に行く道もアリですし、高校に行かずに働くこともアリなはずです。私たちに必要なのは、多様を知ることだと思います。未知のものや想定外のものに出会ったとき、怖い、キモい、変という、なんかとても少ない語彙力で終わらせない。その社会の様々なことを知ることが大切です。まず感覚に関しては、すべてがグラデーションです。感覚の凹凸は誰しもあります。皆さんにも苦手な食べ物、1つくらいはあるでしょう。苦手な音や苦手なニオイとかもあるかもしれません。それが極端なのが感覚過敏の人たちです。

教室が騒がしい場所、イヤーマフやヘッドホンをしている人がいたら、マナー違反だなと思うと同時に、「あれ、もしかして聴覚過敏で辛いかもしれない」と想像できるかもしれません。夜にサングラスをしている人を見かけたら、不審者だと思ってもいいです。ただ、それと同時に、「あれ、夜でも照明で辛いのかもしれない、まぶしいのかもしれない」と想像できるかもしれません。このように想像できるというのは、知っていることが大切で、皆さんはもう感覚過敏を知っているのです。そして視覚情報に頼らない想像力、思考力をぜひ皆さんに身に付けて欲しいと思っています。私たち人間は目で見た

ことを脳が処理するプログラムで生きています。イヤーマフを教室でしている人を見たとき、変な色の眼鏡をしている人を見たとき、ガスマスクをしている人を電車の中で見たとき、その人の事情を想像できるか。その瞬間、怖い、キモいの感情は否定しなくて大丈夫です。その素直な気持ちはとても大切です。その上で、見ただけの情報でその物事の善悪や好き嫌いを判断しないでいただけると、この社会を広く見ることができると思います。

マスク社会になる前、私はずっとマスクをしていました。夏もマスクをしていました。それはニオイ対策をするためです。学校では真夏でもずっとマスクをしている怪しい人に思われていたでしょう。なぜマスクをしていたのか、想像してくれた人はいたでしょうか。いなかったように思います。逆にコロナのマスク社会になって、ずっとマスクをしていた私は、社会に溶け込みました。でもマスクをしていない人も、何か理由があるのかもしれない。そういう想像力がこれからの多様性社会には大切だと思っています。

さらにもう少し踏み込んだ話をしたいと思います。もし皆さんがオンラインゲームをしていて、小さな猫のアバターのプレイヤーに出会ったら、どんな感情を持ちますか？猫好きなら可愛いと思うと思います。私も猫好きなので、可愛いと思います。じゃあ、中の人は誰でしょうか。日本人でしょうか。年齢は同世代でしょうか。性別はどうでしょうか。何もわからなくても、私たちは見た目で好印象を持ちます。オンラインゲームでまったく知らない言語で話しかけられたこともあります。そして私は寝たきりの重度障害の友達がたくさんいますが、彼らは

手が使えなくても、タッチペンを使ったり、顎で操作したり、視線入力でゲームをしていますが、そんなことはゲームをやっていたら、彼らは体が動かない人なんて想像できないくらいゲームがうまいです。私たちはすでにゲームの中では多様に生きられているのです。相手の性別も、皮膚の色も、話す言葉も、言語も、年齢も障害も越えて、私たちはつながっています。邪魔するのは目に見えたものだけで判断してしまう、処理してしまう人間の脳のプログラムです。ぜひそのプログラムを超えて、目には見えない、その部分を想像し、物事を俯瞰し、多面的に見られるようになってもらえたらと思いますし、私もそうなりたいと思っています。

そしてもう少し、別の角度のお話もしたいと思います。最近、高校で新しい友達ができました。石黒ヨンペイさんです。私と同じ高校2年生です。マジックや芸能をしている芸人です。3歳からステージに立って、小学校や中学校もほとんど通わず、全国のステージに立っています。世の中には小さな頃から芸能の世界で生きている人がいる、という知識は私の中にはあったものの、実際に会うとその生きている力に、パワーに圧倒されました。私が仮面ライダーとかポケモンとか、そういったものに夢中だった頃、彼はたくさんの練習をして、ステージに立っていました。そして今日もどこかのステージにきっと立っていることでしょう。

もう1人、私の友人を紹介します。ゆりなさんです。今、10歳です。重度障害で寝たきりの子で、学校に通ったことはありません。しかしタブレットを使って勉強もするし、ゲームもします。ピアノも弾けるし、ロボットも操作できます。外に出られなくても、写真のようにオ

ンラインでたくさんの人の前で話します。呼吸器を付けていて、クリアな話し方はできません。それでも一生懸命、話します。そして彼女はVR上ではアバターを使って、自由に歩き回ったり、飛び回ったりしています。

　私がここで皆さんにお伝えしたいのは、小中高生で、学校で活動している人を称賛したい訳ではありません。若くして社会で働くことが偉いわけでもなく、病気や障害を乗り越えて生きていること、そういったことを特別視している訳でもありません。生き方は多様なのです。体の特徴も、生まれ持った病気や障害も、多様性の1つです。個性の1つです。学校に通って勉強している人も、そうでない人にも優劣はありません。学校にもいろんな理由で学校に来ていない人、時々しか来られない人がいるかもしれません。でも、それは特別ではないのです。優劣でもないのです。誰が偉くて、誰が駄目なんてことはありません。すべてが多様なのです。

　私の活動に大きく影響を与えている人を紹介します。分身ロボットを作っているオリィ研究所の吉藤オリィさんです。オリィさんもこのキャリア発達支援研究会で講演をしたことがあると聞きました。オリィさんは孤独の解消を掲げて、寝たきりの方々が遠隔で操作できる、働けるロボットを作っています。普段は家から出

られない人たちが、分身ロボットを操作することによって、働いて収入を得ています。私はオリィさんに影響を受けて、オリィ研究所のインターンとして高校1年生のときは分身ロボットカフェでアルバイトもしていました。そのオリィさんの言葉です。「障害とはテクノロジーの敗北である」。この言葉に頭を殴られたような気持ちになりました。歩けないのも、目が見

えないのも、あらゆる障害は科学技術が追いついていないだけで、その人に障害があるわけではないのです。この言葉を受けて、私が障害を定義するならばこうです。「障害とは社会の敗北である」。病気や障害、さまざまなマイノリティによって生きづらさを抱えている人がいるのは、その人の問題ではなく、解決方法を提示できない社会の問題である。多様性という言葉や共生社会という言葉がある時点で、私たちは敗北しています。

　この研究会は発達に課題のある子どもたちのキャリアを支援する方法を研究されているのだと思います。キャリア発達支援という言葉がある時点で、私たちは敗北しています。感覚過敏研究所が存在している今、私たちは敗北中です。そんな言葉が不要なくらい、私たちが他人との違いを学び、その違いを丸ごと受け入れられる、そんな社会が来たならば、そしてこれらの困り

ごとをテクノロジーで解決することができるならば、それが真の意味での多様性社会であり、共生社会です。優等生っぽいこれらの単語がなくていい社会を目指したいです。私は感覚過敏だけでなく、人々が年齢、お金、病気、障害、国籍、年齢、障害などを理由に、今を諦めなくていい社会を目指しています。ぜひ皆さんも私と一緒に、この社会を迎えられたらと思っています。ご静聴、ありがとうございました。

障害とは
社会の敗北である

【サイト等】

KABIN LAB 感覚過敏研究所

　https://kabin.life/

株式会社クリスタルロード

　https://crystalroad.jp/

X （旧 Twitter）

　https://mobile.twitter.com/
crystalroad2006

Facebook

　https://www.facebook.com/
crystalroad2006/

【著作】

『「今」をあきらめない生き方』

2020 年 3 月　幻冬舎・CAMPFIRE 共同事業

「EXODUS」

　https://kankakufactory.com/products/
book-akiramenai

『感覚過敏の僕が感じる世界』

2022 年 7 月　日本実業出版社

　https://kankakufactory.com/products/
book-kabinsekai

『カビンくんとドンマちゃん－感覚過敏と感覚鈍麻の感じ方－』

2023 年 7 月　ワニブックス

　https://kankakufactory.com/products/
book-kabinkun

4 自主シンポジウム報告

自主シンポジウム 1

地域と共創し、子どもたちがありたい自分へと学びをつなぐ授業づくり〜自己の見方・考え方の深まり（内面の育ち）に焦点を当てて〜

企画・話題提供　岸本　信忠（岡山県立岡山東支援学校）
司　　会　追原　健太（広島県立広島北特別支援学校）　話題提供　中塔　大輔（広島県立三原特別支援学校）
話題提供　谷口　泰祐（愛媛県立松山盲学校）　話題提供　神谷由里奈（岡山県立岡山東支援学校）
指定討論　竹林地　毅（広島都市学園大学）　運　　営　吉原　恒平（広島県立広島特別支援学校）

KEY WORDS: 内面の育ち、対話、共創

1　企画趣旨

　前回の第 9 回年次大会広島大会では、テーマを「共創」と設定し、互恵性を基盤とした協働的な学びを目指し、共に支え合い、学び合うキャリア教育の創造の重要性について考えてきた。

　本企画では、具体的な授業づくりの実践事例をとおして、子どもたちのキャリア発達を促すための内面の育ちの見取り方や地域とつながり自己の見方・考え方を深めていく対話の在り方等について検討することにした。

2　話題提供の概要

　話題提供①「地域と共に社会の変化を生み出す〜『障害者の仕事図鑑』の取組〜」では、生徒たちが、設定した探求サイクルに基づいて、「新しく障害者を雇用する企業が増えない現状を変えるために、どのようにしてもっと多くの人に障害者のことを知ってもらうか」という問

いを立て、中小企業同友会の方とインタビュー形式で対話を重ねて、その記録から生徒たちが付箋を活用したフレームワークやウェビングマップの手法に取り組み、情報を整理したり思考を広げたりした様子が報告された。

　話題提供②「自分を知り、『ありたい姿』へ学びをつなぐ『自分ノート』づくり〜中学部 3 年間の学びの軌跡から〜」では、入学当初は自分の思いや気持ちを適切に表現することに難しさがあった生徒たちが、3 年間の学びの経験を振り返る過程を通して、「自己理解・他者理解」「役割の理解と働く意義」「夢や希望」といった内面の変化を「自分ノート」の作成を通して表現できるようになったことが報告された。

　話題提供③「実社会とのつながりの中でキャリア発達を促すことを目指す作業学習の授業実践」では、年間単元配列表の活用等により、生徒が単元構成や授業間の接続の在り方について

思考したこと、授業シートの作成・活用や、作業学習の商品開発や連携モデルの構築を探る過程の中で、より良い関係性を築き新たな価値を創造しようとする対話が生まれてきたことが報告された。

3　当日の協議内容

指定討論では、竹林地氏から「3つの話題提供で共通していることは、多様な人や社会資源との共創を仕組み、エネルギーとして『対話から生徒の考えが変わること』を教師が実感し、生徒の学びの価値付けをしていることである。また、報告をまとめる過程で、報告者と周囲の教師や関係者との対話もあったと考えられる。教師の学びのデザイン力の変化として意味付けられると考える」ことが語られた。

以上のことを踏まえ、以下に示す3つの協議の柱で交流を深めることにした。

1　私たちは、生徒が自分の考えをもち、変化させる様子をどうやって捉えているのだろうか。
2　私たちは、学びのデザイン力を高めるために、何を考え、行動しているのだろうか。
3　私たちは、地域との共創を深めるために、関係者が目的・目標、思考・方略などを共有する仕組みをどう作っているのだろうか。

経歴や経験が異なる教師たちがグループになり対話したことで、生徒の学びを多面的に捉えることにつながった。それは、主観を互いに重ね合わせることやつなぐことにより、新しいものを見付けたり、創ったりする「主観の再構築化」と言えるのではないかという意見が出された。また、生徒の言葉に対し、教師が、『それってどういうこと』等の問いかけを行い、生徒の言葉の裏側にある気持ちを引き出そうとしたことで対話を深めることができた。教師は生徒と対話することで様々なことに気付き、対話から授業デザインを考えていくということにつながっているという意見が出された。

協働や共創の活動では、キーパーソンの存在が重要であり、キーパーソンと目的を共有することで、つながりが広がり、仕組みが大きくなるという話も出された。

4　まとめ

協議をとおして教師が、子どもたちのキャリア発達を促すために内面の育ちをどのように見取るかについて、子どもの学びを主語にして、教師間や関係者と教師との間で対話しながら見取ることの有効性を探ることができた。また、対話の在り方について、教師が子どもたちを学ぶ主体として捉え、対話から子どもが変わることを実感し、そのことに価値付けをすることにより、子どもたちが自己の見方・考え方をより深めていくことができるようになることに気付くことができた。

今後さらに、実践に基づく検討を重ね、それぞれの地域を越えて、子どもたちのキャリア発達を促す教育活動を充実させていきたい。

自主シンポジウム 2

キャリア・パスポートの活用に向けた可視化と対話の視点を踏まえた実践の検討

企画・司会　**菊地　一文**（弘前大学大学院）

話題提供　**石羽根里美**（千葉県立夷隅特別支援学校）

話題提供　**岡本　洋**（横浜市立若葉台特別支援学校）

話題提供　**田中　美紀**（弘前大学大学院教育学研究科・青森県立青森第二高等養護学校）

指定討論　**藤川　雅人**（名寄市立大学）　　　運営　**杉中　拓央**（東北文教大学）

KEY WORDS: 知的障害、キャリア・パスポート、対話

1　企画趣旨

　学習指導要領の総則に「キャリア教育の充実」が明示され、生涯にわたる「学びに向かう力」の育成や、児童生徒のいまの学びと将来をつなぐことが一層重要視されている。その一方で、近年のキャリア教育の成果として、①地域協働活動の充実、②「資質・能力」に基づく授業及び教育課程の改善、③キャリア発達への着目と振り返りや対話の重視の 3 点が挙げられてきたが、③に関する具体的方策や見取りの在り方が課題として指摘されている。これらの課題の解決方策の一つとして、現在キャリア・パスポート（以下、CP）の導入が進められ、学校現場ではその対応に追われている状況にある。

　そこで、筆者らは CP の現状と課題に関する質問紙調査を実施すると共に、研究協力校において対話の促進によりキャリア発達を促すことを目的とした実践研究に取り組んできた。これらの実践研究から、対話を促進するポイントして「可視化」「具体化」「共有化」「段階化」の視点が重要かつ有効であると捉えた。

　本シンポジウムでは、CP の活用に向けて、取組状況や「対話」を重視したキャリア発達支援の実践を基に、今後求められる具体的方策について検討した。

2　話題提供の概要

話題提供①　「『願いシート』や『対話チャート』による実践」（石羽根）

　マンダラートの手法を参考とした児童生徒本人の願いを踏まえた目標設定ツールである「願いシート」を活用し、目標の可視化、自己化を図ることにより、児童生徒自身がいまの学びと将来をつなぎ，目標の意識化や実効性を高めることをねらい、実践してきた。また、児童生徒との対話場面事例を取り上げた教師の対話力向上を目指した研修ツールとして「対話チャート」を活用し研修に取り組んできた。これらの取組の実際に加え、TEM 等の試行による児童生徒の具体的変容や対話における「可視化」を踏まえたポイントや課題について報告した。

話題提供② 「『キャリアデザイン』の活用と相談会の実践」（岡本）

産業現場等における実習をはじめとする地域協働活動の機会を捉え、本人が作成する「キャリアデザイン」の作成と活用により、生徒自身が学びの必然性を見出し、そして将来の目指す姿といまの学びをつなぐことを支援してきた。また、生徒が抱える諸課題の解決を図るために、教師や生徒同士、地域の相談支援機関担当者と対話する「キャリアデザイン相談会」をとおして、自己理解を深め、諸課題を共同的に解決する資質・能力の育成に努めてきた。

上記の他，生徒アンケートを踏まえたカリキュラム・マネジメントの工夫、生徒の具体的な変容や対話における「段階化」を踏まえたポイントや課題について報告した。

話題提供③ 「PATH や TEM 等の手法を参考とした実践」（田中）

本校における個別の教育支援計画の「本人の願い」欄の調査では、学年進行に伴い、漠然とした就労という希望から特定の職種へと具体度が高まり、さらにはそのために必要な力を意識するという変容の傾向が確認された。一方で、近年の生徒の実態の多様化等により、生徒指導をはじめとする個別対応場面が増加し、生徒側からも教師側からも対話の必要性が挙げられている状況にあった。

ホームルーム活動を中心に生徒同士が対話し共同的に取り組む PATH や TEM、PAC 分析の手法を参考とした授業実践について概説し、生徒の具体的な変容や対話における「共同化」を踏まえたポイントや課題について報告した。

3　指定討論の概要

指定討論では、各話題提供者から対話における工夫や生徒の変容の要因等について具体的に意見交換するとともに、上述した質問紙調査の結果を踏まえ、参加者と共に各話題提供においてどのような環境整備が有効であったか、今後何が必要であるか等について協議を深めた。

協議をとおして、知的障害のある生徒が有する認知面や適応行動面といった学習上又は生活上の困難への支援は、自己有用感の醸成や学びに向かう力の育成の点からも重視すべき事項であり、「対話」における気付きの促進や価値付け等の効果的な対応が求められることを再確認した。その上で、各話題提供内容を踏まえ、改めて「可視化」「具体化」「共有化」「段階化」の視点の有効性について検討することができた。なお、PATH や TEM、PAC 分析の手法については、対象となる生徒の実態を踏まえた手続きの改変やフィッティングの工夫等により、生徒の言語化を引き出すことや、生徒同士の相互性による気付きが得られることを確認した。

付記

本シンポは、日本学術振興会科学研究費助成事業基盤研究 (C)（課題番号 21K02678）の一環として行うものであり、弘前大学教育学部倫理委員会の承認を受けた。

自主シンポジウム 3

音嫌悪症(ミソフォニア）の当事者目線から
キャリア発達支援を考える

企画・司会　**鈴木　雅義**（静岡県立静岡北特別支援学校南の丘分校）

話題提供　**日本ミソフォニア協会顧問・大学生**　　指定討論　**松下　浩之**（山梨大学）

運　　営　**湯淺　真**（宮崎県立みなみのかぜ支援学校）　運　　営　**中村　真**（静岡県立沼津特別支援学校）

KEY WORDS: 当事者目線の支援、音嫌悪症、合理的配慮

1　企画趣旨

　豊かな生活の実現は、近年国際社会で提言され、多様性を認める社会の構築、ダイバーシティ、インクルーシブ等は、近年よく聞かれる言葉となった。国連の持続可能な開発目標や文部科学省では、「誰一人取り残さない」というスローガンの下、様々な施策が進められている。

　さて、障害のある人々への理解は、進んでいるのだろうか。日本でも障害者の権利条約が批准され、障害者差別解消法等、それに伴う周辺の法整備が進められている。障害者は、多様な社会の構成者として認知されてきている。一方で、理解が得られていない障害、症状の人々が存在する。まだあまり知られていないが一定数の困っている人々が存在する一つの症例、音嫌悪症（ミソフォニア）という症状について検証し、当事者の方々からの話から支援方法を探ることとした。

2　音嫌悪症（ミソフォニア）について
（1）音嫌悪症（ミソフォニア）の概要

　ミソフォニア（Misophonia）は、特定の音に対して逃避願望や攻撃的衝動の伴う否定的な感情（嫌悪、怒り、憎しみなど）が生じる症状であり、アメリカの神経学者である Pawel Jastreboff と Margaret Jastreboff らにより、ミソフォニアと名付けられた（2001）。そして、耳鳴り、過敏症、ミソフォニアの新しい緩和方法を設計することを目的とした基礎科学と臨床研究が進められている。なお、ミソフォニアは選択的音感受性症候群とも訳される。現段階では、DSM- 5（精神障害の診断・統計マニュアル第 5 版）や ICD（国際疾病分類）には記載されておらず、日本においての診断は稀である。

（2）当事者の困り感について

　音嫌悪症（以下、ミソフォニア）の症状については、前述のとおりあまり知られていないため、当事者に対し、事前にアンケート調査した結果を以下に記す。

　「ミソフォニアに気付いた時期」や、「周りの支援者及び理解者の存在について」、「ミソフォニアの症状について」の調査を行った。ミソフォニアに気付いた時期は明確ではないが、先天的な症状ではなく、小学校高学年あたりから中学生の頃に発症したケースが多かった。

　周りの支援者や理解者の存在については、「なかなか理解を得られず苦労している」「親が一番分かってくれない」「『我慢しろ』と言われることが多い」という回答が目立った。特に小中学校では、「先生が分かってくれないから、学校に行きたくなくなった」という回答もあった。

3　当事者からの話題提供

当事者より、「今まで困ってきたこと、こんな支援が欲しかった」ことについて、「1　トリガー音について」、「2　困っていること、悩んでいること」、「3　自身で工夫してきたこと」「4　支援してほしかったこと」の1〜4の視点について話題提供してもらった。

（1）話題提供①より

トリガー音は、「咳払い」「鼻すすり」のような生理的な音で、困っていることは、学校での授業や定期試験で、学校生活上で断続的に繰り返されるトリガー音により集中できなかったことを挙げている。自身で工夫してきたことは、一日中イヤホンをつけ、大音量で音楽を流していたことと、家族との接触を避け、自室にこもり、食事等においても遮断した生活を送っていたことであった。支援してほしかったことは、学校で苦手な音から身を守ることができるような配慮であるが、家族にも理解をしてもらえなかったことが多く、ミソフォニアのことを話しても配慮は得られないと考えてしまい、学校に伝えることができなかった。学校では、イヤホン着用や別室受験に対応してもらいたかった。

（2）話題提供②より

トリガー音は、ペン等のノック音、タイピング等の機械的な音で、困っていることは、家族や先生に打ち明けたが理解してもらえなかったことである。また、友達など親しい人に打ち明けたとしても、気を遣わせてしまうと感じていた。対処方法は、片手で耳を防いだり、見ないようにしたりする方法をとっていた。必要な支援は、ミソフォニアを知らない人が多いので知ってほしいことである。特に、世間一般では、マイノリティの声を拾うことが少ないので、少しでも声を聞いてほしい。また、症状について打ち明けたときに、その場で対応策ではなく、支援者の一人であることを示してくれるだけでありがたい。

当事者からの話題提供では、「具体的な支援よりも、身近にある音で苦しんでいる人がいるということを知ってほしい、理解してもらいたい」という言葉を多く聞くことができた。特に教師に向けては、「いろいろな症状があることを知った上で対応してもらえるとありがたい」との声が多かった。

4　指定討論の概要

ミソフォニアについての短期的な支援として、単に緊急的に苦手な音から避難するという方法では、回避行動の強化につながるため、苦手な音の出現を防ぐ配慮が必要である。つまり、社会参加やより良い生活を送るための配慮が必要であると考えられる。長期的な支援については、学習性の問題を挙げ、苦手な音が起きるかもしれない現実も含めて、「今、ここ」を見つめ、価値判断せずにアクセプトできる練習が必要と指摘された。

学校教育の現場としては、学校側で何ができるか、当事者を含め全員が配慮を求める方法について、生活しやすい環境を調整していくためにも今後考えていく必要があると述べられた。最後に、苦手さについて配慮を求めるということを権利として、合理的配慮の考え方を学校教育の段階である程度知っておくのが良いと考えるとまとめられた。

5　まとめ

ミソフォニアの症例や当事者からの話題提供、指定討論者からの提言等より、「知ってもらうこと」「合理的配慮の求め方」等について言及した。多様な生徒と接する教師としては、未知の症例に対応できるように日頃からの接し方について考える必要がある。

文献

Dozier,ThomasH(2017).Understanding and Overcoming Misophonia, 2nd Edition.

自主シンポジウム 4

障害を有する人の社会参加や社会的自立を考える
～当事者の視点から～

企画・進行　柳川公三子（金沢星稜大学）　話題提供　Ａ教諭　話題提供　Ｂ氏
話題提供　Ｃ氏　　　　　　　　　指定討論　二階堂　悟（秋田県立秋田きらり支援学校）
運　　　営　髙橋　慎（静岡県立静岡北特別支援学校南の丘分校）
　　　　　　　　　　　　　　　　※話題提供者は本人の意向を踏まえ匿名とした。

KEY WORDS: 障害が重い人の自立、当事者視点のジョブコーチ、パラダイムシフト

1　企画趣旨

　特別支援教育に関わる者は、子供の「自立と社会参加」を目指し、一人一人の実態に寄り添い、よりよい社会参加の在り方を探りながら支援を行っているつもりである。しかし、教師が考えた「自立」や「社会参加」、「支援」は、果たしてどれだけ子供の願いや思いに適っているのだろうか。

　保護者の切実な思い、当事者の思いを踏まえ、障害を有する人の社会参加や社会的自立に向け、教育ができること、すべきことについて改めて考えたい。

2　本シンポジウムの概要

（1）話題提供①

　Ａ教諭は、特別支援学校で約 30 年勤め、進路指導にも多く関わってきた。現在、総務部としてＰＴＡ活動に力を入れて取り組んでいる。

　Ａ教諭からは、ＰＴＡ進路研修会を開催したときのことが語られた。「自立と社会参加」をテーマとし、Ｂ氏を講師として招いていた。「うちの子にとっての自立と社会参加って何ですか。明るい未来はあるのでしょうか」と書かれた保護者のアンケートに思いを馳せ、「大事なのはその子らしく生きること、働くことだけが全てではない」と伝えようとした。ところが、Ｂ氏から「『働くことだけが自立と社会参加ではない』と言うこと自体が差別だ」と言われ、無意識のうちに子供たちを分類していたことに気付かされたと言う。そして、「自立と社会参加」を目標に掲げている特別支援学校は多数あるが、その目標は本当に本人、保護者が望むものになっているかと問いを投げかけた。

（2）話題提供②

　Ｂ氏は、特別支援学校卒業後、就労支援施設を経由し一般就労した。企業在籍型ジョブコーチの資格を取得し、就労支援を行っており、脳性麻痺を抱えている。Ｂ氏は、「関与し過ぎず必要な場面で必要な支援をする」ことを方針としていると言う。Ｂ氏からは、ジョブコーチ支援の事例紹介と特別支援教育に寄せる思いが語られた。例えば、一般就労は難しいのではないかという声もあった方に、職場に馴染むことができるようになることを目指して支援した結果、電話対応や他の職員と

の雑談ができるようになった事例や、職場実習において、自身の強みを職場でどのように活かすか、できないことはどのようにしたらできるのかを一緒に考え、就労に結び付けた事例などがあった。

　進行性の難病を抱えており、特別支援学校卒業後、専門学校に進学し、Ｂ氏と同じ会社に就労しているＣ氏が、自身の気付きや学びを語ってくれた。Ｂ氏とのやり取りの中で、自身のことや就職に関する情報を十分に理解していなかったことに気づいた。それまでは自分で考え、やってみる機会が少なかったが、自分でやってみたり必要な道具を作ってみたりするうちに、必要に応じて道具をうまく使い分けられるようになり、あれもこれもやってみたい、こうするためにはどうしたらよいかと考えるようになった。現在、病気は進行しているが、自分でできることの幅が広がっていると熱く語った。

　またＢ氏は、学校教育の問題点とその改善策を提案した。学校では、様々な活動に取り組み多様な経験ができるが、その意味付けや価値付けが不十分であり、手段が目的化していることが多い。それでは、せっかくの経験が、卒業後の生活や労働につながりにくい。学校での生徒同士の「協働」も、もっと工夫することで互いを活かし合える。例えば、教育課程の枠を超えて知的障害者と身体障害者がペアで活動することで、それぞれの強みを活かし合い、弱みを補い合うことができる。また、重度重複障害で経管栄養の人は、支援者向けの研修会でモデルの仕事ができないか。教師が想像を膨らませることで、可能性は広げられると具体例を示した。

　最後に、こうした意識や十分な工夫をせずに、「進路指導をした」と言うことは、教師の自己満足であり、特別支援教育のおごりではないだろうかと投げかけた。

（3）指定討論者から質問と回答

　Ａ教諭への質問：「自立と社会参加」に関する教員と保護者の思いがずれてしまうのはなぜか。

　Ａ教諭の回答：個々に応じた「自立と社会参加」がより現実的なものとして具体的に示されていないためではないか。

　Ｂ氏への質問：企業在籍型ジョブコーチにとって、肢体不自由を有することによる「障壁」は何か。

　Ｂ氏の回答：障害名で判断せずに、個人として理解し強みを生かす姿勢が不足していることではないか。

（4）当日の協議内容

　障害者の「自立と社会参加」について小グループで協議した後、全体共有した。「将来を見据え、想像を働かせることの重要性と難しさを痛感した」、「具体的な支援を工夫せず『進路指導した』とはおごりだという言葉が刺さった」など、自身の支援を重ね、取組を見直す必要性を実感する声が多く聞かれた。

3　まとめ

　教師は、子供や保護者の「思い」や「願い」を出発点とし、個々の実態に寄り添い「自立と社会参加」を目指しているつもりである。しかし、教師の目線で子供の「自立」を設定してはいないだろうか。教師の見方で「できない」と決めつけていないだろうか。改めて「子供の見方」や「社会参加の在り方」をパラダイムシフトする必要性を実感した。また、自分が経験できないことについて、相手の立場に近づこうと意識し続けることの重要性と難しさを痛感した。支援者としてではなく一人の人間として、子供たちへの敬意を忘れないようにしていきたい。

自主シンポジウム 5

これからの時代を生きる教員のキャリア発達
～これまでを振り返り未来を描くトークセッション～

企画・進行（全体・グループ）　逵　直美（東京都立光明学園）

進行（グループ）　川島　民子（大垣女子短期大学）　　広兼千代子（広島県立三原特別支援学校）
　　　　　　　　　高木　美穂（北海道旭川高等支援学校）　下山　永子（青森県立森田養護学校）

企画協力　柳川　公三子（金沢星稜大学）　　運　営　西野　護（北海道札幌稲穂高等支援学校）

KEY WORDS: 対話、ウェルビーイング、教員のキャリア発達

1　企画趣旨

　今までの 10 年間における自分自身の実践を振り返り、問い直すことでキャリア発達支援の意味付け・価値付けをする。また、そこから得られた気付きをもとに、これからの時代を生きる自分自身のキャリア発達について考える機会とする。

　中教審「『令和の日本型学校教育』の構築を目指して（答申）」(2021) で出されたウェルビーイング（Well-being）をキーワードに他者との対話を通して、子供たちや私たちがこれから時代を充実して生きるために何が必要か探求する機会としたい。

2　概要

キャリア発達支援に対する　これまでの価値から新しい価値を創造する。

○　キャリア発達支援に関わってきた 10 年を「対話」によって振り返り、一連の活動が自分に与えた影響や自分自身のキャリア発達を言語化、キャリア発達支援の在り方に迫る機会とする。

○　参加者相互での「対話」を通して、キャリア発達支援の在り方を振り返るとともに、これからに向けて改善したいことや期待したいことを含め、キャリア発達支援の今後を展望する。

（1）本シンポジウムのポイント

　グループセッションでの対話・語り合いが重要である。語り合いの中で、他者視点・互いを尊重し合う・共感する・傾聴するなどの多様性を活かすことをポイントとする。対話・語り合いで得られたや自身のキャリア発達支援の今後について、やりたいこと、やるべきことを言語化する。

（2）具体的な内容

①　プロローグ：キャリア発達支援研究会の立ち上げに関わった森脇会長・木村副会長にインタビュー。

②　グループセッション　前半は「これまでのキャリア発達：今までの振り返り」後半は「これからのキャリア発達：未来に向けて」に焦

点を当て意見交換する。ブレイクアウトルームで進行役が以下の内容で進行する。

・キャリア発達支援との出会いや意識したきっかけ。

・キャリア発達支援で大切にしている観点とは何か。

・今後のキャリア発達で必要な視点は何か。

3　当日の様子

プロローグでは、森脇会長と木村副会長からご自身のキャリア発達支援との出会いや節目になったのは何か等お話をいただいた。そこでは、森脇会長からは京都市立白河総合支援学校での実践をまとめられた『学校のカタチ』からのエピソード等について語られ、木村先生は、渡辺三枝子先生や菊池武剋先生との出会いについて語られた。お二人のお話から、キャリアという理念・概念は、時間軸の流れとつながりと表現される空間軸で捉えるものであり、これから先のことを考える上では、過去の歩み（ナラティブ）の振り返りから見える価値を形式知化していくことが重要だと理解し、トークセッションの意味付け・価値付けができた。

トークセッションでは、前半、キャリア教育との出会いと節目の話では、一人一人の今までの実践や節目を振り返り話が盛り上がった。児童生徒の将来への可能性を視野に入れた実践を通して、自身のキャリア発達の過程を振り返ることができた。後半、これからの話では、コロナ禍から価値観は、「モノ」ではなく「心の豊かさ」に変化してきた中で、学校の中では、教員間のコミュニケーション不足やメンタルヘルスの課題があるという話題にも言及できた。価値観の変化の中で、多様性を生かし合い、子供たちが心豊かに生きるためには何が必要なのか、各自の考えや思いを言語化した。子供が豊かに生きるためには支援する側の私たちも心豊かに生きるなど語り合いの中での心地よい刺激を前向きなエネルギーに変える対話ができた。

4　まとめ

中教審答申（2021）の中では、子供たちのウェルビーイング（Well-being）の実現に向けて自ら主体的に目標を設定し、振り返りながら、責任ある行動がとれる力を身に付けることの重要性が指摘されている。トークセッションで、自らの軌跡を振り返り、意味付け・価値付けできたことで、「生徒のキャリア発達と教員自身のキャリア発達が連動していることに気付いた」「気付きは人との出会いによるものが大きく、対話により、更に深い理解につながる」「他者のキャリア発達に触れ、自身のキャリア発達に気付くなどキャリア発達は相互発達だと実感した」などの意見が挙げられた。

10年の節目として、全ての人が幸福で充実した人生を送るために、これまでを振り返り、子供たちや私たちに今後どんな力が必要になるのか、これからの未来に向けて意見交換できたことに価値があったと考える。

自主シンポジウム 6

特別支援学級について語ろう
―子供の今と将来をつなぐために私たちにできること―

企画・話題提供　**土居　克好**（松山市立城西中学校）

司　　　会　**中村　泰敏**（松山市立東中学校）　　　討論　**高木　由希**（広島大学附属東雲中学校）

討論・運営　**加藤　賢昭**（福岡市立早良中学校）

KEY WORDS: 子供を主語に、自己肯定感、特別支援学校の存在価値

1　企画趣旨

　特別支援学級を取り巻く環境は、年々多様化している。特別支援学級に在籍している子供の教育的ニーズも多種多様で、育成すべき資質・能力の実現に向けた教育課程の編成、特別支援学級担任者の専門性の担保、校内での連携・協働等多くの課題を抱えている現実が全国各地で散見される。

　このような状況下でも各地で子供の今に向き合い、今の学びが将来につながるよう、教育実践に真摯に取り組んでいる先生方に出会うことも多い。そのような先生方とオンラインでつながり、互いの実践や悩み、思いを交換したいと考えた。そして、たくさんの先生方と特別支援学級の在り方や子供のキャリア発達を促す指導・支援について語る場「特別支援学級について語ろう」を企画した。

2　話題提供の概要
（1）話題提供①〜学習会のスタートから〜

　本自主シンポジウムを企画した 4 名は、特別支援学校に勤務ののち、中学校の特別支援学級担任として勤務している。

　これまで 4 回の学習会を通して、特別支援学級の運営や学級担任や特別支援教育コーディネーターとして子供たちのために何ができるか、ということについて話し合ってきた。次に示すものが、話し合われたテーマである。

○　教育課程や学級の編成の在り方
○　通常の学級の先生方との連携・協働
○　特別支援学級の存在価値の向上
○　自己肯定感を高める指導・支援
○　校内研修の在り方
○　テーマや目的のある授業づくり
○　教育相談

　学習会では、それぞれが子供との具体的なエピソードについて語る場面があった。その中で、全員が共感し、大切だと考えたのは、「子供を主語に」「自己肯定感を高める指導・支援の在り方」という 2 つのキーワードであった。そこで、今回は、「子供を主語に自己肯定感を高める指導・支援について」を中心に協議を進めることとした。

（2）話題提供②〜Aさんの事例から〜

　中学校 2 年生の A さんの事例が紹介された。不適切と思われがちな行動の背景には、子供の

エピソード
・伝えたい・人と関わりたいという思いが強い。
・発音が不明瞭で、相手に思いが伝わらないときがある。
・注意を受けると、トイレに物を投げ込むことがあった。
↓
・注意したが、改善が見られなかった。

思いがあり、その思いを教師自身が読み解く必要性があるという提案であった。

上記のようなエピソードを踏まえ、次の４つの視点でＡさんの指導・支援を見直した。

> ①行動の原因や意味を考える。
> ②関わりの視点を見直す。
> ③好きなことや得意なことを生かす。
> ④伝わる経験を大切にする。

教師自身が自分の関わりを見直すことで、Ａさんとの関わりが深まり、不適切な行動がなくなり、学校生活を生き生きと送るようになった。教師目線をリセットし、子供目線で関わりを考え、本人と相談しながら、指導・支援につなげる契機となった事例であった。

3　当日の協議内容から

話題提供を受け、「子供を主語に、自己肯定感を高めるための指導・支援」について３つのグループで協議を行った。

（1）子供を主語に考える。

① 「ああしなさい」、「こうしなさい」では、子どもは動かない。子供自らが選択したり、決定したりすることが必要である。
② 教師の思いと子供の思いを擦り合わせ、それに合った手立てをすることが大切である。
③ 子供の「だるい」「しんどい」＝「ぼくには難しい」と翻訳してみる。
④ 子供のこと（好きなこと、家庭での様子）を知り、関わりを深めることで、信頼関係の構築につながる。

（2）自己肯定感を高めるための指導・支援

① 好きなことを生かして子供との関係を築くことができた。バザーの製品作りでは、子供に寄り添いながら、手立てをし、達成感を味わう姿が見られた。
② 「子供が自分でできる手立て」を用意することが大切で、子供が、自分が「できた」と感じられるようにしている。

（3）特別支援学級で学ぶよさ

① 活動の目的を共有しながら学習を進めることで、子供同士の対話が生まれ、自己肯定感につながった。
② 作業学習の場面で、個別の目標を全体でも共有した。振り返りカードで友達からの評価があることで自己肯定感の高まりが見られた。
③ 特別支援学級は自信を高める場であり、交流学級でも友達と関われるように意識して支援することが大切である。

（4）特別支援学級の存在価値

① 3年勤務して、特別支援教育の学校の捉え方が変わってきており、「できない子がいくところ」という認識ではなくなってきている。
② 学校の中での特別支援学級の存在感を高めていくことの大切さを感じる。
③ 地図のクイズをつくって、交流学級で実施している。得意なことで、お楽しみ会に交流学級の子を招待するなど学びをつないでいる。

4　まとめ

協議を通して、エピソードや子供の成長を共有することができた。悩みや課題として、教育課程の編成の難しさ、特別支援教育コーディネーターとしての任務、校内での連携や学校間の引継ぎなどが挙げられた。

特別支援学級には、まだまだ自分に自信をもてない子供たちも多く在籍する。私たちの役割は、目の前の子供に向き合い、今の子供の学びを充実したものにし、将来の夢へとつなぐことである。今後も全国各地の先生方とつながり、学び合う場として、「特別支援学級について語ろう」という学習会を継続して行っていきたい。

5 各支部リレー学習会概要報告

キャリア発達支援研究会設立10周年記念大会リレー学習会　関東支部

今　ここから
～キャリア教育の視点からそれぞれの実践を省察する～

1　はじめに

　関東支部（東京）リレー学習会は、「今　こ こから～キャリア教育の視点からそれぞれの実 践を省察する～」をテーマとし、令和4年6月 25日(土)13:00～17:00にWeb開催された。 目的は、「特別支援学校で実際に指導に関わる 教員のこれまでの実践や取組を、改めてキャリ ア教育の視点から振り返るとととともに、参加者 間の交流を深める」である。

2　概要
（1）講演「これからのキャリア発達支援
―学習指導要領から考える―」

　　　講師　東京都立久我山青光学園

　　　　　　統括校長　丹野哲也氏

　国の動向、各種答申と学習指導要領、授業へ の具体化についての講話であった。プロローグ で、「私たちの強みは「意識を持つこと」「好き でやっている」「楽しんでいる」「望んでやって いる」であり、物事を捉える視点や考え方が自 分らしく生きる過程（キャリア発達）に大きく

影響する。また、捉える視点や考え方が異なる 理由は、これまでのキャリア発達の過程が影響 する」と話された。今後の予測困難な時代に、 生涯に渡り自分らしく生きていくためのキャリ ア発達をどのように促していくかが重要なポイ ントであると捉えた。今の国の動向を見据え、 各種答申・学習指導要領とキャリア発達の関連 について、いわゆる障害者権利条約、キャリア 答申、学習指導要領の意義等をひもときながら キャリア教育の根底にある理念を整理できた。 また、授業への具体化については久我山青光学 園の実践を通して、キーワードはつなぐという 言葉で教科を学ぶ意義の再確認ができた。

（2）話題提供
①話題提供1「障害の重い子供たちの将来に向
けて～年次研者が取り組む授業実践～」

　　　発表者　東京都立光明学園

　　　　　　教諭　新野孝幸氏

　若手を代表して発表していただいた。自分が 大切にしていること、自立活動を主とした課程

で学ぶ生徒に対して必要なことは何か、自身の実践を通して報告された。障害の重い子供に向き合う時に生活面（介助）に追われるのではなく、授業・学習を大事にしていきたいという自分の思いや育成を目指す必要な力について、また、学校や教員の風土や学部間連携の重要性など年次研者から見た課題にも言及された。

②話題提供２「保護者と考えるキャリア教育」

　　発表者　東京都立高島特別支援学校

　　　　　　主任教諭　竹田憲功氏

　保護者と考えるキャリア教育について、全校保護者会・学年保護者会等の４つの実践を通して、キャリア教育とは何か、学校のキャリア教育と家庭のキャリア教育について各学部段階での意義を説明された。課題として、教員の経験によって説明に差が生じることや子供の実態に応じた説明が必要であること、保護者への伝わる発信のし方等について言及された。

③話題提供３「これをやってみれば、チームアプローチにつながるかも～対話から視点の共有・対話からチーム力へ～」

　　発表者　東京都立光明学園

　　　　　　主任教諭　逹　直美氏

　　　　　　東京都教職員研修センター

　　　　　　統括指導主事　原川健一郎氏

「子供の願いが見出せない、将来像が描けない」という課題を解決するために PATH のワークを行った。ブレイクアウトルームに分かれ、仮想事例をもとに生徒の夢や思いを意見交流しながら引き出し、その夢をゴールとして参加者同士で意見交換しながら進めた。願いにより目標設定ができ、生徒の学習意欲につながるという意見等があった。PATH を一つの話し合い

のツールとして、子供たちの可能性を広げるための意見交換のプロセスに意味があることを確認した。今後も話し合いのツールとして活用が拡がることを期待した。

3　当日の様子

　実践を報告し合い、誰もが気軽に参加してみようと思える継続できる学習会にしていこうという趣旨で進めた。案内した期間が短い中、多くの先生方に集まっていただけた。丹野統括校長の柔らかい口調での講演から、重度の子供に向き合う若手の実践、保護者と考えるキャリア教育、対話を深め子供たちの可能性を広げるためのツールの紹介までの一連の流れで報告し、グループワークではコーディネーターの先生方を中心に活発な意見交換ができた。

4　おわりに

　少人数で協議することや初心者でもファシリテートしやすいワーク等の有効性を実感することができた。記念講演と実践発表の部分でグラフィック・レコーディングを行ったことで、振り返りがしやすく、今後の活用につなげることができた。今できることを中心に無理をせず実施でき研修会の在り方にも言及できた。本学習会をベースに今後も継続して取り組んでいきたい。

　障害のある子供たちの無限の可能性を引き出していくためには、そのことを包括する豊かな社会的・文化的な基盤が重要であると認識できた。子供たちの可能性を引き出すことを目指し、キャリア発達を全国の仲間と一緒に考える意義をリレー学習会で再確認した。

キャリア発達支援研究会設立10周年記念大会リレー学習会　　**東北支部**

ヒト・コト・モノとのかかわりを通して、生涯にわたって よりよく学び、生きることを目指すキャリア発達支援

1　はじめに

　東北支部リレー学習会は、「ヒト・コト・モノとのかかわりを通して、生涯にわたってよりよく学び、生きることを目指すキャリア発達支援」をテーマとし、令和 4 年 7 月 16 日(土)13:00 ～ 16:40 に開催された。弘前大学をメイン会場、福島県特別支援教育センターをサテライト会場として、ハイブリット形式で実施した。キーワードは、「ヒト、モノ、コトとの出会い、思いの言語化・可視化、対話と気付き」である。キャリア発達の視点や相互性に着目し、参加者が自分自身のこれまでの取組の意味や価値を問い直し、新たな意味や価値を見出していくことができる場、多様な参加者同士が学び合う場として、本学習会を企画した。

2　概要及び当日の様子

（1）話題提供

①話題提供 1 「本人主体の個別の教育支援計画「私の応援計画」を活用した教育活動～ヒト モノ コトとの出会いから生まれる　生涯にわたって学びに向かう力～」

　　　発表者　秋田大学附属特別支援学校
　　　　　教諭　後松慎太郎氏

　対話を通して本人の思いを言語化した「私の応援計画」を教室に掲示することで可視化した取組について報告された。

【後松氏との対話】

Q：「本人中心」の実践での先生方の変化は？

A：生徒の思いを大切にすることで生徒への接し方が変化した。また、生徒が何を学びた

いかの視点から授業づくりが変化した。

Q：各教員の対話力が異なる中での方針は？

A：生徒の思いを「受け止める」を第一とし、教員同士で共有することも大切にしている。

Q：ヒト、モノ、コトとの出会いをどう仕掛けているか、また偶発的な出会いの効果は？

A：地域に出て、地域の人との出会いを仕掛けている。同じものを共有する仲間が大切であり、仲間とのつながりからの影響も大きいと考える。

②話題提供 2 「僕の声がみんなに届き、つながる！　～ ICT で広がる重度障がい児の僕の未来～」

　　　発表者　一般社団法人りあん
　　　　　副理事長　畑中優子氏

　障害の重い息子さんの視線入力装置の活用や居住地校交流でのかかわりにより、世界が広がった取組について報告された。

【畑中氏との対話】

Q：かかわる人側の変化は？

A：視線入力装置のお陰で、予想していたことが確信でき、心が見えてきたと感じた。周りの人達の共感、励まし、価値付けなどの言葉がけが増え、すごいと感じた。

Q：本人の部活動の見学をとおした気付きは？

A：特別なことをしなくても、1 時間半もずっと集中して見て楽しんでいたことに気が付いた。

Q：周りの子供たちの変化は？

A：息子が見て楽しんでいたことを理解し、「できること」に興味を示した。視線入力でデザインした T シャツを購入する友達もいた。

Q：全体への取組にするための働きかけは？

A：熱心な担任の先生との出会いが大きく、中学部へも引き継いでもらえるようにした。（参加者の担任：「視線入力」を取り入れたいと言われて、「やらねば！」と思い動いた。）

③話題提供３「私は○○があれば、できるんです！！やりたいんです！！〜全ての人が安心して学び、よりよく生きていくための合理的配慮〜」

　　発表者　福島県立相馬支援学校教諭
　　　　　　富村和哉氏

本人からの合理的配慮の申し出に向けた意思決定支援の取組について報告された。

【富村氏との対話】

Q：障壁を乗り越えるために大切なことは？

A：「まあいいよね」ではなく、真正面から合理的配慮を進めていくこと。障害の有無にかかわらず、中学校にも広げてほしい。先生方の本気度が大事で、先生方の価値観を変える必要がある。そのためにも、対話が欠かせない。

（２）雑談会（グループセッション）

約５名ずつ24班に分かれ、３つの話題提供の良かったところ、参加者自身これまでの実践を踏まえて「やってみたいこと」などを中心に、未来志向と自由な発想で雑談的に学び合い、協議し、明日への一歩へとつなげた。

（３）全体共有（協議の概要報告）

対話を言語化するファシリテーションの大切さや、子供自身が学ぶために何が必要かを考え、生涯学習のために在学中から学ぶ意欲を高めていくことの大切さが挙げられた。また、本人の思いを可視化することの大切さや、教師が子供のために学び続けるマインドをもっているかが問われているのではないかという投げかけがあった。さらに、合理的配慮と生徒指導との間で揺れ動きながらも、子供の思いを受け止めることの大切さや、本人からの意思表明のプロセスを可視化すること、そして子供自身が折り合いをつけていく力を身に付けていくことの大切さが報告された。

３　コメンテーターより

川口信雄氏（株式会社はまリハ顧問）からは、「部活動の見学での相互の変容からわかるように、同年代とのかかわりがとても重要で、相互理解や共生社会の実現につながる。」

最上一郎氏（岩手大学附属特別支援学校副校長）からは、「前例を作るのも壊すのも人である。なぜ、今これを学ぶのかを常に子供と共有することが大切である。」

鈴木龍也氏（福島県特別支援教育センター所長）からは、自分らしい生き方とは何だろう？という問いが内面から出る強みとなり自己理解につながる。失敗してもいいという心理的安全性がある環境づくりが大切である。」とコメントをいただいた。

**平元美沙緒氏（秋田ファシリテーション事務所）による
グラフィック・レコーディング**

キャリア発達支援研究会設立10周年記念大会リレー学習会　　北陸・東海支部

なるほど！納得！教師の気づきを促す授業研究
～「子供の学びの過程」を捉える資質の向上を目指して～

1　はじめに

　北陸・東海支部リレー学習会は、「なるほど！納得！教師の気づきを促す授業研究～『子供の学びの過程』を捉える資質の向上を目指して～」をテーマとし、令和4年9月3日(土)13:00～17:00にWeb開催された。

　企画趣旨として、近年、子供の「主体的な学び」の実現が求められ、「どのように学んだか」といった「学びの過程」が重要となったが、それは、内面的なものであり、捉えることが容易ではない。そこで、目には見えにくい「内面」をどのように捉えるのか、また、なぜ「学びの過程」に着目するのかといったことの理解を図ることが重要である。さらに、授業の動画から子供の「学びの過程」を捉えることを実体験し、互いの「見方」を共有する。参加者自身が「対話」を通じて主体的に学びを深めることを体験し、その意義や目的を実感することを目指す。併せて、学びのパラダイムシフトを図りたいと考えた。

2　概要及び当日の様子
（1）講演
講師：金沢星稜大学　柳川公三子氏

　これからの変化に富んだ新しい時代を、自分らしく、前向きに生き抜く力を育むために「主体的・対話的で深い学び」の実現が求められている。これに伴い、教師には、子供がどのように学んでいるかを捉え、それを尊重しつつも、子供がより一層主体的に問題発見や課題を解決する力を育むための授業づくりや授業改善が求められるようになった。

　ここで、授業改善に向けた授業の振り返りについて考える。いわゆる授業研究では、授業の目標が達成できたか否かに着目し、その要因として指導・支援方法に着目することが多いように思われる。もちろん、それは重要であり、より豊富な指導・支援スキルを身に付けることは大切である。また、その中からどの方法をどんなタイミングで用いるかといったことを判断することも重要になる。その際、判断の根拠となるのが授業における子供一人一人の「学びの実態」であり、「学びの過程」である。これを詳細に捉えることで、「つまずきの原因」が見えてくる。それによって、次の手立てや授業改善案が浮かんでくるのである。しかしながら、「学びの過程」は内面的で見えにくい。その時あるいはその前後の子供の言動（事実）を手がかりとして解釈することになる。ここで障壁となるのが個人の「見方の癖」である。私たちが物事を解釈する際、無意識に自身の経験を踏まえた「見方・考え方」をしがちである。

　これに関して竹村（2018）は、見方にはその人の志向性が反映されており、自分一人ではその人の見方しかできない。複数の見方を重ね合わせることで本当の対象の姿が現れると説明

し、「弁証法的統合」を提唱している。これによると、子供の言動の「事実」のみを捉え、それを根拠として「解釈」する。さらにそれを他者と共有し、「なぜ、そのように解釈したのか」と聴き合う（対話する）ことで、より真実に近い子どもの思考（つまずきの原因）が見えてくるのである。加えて、子供の「学びの実態」について、授業者自身が、子供の言動（事実）を根拠としながら、参観者と相互に「解釈」を聴き合うことで、どのような気付きが得られ、結果、どのような授業改善を図ったか、事例を通じて紹介した。

（2）ワークショップ
①グループワーク1及び2
　講演の流れの中で、授業場面の動画を視聴し、①対象A児の「言動（事実）」と「解釈」を見取る体験、②各自の「見取り」を共有し、見方を広げる体験、この①と②を1セットとし、2回のグループワークを行った。
　約3分間の場面からA児の言動をどのように捉えるかによって、「いろいろ考えていたのではないか」という解釈もあれば、「〇〇を△△と考えていたのではないか」とA児の思考を具体的に解釈するものもあった。
②グループワーク3
　講演後に③大切だと思ったこと・実践してみたいこと、④理想の授業研究の二つの観点でグループセッションを行った。
　③について、「事実と捉えていることに解釈が含まれている可能性がある自覚をもった上で、授業や支援を振り返ること」、「授業改善というと、子供が理解できているかどうかぐらいの話し合いで、目標や教材や支援方法などに目

がいきがちだったが、どのように理解してどのように理解していないのか、もっと細かく見ていく必要があると感じた。それをいろいろな人と共有することも大切だと思う」「事実と解釈に分けて話し合うことで、子供たちを中心に授業改善できることや、指導者の意図を尊重できることが良いと実感した」などの意見があった。
　④について、「全員が発言でき、子供の具体的な姿で、子供を中心に語り合い、その後の取組や子供の様子を共有できる」、「子供の学びの姿を共有し、後の日常の中での教員同士のコミュニケーションに広がりを見せること」などがあった。

（3）全体共有
　最後に、各グループの代表者が、それぞれどのような意見交換がなされたかを報告し合い、全体で共有して気付きや学びを広げた。

3　おわりに
　本学習会では、「対話を通じた主体的な学び」を参加者自身が実体験したことで、前述したような気付きが見られたと考える。また、参加者自身の気付きは多様であり、対話を通じて協働的に学ぶことで個々に最適な学びが実感できたのではないだろうか。まさに「学び」とは、個々人がそれぞれの経験を基にそれぞれの「見方・考え方」で思考したことや気付いたことであり、唯一の正解を追求することではない。このようなパラダイムシフトを期待したい。

文献
竹村哲（2018）．学校改革の目的と職責．富山大学人間発達科学部附属特別支援学校年報2017.pp1-10.

キャリア発達支援研究会設立10周年記念大会リレー学習会　中国・四国支部＋九州支部

地域と共に創るキャリア教育 —つなぐ対話—

1　はじめに

　中国・四国支部＋九州支部リレー学習会（学校法人古沢学園　広島都市学園大学共催）を令和4年8月23日9:30～16:00にWeb開催した。テーマは、「地域と共に創るキャリア教育―つなぐ対話」である。内容は、午前に講演、午後は話題提供2本とグループ協議を行った。

2　概要及び当時の様子
（1）講演

　講演は、「日本を元気に！共創のサイクルとアイデアの創出」と題して、事業構想大学院大学事業構想研究所教授　河村昌美氏からVUCA時代において「共創」が求められる背景や公民共創の定義、様々なステークホルダーが共創する際の重要な要素、有効なツールや思考法、参考事例などのお話があった。講演の中で公民共創は「企業や各種法人、NPO、市民活動・地域活動組織（地域住民）、大学等教育・研究機関などの多様な民間主体と行政などの公的主体が、相互の対話を通じて連携をし、それぞれが持つアイデアやノウハウ、資源、ネットワークなどを結集することで、社会や地域の課題の解決に資する新たな価値を共に創出すること」と定義しており、特別支援学校等における地域協働の取組との関連性が強く感じられた。

　共創の4原則として、①ステークホルダーに価値がもたらされること、②すべてのステーク

ホルダーの経験を重視すること、③直接交流があること、④共有プラットフォームが必要であることが挙げられ、多様な者とのパートナーシップには「共感」が必要不可欠であると述べられた。また、特定の事業やプロジェクトにおけるステークホルダーとその役割、個々の目的、そして共通目的を可視化するためのツールとして、「パーパスモデル」が紹介された。この「パーパスモデル」は、現在、特別支援学校等で実践されている地域協働において、参画する関係者それぞれの役割や共通する目的の可視化及び対話の活性化に有効であると考えられる。

　共創のアイデアを生み出すには、垂直思考より水平思考が重要であり、水平思考を行うためには思い込みやバイアスを取り除き視点を変えたり、前提を疑ったりすることが必要であるとのことであった。それらを体験する演習として、小グループによる「アイデア創出のためのワーク」が行われた。

（2）話題提供

　話題提供①では、「青年学級・親の会と共に創るキャリア教育」のテーマで、広島大学附属東雲中学校（以下、東雲中）教諭笹倉美代氏の実践発表があった。東雲中では、特別支援学級生の卒業後のアフターケアを目的に昭和45年に青年学級が開設され、学級生自らが運営しながら月1回社会生活に関する学習やレクリエー

ションなどを行っている。また、青年学級を支援する保護者の団体として東雲親の会があり、在校生の保護者との交流も行われている。東雲中特別支援学級では、「自分らしい進路を考える力」を育成するため、キャリア教育に関する単元間に関連性をもたせ取り組んでいる。生活単元学習「進路を語る会」の単元では、上級学校や仕事について調べたり、青年学級生への質問を考えインタビューを行ったりすることを通して、自分の将来について具体的に考えることができるよう意図されている。青年学級生と在校生との対話を通して、在校生は自分自身の見つめ方が深まり、自らの生き方を考え主体的に進路を選択しようとする意識が生まれている。

話題提供②では、「地域の教育資源を活用した地域と一体となって子どもたちを育む学校の取組」のテーマで、大分県立臼杵支援学校校長佐藤茂氏の実践発表があった。臼杵支援学校では、学校グランドデザインを掲げ、重点目標としてカリキュラム・マネジメントの推進や地域教育資源を活用した学習の充実を挙げている。地域と協働した防災教育では、炊出し・非常食体験、防災マップの作成などに取り組み、地域住民とともに「ホットぼうし」を作成したり避難訓練を実施したりしている。地域産業や郷土料理を学ぶ学習では、大豆の播種から収穫・脱穀、みそ作り、だんご汁（郷土料理）作り、みその販売まで年間通して地元企業や地域住民と協働し取り組んでいる。防災教育・みそ作りともに、各学部が連携した一貫性のあるカリキュラム・マネジメントによる小・中・高等部を通した系統性のある指導内容が整理されており、組織的な取組として実践されている。

（3）グループ協議

グループ協議では、「『地域と共に創る』『つなぐ対話』について、講演・実践発表を基に対話を深めよう」を協議の柱とし、8つのグループに分かれ、ジャムボードを活用して協議を行った。発表を聞きながら気付きを付箋に書きこんでいき、協議の場ではファシリテーターの進行により、各自が記入した付箋を基に意見交流を行った。その後、本学習会を通して学んだことを明日へのアクションにつなげるための一歩踏み出すコメントとして、「今日の学び」と「明日へのアクション」を各自付箋に書き込み、相互に閲覧した。

本支部では、昨年度から定期的な実践交流会の場で継続してジャムボードを活用している。付箋の色分けや大きさなどによるボードの構造化を工夫することで、気付きや対話の可視化による思考の深まりが促され、効果的に活用することができている。

3 おわりに

本支部では、「共創」をテーマに実践交流会や支部学習会を積み上げてきた。今回、キャリア発達支援研究会設立 10 周年の節目を迎え、本支部らしい企画として「共創」に関連したテーマを設定し、「共創」のさらなる深まりを意図して河村先生の講演や対話を軸に「共に創る」実践である 2 本の話題提供を基に、協議を深めることができた。リレー学習会の開催による他支部との連携が深まり、支部の活性化が促進された。今後に向けて、年 3 回の実践交流会と年 1 回の支部学習会を継続して開催することで、私たちの実践がより充実したものとなるよう期待したい。

キャリア発達支援研究会設立10周年記念大会リレー学習会　　**関西支部**

学びの横糸と縦糸を紡ぐ
～開店キャリアワールド・カフェにて～

1　はじめに

　関西支部リレー学習会（関西支部キャリアカフェ）は、「学びの横糸と縦糸を紡ぐ～開店キャリアワールド・カフェにて～」をテーマとし、令和 4 年 11 月 3 日（木）13：30 ～ 16：45に Web 開催された。

　「対話」と「学ぶ」をキーワードとして企画した。「対話」は、10 周年記念大会のテーマにおけるキーワードの一つであり、キャリア発達支援でも大切にされていると考えたからである。また「学ぶ」は、様々な役割の中に含まれ、最近の動向の端々にも重要なワードとして見られているからである。関西支部の新しいメンバーによる話題提供にも、「学び」が共通していたことも理由の一つである。

　以上のような状況から、記念大会で新たな価値を生み出すためにも、原点にもどり、「学ぶ」について改めて見つめ直し、学ぶ上で私たちが大切にしてきた「対話」を軸に、その意義や価値を再確認したいと考えた。

　また、関西支部では、カフェのようなリラックスした雰囲気で、自由な対話をすることを大切にしてきた。急いで問題解決をしたり、結論を出したり、合意形成をしたりすることはせず、お互いの立場での思いや考えを述べるような場を共有したいと考え、「ワールドカフェ」（以下、カフェ）という、参加した全員の意見や知識を集めることができる対話手法を取り入れた。この手法で参加者と対話することで、それぞれの学びや対話の意義及び価値の再認識を生み出すことを願った。

2　概要
（1）対談

テーマ：「糸の切れた凧第二弾『令和の日本型
　　　　学校教育』の行方」
講師：独立行政法人教職員支援機構
　　　理事長　荒瀬克己氏
　　　京都市教育委員会指導部学校指導課
　　　参与　森脇勤氏

（2）カフェタイム

問い：「学びとは」「学びに対話は必要？」
話題提供 1【学びの横の糸】「『授業振り返りマップ』の活用による学びの可視化と対話から見えた生徒の気付き」
　　　発表者：京都市立鳴滝支援学校
　　　　　　　教諭　木村和弘氏
話題提供 2【学びの縦の糸】「グループホームにおけるモチベーションアップの方法を探る～これまでと今後の課題～」
　　　発表者：株式会社サンフォレストセルン伏見
　　　　　　　大月遼平氏
＊話題提供 1 か 2 の一つを選択し、グループに分かれ、カフェ方式で対話した。

3　参加者から

事後アンケートからは、「学び」を問い直したり、カフェの有効性を実感したりする感想が多く挙げられた。以下、回答の一部を掲載する。

（1）全体を通して

「『学びとは？』『学びに対話は必要か？』という『問い』は、私たち『学び』を促していく者にとって大変重要な『問い』だと思った」

「時間的な物足りなさはありつつも、たくさんの方とお話しできて、日頃と違う視点に気付けた。対談と話題提供に基づくカフェ方式での参加者全員がたっぷり話すことができて更に気付きを得られた」

「答えを出さず、対話の積み重ねから気付きを導き出すような流れが良かった。時には、ゆっくりと時間をかけて考え、対話し、思考を深めることも大切なことだと気付かされた」

（2）学習会で学んだこと、気付いたこと、今後生かしてみたいことについて

「カフェは学びを共有できる方法だと思った。引き続き、対話にこだわってみたいと思った」

「『学び』や『問い』について、やはり当事者側に立って考えることが大切だと再確認した。今まで考えたことのない視点からものごとを見てみること、普段関わりのない方々と対話する大切さに気付いた」

「学びに『対話』は重要ですが、その対話の在り方とか、質というものも重要だと改めて思いました。対等な立場での対話がどうしたら成立するか、考えを広げてみたい」

「やらないといけないことにとらわれていて、子どもともそちらへ向かわせるための対話になっているのではと気づいた。子どもたちのやりたいことに寄り添いたいと感じた」

「授業に限らず、児童生徒と関わりの中で、改めて『問うこと』『対話すること』の大切さを考えることができた」

「『対話は自分の中にある』『他者との対話によって気付く』、そのことが学びであると学んだ」

「対等でないと対話じゃない。先生と児童生徒が共に気づき合い、理解し合い、学び合い、高め合うことが必要で、評価も一方通行ではなく、双方向であるべきだと思った。学んだことを伝える経験、人の学びを聞く経験は、学びを豊かにしてくれることを実感した。評価場面としてだけでなく、学びを深めるために、意識していきたい」

「誰かに自分の想いや気づきを話すことで、考えを再整理でき、話しながら新しい気づきもあった。対話こそ学びの基本だと思った」

4　おわりに

以上の参加者の感想も含めて、対談とカフェ方式による対話によって、支部らしさを出しながら、リレー学習会を締め、全国大会につなげることができたと感じている。

対談については本書第Ⅱ部「対談」を参照。

キャリア発達支援研究会設立10周年記念大会リレー学習会　　北海道支部

不登校について考える

1　はじめに

　北海道支部（北海道 CEF）リレー学習会は、「不登校について考える」をテーマとし、令和4 年 10 月 30 日 (土)13:00 〜 16:05 に札幌大学を会場として対面・オンライン併用で開催された。

　このテーマを設定するにあたり、北海道CEF では数回にわたり、過去の CEF における学習会テーマを振り返りつつ、どのような学習会テーマを設定するかを議論してきた。ハイブリッドでの研究会、北海道 CEF らしい学習会とはどのようなものか、多くの時間をかけて対話を重ね、最終的に「不登校」をテーマとすることとした。

　北海道 CEF では、これまでも、「キャリア危機」（career crisis）と考えられる子供の社会的・教育的課題に注目し、特に、「虐待」（性暴力を含む）や「貧困層」にある子供に関して、当事者である子供の「理解」と併せて、「教師として何ができるか」などについて学習会を重ねてきた経緯が背景となった。

　学習会の企画にあたり、「不登校がやってきた」という NHKBS の番組が、多くの示唆に富む内容であることを知り、その番組で取り上げられたコンテンツを生かせないかと考えた。そこで CEF メンバーが NHK 札幌放送局へ連絡をしたところ、番組ディレクターである二村真弘氏と直接コンタクトを取る機会に恵まれ、学習会において二村氏を講師としてお招きし、講演をいただくことができることとなった。

2　概要

　まず、はじめに「不登校について考える」という講演テーマで、番組を作成した二村氏の番組作成の意図や番組で取り扱っている内容の解説、そして番組制作の裏話をいただいた。

　当初は、不登校となった二村氏自身のお子さんの教育のために最先端の教育場面を探る番組を制作しようと考えたとのことだが、子供と親とのズレに気付く毎日をとおして、番組制作の意図が変化していくこととなった。

　ご自身のお子さんの不登校という状態像を番組ディレクターとして捉えながら、親として子供とどのように向き合っていくことが必要だったのかなど、番組制作を通して考えていくこと、そして、不登校を生みだす学校の対応や国の制度等、様々な課題があることを番組では紹介している。

　子供の思いをどのように捉えていくか、ディレクターとしての番組制作をとおして、さまざまな視点で考えていくことを紹介していただい

た。子供たちの声をしっかり聞くことが、親としても、そして教師としてもいかに大切なことなのかについて、本来、教師として当たり前であるはずの姿勢に気付くための、ある意味「衝撃的」な機会となった。

講演のあとは、北海道CEFメンバー4名と二村氏、そして番組ディレクターであり、二村氏のパートナーで番組プロデューサーでもある石川朋子氏も交え、対談を行った。率直な疑問や思いを語り合い、また講演の内容をさらに詳しくお話しいただく機会となった。また参加者の感想を基に議論を深めることができた。

3 当日の様子

講演について、Googleフォームで感想を同時進行で入力できるようにした。

たくさんの示唆をいただく講演であったことが、いただいた感想のなかで多く示された。一部を以下に紹介する。

・多様な子供たちが安心して通える学校になるためには、大人の都合やカリキュラムに子供が合わせようとするのではなく、一人一人の子供の声に耳を傾けた取組を本気でしていかなければ、学習指導要領の言っている主体的・対話的で深い学びの実現にはならないと思いました。

・「子供の人権」について、生徒だけではなく、家庭も含めて尊重できているか?!自問の機会となりました。

・「不登校」という視点からではなく、発達障害等を抱える子供たちが、どうしたら学校で楽しく学べるようになるのか、その子らしく過ごせるようになるのか等ということを考えているうちに、学校教育の基準が「いわゆる普通」というところにあり、それと少し異なる子供たちは、その子がもっと変わらなければならない、もっと「いわゆる普通」に近づ

けるようにならなくてはいけないといったような風潮の中で、大変過ごしにくい思いをしていることに気付きました。そこから、インクルーシブ教育について、真剣に考えるようになりました。

・不登校を個人因子でなく環境因子で考え、不登校となる要因を学校や社会の中に探してみたらどうなるか考えたいと思いました。また、番組の中で子供の話にも出てくる「普通」を捉えなおすというか、普通が溶けて広がる必要があると感じました。また、制度面として、現行の学校教育に参加が難しい場合の、学びの場や学びの方法を増やしていく必要があると感じました。

4 おわりに

「不登校」というテーマで学習会を設定したが、最終的には「子供の人権」を、学校教育という制度的、社会的文化の中で考え直す機会となった。また「不登校」という子どもの表現自体をどのように捉えるか、その状況に対して関わる人がどのように対話を進め、どのように方向付けをしていくかについて、簡単に答えを見出せることではなく、相互に影響を受けながら次の道筋を探っていく。「キャリア発達支援」について検討する本会の中核的な課題の発見につながることとなった。

6 記念大会を終えて

キャリア発達支援研究会副会長（札幌大学地域共創学群教授） 木村 宣孝

1 本会10年の歩み

本会の開催が今回で10年を迎えたことに感慨深い思いがある。本会は、平成22年から国立特別支援教育総合研究所にて行われた3年間の「キャリア教育推進者研究協議会」を経て平成25年に会員制の全国研究会としてスタートした。特別支援教育の分野において「キャリア教育」への関心が高まったのは、平成20年頃からと記憶している。そして、平成21年に特別支援学校高等部学習指導要領にキャリア教育の推進が位置付けられたことは、全国的な推進の大きな契機となった。

特別支援学校におけるキャリア教育への関心の度合いやその広がりは、各障害種の教育文化、それは、児童生徒の社会参加及び自立に向けた教育観や支援観とも連動してきたのではないかと思われる節がある。しかし、今日では、どの障害種あるいはどの学校においても学校経営方針の重点事項に位置付けられてきたのではないだろうか。この10年、キャリア発達支援は、特別支援教育の分野の変遷に重要な役割を果たしてきたのだと振り返ることができる。

2 各研究大会のテーマについて

本会における各年度の研究大会で設けられた研究テーマを概観すると、その変遷がみてとれる。以下に、第1回から10回までの研究テーマを抜き出してみた。

第1回「キャリア発達支援の理論と実践の融合を目指して」

第2回「キャリア発達を支援する教育の意義と共生社会の形成に向けた展望」

第3回「新たな教育への展望を踏まえたキャリア教育の役割と推進」

第4回「関係によって気付くキャリア発達、対話によって築くキャリア教育」

第5回「未来をデザインし可能性を引き出すキャリア発達支援」

第6回「小・中学校等における多様な個のニーズに応じたキャリア教育」

第7回「思いと向き合い可能性を紡ぐキャリア教育」

第8回「いま、対話でつなぐ願いと学び」

第9回「共創 多様な人が協働し、新たな価値を創造するキャリア教育」

そして、今回、第10回は「本人を中心とした柔軟な思考としなやかな対話をとおして新たな価値を相互に生み出すキャリア発達支援」となった。

第1回、第2回の時点では、キャリア発達支援にあたっての基盤の構築が主であったと考えられる。

そして、第3回大会から、各支部による発案を主とするテーマ設定となった。上記のテーマの変遷をみると、各支部の会員が、「キャリア発達支援」をどのように捉え、それを日常の実践にどのように生かそうと考えていったのかが見え隠れする。

全国大会としてのテーマ設定は、どの回にお

いても「重責」だったことであろう。そこには、各学校・各地域における実践文化や特別支援教育の（国としての）推進状況、加えて、本研究会における実践研究のナラティブを踏まえつつ、これらの多様なファクターをどのように反映させるのか、いろいろな思考と願いを交差させながらの「創造的知見」としての成果物であったのだと思われる。

3　大会の企画・運営について

今回の大会の企画・運営に関しては、従来のとは異なる方式により実施できたことについても言及しておきたい。これは、ある意味において、会員個々の、本研究会への「主体的参画」という理念を象徴するアイディアであったとも考えられるからである。

第7回金沢大会までは、全国大会の企画・運営は、担当の各支部の主体性（独自性）を尊重する形で実施してきた。開催方式は、会員が、各開催地に集い、当然のことながら「対面」で実施することが基本であった。

しかし、コロナ禍に見舞われたことから、オンラインでの開催が余儀なくされたことは言うまでもない。

第8回東京大会、第9回広島大会については、会場への参集可能な会員の「対面参加」の余地を残しつつも、多くの地方の会員参加による研究協議を実現するためには、オンラインを併用する形を取らざるをえなかった。

このことから、第10回大会については、企画・運営を担当する「支部」は設けず、また、事務局主導という方式もとらず、大会実行委員会の核となる会員は事務局から委嘱する形をとったものの、企画や運営を担当するスタッフについては、各支部の代表者（希望者）を募り、会員メンバーのオンラインによる企画ミーティングで進める方式を採用することとした。大会実行委員会には、素案となる企画・運営案の提示を依頼はしたが、実際の企画ミーティングは、各代表会員による協議により、企画案の精査が進められた。

このミーティングに参加いただいた会員は、各支部のメンバーにその時点での企画案の検討状況を各支部のメンバーに伝え、そこから得た知見をまた代表者ミーティングに反映するという形で、できるだけ多くの会員の知見の共有・開発を前提として推進したのである。

このような方式は、ある意味、初の試みであったことから、すべての会員への情報共有や知見収集が必ずしもに行き届かなかったという課題も実際には生じたと思われるが、今後の大会の企画・運営を検討するにあたっての、一つの試行的なモデルケースと言えるのではないかと私自身は考えている。

このような方式を実行できたこと自体に、本研究会に参加することによって築かれてきた「会員相互の関係形成」が根底に存在していたのではないかと見て取れるのである。

4　今後に向けて

本誌では、この10年間の動向や取組の集大成としての情報掲載を目指しつつ、しかしそれは膨大な作業でもあり、このように本会が築いてきたナラティブプロセスを共有することが、次への歩みのエネルギーを与えてくれるものになるであろうと考え編纂した。

投稿にご協力いただいた方々に心より感謝申し上げるとともに、「キャリア」は到達点を示す概念ではなく、あくまで、360度方向に変化しつづける「プロセス概念」「発達概念」であることを再度確認する契機になることを願ってやまない。

第 Ⅳ 部

第二特集：
最新レポート「新たな時代の学校教育について考える」

　第Ⅳ部は、新たな時代を迎える我が国の学校教育の在り方を展望する際、貴重な実践情報となる３本のレポートで構成した。

　最初のレポートでは、ドイツに始まりオランダで発展を遂げた教育学者ペーター・ペーターセン等の理念に基づく実践であるイエナプラン教育に焦点を当てた。子供たち一人一人が多様性の中で共生し、人間らしく生きて暮らしていく力を育むためのコンセプトや実践の展開方法が紹介されている。

　２本目のレポートでは、特別な教育的ニーズをはじめ、生徒達の多様な夢や願いの実現に向けた高等学校改革や教育課程改革を話題に取り上げた。特別支援教育の視点を大切にし、生徒一人一人の実態や変容の様子を捉えながら丁寧にキャリア発達を支援する様子がレポートされている。

　最後のレポートでは、全県的に副籍制度を導入するなど、インクルーシブな学校運営モデルの展開で注目を集めている兵庫県下の取組の一端を紹介する。共生社会の実現に向けた交流及び共同学習の取組等は、両校の生徒のみならず教職員や関係者のキャリア発達を促す実践へとつながっている。

「イエナプラン教育」に基づく 小・中学校における新たな取組の展開 －個に応じた教育と探究的な学びによる資質・能力の育成－

弘前大学大学院教育学研究科教授　菊地　一文

本稿では、日本イエナプラン教育協会が示すイエナプラン教育の背景や概要について紹介するとともに、国内初のイエナプラン教育協会の認定校（以下、認定校）である学校法人茂来学園大日向小学校・大日向中学校の訪問視察を踏まえ、主に視察した小学校を中心にその教育的アプローチの可能性について考察する。

◆キーワード◆　イエナプラン教育、個別最適な学び、協働的な学び

1　イエナプラン教育とは

　イエナプラン教育とは、ドイツの教育学者ペーター・ペーターセンが、自身の教育理念に基づくイエナ大学附属実験校での実践をとおして理論と実践を往還させた成果に基づき、オランダで発展し普及された教育である。

　日本イエナプラン教育協会では、イエナプラン教育の概要について以下のように説明している。

　1927年にペーターセンは、スイスのロカルノで開かれた国際新教育学会第4回大会でその理論と実践を発表した。その際同学会の秘書をしていたクレア・ソパードとドロシー・マシューズが「イエナプラン」と名付けたことが由来となっている。ペーターセン自身は、イエナ大学実験校での実践を「人間の学校」と呼んでおり、その報告をまとめたものが、同年刊行された「小さなイエナプラン（Der Kleine Jena-Plan）」である。本書は実践報告であると同時に、従来の学校教育の在り方について問題提起しており、現在もイエナプラン教育関係者のバイブル的存在[1]となっている。

　1960年にオランダで初めてのイエナプラン校が設立されて以降、2020年現在で、公立・私立を合わせて200校以上のイエナプラン小学校が設置されている。

　なお、日本イエナプラン教育協会では、イエナプラン教育を「一人ひとりを尊重しながら自律と共生を学ぶオープンモデルの教育」と説明している。

2　イエナプラン教育のコンセプトと理論
（1）8つのミニマム（1966）

　スース・フロイデンタールらはオランダにイエナプランを広め、教授・授業方法を研究開発し、教育制度への普及を図った。その知見を踏まえ、イエナプラン校がめざすべき方向として最低限の要件にまとめたものが以下の「8つのミニマム」である。

　・インクルーシブな思考に向けた養育
　・学校の現実の人間化と民主化
　・対話
　・教育の人類学化
　・ホンモノ性
　・自由
　・批判的思考に向けた養育
　・創造性

（2）20の原則（1992）

　イエナプランでは、教育のコンセプトとして

「人間について」「社会について」「学校について」の３つで構成された「20の原則」（p.146-147を参照）を掲げている。

　1992年にオランダ・イエナプラン教育協会総会において「20の原則」が全会一致で採択され、以後、オランダのイエナプランスクールは、学校要覧に「20の原則」を掲載することを義務づけることとなった。

（3）６つのクオリティ（1997）

　1997年に「21世紀に向かうイエナプラン教育」が出版され、イエナプランの教育活動を企画・構成していく上で重要な枠組みとなる以下の「６つのクオリティ特性」を示した。

- ・経験の重視
- ・発達の重視
- ・協働（生と学びの共同体）
- ・世界に目を向けている
- ・批判的思考
- ・意味・意義のある学び

　また、コア・クオリティとして、「子どもの、自分自身との関係」「子どもの、ほかの人との関係」「子どもの、世界との関係」を挙げ、以下の具体を示した。

自分自身との関係

1.1 子どもたちは自分の長所と短所を自覚し、自分の特性を理解しながら努力する。

1.2 子どもたちは自分の成長と発達を元に評価される。

1.3 子どもたちは何を学びたいか、何を学ばなければならないか、いつ説明が必要か、どのように学習を計画しなければならないかについて、自分自身で責任を持つことを学ぶ。

1.4 子どもたちは自分の発達に対してリフレクション（振り返って見直すこと）を学ぶ。またそれについて他の人と話し合うことを学ぶ。

ほかの人との関係

2.1 子どもたちは、異年齢グループの中で発達する。

2.2 子どもたちは、協働、助け合い、それらについてお互いの行動を振り返ることを学ぶ。

2.3 子どもたちはファミリー（根幹）グループや学校における調和の取れた共同生活について、誰からも自分らしく、また、豊かな生活を経験できるように、自ら責任を持ち、共に意思決定に参加することを学ぶ。

世界との関係

3.1 子どもたちは、自分たちが成すことは、生きた真正な（本物で現実の）状況の中に対するものであることを理解し、その中で学んでいくことを学ぶ。

3.2 子どもたちは、自分の周囲の環境を大切にし、責任を持ってかかわることを学ぶ。

3.3 子どもたちは、世界について識るために、ワールドオリエンテーションの中で、学校が教材として提供している学びの内容を適用する。

3.4 子どもたちは、リズミカルに組まれた日課に沿って、遊びながら、仕事をしながら、対話をしながら、また、催しに参加しながら学ぶ。

3.5 子どもたちは、自分自身の関心や問いから自発的に行動することを学ぶ。

（4）７つのエッセンス（2014）

　ヒュバート・ウィンタースとフレーク・フェルトハウスによる「イエナプラン教育〜共に生きることを学ぶ学校」では、子どもたちが身につけるべき具体的な能力を以下の「７つのエッセンス」として整理した。

- ・物事に進んで取り組む
- ・計画する
- ・協働する
- ・生み出す

・プレゼンテーションする

・リフレクションする

・責任を持つ

　本書は、イエナプランを学ぶ学生や現職教員の教科書として、あるいは学校改善のための参考書として利用されているだけではなく、イエナプラン関係者以外の教育関係者にも読まれている[1]。

　以上のことがイエナプラン教育の理論的基礎として、日本イエナプラン教育協会 Web サイトで紹介されている。

　なお、現在オランダでは、一般の教員養成大学で他のオルタナティブ教育の理論とともにイエナプランについて学ぶことができる。また、現職教員のための研修事業・コーチング事業を行う研修会社も展開されているとのことである。

3　学校法人茂来学園大日向小学校・大日向中学校

学校法人茂来学園大日向小学校・中学校

　日本初の認定校である当校は、2019 年に学校法人茂来学園しなのイエナプランスクール大日向小学校として長野県佐久穂町に開校し、2022 年には大日向中学校が開校した。

　なお、2022 年には、公立としての初の認定校である、常石ともに学園が広島県福山市に開校した。また、2023 年には学校法人ろりぽっぷ学園ろりぽっぷ小学校が宮城県仙台市に開校した。中学校については、大日向中学校が唯一の認定校となる。

　そのほか、名古屋市をはじめとするいくつかの公立学校やいわゆるオルタナティブスクールなど、各地でイエナプラン教育の取組を参考とし、試行している学校が見られる。

（1）在籍する子どもについて

　当校に在籍する子どもたちは、全国各地から同校で学ぶために家族と共に引っ越し、佐久市や佐久穂町に移住するケースが多いという。佐久市には、北陸新幹線佐久平駅があり、首都圏への通勤も可能である。これらのケースには、経済的余裕のある、教育に関して熱心な家庭が一定数を占めていると推察される。

　子どもたちはファミリーグループと呼ばれる異学年で構成される教室グループで教え合い、助け合いながら学ぶ。大日向小学校では 30 名のファミリーグループに対してグループリーダーと呼ばれる教員 1～2 名で構成している。グループリーダーは、グループの一員であるとともに、リーダーとして子どもたちの発達をファシリテートする[1]。当校ではすべての子どもたちをすべての教職員で見るというコンセプトをもち、複数の教職員が各グループとかかわるようにしている。

（2）教育課程の概要

　当校は学習指導要領に基づいたカリキュラム編成となっており、「人々の自然な学習形態」である 4 つの基本活動「対話・遊び・仕事（学習）・催し」を「リズミカルに循環させる」時間割[2]で学ぶ。

　また、週の初めに子どもたち自身がグループリーダーの支援を受けながら計画を立てて学習を進めている。以下に当校の代表的な指導の形

態を解説する。

①サークル対話

　当校では日課表上に朝と帰りの「サークル（対話）」が位置付けられている。サークル対話とは、お互いの話しに耳を傾け、聞き合い、尊重し合う時間であり、その名称のとおり「輪」になってお互いの顔を見て安心感や一体感を生み出す時間でもある。

　朝と帰りに位置付けられていることから、1日のスタートにあたり、自分の気持ちを表現し聞き合い、目的意識をもって円滑に学習に取り組むことや、1日を振り返り、学んだことの意味付けや価値付けることを意図した大事な時間であると捉えられる。

②ブロックアワー

　ブロックアワーとは子ども自身が自分で学ぶ内容を選択し、学ぶ場所や学び方、学ぶペースを決めていく教科学習の時間である。週の学習計画に基づいて得意なことを伸ばす、苦手なことと向き合う等の学習内容の選択のほか、楽しくできる方法や効率的な方法など、自分の学習スタイルを考えながら、学びの舵取りをして取り組む時間である。

　訪問時は1人でタブレット端末を使用したり、イヤーマフを装着したりして学習する子どもや、ペア学習やグループ学習をとおして友達と教え・教えられる関係で学習に取り組む子ども、意見交換し合いながら共同解決する子どもなど、教室内では多様な学びの形が見られた。また、これらの学習スタイルは固定的ではなく、必要に応じてそれぞれが判断しスタイルを変えていた。

③ワールドオリエンテーション

　教育課程の中核となるのは、ワールドオリエンテーション（ファミリーグループ活動）と呼ばれる教科等の枠組みを越えた協働的な探究活動である。日本イエナプラン教育協会ではワー

異学年の協働による探究の一部

ルドオリエンテーションを「子どもたちの経験世界にある本物の事象に対する子どもたち自身の内発的な問いに基づいて探究を行い、科学研究のプロセスを仲間とともに学ぶ協働活動」と説明している。また、「教科の学びが探究のためのツールとなるスキルを学ぶためのもの」と位置付け、ワールドオリエンテーションは、「教科的なスキルに意味を与えるもの」と位置付けている。

　訪問時はファミリーグループをさらに拡大した異学年グループでの活動に取り組んでいた。グループリーダーは活動の目的とゴールを示し、子どもたちはたくさんの色画用紙を使用して「春夏秋冬」のいずれかのテーマを選択して表現するという活動に取り組み、所定時間内でそれぞれの考えを表明し、折り合いをつけながら協働していた。その後、グループ相互で制作したものを見合い、その意図を推察したり、説明したりして理解し合っていた。

　そのほか、校舎のあらゆる場所に子どもたちが学習した成果や、学習過程を可視化した様々な掲示物が見られた。これらから身の回りのものから地域、国内、世界サイズの多様な探究が、教科や横断的なテーマをとおしてなされていることが把握できた。

④その他

校内至る所で探究的な学びの取組を可視化

豊かな自然の中に立地する学校

教室はリビングルームと呼んでおり、グループリーダーと子どもたちがともに考え、安心・安全な環境づくりをしている。また、毎日おやつの時間があり、各家庭が必要に応じて準備している。

また、当校周辺は川や森林といった自然環境に恵まれており、イエナプラン教育が重視している「本物から学ぶ」活動の一環として、近隣の果樹園や水田、畑を訪問したり、地域の方の引率で登山をしたりするなど、周囲の豊かな自然環境の中で学ぶことも多いそうである。そのほか、年に2回、地域住民と合同による運動会や交流会を開催しているほか、校外学習を日常的に行い交流している。

4　見学会での質疑応答から

筆者が参加した学校見学会には、教育行政関係者や大学教員、小・中学校の学校管理職等、全国各地からの参加があった。中には不登校特例校の設置・運営を視野に入れている参加者や, 公立校においてイエナプラン教育のエッセンスを導入したいと考える参加者も見られた。

以下、学校見学会での質疑応答の一部について、筆者がまとめた概要を以下に示す。

（1）一斉授業と個別指導

一斉授業と個別指導の両者のバランスを考慮している。ブロックアワーの時間にドリル的なものも行うなど、補充的な関係にある学びのスタイルもあり、様々試行錯誤している。
例えば国語は自由進度であるが、教科の時間の中でも探究したり、国語の中で他教科の内容を学んだりいることもある。オランダでは基礎学習＋ワールドオリエンテーションの形式で進めているが、日本のよさを活かしたベストミックスを目指している。

（2）多様な学びのスタイル

一斉授業における個別の見取りの難しさ、子どもの発達差を踏まえた、学びやすさについての課題があった。これまでの経験を踏まえてよりよい学びを考えると、個別化された学びのほ

うが学びの状態を把握し、応じやすいのだが、違うことをしていてよい子どもたちが協働的に学ぶスタイルがより有効であると捉えている。

（3）指導内容と資質・能力との関係

実態の異なる多様なニーズのある子どもが在籍しているため、一人一人の学習の進捗状況を把握しながら対応している。

知識の習得も必要であり、指導内容について特にミニマムエッセンスのようなものは設定していないが、指導内容と資質・能力のベストマッチを目指している。

（4）評価

評価・通知表は記述式である。年に2回子ども自身が「わたしプレゼン」を実施して自己評価している。自己評価の材料はポートフォリオであり、週の中で自分にとっての一番の学びをファイリングしている。

なお「わたしプレゼン」には、保護者とグループリーダーのほか、子どもが来てもらいたい学校スタッフを自分で決めて、参加を呼びかけている。

小学校では、数値による評定はしていない。中学校では、社会性等のいくつかの観点を踏まえてコメントするほか、進路等の関係からコメントと評定の数字を組み合わせて、ポジティブな評価を心がけている。

（5）自由で自立的な学び

学びの結果よりも、子ども自身が本物の「問い」をもつこと、そのことがその子なりの探究・発見につながると考えている。

ワールドオリエンテーションでは、様々な問いのサイズや探究のサイズがあり、教科指導との連携が必要になる。教科指導では指導・助言をし、ワールドオリエンテーションでは子どもに委ねる

形になるが、教員がある程度ゴールを示し、見通しがもてるようにすることも必要である。

（6）インクルーシブ教育について

特別な教育的ニーズのある子どもに対しては、共にできるような活動を工夫し、30名の子ども同士で自然に学び合う状況を大切にしている。インクルーシブの考え方は、特別な教育的ニーズの有無の枠組みではなく、もっと広いこの違いを認め合うというものである。

5　考察

当校を訪問してみて、まさにコンピテンシーベースの教育が展開されている学校であると感じた。異学年による協働的な学習をとおして自己選択、自己決定、問題解決、協力・協働、折り合いをつける力などの資質・能力の育成が図られ、結果として認知能力や非認知能力の育成につながっていると捉えられた。

また、従前からの授業における教師と子どもは「教える・教えられる」関係であることが一般的であるが、当校ではグループリーダーは子どもの「学び」に伴走しながら、子ども同士の学び合いを大切にし、支えるというスタンスであった。授業時間も休み時間もあらゆる場所で対話がなされ「4つの基本活動」すべての中で多様なサイズの探究の機会があると捉えられた。

井上（2018）は、「イエナプラン学校がめざす『学校居間』とはそこにいることを＜誰もが安心でき、自分らしくいることができる空間＞であり、＜信頼できる仲間や大人に支えられて社会性や情操を育んでいく場所＞である」[3]と述べているが、実際に何名かの子どもに学校生活のことを尋ねると「学校や勉強は楽しい」と答えており、その土台として、安心・安全な環境があることが大きいと捉えられた。

なお、特別支援教育の視点から捉えると、授

業のユニバーサルデザインや UDL の視点を踏
まえた学習者主体のアプローチとの共通点もあ
り、当校での日々の学習や生活そのものは、ま
さにインクルーシブ・マインドの醸成につなが
るものと捉えられた。

　また、従前から知的障害教育が各教科等等を
合わせた指導を中心に展開してきた「為すことに
よって学ぶ」ことを重視した生活中心教育のアプ
ローチとの共通点も見られ、このことは現在求め
られている「個別最適化な学びと協働的な学びの
一体化」の方向性とも合致すると捉えられた。

　今後「個別最適な学びと協働的な学びの一体
化」を目指す上で、イエナプラン教育に注目
し、従前からの学校教育の「あたりまえ」を見
直し、新たな取組を試行する公立学校が増加す
ることが想定される。今後、学びの主体である
子どもを中心とした学校のカタチがより柔軟に
変化し、発展していくことを期待したい。

参考「20 の原則」[1]
人間について

1　どんな人も、世界にたった一人しかいない
　人です。つまり、どの子どももどの大人も
　一人一人がほかの人や物によっては取り換
　えることのできない、かけがえのない価値
　を持っています。

2　どの人も自分らしく成長していく権利を
　持っています。自分らしく成長する、とい
　うのは、次のようなことを前提にしていま
　す。つまり、誰からも影響を受けずに独立
　していること、自分自身で自分の頭を使っ
　てものごとについて判断する気持ちを持て
　ること、創造的な態度、人と人との関係に
　ついて正しいものを求めようとする姿勢で
　す。自分らしく成長して行く権利は、人種
　や国籍、性別、（同性愛であるとか異性愛
　であるなどの）その人が持っている性的な

傾向、生れついた社会的な背景、宗教や信
条、または、何らかの障害を持っているか
どうかなどによって絶対に左右されるもの
であってはなりません。

3　どの人も自分らしく成長するためには、次
　のようなものと、その人だけにしかない特
　別の関係を持っています。つまり、ほかの
　人々との関係、自然や文化について実際に
　感じたり触れたりすることのできるものと
　の関係、また、感じたり触れたりすること
　はできないけれども現実であると認めるも
　のとの関係です。

4　どの人も、いつも、その人だけに独特のひ
　とまとまりの人格を持った人間として受け
　入れられ、できる限りそれに応じて待遇さ
　れ、話しかけられなければなりません。

5　どの人も文化の担い手として、また、文化
　の改革者として受け入れられ、できる限り
　それに応じて待遇され、話しかけられなけ
　ればなりません。

社会について

6　わたしたちはみな、それぞれの人がもって
　いる、かけがえのない価値を尊重しあう社
　会を作っていかなくてはなりません。

7　わたしたちはみな、それぞれの人の固有の
　性質（アイデンティティ）を伸ばすための
　場や、そのための刺激が与えられるような
　社会をつくっていかなくてはなりません。

8　わたしたちはみな、公正と平和と建設性を
　高めるという立場から、人と人との間の違
　いやそれぞれの人が成長したり変化したり
　していくことを、受け入れる社会をつくっ
　ていかなくてはなりません。

9　わたしたちはみな、地球と世界とを大事に
　し、また、注意深く守っていく社会を作っ
　ていかなくてはなりません。

10　わたしたちはみな、自然の恵みや文化の

恵みを、未来に生きる人たちのために、責任を持って使うような社会を作っていかなくてはなりません。

<u>学校について</u>

11 学びの場（学校）とは、そこにかかわっている人たちすべてにとって、独立した、しかも共同して作る組織です。学びの場（学校）は、社会からの影響も受けますが、それと同時に、社会に対しても影響を与えるものです。

12 学びの場（学校）で働く大人たちは、1から10までの原則を子どもたちの学びの出発点として仕事をします。

13 学びの場（学校）で教えられる教育の内容は、子どもたちが実際に生きている暮らしの世界と、（知識や感情を通じて得られる）経験の世界とから、そしてまた、＜人々＞と＜社会＞の発展にとって大切な手段であると考えられる、私たちの社会が持っている大切な文化の恵みの中から引き出されます。

14 学びの場（学校）では、教育活動は、教育学的によく考えられた道具を用いて、教育学的によく考えられた環境を用意したうえで行います。

15 学びの場（学校）では、教育活動は、対話・遊び・仕事（学習）・催しという4つの基本的な活動が、交互にリズミカルにあらわれるという形で行います。

16 学びの場（学校）では、子どもたちがお互いに学びあったり助け合ったりすることができるように、年齢や発達の程度の違いのある子どもたちを慎重に検討して組み合わせたグループを作ります。

17 学びの場（学校）では、子どもが一人でやれる遊びや学習と、グループリーダー（担任教員）が指示したり指導したりする学習とがお互いに補いあうように交互に行われ

ます。グループリーダー（担任教員）が指示したり指導したりする学習は、特に、レベルの向上を目的としています。一人でやる学習でも、グループリーダー（担任教員）から指示や指導を受けて行う学習でも、何よりも、子ども自身の学びへの意欲が重要な役割を果たします。

18 学びの場（学校）では、学習の基本である、経験すること、発見すること、探究することなどとともに、ワールドオリエンテーションという活動が中心的な位置を占めます。

19 学びの場（学校）では、子どもの行動や成績について評価をする時には、できるだけ、それぞれの子どもの成長の過程がどうであるかという観点から、また、それぞれの子ども自身と話し合いをするという形で行われます。

20 学びの場（学校）では、何かを変えたりより良いものにしたりする、というのは、常日頃からいつでも続けて行わなければならないことです。そのためには、実際にやってみるということと、それについてよく考えてみることとを、いつも交互に繰り返すという態度を持っていなくてはなりません。

文献等

1) 日本イエナプラン教育協会
   https://japanjenaplan.org/jenaplan/
   （2024年3月1日参照）
2) 学校法人茂来学園大日向小学校・大日向中学校
   https://www.jenaplanschool.ac.jp/
   （2024年3月1日参照）
3) 井上健（2018）．開かれた教育改革モデルとしてのイエナプラン−オランダにおけるイエナプランの受容と展開−．東京都市大学共通教育部紀要．

付記

　本視察は、科学研究費補助金基盤研究（B）「超人口減少に向けた公教育維持のための学校改善プログラムに関する理論的・実証的研究（課題番号23H00920）」の一環として行った。

高校改革におけるキャリア発達支援と特別支援教育の役割

京都市教育委員会指導部学校指導課　参与　森脇　勤
京都市立東山総合支援学校　指導教諭　小木曽　恵美子
（京都市高校通級特別支援チーム　事務局）

　令和 3 年 1 月に中央教育審議会により、「『令和の日本型学校教育』の構築を目指して～全ての子どもたちの可能性を引き出す、個別最適な学びと、協働的な学びの実現～（答申）」（以下、「令和答申」）が取りまとめられた。「個別最適な学び」と「協働的な学び」は、今までの特別支援教育で一番大切にしてきた視点であると言える。平成 30 年度から国の制度化に伴い、高等学校における通級による指導の円滑なスタートと、京都市立高校 9 校における特別支援教育の体制整備の必要性を考慮し、京都市教育委員会において、「高校通級特別支援チーム」が設置された。各校への巡回相談では、支援の必要な生徒の学習上・生活上の困りに対しての指導や支援の在り方について共に考え、特別支援教育の視点によるサポートを行っている。これらの個々の生徒の困りに対する各校の取組や組織としてのアプローチこそが、各校内の支援システムの構築につながると考える。

◆キーワード◆　新しい高校教育、個別最適な学び、協働的な学び、高校通級

1　はじめに

　京都市立高等学校（以下、高校）は、従前より生徒の個のニーズに応じた多様な教育活動を展開し生徒の選択にも対応できるよう、普通科及び特色ある専門学科の開設を推進してきた。とりわけ、平成 11 年度から始まった堀川高校における「自立する 18 歳」を目指した専門学科「人間探究科」「自然探究科」の実践は、現在の学習指導要領の中核的理念として全国の先駆けとなり、以降、市立高校改革推進の要となっている。

　平成 26 年に京都市では、「京都市立定時制単独高校の創設に関する基本方針」を策定し、不登校経験や発達障害により支援を必要とする生徒のための教育の機会の在り方とその実現を目指し「新しい定時制高校創設プロジェクト」をスタートさせた。一方、平成 30 年には、高校通級の制度化に伴い、伏見工業高校は、高校通級の制度化に伴い、伏見工業高校定時制において通級による指導（以下、通級指導）を開始し、翌年、西京高校定時制においても通級指導を開始した。その指導の成果を踏まえて、令和 3 年 4 月には、両校の定時制を統合し、不登校経験者や発達障害等による困りのある生徒たちの自立を目指し、多様な学びの動機や学び直しを求める生徒たちのニーズに応えるために、京都奏和高校が開校した（西京高校定時制は令和 4 年度に閉制、また、伏見工業高校定時制は令和 5 年度に閉校する）。

　平成 28 年 4 月には、伏見工業高校と洛陽工

業高校が京都工学院高校に統合再編し、新たな工業科の道を模索している。

また今年度、銅駝美術工芸高校は、校名を美術工芸高校と改めて、隣接して移転する京都市立芸術大学とともに新たな地での学びが始まっている。

さらに、塔南高校は、新たな普通科高校「開建高校」として開校し、今年度1年生が入学し、6月には新校舎も完成した。そこでは、「ラーニングポッド」と呼ばれる新しいスタイルでの学びがスタートしている。

呼び方はともあれ、「個別最適な学び」と「協働的な学び」は、従前から特別支援教育の理念の実現を目指すための多様な実践を積み重ねてきたことと全て重なる。その目的は、学ぶ内容や方法は異なるとしても、全ての子どもたちの社会的自立を願うキャリア発達支援に基づくことであり、校種を超えた理念であるとも言える。「生徒を主語とする学校教育」の在り方は、インクルーシブ教育の実現に一歩近づいた感がする。

2　高校改革における新たな京都市立高校の創立
（1）個別最適な学びを目指す「新普通科」設置校（開建高校）

令和5年4月に開校した開建高校の特色の1つに「ラーニングポッド」（通称 L-pod）がある。1クラス80名の生徒と複数人の担任や教科担当者によって「協働的な学び」が実施しやすいよう、16m×16mの空間（普通教室4つ分の大きさの部屋）が設置されている。机も椅子も可動式で、教室は授業内容に応じて、グループの人数や座席位置を変えることができる。お

互いの様々な考えや意見に触れ、自由度の高い学習活動ができ、これまでになかった普通科を目指している。1学年は3クラスあり、1クラスには担任が4名配置されている。

「総合的な探究の時間」では、京都にある企業、大学、行政と連携し、伝統や文化、多様な京都のリソースを活用したフィールドワークも主体的な学びの場として用意されている。探究系の授業は、1年生では、協働的な学びを進めていく上で必要なスキルを16選定し、汎用性の高い方略（コアスキル）を身に付けることで、多様な学び方を獲得し、それらのスキルを組み合わせることで、自らの学びに活用していく。また、後期には、探究の場を「京都探究」に拡げていく。「京都探究」とは、京都の企業や大学における現状の認識や問題意識などの「素材」の中から課題を見つけ、課題解決のための調査研究・思考実験をすすめる総合的な探究の学習である。地域や大学などと連携した活動プログ

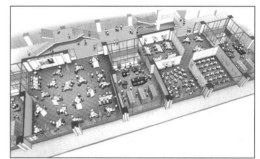

『ラーニングポッド』（通称 L-pod）

ラムを展開するほか、生徒自身がやりたいこと
に主体的に挑戦できる課外活動の機会を創出す
るため、地域と学校を結ぶ地域協働コーディ
ネーターが、生徒のニーズに合った課外活動の
紹介や探究活動のサポートを行っている。

　地域コーディネーターは、「地域・企業等の
連絡先の開拓及び連絡窓口」や「授業（主に総
合的な探究の時間）でのグループワーク等にお
けるファシリテート」「学校の業務の補助（学
校を知ってもらうような業務）」を主な業務と
している。

（2）一人一人のニーズに応える
昼間定時制高校（京都奏和高校）

　令和3年4月に開校した京都奏和高校は、昼
間定時制の高校であり、学ぶ時間帯や学ぶス
ピードを自分に合わせて選択し、3年もしくは
4年での卒業を目指す。生徒自身が「自分らし
く学ぶ」、仲間と「集団で学ぶ」、そしてその過
程で「様々な人と出会う」ことを大切にしてい
る。不登校を経験した生徒や学び直しを必要と
している生徒、行動や認知の特性により学びに
困りがある生徒が、自立するための基礎を身に
付け、社会の創り手として主体的に行動し、豊
かな社会生活を送ることを目指している。

　京都奏和高校の特色の1つに、「ビジテック」
（総合的な探究の時間）という授業がある。「ビ
ジテック」は、西京高校定時制で開講していた
商業科目と、伏見工業高校定時制で開講してい
た工業科目を活かしたビジネス（商業）とテク
ノロジー（工業）、デザインを取り入れたもの
である。ものづくりやマーケティングなどの学
びを通して、実社会の活動を経験的に学ぶこと、

主体的に社会構成に関わること、目標に向かっ
て具体策や手順を考え実行すること、自分の得
意を理解し、その力を活かして他者と協働する
ことができる力をつけることを目指している。

　すべての生徒が集まることのできる夕方の時
間帯に設定している「奏和タイム」では、部活
動や生徒会活動、自習、校内イベントの他、週
1回程度、他団体や地域と連携した活動を実施
している。外部団体にコーディネートを依頼し、
校内居場所カフェ、ボードゲームカフェや着付
け体験など様々な取組の他、生徒企画の取組や、
大学との連携で部活動交流も実施されている。

3　京都市高校通級特別支援チームの役割
（1）設置の目的と経緯

　平成30年度から国の制度化に伴い、「高等
学校における通級による指導」（以下、「高校通
級」）の円滑なスタートと、各校における特別
支援教育の体制整備の必要性を考慮し、京都市
教育委員会において、「高校通級特別支援チー
ム」（以下、「支援チーム」）が設置された。

　高等学校での発達障害をはじめ全ての障害に
関わる支援の必要な生徒の学習上・生活上の困
りを把握し、指導や支援の在り方について、各
校の管理職はじめ教職員と一緒に考え、具体的
な支援を提案することを目的とし、高校通級の
指導充実に向けた支援とともに、京都市立高校
における特別支援教育のためのサポートを主な
役割としている。

　具体的な業務としては、「高校通級での授業
づくりや指導への支援・アドバイス」、巡回相
談を通して、「学校体制づくりへのアドバイス」
「特別支援教育コーディネーターへの支援」「研

修・学校コンサルテーションの企画」等がある。

　支援チームは、事務局を「京都市立東山総合支援学校」に置き、教育委員会の教育職や行政職と協働しながら業務を行っている。また、大学教員など外部専門家と連携し、依頼のあった高校における学校コンサルテーションの場で、生徒の困りへの具体的支援に関する助言等を得ながら、相談・支援の充実を目指して取り組んでいる。

（2）各校への具体的取組
①「高校通級への支援・アドバイス」

　京都奏和高校は高校通級の設置校であり、高校通級の指導充実に向けた支援として、高校通級担当者とのミーティングを週に１回行い、通級生徒の「アセスメント」「目標設定」「学習内容や教材」や校内教員との連携の在り方等について協議を行っている。

　そのほかに、京都奏和高校では、選択科目として、自立活動を主体とした小集団での授業が行われており、生徒の困りや特性に応じた授業作りのために、自立活動の目標設定や、教材研究の助言やサポートも行っている。また、通級の生徒以外の生徒を対象にして、支援チームのスタッフが講師として、コミュニケーション講座を行うなど、様々な学習活動にも関わることで、多様な生徒が多様な学びを実現し、必要な資質・能力を身に付けられるよう、学校と連携していきたいと考える。

②巡回相談

　京都市立高校は９校あり、各校の特別支援教育への意識や、困りのある生徒の在籍状況、生徒本人の困りやニーズを把握するために、月１回を目標に巡回相談を行っている。各校の特別支援コーディネーターや管理職から相談などを伺い、多様な現場での困りや悩みへの解決に向けて提言や助言を行うことで、学校の組織的な対応力の向上を目指

「高校通級特別支援チーム」と高校・他機関との連携図

巡回相談における主な相談内容

発達特性に よる困り	・困りに関してのアセスメント ・行動面への具体的な支援
学習面での 困り	・読み書きの苦手さ ・色覚に関すること ・学習面への具体的な支援
学校生活	・聴覚過敏や視覚（まぶしさ）に対応した支援 ・不登校・登校しぶりに関すること ・心因的な症状に関する対応
合理的配慮 に関して	・入学選抜・定期試験・大学受験の際の合理的配慮 ・遠隔授業に関すること
その他	・保護者対応 ・発達検査 ・個別の指導計画作成 ・卒業後の相談機関

生徒を対象にした講座の学習内容

テーマⅠ	「自分のことを知ろう」
内容	・自分アンケート ・パーソナルスペースを知ろう ・なりたい自分・子どもの頃の夢は？ ・雑談をしよう
テーマⅡ	「新しい自分を見つけよう」
内容	・自分を客観視しよう ・弱みを強みへ「リフレーミング」の学習 ・自分のPRの方法を知ろう ・意見を出し合い整理をしよう

している。

　巡回相談での、個々の生徒の相談に対して、各校がどう取り組もうとし、個々の生徒の支援に対して、組織としてどうアプローチをしていくのか、それらのプロセスは、各校内の支援システムの構築に向け、大変貴重なものとなっている。

　学校がより組織的に支援を行えるような支援体制を作るためには、特別支援教育コーディネーターの役割が重要であり、管理職の理解とバックアップが大変重要になることから、管理職とも丁寧な情報共有を行うとともに、特別支援教育コーディネーターへの支援とアドバイスを重点的に行っている。

③　生徒を対象にした講座の実施

　巡回相談を通して、校内の困りのある生徒に関する相談を受ける中で、コミュニケーション

に困りがある生徒を対象とした、講座の実施ができないものかというニーズが出てきた。

　そこで、平成30年度から、京都工学院高校の教職員と支援チームとの協働で、面接に不安を感じている3年生を対象に、「就職・進学の面接」のための講座を行っている。内容は、教職員の方々をゲストティーチャーとして、面接の際に準備したこと、苦労したことなどの体験を話してもらったり、「自分のことを知ろう」「新しい自分を見つけよう」をテーマに、自立活動の学習を実施したりしている。現在は、2年生の「インターンシップ」のための講座や、1年生のための新入生講座に広がり、自己理解・他者理解の学習が継続して毎年実施されている。

　ワークショップでは、「教える」ことよりも、生徒自身の「気づき」を大切にしている。

④　教職員研修の企画・実施

　全校への巡回相談を通して、学校ごとの課題やニーズを把握する中で、発達障害について、あるいは特性からの困りがある生徒に対する具体的な支援について、教職員の理解を深めるこ

とへのニーズが高いことがわかった。

　そのため、学校ごとの課題やニーズに即した研修を企画し、外部専門家の協力を得て、学校コンサルテーションを含む、教職員を対象にした研修会を実施している。研修会実施の目的は、①個の配慮への対応　②組織、支援体制づくりへの対応　③教職員の意識改革の３点である。

　研修を通して、困りのある生徒に対する理解が深まり、捉え方が変わることで、学校全体が、具体的な支援に向けて動き出すことを目指している。

　各校の研修内容は、「発達特性のある生徒への理解と支援について」「大学における学生支援について」「事例生徒の観察及びコンサルテーション」「事例生徒のエピソードシートに基づくアセスメントシートの作成」「生徒の困りに対する支援の具体化に向けたワークショップ」などをテーマに実施している。

　巡回相談や研修の中で、数多く質問があるのが、「合理的配慮」に関することである。先生方は、困りのある生徒に対して、この支援は、「個別の支援」なのか「特別扱い」なのか、日々、悩まれ葛藤されている。

　このような葛藤の例として、「総合的な探究の時間」における合理的配慮がある。

　「総合的な探究の時間」では、「アクティブラーニング」が中心となるため、「選択制緘黙や集団での活動が苦手な生徒への配慮をどうしていけばよいのか」という質問に対し、コンサル研修会の講師をご依頼している京都大学の村田淳先生は、こう助言される。

　『アクティブラーニングでは注意が必要です。その学習において、コンピテンシー（自分のも

つ能力を活用し成果につなげる力）に至るための手段のところ、そのプロセスそのものがコンピテンシーだった時にどうするのか。大学でもそうですが、基本的にそこは問います。教育・学習の機会を保障することも大切なので、やらないといけないことはやってもらう必要があると思います。ただ、そのやるべきことの前後や環境、そして手段や方法には、アプローチできる余地があると思いますし、それを調整するのが合理的配慮という考え方です。合理的配慮はやらなければいけないものですが、何でも救済する、何でも優遇してしまうと、その生徒の、学びの権利が損なわれてしまう可能性もあるのです。コンピテンシーを変えてしまうことによる本人への弊害もありますし、学校側からすると、本来その能力に達していないのに、卒業させてしまうことになってしまいます。そのため、コンピテンシーを変える必要はありませんが、変えないながらも、環境調整があり得るということを考えることが合理的配慮の発想なのです。』

　また、村田先生は、各校の講義で、「目的と手段」の切り分けについてもご助言くださる。

　『例えば、授業の中で発表させるというのが、そもそもコンピテンシーの一環なのか、教育が学習の手段なのか。発表することそのものを目的としている授業であれば、それはコンピテンシーですが、発表が、授業のプロセス上でやっている、その本人の習得度などをはかるために発表という形式で評価をしている場合であれば、代替手段にするというのは１つの方法です。ですが、合理的配慮を進める上での代替措置には、「本人の心理的課題」が存在します。この

「本人の心理的課題」というのは、皆と同じようにできないのは嫌であるとか、自分だけができないと思われているのではないかという思いです。合理的配慮はまさに「支援の概念」ではなくて、「権利保障の概念」であるので、恥ずかしいものではないということを言い続けること、「皆と違ったとしても、あなたは勉強をしている、先生もよくわかっている、後ろめたく思う必要はない」という「心理的支援」をして、それを選択するということも1つの方法であると伝えることが大切です。

　もう一つは、本人側の課題ではなく、周囲の捉え方に関するものです。周りの生徒が「どうして○○さんだけこうなの」という話が出てくるかもしれません。その度ごとに、周りの生徒たちに説明するのではなく、「ここの高校では、色々な人たちが学んでいるということ。時にはその生徒たちの特性に合わせて、学校側として何らかの配慮をしていく可能性があること、それは優遇措置でも、救済措置でもない、あなたたちと同じ学びの水準に到達してもらうためのこと」で、長期的な対応が必要だと考えます。』コンサル研修会を通して、先生方の特別支援教育に対する理解は深まってきている。

【村田　淳先生　京都大学学生総合支援機構・准教授　DRC（障害学生支援部門）・チーフコーディネーター　HEAP（高等教育アクセシビリティプラットフォーム）・ディレクター】

4　おわりに

　京都市では、発達障害等の生徒の在籍の様子や支援の状況について、毎年全市高等学校にアンケート調査を実施している。その調査項目の中の「発達障害によると思われる学習面や行動面で特性を感じる生徒数」について回答結果は、平成30年度は全市で107名であったが、5年後の令和4年度には240名に大きく増加している。これは、支援チームによる全校への継続的な巡回相談と学校課題やニーズに応じた専門家による研修会やコンサルテーションを実施してきことにより、多くの教員が生徒を見る視点や生徒の困りやニーズへの気づきが広がったことが一因であると考えられる。

　一方で、この様な生徒への支援の必要性は認識しつつも校内委員会が十分に機能していないために、組織的な支援が行えないなどの課題も見えてきている。研修会等での個々の教員の「気づき」を「組織としての知見」とし、校内での支援体制構築の工夫と努力が継続して求められている。

　また、今年8月31日には、中央教育審議会初等中等教育分科会より、「高等学校教育の在り方ワーキンググループ中間まとめ」が提示され、これからの高校教育の在り方を議論するにあたり「多様性」と「共通性」という観点が示された。さらに、少子化への対応、全日制・定時制・通信制の在り方、社会に開かれた教育課程の実現と探究文理横断的な学びの推進等の論点整理がなされ、今後具体的方策が当ワーキンググループで議論を重ねられ提示されることを期待している。同様に、京都市立高等学校においても実践上の成果と現状課題を踏まえつつ、令和答申にある「生徒を主語とした教育の実現」に向けて、「多様性への対応」と「共通性の確保」という観点でさらなる改革を進めていく必要がある。例えば、「多様な学習ニーズへの対応」

として、起立性調節障害の診断のある生徒たちが遠隔授業へのニーズが少なからず上がっており、ニーズに応えるために各学校間での情報の共有を図りながら取り組むなど、管理職間の協議も行いながら多様な学習ニーズの実現に前向きに取り組んでいる。また、通級指導を行っている京都奏和高校から他校に向けて、そのノウハウについての情報発信なども期待しており、今年度初めて、通級担当教員が、他校での「生徒向けコミュニケーション講座」に支援チームの担当者と共に講師を務めるなど、専門性の向上を図るとともに、ビジテック等のキャリア発達支援を軸とした不登校生徒への学びの環境開発にも期待がもたれている。

　最後に、冒頭で紹介した普通科改革を推進している開建高校の L-Pod の取組は、「総合的な探究の時間」を基軸としたまさに社会に開かれた教育課程づくりを目指しており、「多様性への対応」と「共通性の確保」という観点で、生徒が主語となる学びの実現を目指している。その中心となる教育理念はキャリア発達支援であり、生徒自らが問いを立てながら、多様な他者と関わり協働しながら答えを導き出す力であると考える。この取組は、今始まったばかりであるので、これから先も期待していきたい。生徒の 70％が普通科高校に進学すると言われている中で、特別なニーズや発達障害等の困りのある生徒への対応も当然必要となってくるが、一人一人の特別なケースとして捉えるだけでなく、組織としての課題として、また、学校を越えた社会の課題として捉える必要があろう。今、高等学校改革は全ての学校で進められているが、困りのある生徒への支援の在り方を各学校と共に模索していく中で気付くことは、「支援される側と支援する側」という関係ではなく、生徒の側に立った視点で支援や配慮を共に具体化していくことが必要だということである。このことは、「生徒を主語にした高等学校教育の実現」を目指すことと同じ視点である。

3 共生社会の形成を目指し、多様なニーズに応じた高等学校・特別支援学校の新たな取組

兵庫県立西神戸高等特別支援学校教諭　松井　恵子

　兵庫県立西神戸高等特別支援学校（以下、本校）は、2017年の開校時より近隣の高等学校と学校間交流を実施している。両校の生徒の実態や学習状況等を把握・共有し、相互の触れ合いを通じて豊かな人間性を育むための交流と、教科等のねらいの達成を目的とする共同学習の2つの側面を一体として捉え推進に取り組んできた。活動としては、高等学校の文化祭への参加、外部専門家によるパラスポーツの支援体験、教科「福祉」の3つの内容で取り組んでいる。

　本稿は、開校から6年間の学校間交流の実践について、本校及び高等学校生徒の振り返り、教員の評価を中心に紹介する。

◆キーワード◆　関係者の共通理解、教育課程上の位置づけ、共生社会・相互作用

1　兵庫県の取組

　本県では、これまで障害のある幼児児童生徒の自立と社会参加に向けて、様々な交流体験活動を通して、豊かな心と社会性を養うとともに、地域への理解啓発を目的とした交流及び共同学習を進めてきた。

　特別支援学校と高等学校との交流及び共同学習実施校は年々拡大し、全県的に展開している。研究協議会を開催し実践発表を重ねることで、特別活動に加えて、合理的配慮の提供に留意した教科学習における交流及び共同学習の取組に広がってきた。

　特別支援学校高等部においては、2011年度、姫路別所高等学校内に県下で初めてとなる姫路特別支援学校分教室（職業コース）が開設された。2014年度には猪名川高等学校内に、こやの里特別支援学校分教室（社会・職業コース）、2015年度には武蔵荘総合高等学校内に阪神特別支援学校分教室（職業コース）が開設され、交流及び共同学習に参加している実感や達成感を味わいながら充実した時間となるよう、様々な工夫ある取組がなされている。

　また、2012年度には高等部職業科のみの阪神特別支援学校と多部制単位制の阪神高等学校が同一敷地内に設置された。両校生徒が同じ教室や施設で「共に助け合って生きていく」ことを実践的に学ぶ機会を作り、ノーマライゼーションの理念が進展することを目指している。

　さらに2023年度からは、共に助け合う地域でのつながりを目指して全県でいわゆる「副籍」制度が導入された。

2　学校概要

　本校は2017年に開校し、社会的・職業的自立を目指す高等部職業科単置の知的障害特別支援学校である。校訓「探求・行動・慈愛」、学

校教育目標『自立して生きる力を育むために主体的に考え動ける人づくり』の実現を目指して教育活動に取り組んでいる。

本校は自宅からの自力通学を入学要件とし、現在は所在地の神戸市を中心に８市１町に居住する生徒が在籍している。在校生の約７割が神戸市在住である。

１学級生徒８名（１学年６学級編制）、担任１名、授業は教科担当制である。１年生では専門学科の基礎的内容を週16時間、２年生３年生では「メンテナンス・物流」「ものづくり・販売」「福祉・サービス」の３つにコース分かれ、週18時間の専門学科の授業に取り組んでいる。専門学科の授業では、校内はもとより、地域の多くの方々からの理解と支援を頂き、駅、病院、区役所、認定こども園、小学校、大学、スポーツ施設、高齢者施設等の多様な場で行い、利用者様等と直接・間接的な関わりや現地職員の方から指導を仰いでいる。

3　交流及び共同学習の取組体制

交流及び共同学習については、本校の学校経営の重点にも掲げられ、開校より全日制普通科の兵庫県立神戸高塚高等学校と学校間交流を行っている。

神戸高塚高等学校は、本校から約４kmの距離にあり、最も近い高等学校である。学区は神戸市・芦屋市・淡路島で、本校とは神戸市が共通の居住地域である。最寄り駅の神戸市営地下鉄及びバス中央駅は両校の生徒の多くが利用している。

本校内の組織としては、開校時より交流及び共同学習を推進・統括する委員会を立ち上げ、取組の意義やねらいの共通理解を図っている。

また、授業を担当する教職員が計画的・継続的に進められるように、校内及び神戸高塚高等学校との連絡打ち合わせ、年間計画、役割分担、協力体制、教育課程上の位置づけ、事前学習・事後学習も含めた交流及び共同学習の形態や内容、回数、時間、場所、評価等の項目を立て、確認・調整、１年間の成果と課題、次年度の方針案作成等を行っている。

また、保護者の理解及び協力の促進として、実施の目的や内容等の詳細を記した案内を配布している。実施後はホームページのブログ等で活動の様子を発信している。

4　取組紹介

神戸高塚高等学校と本校の交流及び共同学習の活動としては、「神戸高塚高等学校の文化祭への参加」「パラスポーツの支援体験」「福祉」の３つの内容で進めている。

お互いの学びを共有し、よりよい人間関係を作り、幅広い社会性を養うことを目的とする交流と、教科等のねらいの達成を目的とする共同学習の側面を一体的にとらえ取り組んでいる。

どの活動においても、ねらいの確認、現在行っている学習とのつながりや活動の見通しを明確に持って取り組めるように事前学習を実施した。また、事後学習では交流及び共同学習での実践を、その後の授業等につながるように、それぞれのねらいについて振り返りを実施している。

以下、2017〜2022年度までの取組について紹介する。

なお2020年度はコロナ禍につき交流及び共同学習は実施できなかった。2021、2022年度の「神戸高塚高等学校文化祭」では美術作品

を展示し、高等学校生徒からの作品への感想を
カードに記入する間接交流を行った。後日、カー
ドを受け取り本校内で掲示した。「福祉」は、
2021年度はリモートで実施した。

（1）神戸高塚高等学校文化祭への参加

【教育課程上の位置付け】特別活動

【教科・領域のねらい】

・神戸高塚高等学校文化祭への参加を通して、
　高等学校の雰囲気を知る。

・本校文化祭へのイメージを膨らませる（主体
　的な関わり・企画・役割・計画・準備等）。

【活動場所】神戸高塚高等学校

【参加生徒】神戸高塚高等学校：全生徒
　　　　　　本校：1年生48名

【活動内容】

　神戸高塚高等学校の文化祭のステージ発表の
見学及び本校生徒による授業紹介をステージ発
表した。

写真1　高等学校文化祭での授業紹介

【担当教員による評価】

　短い時間であったが、神戸高塚高等学校生の
歌やダンス、劇などの発表を見学する中で、文
化祭の楽しさや、日頃の学習や文化祭に向けて

の練習や準備の大切さに気付くことができた。
また、本校のコース及び授業内容についてのス
テージ発表の機会を得て、発表準備を通して自
分たちの学校やコース、授業について学ぶこと
の意味を改めて考えることができた。さらに発
表する経験を通して、神戸高塚高等学校のみな
さんにわかりやすく伝えたいという思いで文化
祭参加の準備に取り組むことができた。多くの
人の前で発表することを通して、人前で自分た
ちのことを話すことができたという自信を持つ
ことができた。

　秋になり、本校の文化祭への取組を始めたと
き、「神戸高塚高等学校の文化祭のように、誰
もが楽しめる文化祭にするためには…」と、交
流及び共同学習での体験を基に考える姿が見ら
れた。

（2）視覚障害者の陸上競技の伴走を通しての
　　交流

【教育課程上の位置付け】特別活動

【教科・領域のねらい】

・視覚障害者の陸上競技の伴走について講演を
　聞き、障害者への理解、障害者の社会参加や
　共生社会への理解を深める。

・授業を通して、多様性を認め、自他を尊重す
　ることができる人権感覚を育成する。

・授業を通して、相互理解を深め、コミュニケー
　ション力を養う。

【活動場所】本校体育館

【参加生徒】神戸高塚高等学校：2017年度　選
　　　　　　択科目「スポーツ科学」履修生徒2、3年
　　　　　　生50名、2018年度以降　剣道部・陸上部
　　　　　　24〜36名

　　　　　　本校生徒：2017〜2022年度1年生48名

【活動内容】講演と実習

講演：『障がい者スポーツと共生社会　～視覚障がい者の伴走を通じて～』

講師：野口研治氏（一般社団法人神戸スポーツリンク代表理事　T＆F.net KOBE 代表　2005年全盲の部800m日本新記録樹立時の伴走者）

講演概要：中学から陸上競技を始めた野口さんは、選手として大会で上位の成績を収めていた矢先、けが・阪神淡路大震災・闘病生活等、大きな試練を何度も経験した。そんな中、視覚障害者アスリートと出会い、伴走をスタートした。この出会いをきっかけに視覚障害のある方のスポーツを通しての社会参加、自己実現に向けてのサポートに携わっている。

実習：グループで、アイマスクをつけて周りが見えない状況の人に、言葉の指示で動きを伝えたり、アイマスクをつけている人に合わせて伴走することを体験した。

写真2　野口研治さん講演中の様子

【講演から学んだこと　本校生徒】

・まずは「諦めなかったら何でもできる」ということが分かった。色々な困難があったからこそ、今、この場で私たちに講演してくださ ること一つ一つに意味があったと思った。人生一度きりだからこそ楽しくいきたい。後悔はしたくない。色々なことをこの短い講演で知ることができ実感できた。障害の有無とは関係なしに、相手の立場になり、理解することが必要だと感じた。

・視覚障害者と支援する人が一緒に走ることや、ふたつの「ソウゾウカ」（想像・創造）を働かせることを学んだ。2つの「ソウゾウカ」を大切にして学校生活を送りたい。

・好きなことや、楽しいことを沢山したりすることで人生がとてもよくなるということが分かったり、何より諦めない心を持つというのはとても大切だと分かった。

【講演から学んだこと　神戸高塚高校生徒】

・今回の講演では、視覚障害者のことについて学んだ。感じたことは視覚障害者と一緒に走るには、相手のことを自分が走りながら考えるということがとても大切だということである（陸上部）。

・人生の中で、やりたくてもできなくなったり、挫折を味わった経験談を聞いて、いつ自分の身に起きてもおかしくないんだなと改めて感じることができた。スポーツをすること、スポーツ選手として成長することに気を向け過ぎず、しっかり自分の心身に気を配ることが大切であることを知ることができた（剣道部）。

【神戸高塚高校との活動について　本校生徒】

・分かったことは、人に何かを伝えることが、すごく難しいということだ。国語の授業で学んだ見たままを伝えることで、分かりやすくなりそうだと感じた。コミュニケーションを取るためには自分と共通のことを見つけるこ

とだと知ることができた。

・最初、緊張してあまり話したりはできなかったけど、一緒に活動して少しずつ話したりできて良かった。アイマスクをつけたときは、周りが見えず怖かったりと、どこに障害物があるか分からなかったけれど、神戸高塚高等学校の方がとても分かりやすく教えてくれて、できたので良かった。自分が教えるときは、相手は周りが見えない状況で、教えるのが難しかったけれど、上手く伝わってやってもらうことができて良かった。

・最初はコミュニケーションができてなかったけど、少しずつ楽しく会話ができたことがすごく嬉しかった。次回は別の人とも話したい。

・最初は緊張して不安だったけど楽しく活動でき良かった。協力して進められたので良かった。

【西神戸高等特別支援学校との活動について　神戸高塚高校生徒】

・中学校が一緒だった友達と久しぶりに会えて、活動できたからとても嬉しかった。また一緒にしたいと思った。

・実際に目隠ししてみると本当に何も見えなくて、視覚障害者の人たちはこんな感じなんだと思うと、その人たちにとってはそれが日常だと思うけど、私にとってはとてもすごいことだと感じた。伴走支援はお互い息を合わせることができないと難しいものなのだと改めて知ることができた（陸上部）。

・西神戸の皆さんは初対面にもかかわらず、積極的に話しかけてきてくれて、とても活動が楽しかった。僕の方が助けられる部分が多かった印象だ。

・もともと、話すのは得意な方ではなく緊張し

ていたが、しっかり話すことで聞いてくれたり、一緒に同じことを考え実体験をして、より距離が縮まるなど、とても自分にとって良い活動になった。説明の難しさなどあったが、しっかり伝えるということができ、自信が持てた。

・学んだことは人との関わり方である。今日はたくさんの人とコミュニケーションを取った。最初は、自分から声をかけることが難しくて大変だったけど、声をかけると話してくれたのでとても嬉しかった。一緒に活動できて本当に嬉しかった。

写真3　グループワークの様子

【担当教員による評価】

　野口さんの話から、ユニバーサル社会・ノーマライゼーションについて、身近なスポーツや自動販売機のユニバーサルなデザインなどの話を通じて、分かりやすく理解することができた。そして野口さんのけが・阪神淡路大震災での被災・病気などの様々な苦難な中でも、自分らしく活躍できるものは探せば見つかる、できることを生かしていく大切さに気付くことができた。

　また、神戸高塚高等学校生徒との体験実習では、グループ毎に声だけの指示で決められた動

きをする活動や、伴走体験を行った。初めは緊張していた生徒達も、活動を通して打ち解け合うと共に、声だけで動きを伝えることの難しさや、相手のスピードに合わせること、相手を信頼して走ること、人との関わり方等、お互いのことを思いやりながらサポートし合う行動がみられた。思い込みで相手を判断することの危うさに気付き、今後の生活で意識を変えていくという感想が多くみられ、両校どちらの生徒にとって、とても有意義な内容であった。

（3）「福祉」
【教育課程上の位置付け】
　福祉・サービス（合わせた指導）
【教科・領域のねらい】
・高等学校の授業を体験し、福祉の基礎知識を学ぶ。
・授業を通して、相互理解を深め、コミュニケーション力を養う。
【活動場所】神戸高塚高等学校
【参加生徒】神戸高塚高等学校生徒：選択科目「ボランティア実践Ⅰ」（2021年度以降は科目名「福祉活動Ⅰ」）履修生徒 2、3年生 12

〜20名
　本校生徒：2017、2018年度「福祉・サービス」履修生徒1年生16名
　2019年度以降は、福祉・サービスコース生徒2年生12〜16名
【活動内容】
①　2017、2018年度はベッドメイキング・車いす介助を行った。ベッドメイキング・車いす介助は両校共、交流及び共同学習までのそれぞれの授業で学習中で、基本的なことを理解し、練習を積み重ねている段階であった。
　　当日は神戸高塚高等学校の教員より、「福祉とは」「共生社会とは」の基本を1時間で確認し、その後2時間で両校生徒がバディを組みベッドメイキング・車いす介助の実習を行った。
②　2019年度からは、幼児及び高齢者施設等でのレクリエーション活動を想定してレクリエーションを行った。2019年度は「さんぽ」の曲に合わせてグループ毎に振付を創作した。2021年度はリモートで実施。神戸高塚高等学校からはジェスチャーゲーム、本校からは「マツケンサンバ」の振付を、それぞれ

写真4　両校生徒によるベッドメイキング

写真5　リモートによる伝え合い・情報共有

が進行し伝え合い、幼児・高齢者施設で実施することを想定してレクリエーションのよりよい進行や工夫、レパートリーの情報共有を行った。

2022年度は、本校生徒がカップリズムを神戸高塚高等学校生徒に教え、レパートリーの共有を行った（2020年度はコロナ禍につき中止）。

【福祉の授業で学んだこと　本校生徒】

・楽しい授業ありがとうございました。みんなで参加して「マツケンサンバ」をしたときは、「レクリエーションをするということはこういうことなんだろうな」と思った。また一緒に授業できる日が楽しみである。

・福祉の授業で共に学べたことを心より感謝しています。またの機会に、ぜひ情報共有できればと思う。

・取り組んで楽しかったことは、話しながらカップリズムができたことである。

・説明するのが難しかったけど、しっかり説明できてよかった。大人数でカップリズムをして楽しかった。

・神戸高塚高等学校のみなさんがカップリズムを覚えるのがとても早くてびっくりした。

・教える側にまわってみて、説明の仕方やどうすればわかりやすく伝わるかとても勉強になった。

【福祉の授業で学んだこと　神戸高塚高校生徒】

・初めてカップリズムをしたが、とても丁寧に教えてくださったので、凄く楽しめた！もっと皆さんと取り組みたい。

・リズムは2種類しかなく、よく見れば単純な手順だが、リズムに乗りながら手順通りに行うカップリズムは難しい印象を持った。高齢

者施設で行うレクリエーションには、ちょうどよく、手先の運動になり且つ楽しい内容だったと思う。

・団結力が目に見えて、とても楽しかった。2番は難しかったけど、またチャレンジしてみたい。

【神戸高塚高校との活動について　本校生徒】

・コミュニケーションを取るのが難しかったけれど、アニメの話ができたので嬉しかった。

・何もわからない人に一から教えることが難しかった。緊張した中だったが、仲が深まったと思う。

・一緒に授業をして緊張したけれど、一緒に授業していたら楽しくなってきて、またやったり、会ったりしたいなと思った。

・神戸高塚高等学校の人と話せてうれしかった。高等学校の授業のことが聞けて嬉しかった。

・アイスブレイクはどうかなとドキドキしたけれど失敗なくできた。

【本校との活動について　神戸高塚高校生徒】

・色々と話をしたり、カップリズムやアイスブレイクなど距離を縮めることができて楽しかった。

・最初はとても緊張したけれど、これからも、みんなと一緒に授業をしたい。

・説明が上手くてわかりやすかった。コミュニケーションがうまくできた。

・みんなの自己紹介が一人一人違うので聞いていて、面白かった。

・お互いの趣味や共通の話題で盛り上がれて楽しかった。分からない所は教えてくれたりサポートしてくれたりして、嬉しかった。

・授業を通してコミュニケーションや説明の仕方などとても勉強になった。

【担当教員による評価】

ベッドメイキング・車いす介助では、本校生の多くがマニュアルに忠実に取り組んでいる姿を見た神戸高塚高等学校生徒から、「なるほど」「そこ大事やったね」等の声が聞かれることが多かった。本校生徒にとってつぶやきや行動の価値づけで、改めて自分自身の技能が身についていることを再確認でき、励みになる機会であった。

また、本校生からは、「ベッドメイキングの作業でタイミングを合わすとき、笑顔で声をかけてくれた。これから自分も心がけたい」とのコメントもあった。その後の授業の中で実践しようとする姿が見られた。

グループワークでの話し合いや、それぞれの用意してきたレクリエーションの中で「高齢者の方にこの動きは可能なのか」と言う神戸高塚高等学校生徒からの問いに刺激を受けつつ、多様な立場を考えることが再確認でき、有意義な話し合いを進めることができた。

5　成果と課題

交流及び共同学習の設定の機会は限られた時間ではあるが、教育課程上の位置づけやねらいを明確にし共通理解して取り組むことが肝要であると考えられる。そして、授業当日はもとより、お互いが交わした言葉や瞬間瞬間の姿がよりどころとなり、その後の授業や日常生活の様々な場面でも引き続き語り生かされ、学びの深まりが感じられた。それらの機会は、誰もが平等に参加できる社会や環境について考え、そのために必要な行動を取り続けることにつながる「心のバリアフリー」の実践といえる。今後、更に有効な機会設定の拡大を図っていきたい。

2024年5月、神戸で「KOBE 2024世界パラ陸上競技選手権大会」が開催される。神戸市内の多くの子どもたちがメッセージカード作成や喫茶サービスなど、大会に関わる機会が設定されている。子どもたちの特別でない「心のバリアフリー」を実践する姿が楽しみである。

文献

兵庫県教育委員会（2022）.『副籍ガイド〜共に助け合う地域でのつながりをめざして〜』令和4年3月.

総括

神戸親和大学発達教育学部准教授　武富　博文

これから先の社会は、物やサービスの価格のみならず価値観までもが変動性に富み（Volatility：変動性）、物事の進展は不確実（Uncertainty：不確実性）で、多様な要因が複雑に絡み合う（Complexity：複雑性）とともに、それらの相互の影響は曖昧さ（Ambiguity：曖昧性）に満ちて特定することが難しい混迷の状況を迎えるといわれている。

政治や経済、文化までもがグローバル化し、VUCAと呼ばれるこの混迷の時代を創り出した社会という大海原の中を、子供達はどのように航海し、自らの人生として舵取りすべきであろうか。チャート（海図）やコンパス（羅針盤）でさえも、もしかしたら全ての子供達に共通するものとしてではなく、一人一人の生き様に照らし合わせてつくりかえられていくべきものかもしれない。果たしてそのような混沌とした時代を迎える世の中において、子供達自身が十分に学び育っていく学校教育は、どのような姿へと変貌を遂げていくことが必要であろうか。

今回、第二特集では、その具体の在り方を展望するに際して、貴重な手掛かりとなる実践情報を3つのテーマ設定によりレポートした。

1つ目のレポートである「『イエナプラン教育』に基づく小・中学校における新たな取組の展開」では、実践の背景にイエナプランの基本的な理念のもと、教育を進めるにあたっての原則が大切にされていることを特徴として挙げることができる。

それらには、人間そのものがどのような存在であるのという点や人間として有する権利にはどのようなもの（こと）があり、それらは等しくすべての人に尊重されるべきであることが共通に認識されている。また、人間が形成する社会の在り方についても、多様性を認め合いながら、それぞれの人間のアイデンティティを伸長していく環境として平和的に発展していく姿が求められ、その実現に向けた「社会への参加者である子供達」が如何に考え、行動するかということが問われている点である。さらには、学校としての在り方についても、協働的な活動の中で自分自身の考えを具体的に試す経験や、その結果について思慮深く考察する経験、取組の過程を自己批判的に振り返る経験など、生きて生活することと学びを深める経験を積む一連のプロセスが重要視されている。

レポートの中でふれられていたファミリーグループ活動等については、まさにこれらの理念や原則にもとづいて工夫と改善が試みられてきた成果である。子供達も暮らすことと学ぶことの関わりについて、体験的に理解することはもとより、それらの活動や学習の中に潜んでいる潜在的価値に対して、対話と振り返りの中で顕在化させることができている。

2つ目のレポートである「高校改革におけるキャリア発達支援と特別支援教育の役割」では、多様化する生徒達の教育的ニーズとどのように向き合い、一人一人の確かなキャリア発達を支えるために学校の機能は如何にあるべきかが問われ、具体的な学校のカタチとして実現されて

きた経過がまとめられている。

　教育実践の舞台となっているのは世界に誇る歴史都市でもある京都市だが、同市では明治維新によって衰退の危機に瀕した際に、街の再興を教育の力に求めた経緯がある。「まちづくりは人づくりから」の理念を重視し、かつて町衆が「竈金（かまどきん）」と呼ばれる私財を出し合って学校を創設した心意気は、今なお脈々と受け継がれ、特に高等学校教育の改革というカタチで新たな取組をスタートさせている。

　周知の通り、高等学校における特別支援教育の推進は、我が国における喫緊の課題であり、高等学校の通級による指導の制度化以来、その必要性の認識は、より一層、高まってきている。令和４年に文部科学省から公表された「通常の学級に在籍する特別な教育的支援を必要とする児童生徒に関する調査結果」では、高等学校段階で平均して 2.2% の生徒が学習面又は行動面で、著しい困難を示す状況にあることが明らかにされた。加えて不登校状態にある児童生徒数も年々増加の一途を辿っている状況があることとも相俟って、これらの状況を打開すべく学校という物理的な空間を、如何に学び甲斐があり、暮らし甲斐がある精神的にも満たされた空間にしていくかという視点がとても大切にされている。そのためにプログラムづくりが工夫され、生徒を支える学校としてのシステムづくりが進められるとともに学校をバックアップする行政機関のシステムづくりが一体的に進められ、「個別最適な学び」と「協働的な学び」の場や機会が保障されてきた。

　今後のさらなる取組の成果についての情報発信や新たに対応が必要となる課題等についての知見の提供に期待したい。

　３つの目のレポートである「共生社会の形成を目指し、多様なニーズに応じた高等学校・特別支援学校の新たな取組」では、インクルーシブ教育システムの一層の充実を目指す兵庫県全体の取組について解説するとともに、兵庫県立西神戸高等特別支援学校における交流及び共同学習の取組について報告され、共生社会の形成を目指す教育の在り方が示唆された。同校の取組は、例えば令和３年度の「第14回キャリア教育優良教育委員会、学校及び PTA 団体等」の文部科学大臣表彰を受けるなど、生徒一人一人のキャリア発達支援について、「就労」というワークキャリア支援の観点のみならず、ライフキャリアの充実の観点からも検討され、教育活動の中で実践されている。

　外部人材や地域資源の有効活用という観点は、ワークキャリアとライフキャリアの双方の支援の観点からも共通するカリキュラム・マネジメントの考え方であるが、生徒のモチベーションを維持・向上させ、取組の意義を十分に認識できるような工夫が凝らされている。また、同校では生徒達の「協議する力」にも研究上の関心が寄せられている実態があるが、多様な学習の機会に話し合いの場を設定し、十分に意見を出し合ったり、集団としての意見をまとめあげたりする方法を意識した取組が進められていることも交流及び共同学習の実践をより一層、充実したものとしている。今後も DI&E (Diversity, Inclusion & Equality) を体現する学校として、さらには「主体的・対話的で深い学び」を充実させる学校改革の視点からユニークな情報発信に期待したい。

　以上、本会としては、今後も新たな学校教育の取組はもとより、教育分野のみならず時代に即応した福祉・医療・労働等の各分野での先進的な取組に高いアンテナを張っていきたい。

第V部

実践からキャリア発達を
支援する教育の本質や
可能性を捉え直す

　第V部では、「キャリア発達を支援する教育」はどうあればよいかといったキャリア教育の本質や可能性を追求した実践の報告6編を取り上げた。これまでも多くのキャリア発達を支援する実践から様々な成果と課題が報告されてきた。掲載した報告は、「幼児・児童期」、「高等学校」、「重度・重複障害」、「生涯学習」、「ICT活用」、「多職種連携」といった「支援が難しい」あるいは「これから模索していきたい」など、これまで課題とされてきたテーマが取り上げられている。キャリア発達を支援する教育の本質や可能性を捉え直すための示唆を与えるものである。

幼児・児童のキャリア発達支援

東北文教大学人間科学部子ども教育学科講師 杉中 拓央

キャリア発達は生得的な資質を起点とするが、校園に入り、折々の諸環境の影響を受けて活動し、活動のなかで自らと対話しながら自己を育てる。しかし、この時期の子どもは周囲の大人の影響が色濃い。ゆえに、つながりの希薄な現代にあっては、子どもの「ために」に加え、子どもと「ともに」支援していく姿勢が求められる

◆キーワード◆ 幼児、児童、キャリア発達

1 幼児・児童のキャリア発達

中央教育審議会 (2021) によれば、幼児教育は生涯に亘る人格形成の基礎を培うものであり、幼児が主体的に環境と関わり、直接的・具体的経験をとおして豊かな感性を発揮したり、好奇心や探究心を高めたりすることを、幼児期の学習として確立し、小学校以降へとつなげていくことが重要である。しかし、急速な少子化の進行、家庭や地域を取り巻く状況の変化から、幼児の生活体験が不足しているとの指摘があり、幼児を取り巻く環境や発達に対する教職員の専門性向上や処遇改善、関係機関の連携による虐待や経済的困窮の家庭支援等も求められている。

他方、義務教育段階においては、特に小学校低学年段階において、安心して学べる居場所としての学級集団を確立することが挙げられている。そして、児童自身が学習上の疑問を解消するため、他の児童や教師と対話していく過程こそが、学びの深耕につながることを理解する「学びの自覚化」が必要であるとされている（中央教育審議会、2021）。

以上の指摘は、そのままキャリア発達支援の文脈をもって読みかえることができる。子どものキャリア発達が、個人と生育環境との相互作用によって促進・抑制されることは既知のとおりであり、養育者を中心とする周囲の大人の機会提供が、子どもの選択肢をより多肢にしていくことに疑いはない。

しかしながら、近年の少子化、核家族化という状況は、上述の機会を供する家族や親類の不在や減少を意味するのであり、すべての子どものキャリア発達に対する危機的状況とも換言できる。家の外に出てみても、かつて子どもたちの輪に加わり、そっと遊びをアップグレードしてくれたミステリアスな地域住民は、いまや警戒の対象となりつつある。

ゆえに、一日のなかでまだ陽の高い時間に彼らを預かる保育者・教育者に対する期待、キャリア発達を支援する者としての期待と役どころ

が、今日さらに大きくなっている。

ところで、2020年のユニセフ・イノチェンティ研究所の「子どもの幸福度」調査報告において、日本の子どもの身体的健康（38か国中1位）と、精神的幸福（38か国中37位）との間に乖離があったことは記憶に新しい。物質的な充足は、必ずしも子どもに寄り添っていることを担保しないという事実が、実証的なデータをもって示された。子どものためを思わない養育者や教員はいないはずである。しかし、ために、という言葉は、時に独善的となる。これからは子どもの「ために」に加え、子どもと「ともに」（上鹿渡、2021）の視点をより意識していくことが求められているのではないだろうか。これは、まさに共感的理解の視点であり、そんなことは当たり前じゃないかと直感的に思う向きほど、保育・教育のプロならではの職業病的な陥穽はないものか、改めて自らに問い直すべき課題であるように考える。このことは、「子どもの試みを、緩やかに管制しても操縦はしない」という、キャリア発達支援の大切なところに通底するように思われるからである。

幼児・児童のキャリア発達に関する先行研究に目を向けると、幼児教育の5領域のひとつ「人間関係」と、キャリア教育の能力である「人間関係形成・社会形成能力」との深い関連性に触れ、これらを育むことで小1プロブレムやいじめ問題、不登校問題の解消・緩和につながるとの指摘（佐野、2016）がある。また、キャリア教育がめざす「自分らしい生き方の実現」と、幼児教育の本質との符合が指摘されている（平松・鷹取、2016）。小学校教育においては、新学習指導要領におけるキャリア教育重視の内容

に触れ、特別活動について論じたもの（横江、2020）がみられる。以上を鑑みても、幼児・児童期のキャリア発達支援の重要性は言うまでもないが、思春期以降のそれと区別するのであれば、発達支援の対象となる子ども自身の無力さ（換言すれば、周囲の大人の影響の濃さ）がまずあろう。

キャリア発達は既知の通り、生得的な資質を起点としており、まず生育環境の影響下から逃れることはできない。しかしながら、その後、園に入り、学齢期を迎えることで、折々の諸環境と対話するように活動し、活動のなかで興味を育て、自身の能力や適性と対話をしながら自己を育てていく。いわば、幼児・児童期は個々のキャリアの小宇宙開発の端緒にあり、各自が発射台について、ふつふつとしている時間ではあるが、改めてこの時期の子どもは無力であり、まだまだ自分の力でロケットをブーストすることは叶わない。ゆえに、どこに向かってどんな感じに飛んでいけるかは、養育者・保育者・教育者にかかるところが大きい。先述したように、家庭や地域が弱くなってきているのであれば、校園のスタッフの関わり方にかかるところがより大きい。大人は、子どものロケットを大きく飛ばすことも小さく飛ばすこともできるが、親心・先生心は、往々にしてコンパクトに飛ばしたがるところがあるような気がする。その決定の場に本人が不在ならば、それはスポイルと相違ない。

最近、校園で耳目にすることは「決めつけ」や「あてはめ」である。「気になる子」「問題行動」といった言葉が、子ども一人ひとりの姿の解像度を粗くし、発達障害と、アタッチメント

等に由来する発達障害様を取り違えている現場も少なくない。発達障害のような障害種に対するステレオタイプもそうだが、教員自身の引き出しが減っており、長いものに巻かれたり、保守的な判断をされたりする先生が、特に若い層で増えているという話もある。外面的な集団保育・教育を維持すること、遊びのなかの奇抜なアイデアを歓迎しないことや、その子の適性や限界を、表面的な行動から推算してしまうことは、キャリア発達の抑制をもたらす。子ども理解とは、子どもとの「わかり合い」を生成していく協働的な営みであり、狭間のみで生成・変容する閉じられた理解ではなく、周囲の環境等社会的文脈との往還を踏まえながらなされる理解（上村、2021）である。「先生は、相談に乗ってくれるけれども、最後には、ルールはルールだからと言う。どうやったらルールを変えられるかについては話してくれない」このようなことはないだろうか。

2　第10回記念大会分科会からの示唆

2022年12月、本会の年次大会において、本稿と同様のタイトル「幼児・児童のキャリア発達」として、分科会を企画した。

分科会では二名のゲストスピーカーをお招きした。幼稚園教諭・病児保育士としての経験をお持ちの尾島幼子氏には、幼児期について、聴覚障害当事者として地域の学級に学んできた志磨村早紀氏には、児童期について、それぞれ話題提供を頂いた。

（1）幼児期－尾島氏の話題提供から

まず、尾島氏ご自身の来し方の紹介があった。氏は養成校卒業後、幼稚園教諭として保育のキャリアをスタートさせ、結婚出産を経て、長女の入院経験を機に小児病棟保育を志されたとのことである。当時は、病棟保育がポピュラーではなく、働き口を見つけることに苦労され、訪問介護、保育所等を経たのち、大学病院の小児病棟に保育士として着任された。

話題提供においては、一般の保育所で出会った脳性マヒの双子の兄妹のエピソードを中心に述べられた。2歳で入園した兄妹は、下半身不随の男児と、脚に痙直があり、Ｘ脚でかかとがつかない女児であった。女児はなんでも自分でやるが、男児はひとまかせなところがあり、リズム遊びも、下半身不随のある男児は、ひたすら傍観しているだけだったという。そこで、保育者（尾島氏）が、せめて風を感じさせてあげたいと、彼を抱きあげて走ったところ、「男児が抱いて欲しいと希望したのか」と園長から強い叱責を受けたという一幕があった。本人の気持ちをたしかめず、主体性を重視できていなかったことに対しての叱責であったという。

その一件の数日後、男児は自らハイハイでリズム遊びに参加する姿を見せ、保育者たちを驚かせ、それから徐々に、主体的に取り組む姿が見られるようになり、運動会では、平均台をわたり、戸板をのぼり、跳び箱からジャンプのコースを大勢の観衆の前で、ゆっくり時間をかけながら、ハイハイと上半身の力でやりきり、ジャンプのみ本人の意思を確認しつつ保育者に援助され、拍手喝采のなかゴールしたという。以後卒園まで、インクルーシブ保育の中で、何ごとも他の子達と変わらずに経験し、家庭と本人の意思で、地域の学校へと進学していったとのことである。

このことについて、保育者（尾島氏）としては、抱いて走って、参加する楽しさを知ってくれて次につながったのかもしれないので、意味が無かったとは思わないが、その後、何日も、男児の感情に溜めの時間があったのち、自ら出て行くという結果になっていることを鑑みると、育つ過程でも何かと周りが手を差し伸べていた時は自発的な行動が殆ど見られなかったので、本人の中で飢餓感のような気持ちが溜まることが必要だったんだ、と考えたという。最後に、尾島先生から聴衆に対しては、

私たちは時に、支援したい、しなければならないという、善意や情熱の気持ちから、本人より先に「こうしたらいい、こうするべきだ」と周りが決定して動いてしまうことはないだろうか。そのことが本当に最善の利益なのだろうか。

との問いかけがなされた。

　以上のエピソードは改めて、キャリア発達は自身の納得の上に起こるものであり、納得の形成は支援できても、最終的には自己決定こそが原動力となることを象徴しているように感じられた（図１）。また、コミュニケーションに困難を抱える児・者との対話にあっては、周囲が善かれと思って先回りすることのリスクも浮き彫りとなった。例えば、透明文字盤のコミュニケーションにおいてはしばしば「先読み」の問題が起きる。「好きな果物は？」「い…ち…」と入力があった時点で苺と早合点したが、実際には無花果であったという具合である。改めて、

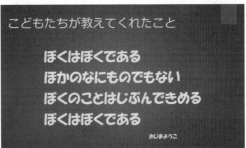

図１　尾島氏のスライド

我々が対話の成立を感じるとき、それは本当にフラットなコミュニケーションになっているかを再確認する機会となった。

（2）児童期－志磨村氏の話題提供から

　志磨村氏は幼少期からの進行性難聴当事者であり、大学卒業後、言語聴覚士の資格を取得され、現在は大学職員として勤務されている。小学校から高校まで、一貫して地域の学校に学んできた氏にとって、そのキャリアは常に自身の障害との対話の連続であったという。

　幼児期から片耳がきこえていないことを自覚していたが、誰にも打ち明けられず、両親をはじめ誰にも気づかれなかったという。障害のことを両親に初めて伝えたのは小学校２年生のときで、初診時の聴力は右90dB、左45dBであり、現在は両耳ともに100dBまで進行している。

児童期では、自分と同じ聴覚障害のある人に出会うことがなく、きこえにくい自分が何者であるか、どう生きていけばいいのかがまったくわからない状態であったという。そのため、自身のきこえにくさを客観的に捉え、言語化できないもどかしさが常にあったという。がんばってきく、という手段しかなく、それでもきこえない瞬間は次々に訪れる。遊びの最中、漢字の読み方、指示の聞き間違えなど。それでも、どうしたら良いかわからない状態が続いた。小学校６年のときに、初めてクラスメートの前で自分のきこえについて話す機会を得たが「右耳がきこえません」としか表現できず、惨めな気持ちになったという。志磨村氏はその後、試行錯誤を重ね、大学において自身の障害を説明する

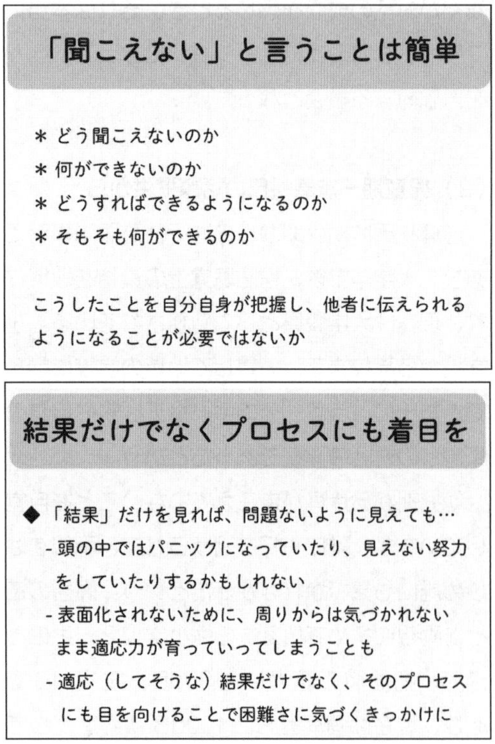

「聞こえない」と言うことは簡単

＊ どう聞こえないのか
＊ 何ができないのか
＊ どうすればできるようになるのか
＊ そもそも何ができるのか

こうしたことを自分自身が把握し、他者に伝えられるようになることが必要ではないか

結果だけでなくプロセスにも着目を

◆ 「結果」だけを見れば、問題ないように見えても…
- 頭の中ではパニックになっていたり、見えない努力をしていたりするかもしれない
- 表面化されないために、周りからは気づかれないまま適応力が育っていってしまうことも
- 適応（してそうな）結果だけでなく、そのプロセスにも目を向けることで困難さに気づくきっかけに

図２　志磨村氏のスライド

リーフレットを作成し、新しい環境に身を置くときなどに配布しているが、児童期より、きこえにくさから来る困りごとや「一緒に考えてくれる存在」が大切であることを指摘し、本分科会の主たる聴衆である教育者に向けて、結果だけでなくプロセスを重視することの大切さを問題提起されていた（図２）。

　以上のことは、言語化の大切さ、障害のある児童がアドボカシースキルを身につけていくことの大切さを示唆するものであるが、すべての幼児児童が志磨村氏のようにレジリエントな子ばかりではないため、教育者や保育者が、氏の指摘するような、真に「一緒に考えてくれる存在」となることが必要であろう。結果オーライ、なのではなく、たまたま結果オーライだったからよかったものの、一つ間違えば大変なことになっていた、という危機感が大切ということであろう。上述のような存在になるためには、こと聴覚障害に限らず、受け持っているクラスの子どもにおいて「順風満帆な顔つき」の子であっても、何らかの課題を有し、その課題の本質が何であるか、自分でも解せない。そして、それを言語化できないがために、わかりやすいSOSを発することが困難な子どもも存在しているという想像力、観察眼が求められよう。

３　この時期のキャリア発達支援に大切なこと

　以上の分科会から得られた知見を踏まえれば、幼児・児童期のキャリア発達支援に必要であることは、当事者本人の意思をくみ取り、尊重してくれる大人が存在すること、という点に帰結するだろう。一見、平凡な結論であるよう

にも感じられるが、周りの大人が、自らは子ども
もを尊重していると思っていても、子ども目線
から見れば、そうでないと感じているという構
図にこそピットフォールがあり、冒頭に引いた
幸福度の統計にもつながってこよう。このこと
を解決するのが、先に引いた「ために」の視座
に「ともに」の視座を付加することではないか
と考える。家庭の姿が多様性に富むいま、子ど
もの姿には既知の教育の経験則では測れない事
例も多々あろう。そのためには、本会において
も議論が重ねられている丁寧な「対話」が求め
られる。また、善かれと思っての働きかけが、
もしや子どものキャリア発達の抑制要因となっ
てはいないかという、絶えざる内省が大切にな
る。キャリア発達支援においては、その子の姿
と社会的情勢を鑑み、調和したキャリアを歩む
ための支援はされて然るべきであるが、最終的
に社会への溶け込み所を見つけられるのは、本
人以外の何者でもない。本分科会には教員養成
課程の学生も多数参加していたが、分科会終了
後の感想をひとつ引用して本稿を終わりとした
い。

制度や支援も大事だが、一緒に考える存在や
理解してくれる存在があることが1番大切
なのかもしれないと感じた。何が不安でどう
してほしいのかを言葉にできないのが1番
つらいのに、症状などから「こんな風に接し
てあげれば大丈夫」だろうと決めつけてアド
バイスをしてしまうのは、かえって孤独感や
不安が大きくなっていくのだと思った。心配
なことや困ったことを相談しやすい環境を
作っていきたいと思った。

文献

中央教育審議会（2021）．「令和の日本型学校教育」の
　構築を目指して－全ての子どもたちの可能性を引き出
　す、個別最適な学びと、協働的な学びの実現－（答申）．

上鹿渡和宏（2021）．虐待を受けた子どもの社会的養育
　について．保健医療科学．70．364-376．

佐野泉（2016）．幼児期におけるキャリア教育に関する
　一考察：人間関係形成・社会形成能力に着目して．千
　葉敬愛短期大学紀要．37．31-41．

平松美由紀・鷹取好子（2016）．幼児期におけるキャリ
　ア教育の実践に関する検討－キャリア教育発達過程の
　立案から－．中国学園紀要．15．95-100．

横江信一（2020）．小学生のキャリア形成に関する学級
　活動の役割．石巻専修大学研究紀要．31．85-98．

上村晶（2021）．保育者のキャリア発達に応じた子ども
　との "わかり合い" の差異．桜花学園大学保育学部研
　究紀要．24．1-20．

2 高等学校における障害のある生徒の現状とキャリア発達支援

札幌学院大学人文学部人間科学科教授　栃真賀　透

　近年、障害のある生徒の高校進学が増加傾向にある。特に多いのは発達障害を抱える生徒である。今回は関東圏・北海道内の発達障害生徒を受け入れている高校の現状、教育実践について触れる。また、発達障害生徒を受け入れている高校のキャリア教育に関わる先進的な取組に触れながら、高等学校における特別支援教育に期待することを整理してみる。

◆キーワード◆　高等学校、発達障害、キャリア教育、進路指導

1　はじめに

　筆者は以前勤務していた高等学校在勤時から、発達障害のある生徒と触れ合う機会が多く、数年前から障害のある生徒を受け入れている高等学校の修学支援に関わる調査・研究を行ってきた。今回は障害のある生徒（特に発達障害）を受け入れている全国の高等学校の修学支援と実践例について紹介する。

　全国の高等学校に在籍する発達障害のある生徒については、近年増加傾向にあり、その修学支援や進路指導等には各校で様々な取組を行っている。ここでは関東圏2校、北海道1校計3校の発達障害生徒の修学支援の実践例を挙げる。さらに、高等学校におけるキャリア教育先進校の教育実践を通して、今後の課題について考えてみる。

2　関東圏・北海道内の高等学校の現状

　コロナ禍の中、関東圏2校、北海道内1校の発達障害生徒を実際に受け入れている高等学校を視察した。

　関東圏にあるA校は、県内でクリエイティブスクールに改編した全日制・普通科高等学校。わかる授業の展開を目指し、全ての授業を少人数制で行っている。週4日の学び直しの授業（国語・数学・英語）を設定し、基礎学力の向上を目指している。担任・准担任の複数担任制を敷き、教育相談コーディネーターやスクールカウンセラーを配置し、生徒が相談しやすい体制を組織しながら、充実した学校生活を送っている。目標実現のための教育の柱は「Challenge（学びへの意欲）」「Career（キャリア意識の涵養）」「Community（地域との協働）」である。

　A校の具体的実践例としてはコミュニケーション能力や社会性を身に付けるため、開校当初からSST（ソーシャルスキルトレーニング）を実施してきた。SSTの時間としては3年間で12回実施している。各学年の学習テーマは「他者理解（1学年）」、「自己統制（2学年）」、

「自己理解（3学年）」である。取組のポイントとしては、①自分をうまくコントロールする力、②人と関わる力、③トラブルに対処する力を基本としている。学習成果としては、集団での活動や他者との関わり方について学習を重ねることにより、高校卒業後の生活を充実したものにするための機会となっている。また社会人として自立するために「キャリア教育」を実施している。各学年に「キャリア」の時間を週1時間設定し、1年次から将来を見据えて進路意識を高め、職業や進学について知る機会を用意し続けている。A校にはスクールキャリアカウンセラーやコンソーシアムサポーターが常駐していて、生徒の進路指導をサポートしている。

B校は中学校まで持てる力を十分発揮できなかった生徒を積極的に受け入れ、社会で必要な力を身に付ける高等学校である。「チャージ＆ゲット」をスローガンに、一人ひとりのやる気をサポートしている。学級組織・授業の特徴として、全学級30人以下、1年次のみ数学と英語は少人数制（15人以下）、各学級にプロジェクターやテレビモニターを完備し、図・写真・映像等を使用し、視覚的アプローチでわかりやすく授業を実施している。B校の具体的実践例としては、BORDER CAFÉ がある。毎週金曜日の放課後に校内で無料カフェを実施し、NPO法人を中心に運営している。音楽好きの生徒がDJ気分で音楽を流し、生徒や教師とのおしゃべりを楽しむ居場所である。カフェにはボランティアが年間200名ほど参加している。多彩なバックグラウンドを持つ大人たちとの対話を通して、多様な価値観に触れることで、自分のキャリアについて考える機会にもなってお

り、中退や進路未決定の予防策にもなっている。

C校は全日制総合学科の高等学校。教育課程は豊富な科目選択により、生徒の興味や特性、能力にあった教科選択が可能である。苦手教科を減らすことによって、自尊心や自己有用感を高めている。特別支援委員会を設置し、生徒一人ひとりへの共通した教職員の対応と家庭の社会インフラの連携を行っている。学校生活で困りを抱えた生徒も多く、一人ひとりの困りを継続的に検証し、合理的配慮を随時実施している。

C校の具体的実践例として、校内における特別支援委員会の位置づけが挙げられる。教師によるカウンセリングや学校行事を通して社会に必要なソーシャルスキルを身に付ける時間を設定し、全教職員が情報共有しながら、生徒の学習・生活支援にあたっている。教師の専門性を高める特別支援に関わる研修の場を実施したり、特別支援教育通信を定期的に発行したりするなど、困りを抱えた生徒への指導・支援も充実している。

3 キャリア教育に関わる先進的な取組

全国には、社会自立を目指すために、様々な取組を行っている高等学校が増えてきている。ここでは、D校のキャリア教育の一例を紹介する。

D校は公立の普通高校である。毎年多様な生徒が入学してきており、教育課程は必履修科目のほかに高校独自の設定科目を加え、様々なことが学べる授業体系に変わってきている。重点目標の一つとして「社会人として自立していける生徒を育てることを掲げ、すべての生徒が自立という目標に向かって充実した学校生活を

送っている。

D校は多様な学びのスタイルを特色とし、①地域に開かれた学習、②いろいろな人が共生して学べる環境、③自由と責任とが半分半分。この3つの柱を立てて、学校生活を送っている。

（1）多様な学び・多彩な連携

D校では、社会に出たときに「動ける人」になるため、実際に世の中で起きている様々な動きに参加し、自分が動いてみることによる学びを重視している。実践例は以下の通りである。

① プレゼンテーション大会〜自分たちの活動を他人に伝え、受け取る。1年間に学んだことを発表するとともに、生徒全員で共有し、励まし合って学びの文化を広げる。生徒を大きく成長させる大きな行事の一つである。

② 多文化共生・国際理解教育〜他者を認める「寛容な心」を育てる。異なる考え方・価値観を持つ人と出会った時、互いに相手を認め「他人と共生できる広い心」を育てる。

③ 地域資源を活用した探究的な学び〜新しい自分をつくりあげる。学校外の地域資源（ヒト・モノ・コト）を活用しながら、校内の授業で得た知識と経験と関連づけながら、探究的な学習を積み重ねることにより、新たな自分をつくり上げる。

④ Mプロジェクト〜教科横断的な学習（生産〜販売）を経験する。生徒がバトンタッチしながら1次産業から3次産業までの営みを作り出す、都市養蜂の活動を行っている（図1）。

⑤ 学社融合講座〜成人と共に学ぶ学校教育と社会教育を融合し、高校生と一般市民がともに学ぶ講座である。生徒はこれを学習することで1単位の修得が認められる。前期・後期にそれぞれ多様な講座が開設されている。

（2）社会に出るために不足しがちな視点（図2）

多様な生徒が入学してくる教育の場で、社会に出るために不足しがちなことは、主に次の三

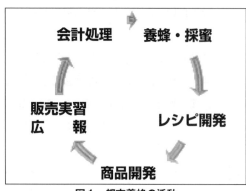

図1　都市養蜂の活動

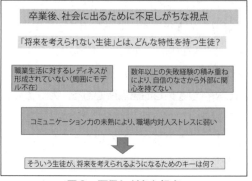

図2　不足しがちな視点

点である。

① 職業生活に対するレディネスの形成が難しい（周囲にモデルが不在である）

② 失敗経験の積み重ねにより、自信のなさから外部に関心をもつのが難しい。

③ コミュニケーション能力が未熟で、対人関係が難しい。

このような生徒が、将来を考えられるようにするためには、どんな取組が必要か、実践例を挙げてみる。

（3）多段包摂連携の取組

社会に出るために不足しがちな点を補うためには、教育・福祉・企業の視点を組み合わせた人づくりが必要になる。この高校では「多段包摂連携」という形で、生徒一人ひとりを育て、社会に送り出している。

学校教育の様々な段階に企業が力を貸すことにより、①高校生を校内外で「元気」にして、②在学中から、様々な「仕事経験」を持たせ、③就職の際には本人職場双方のアセスメントをとる、これら3点が「多段包摂連携」で大切な点である。

「多段包摂連携」をもう少し詳しく説明する

こんな枠組み＝「多段包摂連携」による、高卒人材の育成。
趣旨に賛同する複数企業と、連携協定（単年度・更新あり）を結ぶ（同一分野では最大2社まで）。

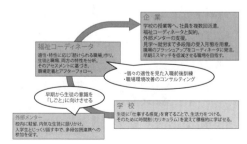

図3　多段包摂連携

と、図3のようになる。

流れとしては学校では仕事をする感覚を育て、生活力を身に付ける。その際に自己肯定感の低い生徒には、外部メンターを通して生徒の意識を「仕事」に向けさせる。さらに福祉コーディネーターを通して、生徒の適正・特性に応じた職場訓練を行い、企業への就職とつなげていく。企業への就職は難しい面もあるが、見学から就労まで多段階の受け入れ形態を準備するなど、生徒一人ひとりに合った配慮も必要になる。

（4）アニマドーレプロジェクトの取組

アニマドーレプロジェクトは、第1次産業の活性化を目的に、ファームインなどの食育体験を実施し、人と人との間に笑顔をつくる事業の一つとして始まった。対象は札幌市内の高校生で、発達障害のある生徒も参加している。他のプログラムとの違いは、教員も参加することができ、企業の人たちとカリキュラムマネジメントを行うことにより、様々な経験から学びを深めることができる。このアニマドーレプロジェクトには5つのユニットがあり、他校生徒との交流により学校の壁を越えてともに学び、刺激しあう生徒たちの様子を見ることができる。5つのユニットとは、①ファームイン、②販売体験、③商品開発、④広報PR体験、⑤調理体験等である（図4）。

私が参加したファームインコースでは、農業体験を通して生産者の苦労と喜びを知り、全行程を体験することで農業を理解することをねらいとしている。生徒と共に作業をすることは、とても貴重な経験になる。

ユニットごとの概要とねらい

○ファームインコース
・農業体験を通して、生産者の苦労と喜びを知る。
・農業の大切さとかっこよさを知る。
・出荷までの全行程を体験することで農業を理解する。

○販売体験コース
・消費者を体験し、食選力を養う。
・消費者の心理を考え、自分の言葉でどう伝えるかを学ぶ。
・農業をビジネスとして捉え、どう売るかを学ぶ。

○商品開発体験コース
・商品開発における必要事項を理解する。
・製造業と生産者、流通業者との結びつきを知る。
・新しいモノを生み出すことの喜びを知る。
・商品開発に必要な発想力や着想力を身につける。

○広報PR体験コース
・アニマドーレを通じて、農や食の大切さを伝える。
・取材、撮影、動画作り等を通じて、「伝える」「表現する」ことの楽しさを知る。

図4　ユニットごとの概念とねらい

図5　取組のようす

　アニマドーレに参加した生徒の感想は以下の通りである。Ａさんは「進路模索、新しい環境に飛び込んで自分を知りたい」という思いで参加した。自分に自信がない、コミュニケーションが苦手、就職への不安などの理由から経験値を増やせば役立つかもしれないと考えたからである。広報・PRコースで小冊子のライターを担当し、「食に関するフェスティバル」やＢ農園の農業体験の取材等を行った。今まで経験のない活動に参加し、初めて会った人たちの中でも自分の考えを発言し、想像以上の人から話を聞けたこと、失敗してもそこから学び、次にどうしたらいいか考える力がついたことを実感した。アニマドーレに参加して得た学びを振り返りながら、今後の課題を考えることができるようになり、高校生活の中で課題を一つでも解決しながら、進路を考えていきたいと希望を膨らませることができた。

4　卒業後の支援の実践例

（1）障害のある子の生活を考える親の会

　卒業後の進路を見据えて、「障害のある子の生活を考える親の会」（図6）が開校当初から発足し、活動している。学校適応支援のみならず、高校卒業後の社会適応支援を視野に入れながら、情報交流することを目的とし、「理解と支援」というテーマのもとで実施している。

　この会は特別支援学校の経験のない教職員や保護者にとっても欲しい情報が得られる貴重な場となっている。また、保護者・教職員のほか、自立支援に関心をもつ学外からの参加者も受け入れている。活動は年5回程度の集会を開き、様々な交流会や学習会を行っている。この活動のねらいは、①個別に悩むより、皆の知識や経験・人脈を持ち寄って学習や交流を深める。②事情に応じて無理なく参加し、保護者・教職員がざっくばらんに話せる場とする。③「卒業後

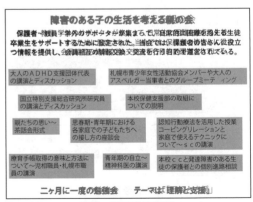

図6　親の会の概要

の進路・質の高い自立生活」実現への見通しを考える、この3点である。

私は現在もこの会に参加している。その度に、卒業生の動向や保護者と情報共有し、意見交換の場として学びを深めている。

（2）進路指導の実践から学び得たこと

進路指導に関わる実践から少し整理してみる。

① 対話型学習の導入では、プレゼンテーション大会を学校行事にする学校が増えてきた。この高校もプレゼンテーション大会を学校行事の目玉にしている。集団の中でコミュニケーションを苦手とする生徒が、情報の受信・発信をすることで、教師・生徒間、生徒同士の対話を重視するグループ学習は効果的である。

② 人間関係の育成では、コーピングリレーションを取り入れ、生徒一人ひとりの性格・行動を把握し、学校生活で「関係性」を構築していくことも必要である。

③ 地域社会との連携では、今抱えている学校課題を地域の方々と情報共有しながら、教師主導型から生徒主導型へと転換していく活動も大切なポイントである。

④ 自立した社会人の育成では、自分から行動して、実際の世の中の「今とこれから」を体験的に知ることの積み重ねがカギとなる。

⑤ 卒業後、社会自立できるまでの支援では、「障害のある子の生活を考える会」に参加し、卒業後も情報共有していくことが、今後の進路指導の中で、一番必要なことである。

5 高等学校の特別支援教育に期待すること

卒業後の生徒の目指す進路は様々である。多くの生徒は目に見えないところで何らかの困りを抱えており、生徒の内面を十分に把握しながら、一人ひとりを「焦らず、ゆっくり」フォローしていくことが大切である。

また、卒業後の「自立した社会人育成」を目指すためにキャリア教育の推進が必要である。地域社会の中で、生徒たちはどのように自己理解し、キャリアプランを立て、自分が自立していく姿を未来に描くことができるのかをテーマにそえることも忘れてはならない。

さらに卒業後の支援として、学校・保護者・関係機関との連携を取りながら、生徒の生活支援・日常指導を工夫し、教育的アプローチを広げていくこと、また地域社会との関わりを持ちながら、キャリア教育を推進し、地域連携を構築していくこと等、身近なところから、多様な学びのニーズに対応できるような教育を目指してほしいと考える。

文献

栃真賀透（2017）．特別支援教育と連携した生徒指導〜高等学校の取り組み〜．共生社会の時代の特別支援教育第3巻 連携とコンサルテーション 多様な子供を多様な人材で支援する．ぎょうせい.

栃真賀透・平野淳也・蒲生崇之（2014）．高等学校の支援体制、キャリア教育の導入と障害のある子の生活を考える会の取り組み．特別支援教育研究．2014年6月号．東洋館出版社.

栃真賀透（2018）．高等学校における自閉症スペクトラム症のある生徒への自己理解と支援．特別支援教育研究．2018年10月号．東洋館出版社.

キャリア発達支援の視点を踏まえた授業づくり〜重度・重複障害のある児童生徒への指導の視点を大切にして〜

名古屋市教育センター指導主事　和田　茉莉子

　学習指導要領におけるキャリア教育の位置付けを確認すると、校種、学部にかかわらずキャリア教育の充実を図るための取組を進めていく必要があることが確認できる。児童生徒の指導・支援にかかわる者として、大切にしていきたいことの一つとして、日々の授業が挙げられる。児童生徒が「うれしいな、心地いいな、もう一度やってみたいな」という思いを積み上げていくことができるような学習を展開していきたい。そこで、児童生徒が主体的に「学ぶという役割」を果たすことができる授業づくりを行うための視点として、「授業づくりのための5つのポイント」を紹介する。

◆キーワード◆　キャリア発達支援、授業づくり、他者とのかかわり

1　学習指導要領への位置付け

　現行の学習指導要領では、キャリア教育の充実を図ることの重要性が示されている。

> 【小学校】第1章総則　第4　児童の発達支援　1児童の発達を支える指導の充実（3）児童が学ぶことと自己の将来とのつながりを見通しながら、社会的・職業的自立に向けて必要な基盤となる資質・能力を身に付けていくことができるよう、特別活動を要としつつ各教科等の特質に応じて、キャリア教育の充実を図ること。
> 　　　　　　　＊下線部は筆者による

> 【中学校】第1章総則　第4　生徒の発達支援　1生徒の発達を支える指導の充実（3）生徒が学ぶことと自己の将来とのつながりを見通しながら、社会的・職業的自立に向けて必要な基盤となる資質・能力を身に付けていくことができるよう、特別活動を要としつつ各教科等の特質に応じて、キャリ

> ア教育の充実を図ること。その中で、生徒が自らの生き方を考え主体的に進路を選択することができるよう、学校の教育活動全体を通じ、組織的かつ計画的な進路指導を行うこと。
> 　　　　　　　　　　＊下線部は筆者による

> 【特別支援学校】第1章　第5節児童又は生徒の調和的な発達の支援（3）児童又は生徒が、学ぶことと自己の将来とのつながりを見通しながら、社会的・職業的自立に向けて必要な基盤となる資質・能力を身に付けていくことができるよう、特別活動を要としつつ各教科等の特質に応じて、キャリア教育の充実を図ること。その中で、中学部においては、生徒が自らの生き方を考え主体的に進路を選択することができるよう、学校の教育活動全体を通じ、組織的かつ計画的な進路指導を行うこと。
> 　　　　　　　　　　＊下線部は筆者による

　以上のことからも、小学校・中学校・特別支援学校どの学校・学部にかかわらず、キャリア教育の充実を図るための取組を進めていく必要があり、着実に進められてきている。

2　キャリア教育

　ここで、改めて確認をすると、キャリア教育とは、「一人一人の社会的・職業的自立に向け、必要な基盤となる能力や態度を育てることを通して、キャリア発達を促す教育」であり、キャリア発達とは、「社会の中で自分の役割を果たしながら、自分らしい生き方を実現していく過程」のことである（中央教育審議会、2011）＊下線部は筆者による。

　では、いわゆる重度・重複障害のある児童生徒は社会の中で自分の役割を果たしているだろうか。筆者は、重度・重複障害のある児童生徒も、もちろん社会の中で自分の役割を果たしていると考える。社会の中で自分の役割を果たすためには、他者とのかかわりが大事な要素になると考える。とりわけ学校生活の中では、教師とのかかわりや、友達とのかかわりが重要となってくる。教師や友達といった他者とのかかわりの中で、自分の役割を果たしていくことができるように、学習活動を工夫していく必要があると考える。児童生徒の発達段階や生活年齢を踏まえ、まずは、教師とのかかわりからスタートし、安心してかかわることのできる大人の存在を児童生徒が認識できるようにしていきたい。そして、徐々にかかわりの輪を広げるとともに、同年代の友達とのかかわりへと広げていくことが考えられる。その先には地域とのかかわりなどへの広がりも考えられるだろう。

3　授業におけるキャリア教育

　他者とのかかわりという視点で児童生徒の役割を考えると、学校段階では「学ぶという役割」と言えるのではないだろうか。教える者、教えられる者という関係の中で、児童生徒が主体となって「学ぶという役割」を果たしながら、自分らしさを積み上げていくことが大切だと考える。それこそがキャリア発達を促すことにつながると考える。

　児童生徒の指導・支援にかかわる者として大切にしたいことの一つに日々の授業がある。他者とのかかわりという視点で授業を見直してみたい。例えば、教師の思いが先行しすぎてしまい、もしかしたら児童生徒にとっては、「ただ楽しいだけの学習」や「させられているだけの学習」になっていることはないだろうか。自分の授業がうまくいかなかったときに、児童生徒の能力のせいにしてしまっていることはないだろうか。恥ずかしながら、自分自身の経験を振り返ると、そのようになってしまっていたことは少なからずある。児童生徒が目的意識をもって学習をすることができたり、楽しく夢中で活動する中でめあてに迫る学びが得られたりするような授業を目指していきたいと思っている。

　そのためには、日々の授業を真摯に振り返り、授業がうまくいったならなぜうまくいったのか、うまくいかなかったのならなぜうまくいかなかったのかを見つめ、児童生徒が主体的に「学ぶという役割」を果たすことができるような授業づくりを行っていきたい。「うれしいな、心地いいな、もう一度やってみたいな」といった活動を通した児童生徒の思いを積み上げていくことができるような学習を展開していきたい。

　児童生徒は誰もが自分の思いや願いをもっている。もちろん重度・重複障害のある児童生徒もそうである。「自分の思いを伝えることができないから…」「発語がないから…」と児童生徒の思いや願いを置き去りにしてしまうことがないようにしていきたい。児童生徒とかかわる中で、視線や手指の力の入れ具合、体温、呼吸

の様子などから児童生徒の思いや願いをつかみ、その思いや願いを大切にしながら学習を進めていくことが大切であると考える。

4　授業づくりについて

ここまで、授業について述べてきた。特別支援学校における授業づくりの課題に対し、藤原ら（2012）は、授業改善のための観点として①物理的環境支援、②補助的手段、③人的支援、④評価、⑤学習機会の５つを挙げている。そして、特別支援学校において、幼児児童生徒が自

立的・主体的に授業に参加し、子ども同士が協同して学習に取り組める授業として「子どもが分かって動ける授業」を目指すことを提案している。

また、小倉ら（2022）は、藤原ら（2012）に示された授業改善の観点を「授業づくりの５つの視点」（図１）とし、児童生徒の授業への自立的・主体的な参加を促すための授業改善を進めた。

筆者はこれらの研究を参考にし、「授業づくりのための５つのポイント」（図２）を作成し、授業づくりの視点として活用している。

筆者自身のこととなるが、今は教育センター指導主事という立場で、児童生徒の指導支援に携わる教職員を対象とした研修業務を行っている。児童生徒が自分らしさを積み上げていくことができるよりよい授業となるように、研修の受講者に「授業づくりのための５つのポイント」を伝えている。具体的には、①できる環境、②支援ツール、③教師の支援、④学習機会、⑤多様な評価である。この５つのポイントから授業を見直し、計画することで、児童生徒が自分で

図1　授業づくりの5つの視点
（小倉ら（2022）より）

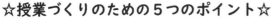

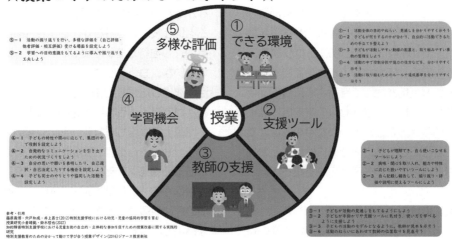

図2　授業づくりのための5つのポイント

できた経験を味わったり、友達と協力する楽しさを味わったりすることができ、「うれしいな、心地いいな、もう一度やってみたいな」といった思いを育むことができると考える。この思いこそが、児童生徒が「学ぶという役割」を主体的に果たす姿につながる原動力になると考える。

5 授業づくりのための5つのポイント

では、ここからは、「授業づくりのための5つのポイント」を踏まえて、どんな授業の工夫が行えるのかを考えていきたい。

① できる環境

このポイントでは、なぜ・何のために活動をするのかを児童生徒に伝わるように示したり、どのように取り組むとよいのかを分かりやすく示したりする視点を示している。

例えば、すでに皆さんも取り組まれていることかもしれないが、児童生徒が発表する場面では、立ち位置を足型で分かりやすく示しておくことで、どこに立てばよいのか、この場所に来たら発表をするということわかるようにする（図3）。ほかにも、活動に必要なものを役割を分担して用意する際には、自分が何を用意したらよいのかが分かるように写真やイラスト使って示すことも考えられる（図4）。できる環境づくりの視点を取り入れることで、自分で分か

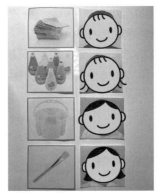

図4 準備の役割が分かる表示

り主体的に活動する姿につなげていきたい。

② 支援ツール

このポイントでは、それぞれの能力や特性、発達段階、生活年齢などを踏まえた支援ツールを用意し、授業で活用する視点を示している。

例えば、予定を示す場面では、児童生徒に応じて実物を提示したり、イラストで伝えたり、文字で伝えたりとそれぞれに伝わる方法を考えていきたい（図5）。重度・重複障害のある児童生徒の場合なら、その活動を象徴する音を流したり、教具を触れるようにしたりするなども考えられる。

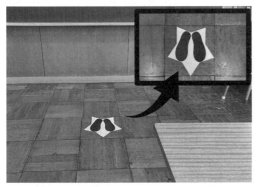

図3 発表時の立ち位置を示す足型

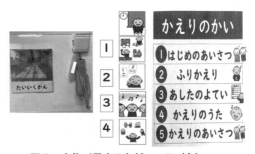

図5 実物で示すスケジュール（左）
イラストで示すスケジュール（真ん中）
文字で示すスケジュール（右）

また、授業の中で活動の振り返り場面では、児童生徒の実態に応じて、紙ベースでの振り返りを行う、あらかじめ撮影しておいた動画を確

認する、友達と話し合い対話を通して振り返るなどの方法も考えられる（図6）。

いずれの方法にしても、児童生徒が主体的に振り返ることができるように、個々の実態に応じたツールを活用していきたい。

図6　紙での振り返り（左）
対話を通して振り返る様子（右）

③　教師の支援

このポイントでは、教師と子どもとのかかわりについて示している。ともすると、教師が先回りの支援をしてしまい、児童生徒が考える機会が少なくなってしまったり、児童生徒が自分自身でできることまで教師が支援してしまったりということはないだろうか。このような状態下では、児童生徒が主体的に学ぶという役割を果たしながら自分らしさを積み上げていく姿からは遠くなってしまう。どんな場面もあくまで活動を行う主体は児童生徒であるので、児童生徒が自分で学習に向かうことができるように支援していきたい。もちろん、手厚い教師の支援が必要な場面や場合もある。その際は、児童生徒に寄り添い、十分な支援を行うことが大切である。児童生徒が自分でできること、少し頑張ればできるようになりそうなこと、支援が必要なことの見極めをしっかりと行い、「うれしいな、心地いいな、またやりたいな」といった思いを育むことができるような支援を考えていきたい。例えば、同じ活動を行うにしても、教師の立ち位置やかかわり方は児童生徒の実態に応じて変わってくる（図7）。

④　学習機会

このポイントでは、自発的な活動を引き出せるような状況づくりをしたり、自分の思いや願いを表明したり、自己選択・自己決定したりするなど、学習機会について示している。学習活動を進めていく中で、児童生徒がただ待っているだけになっている時間はないだろうか。

例えば、導入場面の工夫として、手で触って確認できる実物を用意し、自発的な活動を引き出せるようにすることも考えられる（図8）。また、教材教具の準備を児童生徒に任せ、プロジェクタの電源を入れたり、スクリーンを出したりするなど、児童生徒のできることに応じた役割を設定することも取り入れていきたい。自分たちの学習のための準備を自ら行うことで、活動を楽しみにしたり、わくわくした気持ちを高めたりする姿にもつながると考える。

図7
教師と一緒に活動
（左上）
教師の言葉をヒントに
活動（右上）
一人で活動（左下）

図8　教材教具の工夫

児童生徒の実態に合わせて、ボードや、タブレット端末、スイッチなどを活用し、自分の思いや願いを表明できるようにすることも大切だと考える。また、意図的に共同する活動を設定することで、タイミングを合わせたり、言葉を掛け合ったりと児童生徒同士のかかわりを増やすきっかけにもつなげることができると考える。

⑤　多様な評価

このポイントでは、自己評価や他者評価、相互評価といった多様な評価を多様な場面で行うことなどについて示している。多様な評価を行うことで、児童生徒が学習の成果や結果に気が付けるようにしたり、達成感・充足感・満足感をもつことができるようにしたりしていく。また、評価は目標やめあてと対になるものである。この多様な評価を行うためには、導入の工夫をし、学習の目的意識をもてるようにする必要があると考える。例えば、ICT を活用したり、実物を用意してみたりするなど、ぜひ、児童生徒が、「やってみたい」「おもしろそう」と感じられるように、「どうしてこの学習をするのか」「それを学ぶとどんなことができるようになるのか」「どんなことができるようになったのか」などが分かるように導入や振り返りの方法の工夫をしていきたい（図9）。児童生徒が学習内容に興味関心をもち、学習することの価値や意味を理解することは目的意識をもって主体的に活動に取り組む姿につながると考える。

図9　映像を使った導入や振り返りの工夫

6　おわりに

他者とのかかわりという視点、学ぶという役割から出発し、授業づくりについて、自分自身が日頃考えていることを述べさせていただいた。教師である私たちは、やはり日々の授業を大切にし、児童生徒の学びの様子や内面の育ちに寄り添いながらキャリア発達を促していくことが大切だと考える。すぐには成長や変化が分からないことも少なくないと思うが、だからこそ、日々の児童生徒の様子を丁寧に見取り授業改善に生かしていきたい。今後も児童生徒が学ぶという役割を主体的に果たすことができるような授業づくりを追究していきたい。

文献

藤原義博・宍戸和成・井上昌士（2012）．特別支援学校における幼児・児童の協同的学習を育む授業研究.

小倉靖範・鈴木哲也（2022）．知的障害特別支援学校における児童生徒の自立的・主体的な参加を促すための授業改善に関する実践的研究.

藤原義博ほか（2016）．特別支援教育のための分かって動けて学びあう授業デザイン．ジアース教育新社.

中央教育審議会（2011）．今後の学校におけるキャリア教育・職業教育の在り方について（答申）.

小学校学習指導要領（2017）.

中学校学習指導要領（2017）.

特別支援学校小学部・中学部学習指導要領（2017）.

菊地一文（2021）．小学部から組織的に取り組む「キャリア発達支援」の実践．ジアース教育新社.

キャリア発達支援研究会（2021）．いま、対話でつなぐ願いと学び．ジアース教育新社.

渡辺三枝子（2008）．キャリア教育－自立していく子どもたち．東京書籍株式会社.

飯野順子（2013）．障害の重い子どもの授業づくり Part5 キャリア発達を促す授業づくり．ジアース教育新社.

4 生涯学習の充実とキャリア発達支援

広島都市学園大学子ども教育学部教授　竹林地　毅

　障害者の生涯学習に関する提言等を概観し、課題を検討した。大南（2000）が指摘した課題の「指導者、ボランティアの確保」等に加え「在学中からの能動性・主体性の涵養」「運営等への当事者の参画等、当事者中心の視点」等があり、法的な枠組みの整備が必要であることを指摘した。また、知的障害のある人の生涯学習の活動「東雲青年学級」を紹介し、「当事者の意見表明」「主体的な関与による活動の創造」等があり、「自ら課題を設定し探究する姿」「自らの状況やキャリア形成を見通したり振り返ったりしながら、自身の変容を評価する姿」等のキャリア発達があることを整理した。支援の在り方として、「能動性・主体性の涵養」につながる授業を追求することを提案した。

◆キーワード◆　障害者の生涯学習、東雲青年学級、能動性・主体性の涵養

1　はじめに

　生涯学習については「一般には人々が生涯に行うあらゆる学習、すなわち、学校教育、家庭教育、社会教育、文化活動、スポーツ活動、レクリエーション活動、ボランティア活動、企業内教育、趣味など様々な場や機会において行う学習」（平成30年度文部科学省白書）とされている。本稿では、学校教育後の「社会教育、文化活動、スポーツ活動、レクリエーション活動等」の学習活動（以下、生涯学習とする。）を指すこととする。

　障害者の生涯学習の活動は、かなり以前から実施されてきた。大南（2000）は、東京都立青鳥養護学校の記念誌『青鳥二十年』に、1950年3月に東京都立青鳥中学校の第一回卒業生が卒業し、就職先で直面した課題を解決しようと夜学が始められたことが記載されていることを紹介している。また、同誌には小杉長平氏が「この夜学の話が波紋を及ぼし、あと続々と青年学級が生まれることになったのである」と述べていることも紹介している。さらに、1964年には、我が国で初めての教育委員会社会教育課の事業として公費で運営される「すみだ教室」が誕生したことも紹介している。第3回成人教育推進国際諮問委員会報告（1965）でポール・ラングランが「生涯教育」の理念を提案したが、それ以前に、我が国の知的障害のある人の生涯学習の実践が始まっていることに感動を覚えるのは私だけではないだろう。

　さて、生涯学習の理念は、教育基本法第3条に「国民一人一人が、（略）その生涯にわたって、あらゆる機会に、あらゆる場所において学習することができ、その成果を適切に生かすことのできる社会の実現が図られなければならない」と謳われている。

　障害のある人が生涯にわたって、あらゆる機

会・場所において自らを磨き、豊かな人生を送ることができるよう学習することができ、その成果を生かすことのできる社会の実現が求められている。

　本稿では、まず、障害者の生涯学習の充実について考えるため、障害者の生涯学習に関する提言等を概観・検討する。次に筆者の身近なところで行われている知的障害のある人の生涯学習の活動でのエピソードや当事者と支援者の語りにキャリア発達を意味づけ、支援の在り方を考えたい。

2　障害者の生涯学習に関する提言等

（1）過去の答申等

　「生涯教育について（答申）」（中央教育審議会，1981）に続き「生涯学習体系への移行（答申）」（臨時教育審議会，1984）が出されたが、障害のある人の生涯学習についての記述は見当たらない。我が国の義務教育の完成といわれる養護学校教育義務制実施が1979年であり、この時期は障害のある人の学校教育の充実に傾注されていたと考えることが妥当ではないだろうか。

　やがて「21世紀の特殊教育の在り方について－一人一人のニーズに応じた特別な支援の在り方について－（最終報告）」（21世紀の特殊教育の在り方に関する調査研究協力者会議，2001）で、基本的な考え方として「障害のある児童生徒等の自立と社会参加を社会全体として、生涯にわたって支援する」ことが明記された。また、「障害のある者が学校を卒業後、地域の中で自立し、社会参加するためには、教育委員会が、福祉関係機関や福祉団体等と連携するとともに、学校が福祉等の関係施設と協力して生涯にわたる学習機会の充実を図り、障害者

のための生涯学習を支援することが必要である」と提言され、生涯学習の必要性を指摘するとともに、教育委員会と生涯学習を支援する機関として学校の役割・活動が提言された。

（2）障害者基本計画（2018、2023）

　第4次障害者基本計画（2018）には、基本的な考え方が次のように示された。

　「（略）自らの可能性を追求できる環境を整え、地域の一員として豊かな人生を送ることができるよう、生涯を通じて教育やスポーツ、文化等の様々な機会に親しむための関係施策を横断的かつ総合的に推進する（略）」

　この考え方は、第5次障害者基本計画（2023）でも引き継がれ、生涯学習について、「効果的な学習や支援の在り方に関する研究や成果普及等」「コミュニティ・スクールと地域学校協働活動を一体的に推進した多様な学習・体験活動等の充実」等が示された。

（3）教育振興基本計画（2018、2023）

　第3期教育振興基本計画（2018）には、目標の一つとして障害者の生涯学習の推進が示された。さらに、第4期教育振興基本計画（2023）でも目標の一つとして「多様なニーズへの対応と社会的包摂」が挙げられ、基本施策の一つに「障害者の生涯学習の推進」が示された。「学びの場・機会の提供等の取組の規格や運営に当事者の参画を得るなど、当事者中心の生涯学習の視点となるようにすること」「障害者の生涯学習推進を担う人材の育成」「障害者本人が生涯学習の担い手となっていくことを支える仕組みの構築」などが謳われた。

（４）特別支援学校高等部学習指導要領（2019）

特別支援学校高等部学習指導要領（2019）では、教育活動全体を通じて生涯学習への意欲を高めることや、地域の社会教育施設等における学習機会に関する情報の提供等の社会教育との連携を図った教育活動の推進、多様なスポーツや文化芸術活動の体験などの学校教育段階からの将来を見据えた教育活動の充実が示された。

（５）文部科学省総合教育政策局長通知（2019）

「障害者の生涯学習の推進方策について（通知）」（文部科学省総合教育政策局長，2019）では、「障害者の多様な学習活動の充実」等が挙げられた。また、「学校卒業後における障害者の学びの推進に関する有識者会議報告」（2019）」を踏まえ策定された「特別支援学校等の学校に期待される取組」も示された。「在学中からの能動性・主体性の涵養」「交流及び共同学習の推進」「学校運営協議会等を活用した地域の学習機会の共有」「個別の教育支援計画への『生涯学習』の位置づけ」「教員と福祉関係職員との連携強化、福祉サービスに係る理解促進」「障害者の生涯学習に関する教育の理解促進」等である。さらに、「卒業生のフォローアップ」、「同窓会組織等が主催する学びの場への協力」、「障害者の学びの場づくりの担い手の育成」も挙げられた。

（６）「障害者の生涯学習の推進を担う人材育成の在り方検討会　議論のまとめ（報告）」（2022）

障害者の生涯学習を担う人材の在り方として、「必要なる認識や知識」「専門性とその役割」「育成・活躍を促進するための方策」が整理された。専門性では「当事者中心の生涯学習」の視点、「地域資源を調整・活用する能力」が示され、「当事者中心の生涯学習」を支える多様な地域資源のネットワークのイメージが図示された。

さらに、「特別支援学校等の教職員に期待される役割」では、「学校卒業後の障害者の生涯学習につながる地域に開かれた教育課程の実現」「在学中から生徒の生涯学習への意欲を向上させるための取組」等が求められた。また、特別支援学校等の教職員が退職した後、卒業後の障害者の学びと交流の推進に向き合うことも期待されていることが示された。

（７）障害者の生涯学習の充実のための課題

障害者の生涯学習に関する課題として、大南（2000）は、7項目を挙げている。

①年齢差などによる要望の違いへの対処

②指導者、ボランティアの確保

③活動の会場の確保

④予算の確保と活動の広がり

⑤他の青年学級との交流

⑥関係機関の連携

⑦今後の活動内容、方法、場の検討

この7項目以外の答申等で提言されていることを挙げると「在学中からの能動性・主体性の涵養」「運営等への当事者の参画等、当事者中心の視点」が考えられるだろう。

「『生涯学習に関する調査研究』報告書　障害のある人の生涯学習に関する国際的調査研究」（障害のある人の生涯学習に関する研究会，2002）でも課題として、「当事者の意見表明と主体的な関与による活動の創造」「法的な枠組みの整備」、「財政的な助成」が挙げられている。

また、「障害者の生涯学習活動に関する実態調査」報告書（独立行政法人国立特別支援教育研究所，2018）でも、「真に参加できる生涯学習の機会の充実」「地方公共団体における障害者の学習プログラム・体制の充実」等が挙げられている。

　人的・財政的に公的な支援がないなかで続けられている障害者の生涯学習の活動をいくつか知っている。筆者自身も身体表現活を楽しむ活動（『Do動Do』）を12年間続けながら、演劇や太鼓の演奏をしているグループとの交流をしてきた。外出の付き添いサービスが利用できる地域もあるが、活動場所までの移動・送迎がネックとなって「参加したいができない」ということが生じている。

　持続可能で発展的に活動していくための法的な枠組み、例えば、1999年に廃止された青年学級振興法のような法律で、活動計画や予算決算報告書等の提出などの負担が軽減された法律が整備されることを願っている。

3　生涯学習の活動からキャリア発達を考える一東雲青年学級（広島大学附属東雲中学校特別支援学級卒業生の会）

　この項のほとんどは、拙稿「東雲親の会青年学級について－卒業生のアフターケアの場・生涯学習の場として30余年－」（2003，平成14年度「生涯学習に関する調査研究」報告書）からの引用をもとにしている。

　広島大学附属東雲中学校特別支援学級は1963年に開設され、1966年に第1回卒業生を送り出している。卒業生から、「職場で計算ができないと困る、漢字をもっと知りたい、友だちが欲しい、スポーツがしたい等」の希望が伝えられた。東京で始まっていた青年学級の活動を知っていた教師もおり、1970年に青年学級の活動が始まった。当時を知る教師から「初めは、教師がすべてお膳立てをして、教師の指導のもと一日を楽しく過ごして帰りました。最近では、青年学級生が自分たちで計画し、青年学級の役員が運営しています。教師や保護者は側面的な援助をするだけになりました。」とうかがったことがある。

(1) 当事者の意見表明

　保護者と担任者等で構成される「東雲親の会」の「東雲親の会だより」第1号（1978）には、当時の青年学級会長が、次のような抱負を述べられている。

　「ぼくとしてはまだまだやりたいことがたくさんあります。（略）いつも30人ぐらいの人が、今日一日がとても楽しかったと、みんながいえるような青年学級にしたいんです。ぼくとしては、もっとレクリエーションをふやしたいんです。旅行もしたいとおもっています。もっとみんなが意見をだして、やりたいことをいってほしいと思います。」

　また、この会長の発言について、保護者の一人が同誌に次のように述べられている。

　「（略）遠慮気味に『青年学級をもっと楽しい、意義あるものして、一人でも多くの参加者を増やしたい。僕達は学校を卒業して就職したけれど、働いて月一回友達と学校でただ遊んでわいわい騒ぐだけでなく、もっと勉強もしたい。数学や国語やその他の学校生活と同じように勉強したい。働いているし、僕達のような者には勉強はいらないかもしれない。おかしいかもしれないけれど、いつも勉強することは大事だと思う。（略）僕達の力だけでは出来ないので先生やお母さん達の助けが欲しい。』と申し出があっ

た。私は涙が出そうになる程感激した。」

（2）主体的な関与による活動の創造

　「東雲親の会だより」第23号（2000）に、当時の中学校特別支援学級担任が、年間計画、役員選出の活動について、具体的な様子とその意義を次のように述べられている。

　「現在の青年学級の役員さん、学級生さんの活動をみていると、以前にもまして自分たちで活動をつくっていこうとする姿勢が伝わってきます。（略）自分から役員に立候補する学級生さんが頼もしくみえるのはもちろんのことですが、理由を述べて候補者を推薦できる発言もうれしく思います。（略）推薦された候補者も自分の気持ちを述べられることが、とても立派だと思います。

　（略）昨年度の活動を黒板に書いて、活動を振り返りながら今年度の各月の行事を決めていきます。楽しかった思い出やもう少しこうした方がいいという意見を聞きながら、各月の活動が決定されます。学級生さんの意見から青年学級に対する期待や、仲間と共に活動する喜びが伝わってきます。」

　また、同誌には当時の青年学級会長が、役員としての思いを次のように述べられている。

　「青年学級の役員は、かいものをしたりハガキのいんさつをしたりしています。ぼくは役員をやめたいと思っています。でもおやの役員さんがやめないでくださいといっている。役員はみんなが帰ったあと、のこってハガキのげんこうをかいています。役員はまえの日に学校にあつまってじゅんびをします。みんなから、毎月のハガキがくるのを楽しみにしているとききます。役員はこれからもがんばります。」

（3）ロールモデルを探り、見つける

　東雲中学校特別支援学級では、「進路を語る会」という単元学習が実践されている。中学生が卒業生の進路先を訪問し、インタビューをしてわかったことをまとめ、質問事項を整理して、青年学級生に質問し、学びをまとめるという展開で実施される。「進路を語る会」の当日は、中学生の保護者も参観する。コロナ禍でも親の会の人が青年学級生に中学生の質問を伝え、青年学級生が相談して回答したビデオを制作され、そのビデオを中学生が視聴する等の工夫で実施された。

　参加した在校生の保護者は、次のように述べられいる。

　「（略）近況を聞いているうちに、人間とは一面において何とたくましくもおおらかな生命力を秘めた生き物であろうかとの思いを再確認した次第です。（略）いずれの場にあっても、あらゆる困難と遭遇しながらも、そのたびに自分なりの成長をとげつつ、立派に社会の一員となっておられるのです。」

　青年学級の活動があることは、中学生とその保護者が、生き方や困難の乗り越え方などのロールモデルを探り、見つける場になっていると思われる。

　なお、単元「進路を語る会」の様子については、笹倉（2023）が報告している。

（4）東雲青年学級生等のキャリア発達の姿

　「東雲親の会」の会長を永くされ、本人活動の支援者としての活動されている方から、青年学級や本人活動のなかでの変容をうかがったことがある。

　「青年学級や本人活動に参加しはじめた頃は、

意見を求められると泣き出して言えなかった人が、周囲への安心感を持ち、自分の意見を言うようになり、みんなのために役に立つことをしたいと言って役員に立候補するようになる。」現在のはつらつとした姿から初めの頃の姿は想像できないと思った。

紹介してきたエピソードや語りのなかに、「自ら課題を設定し探究する姿」「自らの状況やキャリア形成を見通したり振り返ったりしながら、自身の変容を評価する姿」があると考えられる。

また、「自らの成長を肯定的に認識する姿」「他者との対話的な関わりを持ち相互作用の中でキャリアを創り上げる姿」も期待されるのではないだろうか。

4　まとめに代えて
－「めざしたい授業」からの問いかけ

約40年前、まだ土曜日に授業があった頃である。横浜市の知的障害養護学校で、月一回の土曜日、高等部生徒がグループで地域の文化施設等に行く授業があった。生徒が行き先を決め、交通機関を調べ、教師は同行しないということだった。高等部に入学した頃は心配した保護者が後からついて行くが、バスや電車を間違う等しても駅員や通行人にたずね、目的地にたどり着く様子を見て安心され、「楽しんでおいで」と送り出されるようになるとのことだった。後年、附属東雲小学校の特別支援学級の担任をしたとき、東雲青年学級の活動では、現地か最寄りの駅が集合場所になっていることを知り、校外学習で高学年の児童は現地集合・解散を設定するようにしていった。

約30年前、静岡の知的障害養護学校の高等部では、地域の体育館を予約し、手帳を提示して利用料の減免を受けることや道具を借りることを体験するようにされていた。卒業後の余暇活動につながることを意図されていた。その後、余暇活動の充実を目指した実践を見聞きすることが増えた。例えば、カラオケ店に行く単元学習の印象深い授業がある。肢体不自由養護学校の高等部の単元学習「カラオケに行こう」。参観した授業は、カラオケ店に行くために車椅子で乗車できるタクシーを予約する授業だった。タクシー会社に電話がつながった途端、生徒は緊張で言葉が出なくなったようだった。やがて、周囲の生徒が「○○と言うんだ」と励まし、予約ができて電話を切った時には、参観者も自然に拍手喝采だった。生徒が励まし合い、助け合って、予約をするという課題解決を達成した授業だった。

このような「めざしたい授業」で子どもを育てたいと考えてきた。紹介した授業実践は、「在学中からの能動性・主体性の涵養」につながるはずである。日々の学校生活のなかにある児童生徒のキャリア発達を丹念に見つけつつ、「めざしたい授業」を追求したい。

文献

国立特別支援教育総合研究所（2018）.「障害者の障害学習活動に関する実態調査」報告書.

文部科学省（2019）. 平成30年度文部科学省白書.

大南英明（2000）. 青年学級. 発達障害指導事典, 学研.

竹林地毅（2003）. 東雲親の会青年学級について, 平成14年度「生涯学習施策に関する調査研究」報告書. 障害のある人の生涯学習に関する研究会.

笹倉美代（2023）. 対話を大切にしたキャリア教育Part2. 特別支援教育研究, No.785.

ICT活用とキャリア発達支援

京都ノートルダム女子大学現代人間学部こども教育学科准教授　太田　容次

　障害のある子供を含むすべての子供にとって、予測が困難な急速な変化の時代において、ICT活用は必須の学習事項となっている。本稿ではキャリア発達支援研究会設立10周年記念大会テーマ別トークセッション「デジタル活用を通した児童生徒のキャリア発達」において話題提供された2つの特別支援学校での事例をもとに、キャリア発達を促し、日常的にICTを活用しながら、自分の在り方や生き方を自ら主体的に考え、判断し、自分なりの方法で表現し、コミュニケーションするための学びを紹介した。今後、このような実践事例が多く発表され、共有されることを期待する。
◆キーワード◆　ICT、マストアイテム、指導及び支援の改善

1　キャリア発達のためのマストアイテムとしてのICT活用

　特別支援学校学習指導要領解説　総則編（文部科学省、2018）の第1章第1節改訂の経緯に示されているとおり、「我が国は厳しい挑戦の時代」にあり、「社会構造や雇用環境は大きく、また急速に変化しており、予測が困難な時代」となっているのは誰も否定しないだろう。また、「一人一人が持続可能な社会の担い手として、その多様性を原動力とし、質的な豊かさを伴った個人と社会の成長につながる新たな価値を生み出していくことが期待される。」と述べられており、昨今耳にする機会が増えている人工知能（AI）の進化、特に生成系AIの活用も含めて、「雇用の在り方や学校において獲得する知識の意味にも大きな変化」をもたらすとの予測もある。

　このような予測が困難な時代に学び、キャリア発達をする障害等のある子供たちにとっては、「様々な変化に積極的に向き合い、他者と協働して課題を解決していくことや、様々な情報を見極め知識の概念的な理解を実現し情報を再構成するなどして新たな価値につなげていくこと、複雑な状況変化の中で目的を再構築することができるようにすること」が特に求められている。個別の教育的ニーズに応じたICTの利活用は、まさにマストアイテムの獲得であり、障害のある者とない者とが同じ場で共に学び、自立と社会参加をするための必要不可欠な学びであろう。本稿では、キャリア発達支援研究会設立10周年記念大会テーマ別トークセッション「デジタル活用を通した児童生徒のキャリア発達」で話題提供のあった2校の特別支援学校の実践を中心に述べていくことにする。

2　広島県立尾道特別支援学校しまなみ分校の取組

（1）全校での取組とするために

　広島県立尾道特別支援学校しまなみ分校（以

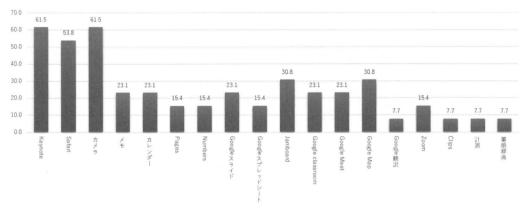

図1　授業等で使用しているアプリ

下しまなみ分校と記す）では、児童生徒のキャリア発達を促すための指導・支援を全校で取り組むために、研究主題等を以下のように設定している。

【研究主題】
児童生徒が主体的に学ぶための指導・支援の在り方
【研究仮説】
豊かな地域資源を活用した学びや、児童生徒自らがICT機器を活用した学びを進めることによって、児童生徒が主体的に学ぶことができるようになるだろう。

　児童生徒の主体的な学びが、全教職員による適切な指導と必要な支援となるように心がけている。

　図1に示すように、特別なアプリケーションではなく、一般的に使われているものやタブレット等にあらかじめインストールされているものが多い。

① GIGA スクールによる環境整備　一人一台のタブレット活用

　GIGA スクール事業による環境整備では、一人に一台タブレットが整備され、生活や学習場面での活用が行われており、以下は実践を終えてのポイントである。

・　一人一台、自分のタブレットという意識、嬉しそうに授業準備に入っている。
・　準備された教材をさらに自分でカスタマイズし使用する生徒もいる。
・　小学部では、２年生よりも６年生を担任していた時の方が、デジタル活用が多い。（担任の意見）
・　授業では待つことなく、個々に進められる。

〇個に応じた教材（中学部 音楽科）

　子供一人一人の学習課題に応じた教材として中学部音楽科で活用され、学習発表会に向けての合奏練習で活用されたタブレットが図２に示した実践例である。

図２　学習発表会に向けた合奏練習での活用例

○小学部朝の会での活用

図３　小学部朝の会での活用例

　図３の１は絵カードを使った朝の会の例で、２はタブレットを使った朝の会の画面の例、３はタップ２回で「これから朝の会を始めます」と音声が流れるため、発話が困難な児童が朝の会を進行できる。

○行事の事前・事後学習での使用（生活単元学習）

図４　行事の事前・事後学習での使用例

　図４は、単元を見通すために、行事の事前学習として日程や内容を確認した。また、同じような流れで事後学習を行うことで、日程や目標の振り返りがスムーズになった。

　また、小学部６年生では、修学旅行に関する単元にて、事前・事後学習やICT機器を使った調べ学習をした。自ら機器やアプリを操作して、気に入った写真を選んで自分の経験をまとめたり、原稿として使用したりしながら発表をした。

○置き換えて考える場面での使用（算数）

　長さを比べるときには、マス目を数えて『い

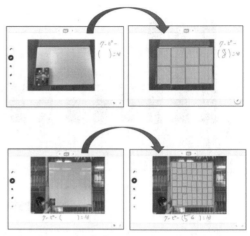

図５　置き換えて考える場面での使用

くつ分』かを考えた。そのことを思い出して、広さを比べる際には指標をクーピーとして『いくつ分』かを考えた。コピー＆ペーストなどの簡単な操作で、広さを体験することができた。

○広さをくらべよう（算数）

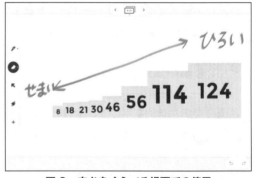

図６　広さをくらべる場面での使用

　別のページには、数字の大きさをイメージして付箋の大きさを変え、それらを並び替えることで、広さの違いを視覚的に示した。

②　多地点間のオンライン授業でのICT活用

　新型コロナウイルス感染症等への感染予防のために以下のような活用も見られた。

- 　全校集会等は、感染対策としてオンラインで行う。
- 　終業式、始業式、本校（尾道特別支援学校）の校長先生とオンラインで挨拶してもらう。
- 　地域資源の活用　福山大学マリンバイオセンターとオンラインで授業を行う。
- 　他校との共同学習
　本校との合同学部朝会（中学部）
　他校との共同学習（ボーリング大会）
- 　修学旅行先から旅行の様子を紹介

（2）しまなみ分校の取組のまとめ

　しまなみ分校の教職員にとって、研究主題をみすえた全校での教育実践については以下のような点が成果として挙げられている。

- 　従来のカード等とデジタル機器の活用で児童生徒の支援・指導の幅が広がった。
- 　タブレット型端末を活用することで、個に応じた教材・教具準備が出来るようになった。
- 　デジタル教材はアプリの活用で場所を選ばない、再利用、修正が簡単にできるようになった。
- 　アナログ教材よりも他の教職員と共有しやすい。

　また、児童生徒の学びを振り返り以下の点が挙げられている。

- 　デジタル機器は大切に扱う。
- 　グーグルマップを活用し、校外学習の事前学習、調べ学習で場所・周辺の位置関係がよくわかる。
- 　調べ学習、発表が回数を重ねるごとにレベルアップしてくる。
- 　オンラインなど、テレビ画面を通すと、児童生徒は集中して見聞きできている。

3　茨城県立つくば特別支援学校の取組

　同校は平成19年開校で、知的障害教育部門

（A部門）と肢体不自由教育部門（B部門）が設置されており、本稿では社会的・職業的自立を目指したICT活用の実践を紹介する。

（1）事例1　タブレット端末を用いたコミュニケーション　A部門高等部第1学年〜

　本事例の対象生徒の実態は以下のように示されている。

【事例1　A子】
- 　人前に立つと恥ずかしくなってしまい、話をすることが難しく、場面を離れてしまったり、動けなくなったりする。
- 　慣れない人と話すことが難しく、緊張して何もできなくなってしまうことがある。
- 　話していることは理解できており、慣れた友達や教員とは、主体的に話すことができる。
→発達障害や場面緘黙の診断はない

　対象生徒の課題は、「実態や特性に合わせたコミュニケーションの確立」と設定され、以下の特徴があるDropTalkが活用された。

- 　絵カードを選択することで、相手に意思を伝えることが可能。
- 　複数のカードを組み合わせて、文章として伝えることも可能。

スケジュールツール

スケジュールツール

図7　DropTalkの活用画面例

同校では、指導・支援を行う上で以下の点を大切にしている。

> ・　自分を理解し、苦手なことも自分の得意なことを生かして、自分らしく対応できる。
> ・　机上での学習・学校だけの力に留まらず、「いつでも」「どこでも」「だれとでも」自分の力を発揮できる。

○事例1　A子への支援

A子への活用は以下の取組が行われた。

・　先生へのインタビューをする授業でDropTalkを使用して活動した。
・　校内実習での報告や質問の際のメッセージの準備やその他の場面の対応を自分からメッセージを準備し行うことができた。
・　スケジュール管理ツールとして活用し、タイムキーパーを務めることができた。
・　総合的な探究の時間で、発表する学習では、DropTalkを用いて説明するだけでなく、別室で自分の声を録音して発表することもできた。

卒業生を送る会でも、同様に動画でメッセージを伝える場面があり、コロナ禍の休校中に、自分で発表原稿準備や動画収録等の準備を進め、休校明けに自信をもって発表することができた。

（2）事例2　特別の教科道徳　A部門中学部第1学年

以下のような課題のある生徒を対象に、単元「その言葉、どう思う？」が設定された。

> ・　善悪を判断する道徳的な考え方はできる。
> ・　自分の意見を述べることができる。
> ・　実生活の場面においては、状況や相手を見て適切な言動に結び付けることが難しい。
> 　※　目上の相手でも敬語を使わない。
> 　※　挨拶をしない・返さないなど。
> ・　許容できない相手の言動に対しては、責める言い方や命令口調になってしまうことがある。

本単元の課題を「相手の心情を考えて対話ができる」と設定し、以下の特徴があるロイロノートが活用された。

> 基本はプレゼンツールであるが、教師用と児童生徒用で管理し、デジタルノートとして活用できる。
> →タブレット端末同士を連携し、課題を配布したり、答えを比較したりできる。
> →一つのノート上で、共同作業ができる。

○事例2　生徒の変容

> ○考えの「押し付け」をしないことを教員間で徹底したことで、自分の考えが認められた安心感から他者の考えを受け入れ、自分の考えと比較することができた。
> ⇒ICTの活用により効果的に理解できた。
> 【日常生活での変容】
> ○対友達と対教師（先輩など年上の人）への言葉遣いを区別して使えるようになった。
> ○生活の場面で友達へ、乱暴な言葉遣いが見られたときに、「今の言葉はどうだろう？」と問いかけると、「よくなかった」と気付き、言い直す場面が見られた。
> 【授業内での変容】
> ○授業をとおして考える場面を多くしたことで、自分の考えや気持ちの変化に気付くことができた。

（3）つくば特別支援学校の取組のまとめ

キャリア教育は教育活動全体を通して系統的に取り組み、児童生徒に社会的・職業的自立に向けた力を育むことにある。全体計画を教育活動に関連付けることで、教員の指導の際の根拠になり、保護者の理解も得られ、皆が同じ方向性で指導・支援にあたることができる。

事例１では、ICT が「めがね」のように普段使いで活用されるよう心がけ、今後も発達段階や特性に合わせて、環境に応じた必要な支援をすることが必要である。

ICT の積極的な活用を図り、キャリア教育との関連を考えながら指導することにより、事例２では、児童・生徒が「いつでも」「どこでも」「だれとでも」学習の成果・自分の力を発揮できることを目指し取り組んだ。人間関係形成能力や意思決定能力などを培うことができるようになると期待される。

4　全ての子供が適切なＩＣＴを必要に応じて活用するために

現在多くの人が ICT を生活のマストアイテムとして活用している。今後 AI の進化が、障害のある子供のキャリア発達にとって、どの様な活用が可能なのか検証が必要である。

本稿では２校の特別支援学校におけるキャリア発達のための ICT 活用実践を、昨年度のキャリア発達支援研究会でのトークセッションの話題提供を基に紹介した。両校に共通していたのは、研究テーマ等を全校で設定し、その上で児童生徒の実態や課題に応じた実践が全校の教員で行われていることである。その上でカリキュラムマネジメント等が行われ、指導及び支援の改善が行われている。こうした日常的な実践の広がりと、研究会等での実践の交流による深まりを期待したい。

最後に、話題提供及び資料提供をいただいた２名の先生に謝意を表したい。

文献

和田克彦(2022). デジタル活用を通した児童生徒のキャリア発達. 広島県立尾道特別支援学校しまなみ分校.

岡本功（2022）. デジタル活用を通した児童生徒のキャリア発達〜社会的・職業的自立を目指した ＩＣＴ 活用〜. 茨城県立つくば特別支援学校.

いずれも、キャリア発達支援研究会設立 10 周年記念大会テーマ別トークセッション「デジタル活用を通した児童生徒のキャリア発達」話題提供資料

6 多職種連携によるキャリア発達支援

島根大学教育学部准教授　藤川　雅人

　まず、近年の中央教育審議会（答申）において、学校内外の専門家と連携が求められることを確認した。併せて自立活動においても専門家の指導や助言の活用が求められていたことを指摘した。次に、「連携」の定義、プロセス、促進および阻害要因を確認した。そのうえで直近3か年の「キャリア発達支援研究」の「キャリア発達支援を促す実践」に掲載された多職種連携の実践について確認し、どのような促進要因や大切なポイントがあったのかを検討した。キャリア発達支援においては、これまで児童生徒本人の「思い」や「願い」を大事にしながら実践を積み重ねてきたが、多職種連携においてはより一層重要であることを指摘した。

◆キーワード◆　専門家、連携、促進要因

1　近年の中央教育審議会（答申）等から見る多職種連携

　中央教育審議会（2021）の「『令和の日本型学校教育』の構築を目指して－全ての子供たちの可能性を引き出す、個別最適な学びと、協働的な学びの実現－（答申）」では、「特別支援学校の教師に求められる専門性」として、「学校内外の専門家等とも連携しながら専門的な知見を活用して指導に当たる能力が必要である」と示されている。専門家等との連携については、特別支援学校に在籍する幼児児童生徒の障害の状態が重度・重複・多様化しており、教師には専門家の知見を活用した指導が求められている背景がある。

　ただし、専門家の指導や助言を活用して適切な指導をすることは、従前から自立活動において示されてきた。現行の特別支援学校小学部・中学部学習指導要領（文部科学省、2017）第7章自立活動では、「児童又は生徒の障害の状態等により、必要に応じて、専門の医師及びその他の専門家の指導・助言を求めるなどして、適切な指導ができるようにする」と示されている。この解説として「専門の医師をはじめ、理学療法士、作業療法士、言語聴覚士、心理学や教育学の専門家等外部の各分野の専門家との連携協力をして、必要に応じて、指導・助言を求めたり、連絡を密にしたりすること」（文部科学省，2018）と記載されている。続く事例として「内臓や筋の疾患がある幼児児童生徒の運動の内容や量、脱臼や変形がある幼児児童生徒の姿勢や動作、極端に情緒が不安定になる幼児児童生徒への接し方などについては、専門の医師からの指導・助言を得ることが不可欠である。また、姿勢や歩行、日常生活や作業上の動作、

摂食動作やコミュニケーション等について、幼児児童生徒の心身の機能を評価し、その結果に基づいて指導を進めていくためには、理学療法士、作業療法士、言語聴覚士等からの指導・助言を得ることが大切である。さらに、情緒や行動面の課題への対応が必要な場合には、心理学の専門家、学習上の困難さへの対応が必要な場合には、教育学の専門家等からの指導・助言が有益である」と示されている。上記のように、特別支援学校では主に自立活動の指導領域において、医療、心理、教育などの専門家との連携の重要性が示されてきた。

中央教育審議会（2022）の「『令和の日本型学校教育』を担う教師の養成・採用・研修等の在り方について－『新たな教師の学びの姿』の実現と、多様な専門性を有する質の高い教職員集団の形成－（答申）」では、「学校現場においては、学校との関わりの度合い（頻度や業務内容等）に応じて、社会人等多様な人材が参画している。近年では『チームとしての学校』の理念の下、スクールカウンセラーやスクールソーシャルワーカー、部活動指導員、医療的ケア看護職員、情報通信技術支援員、特別支援教育支援員、教員業務支援員など、多様な人材がそれぞれの専門性を活かしたり教師を補助したりしながら児童生徒への対応や学校運営に携わっている」と記載されている。多様な専門性を有する教職員が連携しながら、チームとして児童生徒への指導に当たることが期待されている。特別支援学校を含めたすべての学校において、医療や心理分野の専門家だけではなく、福祉やICTなど様々な分野の専門家との連携が求められていることが確認できる。

2 「連携」の定義とプロセス

「連携」について確認していきたい。上記のように「連携」という用語は頻繁に使われるが、「協働」もよく使用される用語である。この「連携」、「協働」は、実践現場では同様の概念を意味している場合もあれば、異なるものを指している場合もある。また、上記にある「チームとしての学校」は教育場面ではよく見られるが、「チーム」も「連携」に関連して用いられる場合が多い。この「連携」、「協働」、「チーム」の関係性について、吉池ら（2009）は、次のように整理している。「協働」は目的達成のための手段的概念、「連携」は「協働」を実現するためのプロセスを含む手段的概念、そして「チーム」を「連携」の実態であるとしている。そして、「連携」とは「共有化された目的をもつ複数の人及び機関（非専門職を含む）が単独では解決できない課題に対して、主体的に協力関係を構築して、目的達成に向けて取り組む相互関係の過程である」と定義している（吉池ら、2009）。次に、「連携」はどのような展開や過程を経るのかというプロセスを確認する。吉池ら（2009）は図1の7段階を示している。これは、自分の役割や業務を再確認できるととも

①単独解決できない課題の確認
②課題を共有し得る他者の確認
③協力の打診
④目的の確認と目的の一致
⑤役割と責任の確認
⑥情報の共有
⑦連続的な協力関係の展開

図1 「連携」のプロセス

に、他の専門家の役割や業務を確認することにつながる。また、自分たちの「連携」の実態（チーム）はどの段階であるのかを理解するための一助となる。

　「連携」の阻害要因と促進要因についても考えてみたい。中村（2014）によれば、阻害要因として、①異なる職種に属するメンバー同士の理解不足、②同質的なメンバーのほうが仕事の効率が高いという意識があるため、としている。また、促進要因として、①これまでのやり方では限界があるという危機意識、②互いに接する継続的な「場」の設定、③「連携」に必要な知識の獲得のための継続的な学習の場の設定、④少人数でも危機意識を共有できる人材と今後の大きな方法性を明確に共有したうえで、小さくてもやりやすいところから始めていくことの4点が指摘されている。

3　多職種連携によるキャリア発達支援の実践

　多職種連携の実際について、2022年12月に開催されたキャリア発達支援研究会設立10周年記念大会テーマ別トークセッション「多職種との連携による児童生徒のキャリア発達」において話題提供された2つの資料を基に確認していく。

　1つめは北海道帯広養護学校長の業天（2022）の報告である。当該校は知的障害を対象とし、肢体不自由、視覚障害、聴覚障害を併せ有する児童生徒、訪問教育の教育課程に在籍する児童生徒、医療的ケア児など幅広い実態の児童生徒が在籍している。そのため、校内外において、教職員以外の多職種との連携が必要である。具体的には、「市町村子育て支援課（障

害福祉課、子ども福祉課等）、医師、看護師、作業療法士、理学療法士、言語聴覚士、児童相談所児童福祉司、社会福祉協議会職員、地域生活支援事業所職員、相談支援事業所職員、放課後等デイサービス職員、就労支援コーディネーター、認定こども園保育士、十勝管内の小・中学校教諭、就労・生活支援センター職員、民生委員、町内会の方々、後援会員、コミュニティ・スクール委員」であり、教育、医療、保健、保育、福祉、労働等の各分野にくわえて地域住民とも連携している。連携を促進するためのポイントとして、4点挙げている。①各職種をコーディネートする人物が必要である、②子どもを中心に置き、それぞれの立場の方を尊重しながらゴールを目指す（自分の立場で主張すると対象児にとってベストな結果を導くことができない）、③日常からコミュニケーションをとり、信頼関係を構築することが大切である、④教職員は異動があるので、人が代わっても継続できるシステム作りが必要である、と指摘している。

　2つめは、富山県リハビリテーション病院・こども支援センターの保育士、相談支援専門員である木立（2022）の報告である。福祉の立場から教育とかかわってきた経験に基づき、連携の難しさについて述べている。①何ができていて、何が不足しているのかという現実を受けとめる覚悟がいること、②支援者である「私」ではなく、対象者である「本人」を中心に考えられているのかということ、③相手に伝え、聴いて、考えてもらえるのか、チームでのコミュニケーションは可能なのかということ、④可能性を見限らず、信念を持続できるのかということの4点である。また、連携するうえで大切

なポイントも述べている。①日頃からの関係性や顔の見える関係をもつこと、②具体的な支援方法を策定するとともに役割を明確化し、共有すること、③状況や環境の変化に柔軟に対応していくとともにインフォーマルな視点も大切にすることの３点である。さらに、多職種連携によるキャリア発達支援において求められることも指摘している。①具体的な達成目標を共有するとともに、到達への過程も共有していくこと、②いつでも「連携」を見直しながらブラッシュアップし、達成感を大切にすること、③連携していく中で、キャリア教育の意義を共有するとともに、長期的に支えていく支援体制も構築していくことの３点である。

では次に、直近３か年の「キャリア発達支援研究」の「キャリア発達支援を促す実践」に掲載された多職種連携の実践について確認する。

キャリア発達支援研究９に掲載された中塔（2023）は、特別支援学校高等部の総合的な探究の時間において、地域と共に地域の課題を解決する「障害者の仕事図鑑」を作成した取組を報告している。障害者の雇用に関する学習の中で、生徒は地域の人々は障害者のことをどう思っているのかという疑問をもち、中小企業家同友会や市役所社会福祉課へのインタビューを行っている。そして、生徒は障害者が「働くこと」の理解を広げるため、冊子を作成する。その冊子作成のため、生徒はデザイン事務所の方から撮影の仕方を学んだとしている。また、取組のまとめを発表するため、テレビ局の方からプレゼン方法を学んだとしている。中塔(2023)は外部の専門家との連携によって、生徒が課題と向き合い、社会や地域の未来を考える実践と

なったとし、生徒のキャリア発達を促す取組であったと報告している。

では、中村（2014）、業天（2022）、木立（2022）が指摘する連携の促進要因や大切なポイントに着目して中塔（2023）の実践を確認していく。中塔（2023）は「共通目的を達成するため、関係者とは、月に１回程度ミーティングの場を設けた」としている。これは中村（2014）の②互いに接する継続的な「場」の設定、業天（2022）の③日常からコミュニケーションをとり、信頼関係を構築することが該当すると考えられる。また、中塔（2023）の新型コロナウイルス感染症対策のため、対面での協議が難しく、オンラインでの会議システムで協議してきたことを報告している。これは木立（2022）の③状況や環境の変化に柔軟に対応していくことに該当すると考えられる。

キャリア発達支援研究８に掲載された森（2021）は、地域の特産品である茶木を育てたいという特別支援学校高等部生徒の希望から、生徒が茶農家と相談しながら計画を立て、お茶を栽培する取組を報告している。生徒は茶農家と関わる「ホンモノ」を目指す活動であることを理解し、「人に何か喜んでもらうことを自分が大事にしていることといえるようになりたい」と意欲的に活動に取り組んだことが述べられている。また、生徒は周囲からの援助を受け入れるようになったことや活動を自分ごととして捉え、よりよいものを作ろうとするようになったことが紹介されている。

連携の促進要因や大切なポイントに着目して森（2021）の実践を確認していく。森（2021）は、学習の形骸化やこれまでの活動だけでは学

習効果が得られない状況が見られるようになったことから、茶農家との連携が始まったことを報告している。これは中村（2014）の①これまでのやり方では限界があるという危機意識があったことが推察される。また森（2021）は、学校と茶農家とのつながりのある農業アドバイザーが取組に関わっていることを述べている。農業アドバイザーがどの程度、学習に関わっていたのかはわからないが、これは業天（2022）の①各職種をコーディネートする人物が関与したものと考えられる。くわえて森（2021）は茶農家、教師がそれぞれの立場で互いを尊重し、1つの目標に向かって取り組んだとしている。これは業天（2022）の②子どもを中心に置き、それぞれの立場の方を尊重しながらゴールを目指すことが該当していると考えられる。

　キャリア発達支援研究7に掲載された下山（2020）は、特別支援学校に在籍する重度心身障害児の支援会議について報告している。支援会議の参加者は、保護者と本人（可能な場合）、学校の教職員、学校と隣接する病院の職員として、主治医、看護師、理学療法士、作業療法士、保育士、指導員等であった。支援会議の協議方法として、PATHの手法を参考にしたとのことである。支援会議の趣旨である「関係者で本人の願いや生徒の良さや強みを共有し、いまと将来を豊かに過ごせるように支援目標や支援内容について話し合うこと」、会議の目的である「関係者の役割分担を行うこと」を確認したとしている。支援会議の手続きとして、①「生徒の実態」、②「本人の願い」、③「3年後に目指す姿」を関係者で共有し、④「必要な力」を各自が意見を出し合い共有した後、⑤「支援内容

の表明」を各自が発表したという流れであった。支援会議の成果として、支援目標や目指す姿を共有し、話し合いの過程を経て役割分担が明確になるとともに、関係者同士の信頼感や連帯感が深まり、各分野の機動力が向上したとのことである。くわえて、関係者がチーム一丸となって話し合う姿は、保護者の主体性や自己効力感につながったことを報告している。キャリア発達の視点からの成果も述べられており、「児童生徒については、笑顔や発声、指導者や対象物を注視したり追視したり、主体的な表出が増えたりした。また、教師等が生徒のできることに意味付けすることで、係活動など生徒の新たな役割が増えた。指導者については、複数の目で児童生徒の支援の方向性を確認したことで、客観的に多面的な支援から生徒を理解することを学んだ。また、児童生徒や保護者の変容から、見方やかかわり方への気付きが得られ理解が深まった。保護者については子どもを前向きに捉えられるようになり、肯定的な言葉掛けが増えるとともに、授業への関心を持つようになり、教育活動に協力的になった。また、子どもを受容し、他者の意見を受け入れられることができるようになった」としている。多職種連携による成果が児童生徒だけではなく、保護者や指導者についても記述されている。

　連携の促進要因や大切なポイントに着目して下山（2020）の実践を確認していく。下山（2020）の支援会議設定とその後の連携による実践は、業天（2022）の②子どもを中心に置き、それぞれの立場の方を尊重しながらゴールを目指す、木立（2022）の②具体的な支援方法を策定するとともに役割を明確化し、共有するこ

とが該当するものと考えられる。

　上記の各実践も含めて、キャリア発達支援研究に掲載された多職種連携の実践は、教育を担う教師だけでは成し遂げることが難しい、あるいは、連携することによって、児童生徒へのキャリア発達の支援を効果的なものとする取組が多数報告されてきた。

　しかしながら、多職種連携の実践では、専門家同士が自分の視点や専門性に固執するあまり、児童生徒の「思い」や「願い」、参画がなおざりになることが見受けられる。誰のための連携なのかを常に意識しておかなければ、児童生徒が不在となった指導や支援になりかねない。特に重度・重複障害を有する児童生徒のように自己表出をすることが難しいケースもある。そのため、児童生徒の意思や主体性、参画を各専門家が意識する必要があることから、連携における児童生徒の位置付けを明確に示すことが重要である。キャリア発達支援においては、これまで児童生徒本人の「思い」や「願い」を大事にしながら実践を積み重ねてきた。今後も児童生徒本人の「思い」や「願い」を中心とした多職種連携による実践を期待したい。

文献

中央教育審議会（2021）．「令和の日本型学校教育」の構築を目指して－全ての子供たちの可能性を引き出す、個別最適な学びと、協働的な学びの実現－（答申）．

文部科学省（2017）．特別支援学校幼稚部教育要領小学部・中学部学習指導要領．

文部科学省（2018）．特別支援学校教育要領・学習指導要領解説自立活動編（幼稚部・小学部・中学部）．

中央教育審議会（2022）．「令和の日本型学校教育」を担う教師の養成・採用・研修等の在り方について－「新たな教師の学びの姿」の実現と、多様な専門性を有する質の高い教職員集団の形成－（答申）．

吉池毅志・栄セツコ（2009）．保健医療福祉領域における「連携」の基本的概念整理－精神保健福祉実践における「連携」に着目して．桃山学院大学総合研究所紀要．34（3）．109-122.

中村洋（2014）．多職種間連携における2つの阻害要因と4つの促進要因．医療と社会．24（3）．211-212.

業天誉久（2022）．多職種連携による児童生徒のキャリア発達－帯広養護学校（おびよう）の多職種連携について－．キャリア発達支援研究会設立10周年記念大会「テーマ別トークセッション」発表資料．

木立伸也（2022）．多職種との連携による児童生徒のキャリア発達．キャリア発達支援研究会設立10周年記念大会「テーマ別トークセッション」発表資料．

中塔大輔（2023）．地域と共に社会の変化を生み出す－「障害者の仕事図鑑」の取組－．キャリア発達支援研究9.178-183.

森玲央名（2021）．ICTで「心を密に」－コロナ禍における地域協働茶農家と協働した「茶畑プロジェクト」－．キャリア発達支援研究8.170-175.

下山永子（2020）．重度心身障害のある児童生徒の「願い」を大切にした支援会議．キャリア発達支援研究7.184-189.

キャリア発達支援研究の最前線

　第VI部では、キャリア発達支援研究5編を取り上げた。これまでも多くのキャリア発達を促す実践がなされ、様々な知見が蓄積されてきた。掲載した報告のキーワードを見ると、「個別の指導計画」「現場実習」「振り返り」といった従前から大事にしてきたものに加え、近年話題となっている、「本人参画」「キャリア・パスポート」「産業構造変化」「対話」といったものが取り上げられている。5編の報告は、キャリア発達を促す実践をさらに充実したものにするための、今後の方向性や示唆を与えるものである。

「児童参画型作成ツール」を活用した支援についての研究

千葉県立特別支援学校流山高等学園教諭　小倉　早織

　個別の指導計画の目標設定から日々の教育実践に知的障害児本人が参画することの有効性について検討するため、小学校特別支援学級（知的障害）に在籍する児童２名と担任教師が取り組んだ事例である。児童本人の思いや願い、考え等を「なりたい姿」として整理し、対話を通して目標を決めたり、目標に向けての取組を振り返ったりすることができる、「児童参画型作成ツール」を活用した実践を行った。児童と担任教師の対話と、目標を明確化するツールを活用することで、知的障害のある児童でも、自身の思いや願い、考え等を表現することができた。自身の「なりたい姿」に向かって取り組んだ本事例から、児童本人が参画することの有効性が示唆された。

◆キーワード◆　個別の指導計画、知的障害、児童参画

1　はじめに

　筆者は、千葉県立特別支援学校流山高等学園（以下、在籍校）に在籍中、大学院派遣研修において、小学校特別支援学級での児童参画型作成ツールを活用した個別の指導計画に関する研究を行った。

　在籍校では、学校教育目標の実現に向けて必要な資質・能力を育成できるよう、「学習者主体の学び」を重視しながら「私の時間」を基軸としてカリキュラム・マネジメントを行っている。その中で、日々の教育活動とつなげながら、生徒の内面の育ちや実態を的確に見取り、生徒の主体性を活かし資質・能力の育成ができるよう、個別の教育支援計画・指導計画の効果的な運用と活用を模索している。また、在籍校での研究実践では、ツールを活用することで、生徒がより自分自身を見つめ、目標設定をすること

ができるようになり、個別の指導計画のつながりを実感することによって、本人主体で学習課題を取り組む姿が見られた。

　知的障害があっても、自身の思いや願い、なりたい姿がある。このことから、小学生や中学生であっても、ツールを活用することで、本人主体の目標設定が可能ではないかと考えた。これらのことから、小学校特別支援学級（知的障害）の児童２名とその担任教師に研究協力を得て、事例研究を行った。

　児童生徒が主体的な学習を実践するには、本人が目標を自分事として捉えることが重要であり、できないことをできるようにする目標設定ではなく、児童生徒の「こうなりたい」という願いをまず出発点にする必要がある（国立特別支援教育総合研究所、2021）。特別支援学校学習指導要領解説総則編（文部科学省、2018）の

自立活動では、自己選択・自己決定の機会を設けることや自立活動の学習の意味の理解を促す指導内容を取り上げることなどが示されている。

個別の指導計画での長期・短期目標の多くは、「○○場面で（具体的な言動）ができる」や「○○な状況でも、（具体的な言動）をする」等、複数ある課題から優先的な課題をまとめて表現するため、抽象的な表現になりやすい傾向がある。知的障害児自身にとっては、場面や言動が不明確であるため理解しにくく、目標達成の基準も曖昧になってしまう。したがって、設定された目標に対し、子ども自身が自分事として認識し評価するためには、具体的な支援や配慮が必要である。

知的障害児の場合、知的発達の程度が様々であるため、子どもの認識に合わせて、具体的な目標を決められるような、「児童参画型の個別の指導計画作成ツール」が必要であると考える。

2 「児童参画型作成ツール」

（1）「児童参画型作成ツール」の概要

「児童参画型作成ツール」は在籍校での取組を基に筆者が作成した。在籍校では、「作業能力」や「コミュニケーション力」、「生活力」や「自己実現力」、「自己調整力」の育成を目指す「資質・能力」として整理し、ルーブリック評価を作成し、生徒と教師が、目標や評価等において、「資質・能力」の達成度評価を可能となるよう活用されていた。本研究で活用する「児童参画型作成ツール」は、育成を目指す「資質・能力」をあらかじめ決めておくのではなく、学校目標や学校の目指す児童像を念頭に、児童と担任教師との対話から決定し、個別の指導計画の目標と

して取り組んだ。

（2）「児童参画型作成ツール」活用方法

個別の指導計画を作成する際に、児童が参画し、児童の思いや願い、考え等を取り入れて作成する指導ツールである。学校目標や学校のめざす児童像を念頭に、児童が「自身のなりたい姿」として目標とする。「自身のなりたい姿」を担任教師と共に、より具体的にし、なりたい姿にステップアップしながら近づいていけるよう、5段階のルーブリック表で示した。それらを実際の個別の指導計画を作成する際に取り入れる（図1、2）。

これらのワークシートは、児童と担任教師が一対一でのやりとりを通して一緒に目標を決めたり振り返ったりする。

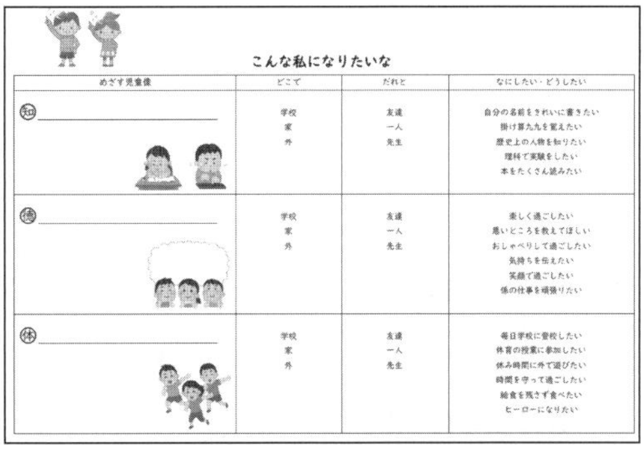

図1　「児童参画型作成ツール」（1）

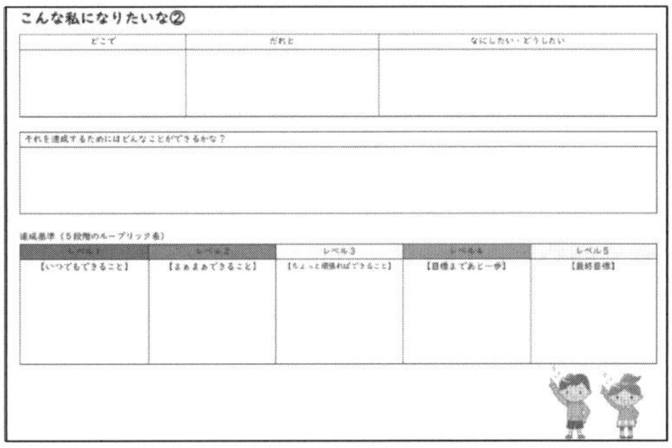

図2　「児童参画型作成ツール」（2）

「児童参画型作成ツール」を活用した一連の手続きプロセスを図3に示した。週に一度、児童と担任教師が一対一でかかわれる自立活動の時間を設定し、目標を決めたり、目標に関する、日々の実践を振り返ったりする時間とした。教師は、子どもの苦手な部分やもっと伸びてほしい部分に注目してしまい、教師から見た子どもの姿を理解させようとしてしまうことがある。しかし、この時間では、児童の思いや願い、なりたい姿に焦点を当てるため、担任教師は「できない」や「難しい」などのネガティブな発言ではなく、「そうなんだね」や「どうしたらできると思う」などのポジティブな発言での対話に努めた。

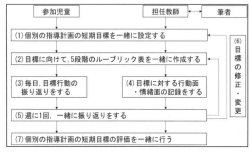

図3　「児童参画型作成ツール」を活用した指導のプロセス

3　協力校での実践

　Ｘ市立Ｙ小学校特別支援学級（知的障害）に在籍する5年生女児（以下、Ａさん）と3年生男児（以下、Ｂさん）、その担任教師1名であった。児童は、音声や文字でのコミュニケーションが可能であった。担任教師の質問に対して、自分の思いを話したり、難しいことは「分からない」と伝えたりすることができた。

（1）Ａさんの取組（4月～6月）

　「児童参画型作成ツール」(1)を使用し、学校の目指す児童像を念頭に、「どこで」「だれと」「なにしたい、どうしたい」を自身のなりたい姿として考えた。担任教師との目標設定する際の発言では、担任教師がなりたい姿や頑張りたいことを質問する際、「漢字を頑張りたい」や「本をたくさん読みたい」等の例えを伝えると、Ａさんは、「それは先生が決めた目標でしょ。それは違う」と発言し、目標に対する自己選択・自己決定の意思を表した。

　担任教師との対話から、Ａさんは「〇〇学級（特別支援学級）で」「みんなと」「楽しく過ごしたい、ケンカしたくない」と発言し、記入をした。Ａさんは特別支援学級のクラスメイトと仲良く過ごしたい気持ちがあることが分かった。この内容を短期目標として取り上げ、具体的に日々の実践内容を決めようとしたが、5月に入り月末に運動会が行われるため、運動会に向けての集会を受け、Ａさんは目標を変更したいと担任教師に伝えた。

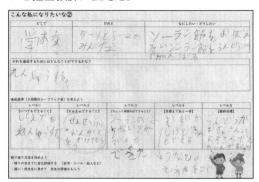

図4　Ａさんの「児童参画型作成ツール」(2) 記入内容

　「児童参画型作成ツール」(2)では、「学校」で「5－1、5－2のみんな」と「ソーラン節を覚えたい、ソーラン節を運動会でがんばる」

と発言し記入した（図4）。Aさんは、前回考えた目標ではなく、運動会に向けてソーラン節を覚えたいことを担任教師に伝えた。5年生は徒競走と玉入れ、ソーラン節を行うとのことであり、その中でもソーラン節を頑張りたい気持ちがあるようだった。担任教師はその発言を受け、本人の一番頑張りたいことを目標にすることを認めた。また、前回のワークシートの記入よりも記入速度が速く、内容も具体的であった。

ルーブリック表の評価基準を考える際、担任教師が「いつでもできることはどんなことがある？」と質問し、「家でも練習する」と発言し記入した。ソーラン節の中で難しい振り付けやソーラン節担当教師からの注目ポイントを伝えると、立ち上がって、「この部分」や「こうする」などの発言に合わせて、身体を動かして担任教師に伝えた。担任教師は、その身振りを「つなひき」や「ふねをこぐ」等の言葉で言い換え、Aさんが記入した。毎日の取組状況をAさんが自己評価をするため、評価基準にしたがって、5色の丸いシールを貼っていくこととした（図5）。

目標を決めてから、運動会当日までは14日間であった。家庭や特別支援学級内での練習は意欲的に取り組む姿が見られ、自己評価シールも毎日欠かさず貼ることができていた。しかし、学年の全体練習に参加できず、担任教師が全体練習に促すが、「まだ全部覚えてない」や「できない、いやだ」、「場所がわからへん」などと発言し、全体練習への不安を表した。担任教師は、全体練習が見える離れた位置や、特別支援学級で練習することを提案し実行した。練習を重ねることで、難しい動きも自分なりにできて

きたと自己評価をしていたが、レベル5に関しては、本人が「5年生全員の中で行うこと」と決めていたため、レベル5の自己評価をすることはなかった。Aさんは、特別支援学級内での練習や全体練習を離れた位置から見ていたこと、担任教師が一緒に場所の確認をしたことにより、不安が少しずつ減り、全体練習に参加することができ、レベル5達成と自己評価をすることができた。

目標に対する評価として、6月に担任教師と振り返りを行った。記入内容には「かぞくにみてもらったのがうれしいよ。ときょうそうとソーランをがんばったよ」と書かれていた。また、担任教師との対話では「（ソーラン節を）家族に見てもらえたことが良かった。がんばった。いっぱい褒めてもらえてうれしかった」と発言した。

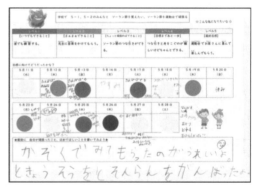

図5　Aさんの自己評価（ルーブリック）

（2）Bさんの取組（5月〜7月）

Aさんと同様、「児童参画型作成ツール」（1）を使用し、なりたい姿を記入した。担任教師がなりたい姿や頑張りたいことを質問した際、「やりたいことはあるけど、本当にやっていいのか」や、「やり方が分からないからできない」など

のやりたい気持ちと難しさへの不安を表した。担任教師から「一緒に考えてみよう」と言われ、ワークシートに、『家』で『かぞく』と『工さく』と自分の思いを記入した。他の項目では、「ともだちとなかよくしたい」と記入し、一人で何かを進めるよりも家族や友だちと一緒に行いたい気持ちがあることが分かった。担任教師が、工作について話を聞いていくと、Bさんは、家族や友だちと一緒に工作をしたいのではなく、自分が作った作品で家族や友だちを喜ばせたい気持ちがあるようだった。家で工作を進めるのではなく、学校で作ったものを家に持ち帰り、家族で遊べるようにしたらどうかと提案し、Bさんは納得してダンボール販売機作りの構想を担任教師に嬉しそうに伝えていた。

　目標は、「家族・友だちによろこんでもらいたい」とした。この目標の達成に向けて、5段階のルーブリック表を考える際、レベル5を一番に記入した。その後、担任教師が「いつでもできることは？」と質問すると『九九』と記入し、レベル2・3・4と学習面での内容を記入した（図6）。Bさんにとって、やりたいことと目標達成に向けて何をするべきかを考える

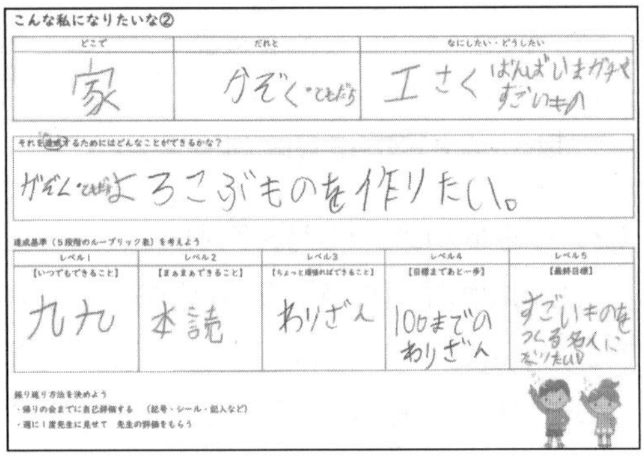

ことは困難であることが分かった。最終目標とルーブリック表のレベル内容を再検討することを本人に伝え、担任教師から工作のレベルを一緒に考えようと提案した。工作のレベルをBさんが一人で考えることは困難であったため、担任教師が【いつでもできること】【まぁまぁできること】【ちょっと頑張ればできること】【目標まであと一歩】に合わせた選択肢をいくつか提示し、その中から本人ができることを考え、レベル1〜4を選択し決定した。

　目標達成に向けて、およそ1か月間取り組むことや、Bさんが理解しやすいように、振り返りシート（図7）はA4サイズの用紙に1週間ごとに自己評価ができるものを使用した。

図7　Bさんの自己評価用（ルーブリック）

　第1週は、念願だったダンボール販売機作りに着手し、必要な材料や作り方を調べ、少しずつ作り始めることができた。担任教師との振り返りでは、「早く作りたい」や「カッターを使うのが難しい」などの意欲を見せた。

　第2週では、ダンボール販売機を作るために、隣の学級のC君（5年生）に作り方のアドバイスをもらいに行った際、C君からのアドバイスは、「以前C君が作った段ボール自動販売

図6　Bさんの「児童参画型作成ツール」(2)
　　　記入内容（当初）

機があるからそれを使ったらどうか」というものであった。自分が思っていた方法とは異なる方法を聞き、自分の意見とC君の意見のどちらで進めたらよいか分からなくなってしまい、「やる気が出ない」と発言した。担任教師は、「やる気が出ない」と自分の気持ちを正直に記入したり発言したりすることを称賛し、目標を諦めるのではなくどの方法がよいかを一緒に考えるようにした。

第3週は、ダンボール販売機作りには、まだ気持ちが向かない様子が見られたので、Bさんが視点を変えて工作に取り組めるよう、壁面装飾作りを担任教師が提案をし、内容を変更して工作に取り組む機会を設定した。振り返りでは、「七夕飾りを作った」や「2学期に向けて（ダンボール販売機について）調べる」と発言し、次につなげようとする意識が見られた。

第4週は、担任教師がペットボトルや牛乳パック、トレーなどを用意し、学級活動の一環としてクラス全員で工作をする機会を設定した。クラスでは、作り方を調べたり、アイディアを出したりし、工作に取り組むことができた。振り返りでは、「最近、工作（ダンボール販売機）

レベル	ルーブリックの内容	6月20日	21日	22日	23日	24日	27日	28日	29日	30日	7月1日
5	すごいものを作る名人						×	×	×	×	×
4	もうちょっとで完成						×	×	×	×	×
3	ちょっとずつ作る				○	○	×	×	×	×	×
2	材料集め/先生に聞く						×	×	×	×	×
1	作り方をパソコンで調べる	○	○				×	×	×	×	×

レベル	ルーブリックの内容	7月4日	5日	6日	7日	8日	11日	12日	13日	14日	15日
5	すごいものを作る名人	×									
4	もうちょっとで完成	×									
3	ちょっとずつ作る	×	○	○							○
2	材料集め/先生に聞く	×									
1	作り方をパソコンで調べる	×			○	○	○				

※○は達成したことを表す。×は「やる気がでない」と自己評価したことを表す。

図8　Bさんの自己評価

はやってないけど、他の工作ができて楽しかった」と発言した。

（3）担任教師のインタビュー

担任教師に、「児童参画型作成ツール」を用いた方法や手続きに関して質問すると、ワークシートの色合いや記入のしやすさの工夫点の良さと、シールを使って子どもが自分で振り返りができることが有効であると発言した。また、Bさんが【工作】の中で意欲が低減しそうになった際に、すぐに対応できたら良かったと自身の支援方法についても振り返る様子が見られた。目標を決めたり、振り返りを行ったりすることへの負担感では、シールを貼ることへの負担感はないが、時間割の都合上、振り返りの時間が取れず、翌日に行うことがあったとのことで、「振り返りの内容が曖昧になってしまうことがあった」と発言していた。「目標を決める→実践する→振り返る」の流れはイメージしているが、実際には実践してもその日に振り返ることへの難しさが見られた。個別の指導計画に子どもが参画することについては、「（参画することは）大きい」と発言した。教師が一方的に決めるのではなく、子どもと一緒に本人の願いを聞きながら目標を立てることの重要性が分かったと言える。一方で、子どもと一緒に作成することへの困難さについて質問すると、「子どもの思いと教師の思いをどの程度合わせていくか」や、「子ども自身が曖昧な目標を出したときに、どの程度の助言をしたらよいか」という点で悩んだとのことであった。児童と担任教師との対話から目標設定や振り返りを行うため、児童の思いや発言だけでは成立しないこともあった。

また、曖昧さが出てしまったときの修正方法や助言の仕方が求められることが分かった。

（4）考察

① Aさんの取組

「児童参画型作成ツール」を活用して、自身の行動を振り返り、評価基準に沿って自己評価をすることができた。研究前の担任教師からの聞き取りでは、「Aさんは目標を決めることはできるが、続けることに課題がある」と述べていた。今回、自分で決定した目標では14日間続けて取り組むことができた。また、目標が1つである場合、「できなかった」と自己評価をすることは難しいため、些細なつまずきから「もうやりたくない」と拒否を示すこともあった。しかし、「運動会に向けて」という大きなイベントに対する意欲と、それに向かうためのルーブリック表の評価基準が、Aさんにとって無理なく取り組める内容であったため、毎日自己評価をすることができたのではないかと考える。

担任教師が行った支援では、Aさんが全体練習への不安を示すことがあった際、全体練習が見える離れた位置で行うことや、特別支援学級内で練習することを提案した。Aさんが自分で決めた目標だからといっても、常に実行できるわけではないため、Aさんの発言や様子を見ながら支援を提案することで、「できなかった」ではなく、「（ここでなら）できた」とプラスの自己評価につなげることができたのではないかと考える。

② Bさんの取組

目標達成に向けておよそ1月間取り組む中で、Bさんの行動と思いの変化が大きく見られた。「児童参画型作成ツール（3）」を活用してBさんは、自身の行動を振り返り、評価基準に沿って自己評価をすることはできたが、本人の思いと実際の取組内容が沿わないことが複数日あり、それに伴って、評価基準に満たない思いを、「やる気が出ない」と自己評価として示している。

筆者の観察から、Bさんは決めたことに対して譲れない様子が見られた。特に、道徳的な価値観が強くあり、「学級では静かに勉強する」や「困っている人がいたら助けるべき」など、「〇〇な場面では、こうあるべき」のように発言することが日常で見られている。このことから、「自分で決めた作り方で作りたい」と自身の思いはあるものの、「C君のアドバイスを参考にするべき」という思いもあり、どちらを優先すればよいか分からない様子であったと推察することができる。そこで、「やる気が出ない」と自分の気持ちを素直に表し、自己評価をすることができていた。やりたいことだからこそ、思いと異なる方向に進んでしまうことに対して、大きく失望してしまうことが分かった。S君のアドバイスも選択肢の1つであること、「自分の思った作り方で進めて行けばいいのではないか」ということを担任教師が伝えても、気持ちを立て直すことが難しかったため、6日間【工作】には取り組むことはできなかった。

③担任教師のインタビュー

担任教師は、「個別の指導計画に子どもが参画することについてどう思いますか」の質問では、「大きいと思った」や「今までは保護者の思いを反映させることをしていた」と発言しており、研究の前後を比較して発言している。ま

た、「達成するにあたって欠かせない」とも発言しており、今回2名の児童の取組から、目標を達成するためには児童の思いや願い、考え等を反映させることが有効だと考えたのではないかと言える。

4　成果と課題

（1）「児童参画型作成ツール」の活用

　個別の指導計画に知的障害児が参画するにあたり、児童の思いや願い、考え等を取り入れて作成できるよう、指導ツールを活用し実践した。小川（2012）は、子ども自身を個別の指導計画の場に参加させることについては、子どもの発達状況からも難しいという予想と、参加して子どもがどの程度そのような場で発言できるか予想がつかないと述べている。そのため、「児童参画型作成ツール（1）」では、学校目標や学校のめざす児童像を念頭に、児童が自身の「なりたい姿」を考え明確にするために作成され、「知」「徳」「体」の三観点からなり、「どこで」「だれと」「どうなりたい、なにをしたい」かを自身の「なりたい姿」として記入できるようにした。児童生徒の「こうなりたい」という願いをまず出発点にする必要がある（国立特別支援教育総合研究所、2021）ことから、個別の指導計画の短期目標を自身の「なりたい姿」として表現できるようにした。さらにイメージしやすいようなイラストを用いて示したり、担任教師による具体例を出した対話を行ったりしなが

ら説明することで、子どもにとっても理解しやすいものであることが2事例を通して示唆された。

　また、個別の時間を設定し、対話を中心に目標を設定することで、目標や課題を「なりたい姿」として共有し、実践することは、子どもを参画させる効果があると考える。

　本来、個別の指導計画は、子どもの長期的な目標達成に向けた、現在の必要な目標として設定されるものである。子どもが参画する目標は、短期目標にとどまってしまう傾向がある。今回も数週間や1月間など短期間の目標設定であった。短期から中期、長期へといかに段階的に実現していくかが求められる。また、子どもの示す実態や課題は様々であり、教材やアプローチ方法も個別化が高いと言える。子どもの実態に即すために、子どもが参画し、目標や課題を自分事として捉えられるようにしていくことが求められる。

文献

国立特別支援教育総合研究所（2021）．基幹研究（発達・情緒班）社会とのつながりを意識した発達障害等への専門性のある支援に関する研究—発達障害等の特性および発達段階を踏まえての通級による指導の在り方に焦点を当てて—．

文部科学省（2018）．特別支援学校教育要領・学習指導要領解説編総則（幼稚部・小学部・中学部）．開隆堂．

小川巌（2012）．知的障害児の個別の指導計画参画方法に関する探索的研究—目標対応画の選択と重み付け手続きの開発—．島根大学教育学部紀要．46．1-13．

2 特別支援学校（知肢併置）のキャリア教育におけるキャリア・パスポートの有効性

宮崎県立みやざき中央支援学校教諭　山田　裕子
宮崎大学大学院教育学研究科　戸ヶ﨑　泰子

　本研究では，特別支援学校（知肢併置）でのキャリア教育において、キャリア・パスポートを活用した実践を行い、その有効性を検証した。キャリア・パスポートを作成する生活単元学習では、学期始めに各自の目標を決め、学期末に目標達成状況の振り返りを行った。日常生活の指導では、目標の確認とその達成状況を振り返る活動を毎日行った。その結果、生徒は各自の行動を調整しながら目標に向かって意欲的に取り組むようになった。以上のことから、キャリア・パスポートの有効活用には、具体的で段階的な目標設定、知的障害生徒の実態にあわせた教材開発・授業方法の工夫、目標達成状況を毎日振り返ることが重要であることが示唆された。

◆キーワード◆　キャリア・パスポート、毎日の目標確認、特別支援学校（知肢併置）

1　問題と目的

　障害のある児童生徒を対象とした教育では、彼らの自立と社会参加に向けた教育実践が重視されている。特に、中央教育審議会（2011）が、キャリア教育・職業教育の重要性を指摘して以降、特別支援学校におけるキャリア教育の実践や研究が盛んになった。例えば、菊地（2011）は、高等部でのキャリア教育において、１年次から産業現場等における実習（以下、現場実習とする。）や働くことの意味付け、自己理解学習を段階的に行い、生徒が現場実習で自覚した課題を個別の指導計画の目標に設定することで、生徒と教師が目標を共通認識しながら学習し続けられるようにした。その結果、企業就職率50％程度を数年にわたって維持するという実績を上げている。また、これらの実践を通して、生徒が自身の課題を理解し、継続的に改善

に向けた取組ができるよう、記録や自己評価の仕方を工夫したり、ポートフォリオを作成したりすることの重要性を指摘している。

　ポートフォリオの必要性については、中央教育審議会（2016）の答申や特別支援学校幼稚部教育要領小学部・中学部学習指導要領（2018）でも、「キャリア教育においては、学習や生活の見通しを立て、学んだことを振り返りながら、新たな学習や生活への意欲につなげたり、将来の生き方を考えたりする際に、児童生徒が活動を記録し蓄積する教材等を活用すること」と、その必要性が指摘されるようになった。そして、「キャリア・パスポート」を活用した実践が紹介されたり（国立教育政策研究所生徒指導・進路指導研究センター、2018・2019）、「キャリア・パスポート」の様式や指導上の留意事項が示されたりしている（文部科学省、2019）。例

えば、赤荻（2018）は、中学校においてポートフォリオの作成を取り入れたキャリア教育を行い、生徒のポートフォリオの内容と面談時の発言内容の分析結果から、ポートフォリオの活用は、視覚的に自分の成長を捉えることができることや、自己理解を促進することに有効であることを明らかにした。しかし、これらの活用事例は、小学校・中学校・高等学校の事例であることから、特別支援学校におけるキャリア・パスポートの活用はまだ模索段階であると言える。

　そこで本研究では、特別支援学校（知肢併置）中学部1年生を対象としたキャリア教育において、キャリア・パスポートを活用した実践を行い、その有効性を検証する。

2　方法
（1）対象生徒
　特別支援学校（知肢併置）中学部1年生通常学級在籍の生徒5名。いずれの生徒も自分の気持ちや考えを他者に伝えることを苦手としているが、慣れた場面であれば、教師の例示や選択肢を参考にしながら、自分の考えを表出したり、選択したりすることができる。

（2）指導計画
　本研究では、「生活単元学習」において、キャリア・パスポートに関する授業を行うこととした。具体的には、大単元を「ぼく・わたしの目標」（20XX年4月〜20XX+1年3月）とし、キャリア・パスポートの作成に取り組むこととした。1学期初めの授業では、キャリア・パスポートや「中学部で頑張ってほしいこと」について理解し、次の授業で自分の目標を設定することにした。1学期末の授業では、1学期の目標の振り返りと2学期の目標の方向性を決定することとした。2学期初めの授業では、2学期の目標の方向性に従って2学期の目標を決定し、2学期末の授業で2学期の目標の振り返りと3学期の目標設定を行うこととした。3学期初めの授業では3学期の目標を確認し、3学期末の授業で、1年間の振り返りと2年生になって頑張りたいことを発表することとした。

　また、知的障害の記憶保持の課題を踏まえると、学期初めに設定した目標を意識し続け、学期末に振り返ることは難しいと判断し、日常生活の指導として、補助教材を用いながら目標の確認や振り返りを毎日行うこととした。

　なお、指導期間は1年間であるが、本研究は2学期末までの成果をまとめた。

（3）使用教材
①1学期初めの生活単元学習で使用する教材：
「中学部で頑張ってほしいこと」（図1）
　中学部1年生で身に付けてほしい力に関する理解を促すための教材。この教材は、キャリア教育における「基礎的・汎用的能力」に関わる内容や学校の教育目標、中学部及び学年の目標を踏まえて、「人と仲良くする力」、「自分をコントロールする力」、「生活する力」、「将来のための力・働くための力」という4領域ごとに具体的な力の内容を示した資料である。また、生徒が理解できる表現を用いたり、生徒の理解に役立つイラストを付したりするなどの工夫をしている。なお、本教材はキャリア・パスポートに綴るようにした。

②登校時と下校時の日常生活の指導で使用する
　補助教材：「日課表」（図2）

　キャリア・パスポートに記載した各自の目標を毎日振り返るための補助教材。本教材は、登校時に生徒が、その日の心身の健康状態や時間割を書き、頑張りたい授業や楽しみな時間に丸印をつけたり、各自の目標を確認したりする際に使用する。また、下校時に目標達成状況を「◎：よくできた」、「○：できた」、「△：もう少し」の3段階で自己評価する際にも用いる。なお、記入した内容については、教師と一緒に確認し、教師はコメント欄に言語的フィードバックを記入するようにした。

③下校時の日常生活の指導で使用する補助教
　材：「今週の振り返り」（図3）

　日課表に記入した目標達成状況を1週間単位で視覚的にとらえることができる補助教材。本補助教材は、①「日課表」に記載した目標達成状況に合致した色のマスキングテープを貼る、②週末には、マスキングテープの色の割合に基づいて1週間の目標達成状況を確認した上で、「今週頑張ったこと」「来週頑張りたいこと」を選んだり、「今週のビッグニュース」を書いたりする、③教師からコメントをもらうという手順で使用した。なお、「日課表」と「今週の振り返り」は、教室内に掲示することで、いつでも自分の目標やその達成状況が確認できるようにした。

④学期末の生活単元学習で使用する教材：「学
　期の振り返り」

　各学期や1年間の目標達成状況を確認しながら、自分が一番頑張った目標や次学期や次年度に頑張りたい目標を記入する教材を用いた。生

徒が本教材への記入を終えた後、保護者や教師は称賛や応援のメッセージを記入し、キャリア・パスポートに綴るようにした。

図1　教材「中学部で頑張ってほしいこと」

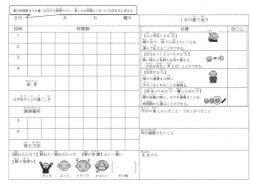

図2　補助教材「日課表」

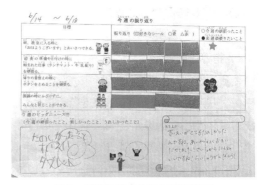

図3　補助教材「今週の振り返り」

⑤２学期から使用した補助教材：「目標段階表」

　生徒が４つの領域に関する具体的な行動目標を決定したり、その達成状況を確認したり、次の行動目標に移行するかを判断したりすることができるように、具体的な行動目標や達成基準などを視覚的に捉えることができる目標段階表を作成した。週末に目標達成状況を確認する場面では、各自の目標達成状況を確認し、達成基準を満たしている場合は次週の目標について教師と相談する時間を設けた。達成基準を満たし、生徒自身も目標達成したと納得できた際には、達成できた目標にシールを貼り、次の目標に移行するようにした。

（４）評価指標

①各生徒の目標達成状況：補助教材「今週の振り返り」や「目標段階表」への記入状況から各生徒の目標達成状況を確認した。

②キャリア・パスポートの活用に関するアンケート：キャリア・パスポートの活用に対する社会的妥当性を検証するために、６件法で回答を求める全15項目と生徒の変容や本実践に対する意見を求める自由記述式回答欄で構成したアンケートを研究実施終了後に副担任や同学年の教師に実施した。

（５）倫理的配慮

　本研究の実施にあたっては、研究対象校の学校長の許可を得た上で、対象学級の保護者に研究協力は任意であること等について説明し、書面で同意を得た。また、宮崎大学教育学部・教育学研究科研究倫理委員会の承認を得た（承認番号 2020-9-E-0402）。

３　結果

（１）１学期の授業の実際

①生活単元学習「自分の目標を決めよう」（第１〜７時）

　キャリア・パスポートについて知り、「中学部で頑張ってほしいこと」の内容を理解することをねらいとした授業を行った。図１を用いて、生徒の理解力に応じた授業進行に努めたが、生徒は自発的に発言することが少なく、教師の支援を多く必要としていた。

　「中学部で頑張ってほしいこと」の４つの領域ごとに、自分の目標を決める活動では、補助教材を使いながら、自分の課題を整理し、特に頑張りたいことを各領域の目標とした。そして、教師と相談しながら目標達成に向けて頑張る場面を具体的に決めた。各領域の目標を決める活動を繰り返すことで生徒は、一人で目標設定ができるようになっていった。

②日常生活の指導

　日常生活の指導では、毎朝、図２の「日課表」を用いて目標の確認を行った。そして、下校時に目標の達成状況を確認し、図３の「今週の振り返り」に評価結果に即した色のマスキングテープを貼った。また、週末の下校時には「今週の振り返り」に貼られたマスキングテープの色の割合から一週間の達成状況を判断したり、今週頑張ったことや翌週に頑張りたいことを考えたりした。毎日これらの活動に取り組むことで、生徒は次第に振り返り活動がスムーズにできるようになった。

③生活単元学習「１学期を振り返ろう」（第８・９時）

　１学期末の授業では、１学期の目標達成状況

を振り返り、２学期の目標の方向性を決めた。目標達成状況を踏まえて、２学期も同じ目標に取り組むか、同じ目標の難度を上げるか、別の目標に変更するかを考えた。どの生徒も概ね１人で目標の方向性を決めることができていた。

（2）４つの目標に対する達成状況の変化と生徒の行動変容

　１学期の各生徒の目標とその達成状況の変化、生徒の行動変容は、表１に示すとおり、個人差があるものの、いずれの生徒も５月から７月にかけて「◎：よくできた」の評価の割合が増えた。また、自発的に行動修正するなど、目標達成に向けた行動が見られるようになった。

（3）２学期の授業の実際

①生活単元学習「２学期の目標を考えよう」（第10・11時）

　１学期末に決めた「２学期の目標の方向性」に従って、目標段階表などの教材を用いながら、各自の２学期の目標を選定した。いずれの生徒も、分からないことを教師に尋ねながら、主体的に活動することができていた。

②本単元と他教科等との関連付け

　１学期は「中学部で頑張ってほしいこと」と他教科等の授業との結び付きの理解が希薄だったため、２学期は他教科等の授業の導入段階で、その授業と関連する「中学部で頑張ってほしいこと」を伝えたり、考えさせたりすることにした。授業回数を重ねるごとに生徒は授業と関連する「中学部で頑張ってほしいこと」を答えることができるようになった。

③日常生活の指導の実際

　１学期と同様、目標の確認やその達成状況の振り返りを行った。また、２学期からは、目標達成の判断基準を、毎日の達成状況の評価において「◎：よくできた」が連続４回続いた時と定め、この基準を満たした場合には、週末の「今

表1　1学期の目標と生徒の変容

生徒	目標の詳細	5月第2週の◎の割合（%）	7月第3週の◎の割合（%）	行動変容
生徒A	・朝の会で、係から伝えたいことを選んで伝えることができる。 ・怖い時など気持ちを切り替える（方法を先生と考える）ことができる。 ・帰りの着替えの時にボタンをとめることを頑張る。 ・朝の活動の時に、その日頑張ることを時間割から選ぶことができる。	44.4	90.0	・不安感情の切り替えが上手になった。
生徒B	・（保体で）「手伝って」と頼まれたら手伝うことができる。 ・作業で頼まれた仕事を最後までやり遂げることができる。 ・掃除の時にほうきを上手に使うことができる。 ・国語の時にみんなと一緒に行動することができる。（はじめの5分）	20.0	50.0	・ほうきの使い方については、手順に従って掃く頻度が増えた（0.0%→50.0%）。保護者からも「ほうきの使い方が上手になった」との感想が得られた。
生徒C	・朝、誰にでも挨拶することができる。（誰にでも→クラスの友達全員に） ・（作業で）丁寧な言葉での報告・相談ができる。（相談→困っていること） ・シューズ洗いが手順表を見ながら一人でできる。 ・作業でみんなと一緒の場所で過ごすことができる	20.0	44.4	・週1回のシューズ洗いについては、手順表を見ながら意欲的に取り組むことができ、1学期末には他の生徒のシューズ洗いの準備もしたり、「手順表がなくても大丈夫」と宣言したりする姿が見られるようになった。保護者も、家族の靴を率先して洗い、洗い方を家族に教えることもあったと話をしていた。
生徒D	・教室に入る時に「おはようございます」とあいさつできる。 ・給食の準備や片付けの時に頼まれた仕事（ランチマット・牛乳配り）を頑張る。（自分から） ・帰りの着替えの時にボタンをとめることを頑張る。 ・国語の時にふざけずに、みんなと同じことができる。（はじめの5分）	58.8	76.5	・登校時の挨拶については、年度当初は、無言で入室したり、教師から挨拶されてからそれに応答する様子だったが、1学期末には入室時に自ら挨拶をしたり、挨拶を忘れても行動修正することができるようになった（20%→100%）。
生徒E	・作業の時にみんなと一緒に活動できる。（誰とでも） ・掃除の時はほうきを頑張る。（頼まれた仕事は最後まで） ・給食の着替えの時、ボタンをつけたままできれいにたたむことができる。 ・朝の活動の時に、その日頑張ることを時間割から選ぶことができる。	82.4	88.2	・給食着たたみについては、目標設定前は、すぐに教師に頼る様子が見られていたが、目標設定後は必ず自分でたたむようになった。また、出来映えを教師に確認したり、上手にたたむポイントを声に出したりする姿も見られるようになった。さらに、他の生徒の様子から「ボタンを外してたたむ」ことへの意欲が高まった。

週の振り返り」の際に、翌週の目標をどうするか教師と相談するようにした。生徒は1学期以上にスムーズに目標達成状況を判断したり、教師と相談して目標を変更したりすることができるようになった。

④生活単元学習「2学期の目標を振り返ろう〜目標達成パーティー〜」（第12・13時）

2学期末の授業では、「達成して一番嬉しかった（自慢したい）目標」と「3学期に頑張りたい目標」を選ぶことで、2学期の目標達成状況の振り返りや3学期への動機づけを行った。また、目標達成できたことの喜びを十分に味わうことができるよう、目標達成パーティーを開き、学級担任・副担任以外の身近な教師からの称賛動画を視聴した。どの生徒も2学期に達成して一番嬉しかった目標や3学期も頑張りたい目標を自分で選ぶことができていた。身近な教師からの称賛動画に対しては、どの生徒も嬉しそうな表情を見せたり、歓喜の声をあげたりしていた。

（4）2学期の目標変更回数

各領域の目標変更回数は、表2に示す通り、ほとんどの生徒が、すべての領域の目標を1回以上レベルアップさせ、中には4回レベルアップさせた生徒もいた。一方、生徒Cのように、特定の領域については、目標達成状況が目標変更の基準に達しても、目標をレベルアップせずに繰り返し取り組む生徒もいた。

表2 2学期の目標変更回数

	人と仲良くする力	自分をコントロールする力	生活する力	将来のための力 働くための力
生徒A	2	2	1	4
生徒B	1	1	1	4
生徒C	0	3	2	3
生徒D	1	1	1	2
生徒E	1	3	3	2

（5）キャリア・パスポートの活用に関するアンケート結果

①本実践による生徒の変容：

副担任や同学年の教師（計8名）による本実践による生徒の変容に関する自由記述からは、対象生徒全員の変容として、「一人で振り返りができるようになった」、「自分が目標達成できたことを再確認し、自信につながっていた」、「目標や学習に向かう態度の変化が見られた」、「中学部生活のベースとなるこの時期に、基本的なルールやマナーが少しずつ身に付いていると感じる」といった報告が得られた。また、個々の生徒に関しても、「朝の挨拶が返ってくる、目を見てくれるようになった（生徒A・生徒D）」、「トイレに行くという目標を意識して行動する姿が見られた（生徒A）」、「作業時の報告が早くなった（生徒C）」、「給食着たたみという目標を意識して行動する姿が見られた（生徒E）」といった報告が得られた。

②本実践の社会的妥当性の検証：

本実践に対する社会的妥当性に関するアンケートでは、いずれの項目についても高い評価が得られた。特に、目標に向かって頑張ったり、自己の成長を振り返ったりする教育活動の必要性に対する評価は平均5.63点と高く、本実践の効果に関する評価についても平均5.63点と高い結果となった。通常学級における本実践の実行可能性に対する評価は平均5.03点であり、概ね実行可能であると判断しており、自由記述でも、目標段階表や活動のルーティン化に対する好意的な意見が見られた。しかし、目標段階表の表現を生徒の理解力に合わせる必要があることや飽きずに取り組めるように工夫する必要

があるといった意見が挙げられていた。一方、本実践の必然性に対する評価は、平均4.50点とやや低く、目標設定や振り返りの活動は、本研究の授業計画でなくても実践できると感じていることが明らかになった。

4　考察

本研究では、特別支援学校（知肢併置）中学部1年生通常学級1学級に在籍する生徒5名に対するキャリア教育において、キャリア・パスポートを活用した実践を行い、その有効性を検証した。その結果、生徒は、目標達成状況についての自己評価を毎日行うことで、各自の行動を調整しながら目標に向かって意欲的に取り組むようになった。例えば、1学期初めは、給食着のボタンを全部閉めた状態でたたんでいた生徒Eは、「ボタンが外れている状態の給食着をたためるようになりたい」と発言するようになり、出来映えを教師に確認したり、上手にたたむポイントを声に出しながら意欲的に活動したりするようになった。時間内に給食を完食できなかった生徒Bは、目標時間内に完食できるようになり、得意げな表情を見せることが増えた。他の教師からも、目標に関連する行動変容が見られたことや、生徒に自信がついてきたようだといった報告が得られた。以上のことから、本実践が生徒の行動変容を促し、目標達成や自己成長の自覚を促進することができたと考える。

このような効果が得られた要因として、大きく4つのことを挙げることができる。1つめは、目標を具体的で段階的に設定したことである。目標を具体的に設定することで、生徒は、自分の目標をいつ、どこで、どのように頑張ればい

いのかがわかりやすくなる。また、目標を段階的に設定することで、目標の達成に向けた取組が容易になるとともに、最終的な目標に近づいているといった達成感も得ることができる。例えば、入学当初から走ることが苦手だった生徒Aは、「朝の運動で歩き続けることができる」という目標を設定し、「歩く」から「走る」への変更、走る周数を少しずつ増やすといったレベルアップを図った。そして、校庭を2周走り続けることができるようになり、本人も2学期に達成して一番嬉しかった目標として、2周走り続けることを挙げていた。以上のことから、目標を具体的で段階的に設定することは、目標達成に必要な行動を促進すると言える。

2つめは、知的障害のある生徒にあわせて教材開発をしたり、授業方法を工夫したりしたことである。例えば、キャリア教育の基礎的・汎用的能力や学校の教育目標については、生徒に理解可能な具体的な言葉で表現し、各教科等の授業では、授業内容と関連する「中学部で頑張ってほしいこと」を伝えたり、考えさせたりした。このような工夫により、生徒は各自の目標を意識しながら授業に臨むことができるようになった。また、記憶の保持が苦手で、下校時に行う目標達成状況の振り返りがうまくできない生徒Bに対しては、授業や活動の直後に目標達成状況を記録する教材を使うようにした。それにより、下校時の振り返りが適切にできるようになった。以上のことから、知的障害のある生徒の理解度や特性に合わせた教材開発や授業方法の工夫は、生徒の活動参加を促すと考えられる。

3つめは、目標達成状況を振り返る活動を毎

日行ったことである。毎日の振り返り活動は、目標をより意識させ、目標達成に向けた取組や振り返りを習慣化させる。また、達成状況を毎日確認することで、活動意欲の向上をもたらすと考えられる。実際、生徒は目標達成状況の振り返りがスムーズにできるようになった。また、達成できなかった目標に対して「明日はこうする」と決意を述べる生徒もいた。以上のことから毎日の振り返り活動は、日々の自己成長の自覚を促すとともに、「課題対応能力」に含まれる課題発見、計画立案、実行力、評価・改善等の力を育むことにもつながると考えられる。

4つめは、教師や保護者からの頻繁な称賛や、生徒同士が成長を認め合い・喜び合う機会を設けたことである。具体的には、教師は毎日コメントを返し、保護者は学期毎にコメントを伝えるようにした。また、2学期末には、目標達成パーティーを行った。これらの取組を行ったことで、生徒は笑顔を見せたり、歓喜の声をあげたりしていた。以上のことから、これらの取組は、生徒自身が日々の努力や目標達成を実感し、更なる成長に向けた動機付けにつながる活動であったと言える。

しかし、本研究は1学級の実践であるため、今後は、学年・学校全体にキャリア・パスポートの活用を展開していかなくてはならない。そのためには、菊地（2022）が指摘しているように、キャリア発達やキャリア教育に関する教員の理解促進が必要である。さらに、キャリア・パスポートの活用を含めたキャリア教育全体計画等の作成（P）、児童生徒の実態に即した実践（D）、成果・効果の確認（C）、課題点に関する協議・改善（A）といったPDCAサイクルの円滑な循環も必要であると言える。

文献

赤荻千恵子(2018). 多様な対話と振り返りを通したキャリア教育の実践―主として. 中等教育において―. 青山学院大学教育学会紀要教育研究. 62. 103-115.

中央教育審議会（2011）. 今後の学校におけるキャリア教育・職業教育の在り方について（答申）.

中央教育審議会（2016）. 幼稚園, 小学校, 中学校. 高等学校及び特別支援学校の学習指導要領等の改善及び必要な方策について（答申）.

菊地直樹(2011). 特別支援学校の就労支援におけるキャリア教育. LD研究. 20. 282-288.

文部科学省（2018）. 特別支援学校教育要領・学習指導要領解説総則編（幼稚部・小学部・中学部）.

菊地一文(2022). 対話をとおして児童生徒の「これまで」と「いま」と「これから」をつなぐキャリア・パスポートの可能性. 特別支援教育研究. 784. 28-31.

国立教育政策研究所生徒指導・進路指導研究センター（2018-2019）. キャリア教育リーフレットシリーズ特別編キャリア・パスポート特別編1～5.

3 Society5.0 時代の障害のある生徒の職業選択と ICT レディネスに関する研究
- 障害のある生徒の仕事のネクストステージを考える-

高松大学発達科学部教授　山口　明乙香

　現在の国内は Society5.0 時代と呼ばれる新たな社会が到来している。Society5.0 は、IoT で全ての人と物がつながり、様々な知識や情報が共有され、AI やロボットによる自動化や人の活動を支援する仕組みにより、人の可能性がひろがる社会ある。この Society5.0 は大きな産業構造変化の到来を意味しており、2030 年には、この社会変容と産業別・職病別の就業者のミスマッチ社会の到来が懸念されている。本稿では、これらの時代変化を踏まえた特別支援学校高等部卒業生の職業選択と働く上で ICT ツールを活用力の獲得が重要になるのか、これからの教育実践として大切になる視点について考察する。

◆キーワード◆　Society5.0、産業構造変化、ICT レディネス

1　Society5.0 時代の「今」私達が直面していること

（1）Society5.0 時代と社会変化

　2016 年に「第 5 期科学技術基本計画」において、Society5.0 とはサイバー空間とフィジカル（現実）空間を高度に融合させたシステムにより、経済発展と社会的課題の解決を両立する、人間中心の社会（Society）として示された。Society5.0 は、新たな社会であり具体的には「IoT で全ての人とモノがつながり、様々な知識や情報が共有され、新たな価値が生まれる社会」、「少子高齢化、地方の過疎化の課題をイノベーションにより克服する社会」、「ロボットや自動運転などの支援により、人の可能性がひろがる社会」、「AI により、多くの情報を分析するなどの面倒な作業から解放される社会」とされている（内閣府、2022）。この人間中心社会の到来により、年齢・性別に関係なく皆に

図1　Society5.0時代の仕事の分類

恩恵があり、日々の暮らしがラクに楽しく、煩わしい作業から解放され、時間を有効活用でき、より便利で安全・安心な生活が実現するとされている。

　この Society5.0 時代では、産業構造変化によって国内の約 49%仕事が AI やロボット等によって代替可能であることが示されており（野村総合研究所、2015）、国内では、① AI やロボット等に置き換わる仕事、② AI やロボット等と住み分けた仕事、③ AI やロボット等と共に働

く仕事、④ AI やロボット等を創り出し新たなトレンドを生み出す仕事の４つに分類されていく（経済産業省、2017）（図１）。図１は経済産業省（2017）の提言を基に、筆者が具体的な作業の例を整理したものである。

2030 年には、社会変容と産業別・職業別の就業者の大ミスマッチ社会の到来が予測され（三菱総合研究所、2018）、AI やロボット化などの産業構想変化によって就業者が大幅に減少する産業と職業が示されている。

（2）「テレワーク」で働くが注目される背景

テレワークとは、情報通信技術（Information and Communication Technology、 以 下 ICT）を活用した、場所や時間にとらわれない柔軟な働き方のことで（総務省、2022）、「Tele（離れた場所）」と「Work（ワーク）」を組み合わせた造語である。類似した用語として、リモートワークがあるが、これは「リモート（遠隔）」とワークを組み合わせた造語で、勤務地以外で働くことを指す用語であるが、主に民間企業等において用いられることが多く、国や自治体はテレワークを統一用語として使用されている。

なぜ「テレワーク」で働くが注目されるのか

図２　障害者のテレワークが注目される背景

テレワークは、社会、企業、労働者それぞれに様々な効果をもたらすと考えられており、社会には非常時の業務継続や人材確保や離職防止、オフィスコストの削減や DX を含む業務変革、生産性の向上の効果があり、企業においては、働き方改革や労働人口の確保や生産性向上、地方創生などが想定されている（総務省、2023）。また労働者においては、多様な働き方の実現と通勤時間の削減などのメリットが示されている。国内の企業においてテレワーク導入している企業は 51.7％となっている（総務省、2023）。また令和４年度には、テレワーク導入企業において、91.3％は在宅勤務が占めており、営業活動などで外出中などの移動しながら作業するモバイルワークは、27.0％となっていた（総務省、2023）。国土交通省（2022）の調査でも、企業に雇用されているテレワーカー（テレワークで働く人）が、過去最高値を占めており、首都圏は相対的にテレワーカーが多く、通勤時間が長くなるほどその割合が高くなることが示されている（国土交通省、2022）。こうしたテレワーク実施のきっかけは「新型コロナ感染症拡大に伴う対策」が 89.0％となっており（国土交通省、2022）、新型コロナ禍によって、これまでテレワーク導入していなかった企業が、在宅でのテレワークを開始し、新型コロナ感染収束後も、現在テレワークしている者 89.4％が「通勤時間の有効活用」と「通勤の負担軽減」を主たる理由として継続意向がある（国土交通省、2022）。このように新型コロナ禍を社会全体で経験したことで、テレワークは普及し働き方の一つとして定着してきている。

障害者にとっては、通勤の交通手段が公共交通機関に限られている場合もあり、生活圏と勤務地との物理的な距離が理由で勤務先を選択できないこともある。また身体障害等の障害特性によっては、通勤自体の困難性が高く、通勤を前提とした就労を諦めざるえない事例もある。こうした点からもテレワークは、過疎地域や通勤に伴う困難がある障害者にとって、就労の実現の可能性を高める一つの働き方として期待される。

障害者雇用の推進を考える企業においては、障害者採用の「広域化」として、都市部以外の地方にも働く場を増やすこととが重要になり、テレワークやサテライトオフィスの活用など、これまでの採用を想定していたエリアを広域化する取組が重要になるとことが提案されている（大濱、2022）。

テレワークで働く業務は、ICTツールを使用することを前提に、データを取り扱う業務であることが多い。前述したようにSociety 5.0時代に伴う産業構造の変化では、前述した③AIやロボット等と共に働く仕事、④AIやロボット等を創り出し新たなトレンドを生み出す仕事が増えてくる。特に④AIやロボット等を創り出し新たなトレンドを生み出す仕事は、その担い手不足が深刻な課題となっており、データワークと呼ばれるこれらの仕事を担える人材の不足から、場所にとらわれない働き方であるテレワークはこうした人材の不足を解消するための一つの手段として期待されている。

（3）障害者のある人の「働く」の現在

平成30（2019）年度の障害者雇用実態調査（厚生労働省、2019）において示された企業で働く障害者の従事している産業は、身体障害者は、「卸売・小売業（23.1%）」「製造業（19.9%）」「医療・福祉（16.3%）」サービス業（14.6%）」「運輸業・郵便業」で、職業は、「事務的職業（32.7%）」「生産工程（20.4%）」「専門的・技術的職業（13.4%）」が多い。

知的障害者は、「製造業（25.9%）」、「卸売・小売業（23.7%）」「医療・福祉（21.9%）」「サービス業（14.0%）」が多く、職業は、「生産工程（37.8%）」、「サービス業（22.4%）」、「運搬・清掃・包装等（16.3%）」であった。精神障害者は、「卸売業・小売業（53.9%）」が、最も多く次いで「医療・福祉（17.6%）」、「サービス業（9.4%）」、職業は「サービス業（30.6%）」、「事務的職業（25.0%）」、「販売の職業（19.2%）」、「生産工程（12.0%）」が多く占めている現状が報告されている。

令和4年6月1日付の最新の障害者雇用状況は、民間企業（43.5人以上規模の企業）に雇用されている障害者の数は613,958人であり、前年より、16,172人増加しており、対前年比2.7%増となり、19年連続で過去最高の数の障害者が企業で雇用されている現状である。雇用されている障害者の内訳は、身体障害者が約35万8千人、知的障害者は約14万6千人、精神障害者は約11万人という実態である（厚生労働省、2022）。

令和4年度の特別支援学校高等部卒業生の就職先（文部科学省、2023）の産業は「製造業（27.7%）、卸小売業（18.3%）、サービス業（11.6%）、医療福祉業（11.3%）」、職業は「生産工程（26.5%）、運搬・清掃・包装等（23.1%）、

サービス職業（16.9%）、販売（11.8%）、事務（10.2%）」という実態がある（表1、表2）。

「医療・福祉」産業を除き、これらの産業と職業は産業構造変化によって、2030年に人材需要が大幅に減少する予測が示されている（三菱総合研究所、2018）。この現状から障害者のSociety5.0時代の産業構造変化を見越した就労支援は、時代に合わせたアップデートが課題として直面していると言える。これまでのアナログ中心の働き方のからアップデートすることと、新規産業としてデータワーク産業と呼ばれるAIやロボット等を創り出す産業・職業領域における障害者の活躍を重点的に拡大することが喫緊の課題である。この2030年予測では、①AIやロボット等に置き換わる仕事の多くは就業機会の減少に加え、低賃金化することが示されており、障害者の職業自立を取り巻く環境の未来予測は非常に厳しい現状がある。

（４）就労支援サービスを利用する障害者と生徒の現状

厚生労働省（2022）によると、令和3年3月時点の障害者の内、就労系障害福祉サービスの利用者の内訳は、就労移行支援事業所訳3.5万人、就労継続支援A型事業所訳7.7万人、就労継続支援B型事業所の利用者訳28.7万人である。これらの利用者の内、令和2年度の一般就労へ移行した者の現状は、18,599人である。

令和3年3月から特別支援学校を卒業した21,846人の内、大学等の高等教育への進学は、749人（3.4%）、障害福祉サービスの利用を進路とした生徒は、13,139人（60.1%）であり、内就労系障害福祉サービスを選択した生徒は7016人（32.1%）であった。

令和3年3月の特別支援学校から一般就労へ移行した生徒が6,705人（30.7%）であることから、おおよその同程度の高等部卒業生が就労障害福祉サービス利用を選択している現状がある。

2　Society5.0時代の職業リハビリテーションの課題

新型コロナ禍を経験したことで、国内の働く基礎スキルとしては、ビデオ会議の参加・使用、オンラインフォームへの回答、クラウドによる

表1　令和4年度高等部卒業生の就職先の産業

区分	計	農業,林業	漁業	鉱業,採石業,砂利採取	建設業	製造業	電気・ガス・熱供給・水道	情報通信業	運輸業,郵便業	卸売業,小売業	金融業,保険業	不動産業,物品賃貸業	学術研究,専門・技術	宿泊業,飲食サービス業	生活関連サービス業	教育,学習支援業	医療,福祉	複合サービス事業	サービス業(他に分類さ)	公務(他に分類されるも)	左記以外のもの
就職者計	4336	116	7	3	118	1200	7	30	310	795	42	27	44	234	171	37	488	38	503	98	68
割合		2.7%	0.2%	0.1%	2.7%	27.7%	0.2%	0.7%	7.1%	18.3%	1.0%	0.6%	1.0%	5.4%	3.9%	0.9%	11.3%	0.9%	11.6%	2.3%	1.6%

表2　令和4年度高等部卒業生の就職先の職業

区分	専門的・技術的職業従事者	事務従事者	販売従事者	サービス職業従事者	保安職業従事者	農林漁業従事者	農林漁業従事者	生産工程従事者	輸送・機械運転従事者	建設・採掘従事者	運搬・清掃従事者	左記以外のもの	生産工程従事者の内訳					
													計	製造・加工従事者	機械組立従事者	整備修理従事者	検査従事者	その他
就職者計	51	443	511	734	9	145	7	1148	52	61	1002	173	1148	904	132	23	47	42
割合	1.2%	10.2%	11.8%	16.9%	0.2%	3.3%	0.2%	26.5%	1.2%	1.4%	23.1%	4.0%	26.5%	20.8%	3.0%	0.5%	1.1%	1.0%

（就職者計：4336）

ファイル共有、チャットツールの使用などへ変化している（山口ら、2023b）。また人材不足が指摘されているデータワーク産業での障害者の活躍を推進する取組が報告されている（山口ら、2023a）。

全国の就労系障害福祉サービス事業所数は、令和3年度の社会福祉施設等調査によると就労移行支援3,353ヶ所（前年比＋1.5%）、就労継続支援A型事業所4,130ヶ所（前年比＋5.1%）、就労継続支援B型事業所14,407ヶ所（＋7.9%）となっている。

就労支援を担う事業所では、この社会の産業構造変化の大波を乗り越えるには、既に働く障害者のリスキリングとこれから社会で働くことを目指す訓練生に対して、産業構造変化を捉えた職業訓練と就労サービスの提供が必要になっている。具体的な課題としては、①遠隔（テレ）環境でもコミュニケーションが図れる力の育成、②産業構造変化に焦点を充てた訓練内容の選定、③利用者・支援者双方のデジタルツールを活用できるスキルの獲得と向上、④ICTを活用して自分の力を「拡張させて」訓練生の「できる」を増やすといった4点の課題に直面している。こうした課題に対して、全国の就労支援を担う事業所では、マイクロソフト社のTeamsやその他のプラットフォームを用いた、在宅や遠隔の訓練を導入する事業所が増えている傾向にあり（山口ら、2023b）、職員の専門性向上としての研修や日々の訓練内容のアップデートに取り組まれている。その中では、プログラミングやWebデザイン、RPA構築、動画編集・作成、アノテーション作業、eスポーツ開発などを中心とする訓練内容を取り組む事

例も増えてきている。

3　Society5.0時代の教育を取り巻く課題

特別支援教育の変遷では、平成11年に当時の第三次産業を中心とする産業構造変化を踏まえ、特別支援学校高等部にも専門教育に関する教科「情報」及び「流通・サービス」が新設されたように、これまでも時代の産業構造変化に合わせた職業教育のアップデートが行われてきた。経済産業省（2022）はこの日本社会の産業構造変化の課題と人材育成ギャップの課題を指摘しており、こうした流れから令和5年教育復興基本計画においても、2040年以降を見据えたSociety5.0時代で活躍する人材育成の課題が示されている。この提言のなかでも教育DXの着実な推進が提言されており、職業教育のDX化も重要な課題に位置付けられる。

小林ら（2022）は、DX等成長分野を中心としたリカレント教育推進事業の一環として、失業者を対象にDX福祉職養成プログラムを開発し、就職・転職支援を試みている。これは、失業者へICTツールの利活用スキル獲得をさせることで、福祉職の人材不足する産業とのマッチングを目的としており、Society5.0

図3　データワーク産業の仕事の一例

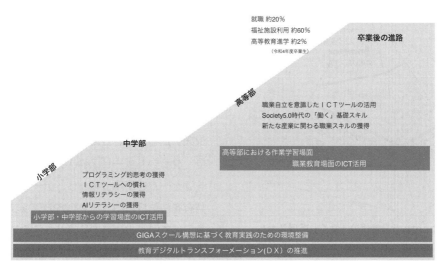

図4　特別支援学校高等部におけるICT活用の位置付け

時代の社会変化に応じた実践の一例である。Maebara et.al（2022）は、特別支援学校の教員を対象に、知的障害のある生徒のテレワーク支援の有効性やその支援や訓練ポイントを明らかにしており、時代の働き方の変化に合わせた職業教育について言及している。前述したように一部の就労系サービス支援事業所においても、職業訓練の内容や作業が DX されている。実際に取り組まれている職業訓練は、プログラミングやシステムを作ることを想定した仕事、データ加工や分析、アプリのテストをする仕事、AI を機械学習させる素材を作る仕事、手書きデータなどのアナログデータをデジタルデータに変換する仕事、e スポーツから SNS 広報につながる仕事などがある（図3）。このように社会の産業構造変化は、就労系サービス事業所にも必然的に影響を与えている。特別支援学校の卒業する生徒のうち、約 30％は企業へ就職し、約 32％は就労系サービス事業所を進路と

して選択している現状からも、卒業後の職業的自立を視野に入れるならば特別支援学校の高等部における職業教育や作業学習をはじめとする教育活動の中での実践を改めて見直し、時代の変化に応じた実践へとアップデートしていくことが重要になると思われる。そのためにも小学部から高等部において ICT 活用に関連するプログラミング的思考や情報リテラシーの獲得などを系統的かつ段階的に教育実践を計画し、実践できているが、高等部の職業教育や作業学習等の場面においてどのように ICT 活用ができるかという点に影響を及ぼすと考えられる（図 4）。

4　Society5.0 時代を見越した作業学習等の教育場面におけるアプローチ

　特別支援学校をはじめとして、現在 2021 年度から開始された GIGA スクール構想の基、各教室や児童生徒への ICT 端末の整備が進み、

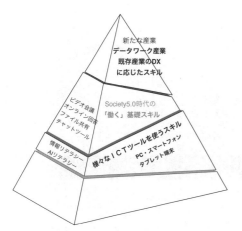

図5　Society5.0時代の「働く」基礎スキル

学習場面でのICT端末の効果的な活用に向けた実践が取り組まれている。小学部から中学部までの系統的かつ段階的なICTツールの使用とスキルの獲得、プログラミング的思考の獲得、情報リテラシーの獲得、AIと上手に付き合い活用することができるAIリテラシーの獲得などが今後取り組まれていくこととなる。高等部では、こうした段階的学びを踏まえ、職業的自立を意識したICT活用スキルの獲得やSociety5.0時代の働き方で求められている「働く」基礎スキルの獲得、新たな産業を想定した職業的スキルの獲得などを想定し、より生徒の獲得スキルや活用スキルに応じた円滑な接続を実現することが今後大切になると思われる。

　日々の作業学習場面等におけるアプローチの種類には、「作業で行う中身をアップデートするアプローチ」と「作業のやり方をアップデートするアプローチ」の2つのアプローチから検討していくことが効果的であると考えられる。「作業で行う中身をアップデートするアプローチ」は、まさに新たな産業の新しい仕事として既に生まれている仕事に着目をして、作業学習で行う中身を検討する方法である。一方で、「作業のやり方をアップデートするアプローチ」は、Society5.0時代の働き方のアップデートに合わせて、働く上で求められる「報告・連絡・相談」をICT端末を活用して実施したり、遠隔会議システムを使ってコミュニケーションを図ったり、クラウドサービスやTeamsなどのプラットフォームを使用しながら、データや成果物の共有をしたりといったやり方のアップデートに着目していく方法である。どちらのアプローチから取り組むのが効果的かという点については、その教育現場の実情やこれまでの取り組み、準備されているICT端末やアプリケーション等によっても最適なプロセスは異なるが、こうした社会のダイナミックな産業構造変化を見越して、これまでの職業教育や作業学習場面における取組を見直し、検討することが今特別支援学校高等部において、重要な課題となっていると思われる。

　生徒のICT端末やアプリケーションツールを日々の学習場面から活用し、それぞれの特性の苦手や必要か工夫や環境の調整をICT端末を用いることで、生徒の「できる」を増やす経験を積み上げておくことで、生徒自身の働く上でICT端末を使う準備性（ICTレディネス）が高まることが期待される。こうしたGIGAスクール構想を基礎とする小学部からの日々の学習経験の系統性と積み上げが、この社会の産業構造変化に伴う「働く」基礎スキルの変動にも対応できる教育実践となる。

　現在は、Society5.0時代の到来と共に「VUCA」時代と呼ばれる変動性・不確実性・

複雑性・曖昧性が飛躍的に高まっている状態であることが指摘されており、この時代には明確な正解が無い中で、自ら課題を発見し、解を創り出し、新しい価値創造とイノベーション創出し、これまでの工業化社会とは違う思考や発想が求められている（経済産業省、2022）。1つの正解を探すという視点より、多角的かつ探索的な視点から、様々な実践に取り組んでいく中で、より効果的なものを組み合わせて、時代に対応した実践を学内外問わずに共有し、相互のアイデアと実践を取り入れながら開拓的な視点から取り組んでいくことが大切になってくる。

文献

内閣府（2022）．Society5.0 の実現に向けた教育・人材に関する政策パッケージ．総合科学技術・イノベーション会議 2022 年 6 月 2 日資料．< https://www8.cao.go.jp/cstp/tyousakai/kyouikuiinzai/saishu_print.pdf >

野村総合研究所（2015）．日本の労働人口の 49％が人工知能やロボット等で代替可能 - 601 種の職業ごとに、コンピューター技術による代替確率を試算．< https://www.nri.com//media/Corporate/jp/Files/PDF/news/newsrelease/cc/2015/151202_1.pdf >

三菱総合研究所（2018）．大ミスマッチ時代を乗り超える人材戦略 第 2 回 人材需給の定量試算：技術シナリオ分析が示す職の大ミスマッチ時代：2030 年の人材マッピング．< https://www.mri.co.jp/knowledge/insight/20180806.html >

経済産業省（2017）．「新産業構造ビジョン」一人ひとりの世界の課題を解決する日本の未来．産業構造審議会新産業構造部会平成 29 年 5 月 30 日資料．

総務省（2022）．令和 3 年度通信利用動向調査．< https://www.soumu.go.jp/johotsusintokei/statistics/data/220527_1.pdf >

総務省（2023）．令和 4 年通信利用動向調査．< https://www.soumu.go.jp/johotsusintokei/statistics/data/230529_1.pdf >

経済産業省（2022）．Society5.0 の実現に向けた教育・人材育成に関する政策パッケージ．内閣府総合科学技術・イノベーション会議教育・人材ワーキンググループ 2022 年 4 月 1 日参考資料．

国土交通省（2022）．令和 3 年度テレワーク人口実態調査 - 調査結果 -．< https://www.mlit.go.jp/toshi/daisei/content/001471979.pdf >

国土交通省（2023）．令和 4 年度テレワーク人口実態調査 - 調査結果（概要）-．< https://www.mlit.go.jp/report/press/content/001598357.pdf >

大濱徹（2022）．パーソルが目指す就労モデル_新しい概念で、「はたらく」の多様化を考えよう【第 2 回】パーソルダイバース．< https://with.persolgroup.co.jp/magazine/interview/024/ >

厚生労働省（2022）．令和 4 年度障害者雇用の状況の集計結果．< https://www.mhlw.go.Jp/stf/newpage_29949.html >

厚生労働省（2019）．平成 30 年度の障害者雇用実態調査．

文部科学省（2023）．学校基本調査令和 4 年度卒業後の状況調査特別支援学校（高等部）．

山口明乙香・大濱徹・梅木秀雄・山田浩三（2023a）．DX 社会を迎えた時代の職業リハビリテーションサービスの在り方 - データワーク産業を視野にいれた実践からの学び -．日本職業リハビリテーション学会第 50 回大会論文集．129-130．

厚生労働省（2022）．障害者分野の最近の動向, 障害福祉サービス等報酬改定検討チーム第 25 回（R4.3.28）参考資料.

Maebara K, Yamaguchi A, Suzuki T, Imai A(2022)．A Qualitative Study on The Function of Information and Communication Technology Utilization in Teaching Students with Intellectual Disabilities: Implications for Techniques of Teaching/Job Coaching. ournal of Intellectual Disability Diagnosis and Treatment 10（1）13 – 20.

小林栄一・渡邉みどり・内田和宏（2022）．令和 3 年度文部科学省委託事業「DX 等成長分野を中心とした就職・転職支援のためのリカレント教育推進事業に向けた事業」における「DX 福祉職養成プログラム」開発の試み．敬心・研究ジャーナル．6(2)．107-115．

山口明乙香・前原和明・野崎智仁・清野絵・八重田淳・北上守俊・縄岡好晴・藤川真由（2023 b）．Society5.0 時代のテレワーク就労における現状と課題に関する研究．日本職業リハビリテーション学会第 50 回大会論文集．28 − 29．

本資料は、令和 3 年度・令和 4 年度 厚生労働科学研究費「就労系障害福祉サービス事業所におけるテレワークによる就労の推進のための研究（21 G C 1017）」の成果の一部です。

4 ホームルーム活動における生徒同士の対話を重視した実践　～PATHやTEM等の手法を活用して～

青森県立北斗高等学校教諭　田中　美紀
（前青森県立青森第二高等養護学校教諭）

本稿は、知的障害のある生徒に対するキャリア発達の視点から、キャリア教育の要となる、ホームルーム活動を中心に、対話を重視した実践の充実やその有効性について検証し、効果的な手立てを明らかにすることを目的とした。各ツールを活用した授業実践を行った結果、教科等横断的な視点で単元構成することや教師の対話力の向上、生徒の見取りを基に対話的にかかわるための取組や定性的・定量的な検証の必要性が示唆された。

◆キーワード◆　ホームルーム活動、振り返り、対話

1　はじめに

筆者の前任校は、特別支援学校高等部専門学科単置校であり、中学校及び特別支援学校中学部を卒業した知的障害のある生徒が在籍する。校訓として「努力、礼儀、協和」を掲げ、将来の社会的・職業的自立に向けた教育活動を展開している。 近年、子どもたちを取り巻く環境の変化は激しく、予測困難な状況であるため、学びを人生や社会と関連付け、仲間と協力しながら目の前の状況に柔軟に対応できる力を育む、キャリア発達を促すキャリア教育がより重要視されている。また、青森県教育委員会（2019）においても、キャリア教育の充実に向けて、「児童生徒が学びの過程を振り返り、将来の生活や社会とのかかわりを考え、将来の生き方や進路について選択したり、決定したりすること、学んだことを生かし、目標を修正しながら自己実現を目指すことができるように授業改善の取組を進める」必要性を示している。これらの背景を踏まえ、生徒の「なりたい」「ありたい」姿の実現に向けて、HR活動における対話をとおした目標設定と振り返りを行い、内面の育ちを促すことが重要と考えた。

2　生徒の実態

対象学級は、1学年8名（男子6名、女子2名）で構成されている。新年度当初、学級担任との個別面談では、学校生活に対して、個々に期待感をもっているものの、これまでの経験から、自信をもてなかったり、対人関係やコミュニケーション面において大きな不安を抱えていたりする生徒がほとんどであった。控えめな集団ではあるが、個々が有している強みは多様であった。新たな環境下で生徒各々が、1年後の成長を期待し、願いを込めて決定したHR目標は次の3点である。

努力　理想の自分になれるように、一生懸命努力する学級

礼儀　相手に聞こえる声で挨拶や返事等ができる学級

協和　お互いを思いやり、助け合いながら共に成長できる学級

3　授業実践

（1）PATH の手法を活用した授業実践

　PATH（Planning Alternative Tomorrow with Hope）とは、フォレストら（2001）が開発したワークショップ手法であり、希望に満ちたもう一つの未来の計画の略称である。本人とそれにかかわる多くの人が一堂に会してその人の夢や希望に基づきゴールを設定し達成するための作戦会議である（干川、2002）。PATHの実施により、生徒がこれからの学校生活に期待感をもって過ごすことや、目標達成に向けて実践することをねらいとした。

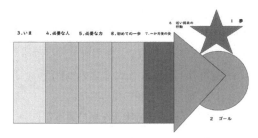

図1　PATH の枠組みとステップ

　生徒Aは「保育士になりたい」という夢を挙げ、「必要な人や力」、「はじめの一歩」等について生徒同士で検討した。授業の振り返りでは、「今までこんな経験をしたことがない。みんなと話せて解決して楽しい」「なりたい自分になるために、憧れの先輩に近づくために、目標に向かって努力することが大切だとわかった」という感想が得られた。

（2）PAC 分析の手法を活用した授業実践

　PAC（Personal Attitude Construct）分析とは、あるテーマについて個人がもつイメージや態度を分析する質的研究法である（内藤、1993）。今回、実習中の学びを学級の仲間と共有し、気づきを広げ深めることをねらいとした。

　1回目は、入学後初めての職業教育の一環として行う校内実習後（6月実施）に、所属する専門教科班での振り返りを基に、実施した。2回目は、後期現場実習（10月実施）後に実施した。対話による振り返りは、2～3名のグループ構成とし、筆者がファシリテーターとなって進行した。PAC 分析における連想語の手続きについては、生徒の実態を考慮し、マンダラート（今泉、1987）を用いて上限8つ以内となるように焦点化した。

大きな声	集中力	体力
身だしなみ	働くために必要だと思ったことは？	体調管理
安全性	仕事の能率	持続性

図2　マンダラート

　分析は、統計ソフトウェアである HALBAU7 を用い、デンドログラム（樹形図）を作成した。その後、デンドログラムを基にインタビューや話し合いを行った。校内実習を終えた生徒からは「友達から学んだことは、みんな嫌な事があっても折り合いを付けていることを知った」「Bさんは、いろいろ悩みながらも成長したと思う」「自分ももっときちんとしないとダメだと思った」等の気づきが得られた。生徒それぞれが対話での意見交換を自分事として捉えることができたと推察された。また、相手のことを考えていると推察される内容も挙げられた。後期現場実習を終えて、「働くために必要だと思ったこと」についてキーワードでの表現を求めたところ、経験から学んだことやこれからもっと

高めていきたいと思うことなどが挙げられた（表１）。キーワードの背景を問うと、実習中に起こったエピソードとの関連が大きいと捉えられた。また、他者の身に立った見方や考え方を取り入れた思いがキーワードとして挙げられていた。

表１　キーワードの変化

生徒	校外実習後（6月）	後期現場実習後（10月）
A	体力、集中力、大きな声、笑顔、作業力、態度、仕事内容を覚える、てきぱき働く	集中力、大きな声、てきぱき動く態度、笑顔、仕事内容を覚える、作業力、コミュニケーション力
B	礼儀、知識、体力、集中力、行動力、責任感	体力、礼儀、健康、意欲的、学ぶ姿勢、行動、考える力、コミュニケーション能力
C	お金、力、人間関係、食、コミュニケーション、薬、精神力、圧	力、食、会話、お金、人間関係、癒やし、家、協力
D	体力、忍耐力、パワー、技術力、注意力、経験、コミュニケーション力、先を見通す力	集中力、判断力、持続性、人間関係、礼儀、自分や同僚の足りないところをカバーし合う想像力、自分の管理
E	動画編集になれる、オリジナルキャラクターを作る、興味のあることを探す	コミュニケーション素直さ、整理整頓、丁寧さ
F	大きな声、集中力、体力、身だしなみ、体調管理、仕事の能率、安全性、持続性	体力、コミュニケーション硬さと軟さ、食事、言葉遣い、集中力
G	体力、集中力、コミュニケーション、注意力、分からない事を聞く、声を出す、早寝早起きをする、他の人と協力する	やりきる力、自信、チャレンジ、笑顔、努力、体調管理、素直に伝える、安心
H	体力、努力、集中、才能、体調管理、笑顔、言葉遣い、メンタル	体力、信頼関係、技術、人の気持ちを考える、笑顔、集中力、コミュニケーション声を出す

（3）TEM図の手法を活用した授業実践

　TEM（Trajectory Equifinality Model）とは、サトウ（2006）らが開発した複線径路・等至性モデルの略称であり、人間の発達と人生径路の多様性と複線性を捉え描き出す質的研究法である。これらを図にしたものがTEM図であり、本実践では、共同的取組や対話をとおした本人の気づきや意味付けをねらうために活用した。手順は表２のとおりである。

表２　TEM図演習の流れ

1　エピソードの整理（個人思考）
1-1　実習日誌を基にエピソードを整理する
1-2　エピソードを箇条書きに整理する
1-3　教師との対話によってポイントを整理する
2　エピソードの解釈（個人思考）
2-1　エピソードをシートに時系列に並べる
2-2　各エピソードについて気持ちや状況を穴埋めの形式で検討する
3　演習（集団思考）
3-1　「ゴール」と「もしかしたらゴール」を検討する
3-2　各エピソードについて「もしかしたら」を検討する
3-3　「後押し」と「妨げ」になった「ヒト・コト・モノ」について検討する
3-4　「ターニングポイント」を検討する
3-5　「キーワード」で表現する
3-6　TEM図講習での気づき等について省察し対話する

①　題材名「Aさんの学校生活‐成長の記録‐」

　学校生活について、通年でAの事例を取り上げた。節目の時期に（7月、12月、3月）自己や仲間の変容に気付くことや、他者から学び得ることをねらいとし実施した。

　振り返り場面では、「みんなにはそれぞれの事情があり、一人一人悩んでいることは違うと思った」「嫌なことがあっても諦めないことが大事」「みんなも成長した、どれだけ成長したかがわかってよかった」などという気づきが得られた。生徒A自身は、失敗だと思っていたことが結果的に成長につながっていたことに気づき、「葛藤」を繰り返し「折り合い」を付けたことに気づいた。また、「みんなの支え（友達、先生、保護者）」があって乗り越えられたことで自信が付いてきた、もっと褒められたい、認められたい」と語る姿も見られた。

②　題材名「後期現場実習を振り返って」

　初めての産業現場等における実習（以下、現場実習）の事後学習及び職業科、HR活動において、学級全員の事例を取り上げた。自身の実習を客観的に振り返ることや、仲間の実習から学ぶことをねらいとした。それぞれが特に印象に残ったエピソードを取り上げ、文章や箇条書きにして可視化し整理する方法や実習日誌を手掛かりとしてポイントを整理する方法等、生徒の実態に応じて表現しやすい方法を工夫した。授業後の振り返りでは、「小さいことに目を向けると、1つ1つ意味があると思った」「みんな葛藤を繰り返し、頑張っていることがわかった。いろんな人の考え方を知れた」「自分の今までの出来事を思い返し、考えるきっかけになっている。他の人のことを理解でき、仲間のことを一緒に考えるようになった」「みんなで

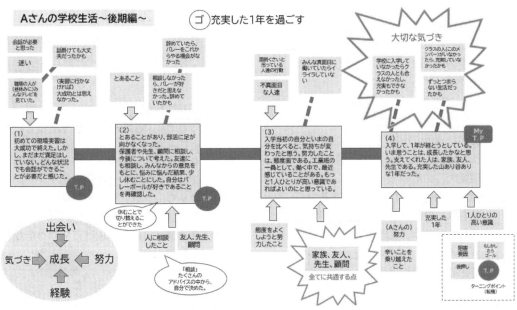

図3　TEM図の例

考えるとたくさんの方法があることがわかった。自分の考え方が変わったと思う」「見えない部分で多くの人の後押しがあった」等の気づきが得られた。最後に実習での成長過程についてキーワードでの表現を求めた（表3）。それぞれが思いに寄り添い、努力の過程を認め合う場面であった。

表3　キーワード

生徒	キーワード
A	注意力、運、気づきと対応
B	無遅刻無欠席、準備、味方
C	判断力、人間関係、期待
D	努力、成長、助力（思いやり）、協力
E	失敗を生かす、時間を守る、やることはやる、学ぶ
F	判断、一生懸命、気持ちの支え（人）
G	チャレンジ、励まし、変化、レベルアップ（120％）
H	気遣い、努力、成長

○授業場面における対話についての分析

　TEM図を用いた現場実習の振り返りのうち、3事例について対話場面を分析した。対象生徒に対する仲間の発言内容を、カテゴリー別に集計した（表4－1、4－2、4－3）。なお、本データは、1単位時間（50分）で一事例を取り上げたものである。

○事例1（概要）

　通勤練習で予定のバスを乗り越したが、学校に連絡し指示を仰いで自力で到着した。忘れ物をし、時間に余裕をもった行動が難しかった。

表4－1　対話場面の発言内容

カテゴリー	発言の概要　　n＝63
相手の思いを知るための問い（23）	・なぜ？・どうして？ ・どこから歩いてきたの？他20件
共感的なことば（20）	・ああー・大変だったね ・わかるよ他17件
価値付けのことば（9）	・みんなで考えたことは次はわすれないよね。 ・これさ、今わかってよかったよね。他7件
アドバイス（11）	・今回わかったことを次直せばいいと思うのよね ・自分のことを冷静に客観視すればいいよ 他9件

○対話場面の一部

> S1：予定のバス停を過ぎてしまい、終点まで行ってしまいました。
> S2：えっ、どこから歩いて帰ってきたの？
> S1：T公園のあたりから。遠かったです。
> S3：ああ、4月に授業（総合的な探究の時間）で行ったところの。懐かしい。
> S2：道覚えていたの？
> S1：電話で先生が曲がるところを教えてくれました。あとは、自分の目で確認しながら歩いてきました。
> S1：すみません。私は言葉で上手く説明できているでしょうか。
> S1～3：うん、わかるよ。大丈夫よ。
> S2：大変だったね。

○事例2（概要）

　事情により実習期間が変更になった。みんなが学校で学んでいる時に実習をすることになった。期間中、行事があったが出られず葛藤もあった。たくさんの後押しにより、前向きにやり遂げられたことに気が付いた。

○対話場面の一部

表4-2　対話場面の発言内容

カテゴリー	発言の概要　　n＝66
相手の思いを知るための問い（22）	・なぜ？・どうして？ ・何が違うの？ 他18件
共感的なことば（20）	・そうかそうか・びっくりだったね ・○○だったもんね 他17件
価値付けのことば（18）	・それでもさ、今わかってよかったよ ・みんなの励ましがチャレンジにつながったね 他16件
アドバイス（6）	・素直でいたらよいと思う。気持ちを素直に言えばいいのよ。 ・そういう時は、先生に言った方がいいよ、すぐにね。他4件

> S4：頑張れた理由は、みんなが応援してくれて。朝の仲間の見送り！
> S5：みんなの励ましがチャレンジにつながったね。
> S6：最初は無理だと思ったかもしれないけれど、（結果的に）できたってことだよね。
> S7：Bさんの言葉で言ったら（今回の実習は、）どういう感じ？
> S4：キーワードは、「変化」。チャレンジしたいと思ったから変化。
> S5：あとは、Bさんが化けて変わったから変化！

○事例3（概要）

　実習期間中に、度々アクシデントが起こった。都度、自分で考え判断し、行動につなげた。多くの人の支えにより実習を終えることができた。

表4-3　対話場面の発言内容

カテゴリー	発言の概要　　n＝45
相手の思いを知るための問い（18）	・なぜ？・どうして？ ・どうやって？・ 他15件
共感的なことば（13）	・ああ、わかる。よかったね ・自分も同じくそう思う 他10件
価値付けのことば（8）	・電話できたことで、次の対応ができたってことだよ。 ・突然のことにも対応できたってことがスゴいよ 他7件
アドバイス（5）	・見方変えれば、モチベーションになるかもよ。 ・忘れないように、日誌にメモしておくとよいのかも。 他3件

○対話場面の一部

> Ｓ１：途中で傘壊れた日ってさ、朝から風が強すぎてさ、たいへんだったよな。
> Ｓ２：自分も同じく傘が壊れて濡れた。特に靴がびしょびしょ。
> Ｓ３：お金多く持っていてよかったな。(新しい傘を買えた。)
> Ｓ１：あの日も大変だったよな（安全確認のために）しばらくバスが止まってさ。遅刻するのではないかって焦った。バス降りてから微妙な時間だったから学校に電話をしたよ。
> Ｓ２：電話できたことで、次の対応がとれたってことか。
> Ｓ３：自分は電話しなかった。そうか電話だったか。

○考察

　３事例ともに、相手の思いを知るための問い、共感的なことば、価値付けのことば、アドバイスに関する内容の順で発言があった。また、失敗内容に対して否定的な発言は１つも見られなかった。生徒達は仲間を取り巻く事実について問い、背景にある思いの理解に努めていると捉えられる言動が見られた。また、行動の過程に着目し価値付けたり、アドバイスしたりする場面も見られた。個々に相手の身に立ち、ことばを選んで伝えており、成功場面についても同様に肯定的な発言や称賛する発言が挙げられていた。

4　ＨＲ活動アンケートをとおした変容

　１学年生徒を対象に、自己認識に関する調査（以下、調査）を実施した。調査時期は、４月〜翌年３月の計４回であり、質問項目に対し４件法で回答を求めた。各プログラムを実施した本学級の平均値を上段に、他学級を下段に示す。

表5　HRアンケート

上段 n=8
(下段 n=25)

質問項目	4月	7月	12月	3月
1. 私は、今の自分に満足している。（　）内は、他学級の平均値	2.63 (3.28)	↓2.38 (3.28)	↗2.75 (3.48)	↓2.38 (3.25)
2. 私は、人の役に立つ人になりたいと思う。	3.25 (3.60)	3.13 (3.52)	3.50 (3.43)	3.38 (3.67)
3. 私は卒業後の夢や目標をもっている。	2.88 (3.08)	3.00 (3.28)	3.13 (3.17)	3.00 (2.71)
4. 難しいことでも、失敗を恐れないで挑戦している。	2.88 (3.52)	2.63 (3.40)	3.13 (3.30)	3.00 (3.38)
5. 困った時に周りの人に相談する	3.50 (3.48)	↓3.38 (3.76)	↗3.88 (3.27)	→3.88 (3.38)
6. 成功した時、なぜ成功したのかを振り返るようにしている	2.63 (3.44)	↗3.00 (3.56)	↗3.38 (3.64)	↗3.50 (3.75)
7. 失敗した時、なぜ失敗したのかを振り返るようにしている	3.00 (3.44)	↗3.38 (3.56)	↗3.50 (3.77)	→3.50 (3.71)

　今回は、本プログラムを実施して、変容があったと捉えている４点について考察する。問１については、増加、減少を繰り返した。減少した生徒からは「自分はこのままではいけない」「友達のように頑張らなくてはならないと思っている」「先輩のようになりたい」といったいまの自分をさらに高めたいという思いが挙げられた。一方で、増加した生徒からは「自分はこのままのペースでよい」などといった、これまでの自分と比較し、いまがよりよいと思った意見も挙げられた。その時々の状況や心境により変化を繰り返し過ごしていることが確認された。

　問５については、各プログラムをとおして自分の思いを表出したり、仲間からのアドバイスにより納得解や最適解を見出せたりした経験から、相談したい気持ちが高まったと捉えられた。生徒Ａは、「聞けないから相談しない」から「わからないままにしたらだめだから（相談する）」、生徒Ｂは、「解決できるかもしれないから」から「たまには誰かに相談することはいいと思う」、生徒Ｃは、「相談すると楽になるから」から「相談した方が自分の意見以外のこともたくさん聞けるから」とそれぞれの捉え方の

変容が確認できた。また、相談する理由と相談することが多い人１名の記入を求めたところ、４月調査では、他学級と同様に教師や保護者の回答が大半を占めていたが、３月調査においては、７名が「友達」１名が「先生」と回答した。高校生の悩みと相談に関して、小倉ら（2004）は、相談相手として友人を選ぶ傾向にある人のほうが、そうでない人に比べて主に対人関係にかかわるような部分での学校への満足度が高いこと、悩みの多い思春期・青年期において学校生活を楽しく過ごす上で悩みを話せる友人の存在が重要であることを述べている。各プログラムでの対話を中心に友達の存在がより強く認識され、共に学ぶ中で、自身において大切な存在であること、よき理解者であり信頼できる仲間という認識に変化したと推察された。また、調査実施後の対話から、相談内容や緊急性や重要度等に応じて、「友達」「先生」等の相手を選択している生徒がいることが確認できた。

問６については、４月調査では３名の生徒が「どちらかといえばあてはまらない」「あてはまらない」と回答したが、７月、12月、３月調査では全員が「あてはまる」「どちらかといえばあてはまる」と回答していた。理由については、「現状に満足しているから振り返らない」から、「次につなげたいから」「当たり前のようにやっている」などと１年間の生活を経て、思いの変容が確認された。

問７については、４月調査では３名の生徒が「どちらかといえばあてはまらない」「あてはまらない」と回答したが、７月以降の調査では、全員が「あてはまる」「どちらかといえばあてはまる」と回答していた。理由は、「思い出したくない」から「当たり前のようにやっている」

「自分で何度も振り返っている」など振り返りが習慣化され、次へ生かそうとする姿勢が見られるようになった。

○各プログラムでの対話と振り返りをとおした
　Aさんの変容（一部掲載）

　１年間の生活を振り返る手段として、ライフラインチャートを併用し、節目の時期に記入した。年度末に、情報科にてプレゼンテーションソフトを使用し作成した。HR活動で生徒全員が発表し、成長の記録を共有した。

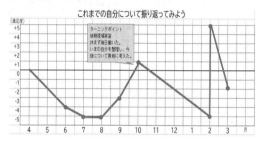

図４　ライフラインチャートによる振り返り

　以下、生徒Aの成長記録を一部掲載する。

　４月、気持ち新たに入学。不安も多かった。友達が欲しい。６月、授業中に納得できないことが起こった。クラスのみんなと話合う中で、「折り合い」という言葉と出会った。みんな嫌なことがあっても折り合いをつけていることを知った。自分はもっと頑張らなければならない。８月、夏休み。なんだか物足りない。学校が楽しいことに気が付いた。

　９月、文化祭準備で先輩に任せすぎた。自分ができることを見つけられなかった。悔しい。10月、後期現場実習は自分なりには頑張ったつもりだが、体力や持続性など自分に足りないところが多すぎた。２月、部活動でとある出来事が起こった。退部を考えた。みんなに相談したところ、選択肢が複数挙がった。その中から、自分で決めた。一旦小休憩

をし、様子を見ることに決めた。答えを出すことができたので、気持ちは、マイナス5からプラス5になった。3月、いまが楽しい。みんなが自分を大きく成長させてくれた。思いを語り合う経験は初めてだった。人に頼ることを覚えた。山あり、谷ありの1年間。いろいろなことに気付くことができ充実した日々を過ごすことができた。

5 成果と課題
（1）成果

TEM図を活用した小集団での対話から、「可視化」「具体化」「共有化」に加え、「段階化」が有効な手立てであることが推察された。また、多様な考え方に触れ、自己のこれまでを意味付ける有効な機会となることや、次への意欲や目標設定につながることが示唆された。さらに、共感的な対話で得た気づきは、他の場面における物事の「見方・考え方」「受け止め方」として顕在化され、個々の学びや育ちの広がりや深まりにつながったと推察された。

（2）課題

教師の柔軟なファシリテートや対話力の向上が挙げられた。また、教科等横断的な視点を踏まえた単元構成ほか、校内外の資源活用や学年を越えた対話を重点に置いた取組の必要性が確認された。さらには、事例の蓄積により、定性的・定量的な視点から生徒の個々の変容を把握することや、生徒の「なりたい・ありたい姿」の実現に迫る授業改善の必要性が確認された。

6 おわりに

本実践では、生徒の「思い」や「願いを」出発点とし、様々な実践に取り組んだ。引き続き生徒にとっての「なぜ・なんのため」を踏まえた学びを土台とし、「目標の自己化」の工夫を図り、さらなる内面の育ちを促す取組へと発展させていきたい。また、「いまの学び」と「将来」をつなぐために、生徒や保護者、教職員等との対話を大切にし、生徒のよりよいキャリア発達を目指していきたいと考える。

付記

本稿は、知的障害のある生徒に対するキャリア発達を促すホームルーム活動の在り方に関する研究―目標設定、振り返りと対話に着目して―及び、2022年度日本教職大学院協会研究大会、日本特殊教育学会第61回大会での発表内容を再構成したものである。また、日本学術振興会科学研究費助成事業基盤研究（C）（課題番号 21K02678）として行ったものを含み、弘前大学教育学部倫理委員会の承認を受けた。授業実践等にあたり生徒本人及び保護者、所属長の許諾を得るなど、倫理上の配慮を行った。

文献

菊地一文（2021）．知的障害教育における「学びをつなぐ」キャリアデザイン 本人の「思い」や「願い」を踏まえた「深い学び」の実現に向けて．ジアース教育新社．

菊地一文・石羽根里美・岡本洋・田中美紀・藤川雅人・杉中拓央（2022）．可視化と対話の重要性を踏まえたキャリア・パスポートの活用 - 本人の取組に対する気づきや意味付けを促す活用のポイントと課題 -．日本特殊教育学会第60回大会論文集CD-ROM．日本特殊教育学会．

田中美紀（2023）．知的障害のある生徒に対するキャリア発達を促すホームルーム活動の在り方に関する研究 - 目標設定、振り返りと対話に着目して -．弘前大学大学院教育学研究科教職実践専攻（教職大学院）年報 5 107-116．弘前大学大学院教育学研究科．

田中美紀・菊地一文（2023）．効果的な振り返りと対話の促進を図るための小集団によるTEM図を活用したホームルーム活動の試行．日本特殊教育学会第61回大会論文集CD-ROM．日本特殊教育学会．

5 特別支援学校高等部におけるキャリア教育 の充実に向けた現場実習評価表の活用

秋田大学教育文化学部附属特別支援学校教諭　今井　彩

　特別支援学校で実施している産業現場等における実習（現場実習）は、実際的な働く経験をとおして、生徒が自己の職業適性や将来設計について考え、主体的な職業選択の能力や職業意識の育成を図っていくことが期待される学習機会である。現場実習では、各学校で「実習評価表」を作成し、実習先に対して生徒の評価を依頼する。この実習評価表には、主に5つのアセスメント機能を有しており、その活用によって、生徒のキャリア発達を促進することが期待できる。現場実習のフィードバック場面において、この実習評価表が有する機能をどのように活用していくことが、現場実習の教育効果を高め、キャリア教育の充実につながっていくのか、これまでの先行研究を参考としながら検討した。
◆キーワード◆　現場実習、実習評価表、フィードバック

1　はじめに

　平成20年1月の中央教育審議会答申において、キャリア教育の充実とその一環としての就業体験活動等を通じた小学校段階からの体系的な指導の推進が提言された。そして平成21年3月に公示された高等学校学習指導要領第1章第5款の4「職業教育に関して配慮すべき事項」では、「学校においては、キャリア教育を推進するために、地域や学校の実態、生徒の特性、進路等を考慮し、地域や産業界等との連携を図り、産業現場等における長期間の実習を取り入れるなどの就業体験の機会を積極的に設けるとともに、地域や産業界等との人々の協力を積極的に得るよう配慮するものとする」と示された。この規定は特別支援学校高等部において準用されており、特に実際的・実践的な学習活動が効果的な教育機会となる知的障害のある生徒にとって、産業現場等における実習（以下、現場実習）はキャリア教育の中核的な学習活動になっていると言える。実際、平成31年2月

に改訂された特別支援学校高等部学習指導要領解説では、「現場実習は、実際的な知識や技術・技能に触れることが可能となるとともに、生徒が自己の職業適性や将来設計について考える機会となり、主体的な職業選択の能力や職業意識の育成が図られるなど、高い教育効果を有するものである」と示されており、特別支援学校高等部において、現場実習は生徒の主体的な進路選択と社会参加を促す進路指導の大きな柱として実施されている。

　平成31年に改訂された特別支援学校学習指導要領解説知的障害者教科等編（高等部）の教科「職業」では、現場実習に関する指導について、「学校内における作業や実習によって、産業現場等に通用する力を育て、現場実習に臨むようにするとともに、実習の評価を基に、課題を自覚し、以後の学校内における学習によって解決できるよう配慮する必要がある」と示されている。ここに示される「実習の評価」とは、現場実習を計画するに当たり留意する事項

として「実習先に対して実習中の生徒の評価を依頼すること」とあることから、実習先からの客観的な評価を得ることで、学校内において身に付けた力が、実際に産業現場等で通用するものになっているかどうかを検証することが目的になっていると理解できる。この実習先からの評価は、生徒が自分の現状を知り、新たな学びの方向性を自ら定めていくためのツールになるとともに、教師にとって、生徒に対する指導や支援の在り方を見直すためのツールともなり得る。現状、各地域や各学校において現場実習の評価表（以下、実習評価表）を作成し、実習先に生徒の評価を依頼していると思われるが、この実習評価表をどのように活用していくことが、更なるキャリア教育の充実につながっていくのかを検討していきたい。

2　実習評価表がもつアセスメント機能

　秋田県中央地区にある特別支援学校7校では、県央地区特別支援学校進路指導連絡協議会（以下、進路指導連絡協議会）が開催されており、各7校の進路指導主事が集まり、進路状況を確認したり、現場実習の期間や実習先（企業や福祉作業所）の調整を行ったりするなど、県央地区に在籍する児童生徒の進路に関する様々な情報の共有や協議を行っている。各校で実習先が重なってしまうケースも度々あることや、実習の受け入れ先から実習評価表を統一してほしいといった要望があったことから、進路指導連絡協議会において検討を重ね、2014年度から7校全てで統一様式の実習評価表（図1）を使用している。県央地区で使用している実習評価表は、独立行政法人高齢・障害・求職者雇用支援

図1　実習評価表（左側表面、右側裏面）

機構（2009）の「就労支援のための訓練生チェックリスト」を参考に作成されている。このチェックリストは、障害者職業センターや就労移行支援事業所等において、就労支援のためのアセスメントとして活用されており、生活面・対人面・作業面・態度面の４領域32項目で評価される。この観察評価の観点には「職業生活に必要な個人的な諸能力が用意されている状態」と言われる『職業準備性（図２）』の具体的な内容が示されている。松為（2021）は、働く場面に参入する以前の学校教育におけるキャリア教育を通して、この職業準備性を育んでいくことが重要だとしており、この職業準備性に問題がある場合は、関係機関へ教育を引き継ぐことや支援体制を整えていくことが必要だと述べている。このように、実習評価表は、職業準備性の観点から生徒の将来的な可能性（キャリア発達）を見据え、生徒の現状を整理し、必要な指導や支援について検討するなど、様々な機能を有していることが推測できる。さらに、県央地区で使用している実習評価表は、総合評価と雇用契約の可能性を示す評価を付けてもらうこと

で、今後の見通しをもてるようにし、特記事項で生徒のストロングポイントやウィークポイントについて記述してもらうことで、実習先でどのような事柄が求められているかを詳細に把握できるようにしている。今井・前原（2023a）は、この実習評価表を活用している県央地区７校の進路指導主事を対象に半構造化インタビューを

表１　実習評価表がもつアセスメント機能

大カテゴリー	小カテゴリー
①生徒の現状把握	雇用の可能性の見極め (8)
	生徒の現状把握 (7)
	職業適性の見極め (3)
	支援内容の把握 (2)
②指導・支援内容の検討	指導・支援方法の改善 (10)
	指導方針の共有 (9)
③事後学習への活用	生徒の学習成果の把握 (10)
	得意なことや苦手なことへの気付きの促し (9)
④雇用についての要求水準の把握	実習先の要求水準の把握 (8)
	実習先との認識の統一 (6)
⑤家庭との情報共有	家庭との情報共有 (7)
	進路の方向性の検討 (6)

(n=85)

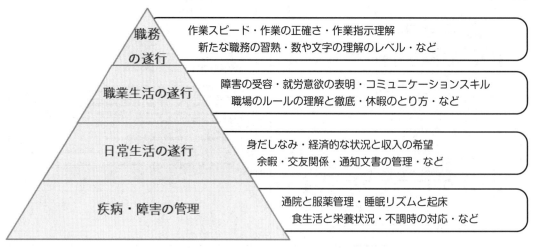

図２　職業準備性のピラミッド（松為、2006を一部改変）

行い、実習評価表がどのようなアセスメント機能をもっているのかを調査している。その結果、「①生徒の現状把握」、「②指導・支援内容の検討」、「③事後学習への活用」、「④雇用についての要求水準の把握」、「⑤家庭との情報共有」といった5つの機能があることが示された（表1）。

3　実習評価表がもつ機能の活用

実習評価表がもつ5つのアセスメント機能が、どのように生徒に還元されていくか、今井・前原（2023）を参考に提案していく。

（1）生徒の現状把握

松田（2013）、松瀬（2017）、清水（2017）は、効果的なアセスメントの機能として、障害がある対象者の自己理解を促すことができることを示している。また、松為（2021）は、アセスメントによって様々な側面から個人特性を把握し、その結果を本人にフィードバックすることで自己理解を促すことが必要だと指摘している。教育現場においては、学校における生徒の様子と実習の評価結果を照らし合わせ、雇用の可能性や学習到達度、職業適性や必要な支援について教員が生徒の現状を適切に把握し、学校における学習の結果が現場実習のどの場面につながっていたのか、これからの学習にどうつなげていくのかといった日々の教育活動への省察を踏まえ、現場実習のフィードバック場面において生徒の気付きを促していくことで、生徒の自己理解を促進できると考えられる。

（2）指導・支援内容の検討

前原ら（2022）は、職業に関するアセスメント結果を単に「できる」「できない」で評価するのではなく、結果を支援に役立てる観点が必要であることを指摘している。教育現場においては、実習の評価結果を、これまでの学習の中でできるようになったことと、これから指導・支援が必要なこととして受け止め、指導・支援の内容を見直したり、評価結果を教員間で共有し、指導方針を共有したりすることで、より充実した個別の教育支援を提供できると考えられる。

（3）事後学習への活用

Strauser（2014）、Wehmeyer et al.（2017）は、自己決定を支援していくことは教育及び移行支援をよりよいものとするために重要であることを示している。現場実習の事後学習場面において自己決定を支援していく取組としては、実習の評価から明らかになった成果や課題を日々の学習と結び付け、成果については教員が日々の学習の意味付けを図り、課題については生徒が新たな学びの方向付けを図ることができるよう、教員が生徒の目標設定を支援することが挙げられる。また、実習先からの客観的な評価と自らの認識とを比較することで、生徒が自分の得意なことや苦手なことに気付き、得意なことを生かす方法や苦手なことを補う方法を考えられるようにすることが挙げられる。このように将来に向け、生徒がこれから学んでいくことを自己選択・自己決定する機会を設けることで、生徒のエンパワメントの向上を図ることができると考えられる。

（4）雇用についての要求水準の把握

前原（2021a）は、企業就労への支援において、個人の自己理解だけでなく、個人と環境との相互作用を考慮し、どのように社会にアプローチしていくのかが重要であることを示している。これは企業就労に留まらず、福祉的就労

においても、学校と移行先との連携体制を構築するために重視しなければいけない点だと考えられる。この点から、教員は現場実習中に生徒の様子だけではなく、実習先の様子も確認し、実習先の評価の観点をある程度把握しておくことで、実習先の作業に対する要求水準や周囲の環境、求められる人物像等を明らかにし、評価表の結果と実習中の生徒の様子から、実習先の要求水準が生徒にとって過度に高いものになっていないか、周囲の環境に適応できていたのか、今後本人の状態に合わせて仕事の内容を変えたり、環境調整を図ったりすることは可能かというようなことを把握できると考えられる。そして、生徒の進路選択・進路決定に向け、個人と環境との相互作用を考慮した支援を行うことができると考えられる。

（5）家庭との情報共有

　前原（2021b）は、家庭と連携体制を構築し、アセスメント結果の情報を共有することは、本人の課題改善に向けて大変重要な支援となることを示している。教育現場においても、家庭との連携体制の構築は不可欠である。実習評価表から得られた結果について、生徒の成果や課題等の情報を家庭と共有し、教育的ニーズについて再度検討していくことや、教員が生徒本人や家庭とともに進路の方向性について検討していくことで、生徒本人が自分の希望する進路に向け、日々の学校生活や家庭生活において具体的な目標を設定し、それぞれの場面で行動化できるよう、学校と家庭が連携しながら必要な支援や援助を提供できると考えられる。

4　生徒のキャリア発達を促す取組

　実習評価表には、生徒のキャリア発達に還元できる効果的なアセスメント機能があることを述べた。今井・前原（2022）が示す「現場実習のフィードバックにおけるキャリア発達を促すプロセス（図3）」においても、実習評価表を活かすことで、生徒のキャリア発達を促す効果的な取組が期待できる。この取組については、今井・前原（2022）を参考に提案していく。

（1）現状の認識

　現場実習のフィードバックにおける学習過程では、まず生徒が自分の成果や課題を整理し、現状を認識できるような取組を行う。この取組の前提として、教員は実習評価表等から生徒の現状を適切に把握し、他の教員と共に指導・支援の方向性を確認しておくことが大切である。また、生徒のキャリア形成段階や実態に応じて、「何に気付いてほしいか」「なぜ気付いてほしいか」「どのような方法であれば気付くことができるか」ということを明確にし、生徒の気付きを促すことで、生徒が自分の現状を理解できるようにしていくことが大切である。

　秋田県の県央地区で活用している実習評価表は、実習先からの評価をエクセルシートに打ち込むと、評価結果がレーダーチャートで表れるようになっている（図4）。生徒の実態に応じて、このレーダーチャートを活用することで、生徒が自分のストロングポイントやウィークポイントを視覚的に認識しやすくなるようにしている。また、実習評価表をそのまま活用するだけではなく、評価結果と実際の様子を結び付けられるように、実習中に撮影しておいた動画を用いたり、現場実習の際に生徒が活用している実習日誌から成果と課題が分かるよう、実習先からのコメントにアンダーラインを引いたりすることで、生徒が現場実習の成果や課題を認識しやすくなると期待できる。

図3　現場実習のフィードバックにおけるキャリア発達を促すプロセス

（2）目標設定

　目標設定場面では、生徒が認識した成果や課題をワークシートに整理し、成果をどのような場面において発揮していけるかを考えたり、課題を解決していく方法について考えたりする場を設けている。課題から目標を設定する際は、普段の学校生活や家庭生活の中で意識的に目標を行動化できるよう、具体的な目標設定をすることが望まれる。そのため、「学校生活での課題」と「家庭生活での課題」を整理し、それぞれで目標を設定することが望ましい。

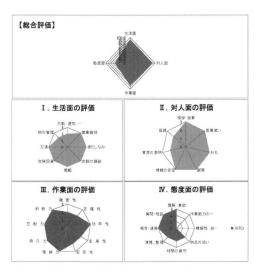

図4　実習の評価結果を示したレーダーチャート

　高崎（2019）は、生徒の認知能力が未熟だと、課題達成に必要な条件を理解していなかったり、自分の課題の成否を予測できなかったりすることを指摘している。よって、教員が生徒と一緒に目標を設定することの意味として、「課題となる理由」について生徒と一緒に考え、生徒が自分自身への理解を深めながら達成可能な範囲での目標を設定できるよう支援していくことが求められる。ここで大切なことは、生徒が捉えている課題を、教員が個人と環境の両面から見取っていくことだと考える。例えば、「実習先で自分から報告することが難しかった」という現状について、「慣れ親しんでいない人に対して自分から話し掛けることが難しかった」のか、「みんな忙しそうにしており、話し掛けることに迷いが生じた」のか、個人と環境の両面から様々なことが推測できる。生徒との対話を通して、現状を丁寧に分析していくことで、生徒が納得感をもって前向きに取り組める目標を設定することが期待できる。

（3）課題解決

　課題解決場面では、短期目標を設定し、スモールステップで達成可能な目標に取り組むことで本人のモチベーションを持続できるよう取り組む。例えば、実習の評価結果から、自分から挨拶をすることへの必要性を認識した生徒が、「毎日挨拶をする」といった目標を設定したとする。その際、挨拶する場面を「教室での朝の挨拶」等と限定しつつ、徐々に挨拶できる場面を増やしていくようにする。場面を限定し、行動が見える目標を設定することで、本人も教員も評価がしやすくなり、生徒が日々の学校生活の中で課題解決を図っていることを実感しやすくなると考える。そして「朝の挨拶をする」から「帰りの挨拶をする」、そして「すれ違う職員に会

釈をする」といったように、1週間や2週間、1ヶ月ごとに違う場面に展開し、課題解決を図っていくことで、次の現場実習において成果を得られるようになっていくことが期待できる。ここで大切なことは、実習評価表等を活用し、生徒の課題や指導の方向性について教員間で共通理解を図り、生徒の目標達成に向けて一貫したアプローチをしていくことだと考える。生徒が目標を行動化している場面を捉えて「今日も頑張っているね」、「以前より成長したね」と言葉を掛け、生徒が目標に向かって主体的に努力していることを教員が価値付けることで、自分を成長させるための生徒の自発的な行動を促進していくことが期待できる。

（4）成長の認識

　全ての校種において、学期末等の節目に学校生活における振り返りを行い、日々の学習の成果や課題を整理する取組が実施されている。この成長の認識過程では、「積み重ねてきた評価」から自分の成長を実感できるようにすることが大切である。この「積み重ねてきた評価」とは、例えば月目標とその達成度が書かれたシートや、現場実習で使用した実習日誌や実習の評価について記したワークシート、学習場面を撮影した動画や画像などが挙げられる。この様々な学習の中で蓄積された「積み重ねてきた評価」を活用し、アルバムを見返すように振り返りながら、自身の頑張りや変容について教員やクラスメイトと共に語る場を設けることで、生徒が自分の成長を客観的に捉えられることが期待できる。また、「キャリアパスポート」や「私の応援計画※（図5）」等を活用し、節目にその成長を記していくことで、徐々に学校での学びと社会生活における実際の場面とのつながりが明確になり、自分の夢や希望、願いに向かって

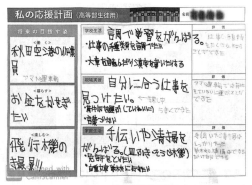

図5　私の応援計画

※著者の所属校で実践している本人主体の個別の教育支援計画。詳しくはHPを御覧ください。
http://www.sh.akita-u.ac.jp

どのように学んでいるか、どのように自分の夢や希望、願いを実現できるよう行動しているのかといった「自身のキャリア」を認知できるようになると考える。日々の積み重ねが将来の自分につながっていることを、自身の成長と共に実感できるようにしていくことで、生徒のキャリア発達を促すことが期待できる。

5　おわりに

　菊地（2021）は、「できる・できない」といった表面に現われるスキルだけでなく、「できるようになりたい」「いまはできないけれど、他のできることを頑張りたい」「できたことを○○に活かしてみたい」といった「思いの変化」や「内面の育ち」がキャリア発達と言えると述べている。そして生徒のキャリア発達を促す支援として、生徒の「思い」の理解に努め、「対話」をとおして「気付き」を促していくことや活動への意味付けができるようにしていくことが大切だと述べている。

　現場実習は、生徒が学校を離れ、いつも一緒

にいる友達や教員のいない場所で、試験的に社会生活を送ることになる。そのような中で、人の役に立てたことが実感できてうれしかったり、自分ではできていたつもりのことが指摘されて辛かったりと、様々な思いを抱えて学校に戻ってくる。特に知的に障害がある生徒は、自分が経験したことを具体的に言葉で伝えたり、自分の思いを適切に表現したりすることを苦手としているが、「実習評価表」の機能を活かした取組を行うことで、教員は生徒の現場実習でのエピソードや、その時々の思いを生徒から聞き出し、学校の中だけでは見えない実態について見取っていけるようになると考える。そして、そこでの対話をとおして、教員が生徒の気付きを促し、現場実習で得られた学びへの意味付けを図ることが、生徒の「思いの変化」や「内面の育ち」につながっていくのではないだろうか。

付記
本稿は、下記文献を再構成し、加筆修正を加えたものである。

今井彩・前原和明（2022）特別支援学校における生徒のキャリア発達を促すフィードバックの方法. 秋田大学教育文化学部研究紀要教育科学, 77, 19-26.

今井彩・前原和明（2023）特別支援学校高等部におけるキャリア教育の充実に向けた現場実習評価表の活用－秋田県中央地区の特別支援学校に在籍する進路指導主事へのインタビュー調査から－. 日本教育大学協会研究年報, 41, 15-23.

文献
独立行政法人高齢・障害・求職者雇用支援機構（2009）. 就労支援のための訓練性チェックリスト.

菊地一文（2021）. 知的障害教育における「学びをつなぐ」キャリアデザイン 本人の「思い」や「願い」を踏まえた「深い学び」の実現に向けて. ジアース教育新社.

前原和明（2021a）. 自己認識の低下と職業リハビリテーション. Monthly Book Medical Rehabilitation. 265. 61-65.

前原和明（2021b）. 改訂版・就労移行支援事業所による就労アセスメント実施マニュアル. 令和2年度厚生労働科学研究費補助金（20GC1009）研究成果物.

前原和明・今井彩・秋田市障がい者総合支援協議会就労部会（2022）. 職業的アセスメントから進める就労支援. 令和3年度厚生労働科学研究費補助金（21GC1009）研究成果物.

松田光一郎（2013）. A県発達障害者支援センターにおける現状と課題：成人期就労相談を事例に. 京都ノートルダム女子大学研究紀要. 43. 53-63.

松瀬留美子（2017）. コミュニケーション上の苦手意識が顕在化しないASD学生への心理臨床的アプローチと臨床イメージ. 自閉症スペクトラム研究. 14（2）. 5-13.

松為信雄・菊池恵美子（2006）. 職業リハビリテーション学 改訂第2版. 協同医書出版社.

松為信雄（2021）. キャリア支援に基づく職業リハビリテーションカウンセリング ・理論と実際－. ジアース教育新社.

文部科学省（2009）. 高等学校学習指導要領. 東山書房.

文部科学省（2019）. 特別支援学校高等部学習指導要領解説. ジアース教育新社.

文部科学省（2019）. 特別支援学校学習指導要領解説 知的障害者教科等編（下）（高等部）. ジアース教育新社.

清水浩（2017）. TTAPインフォーマルアセスメント（CSC）地域版の開発. 自閉症スペクトラム研究. 15（2）. 5-14.

Strauser, D. R. (2014). Introduction to the centrality of work for individuals with disabilities (Strauser, D. R. (ed) Career development, employment, and disability in rehabilitation from theory to practice. Springer Publishing Company, New York. 1-9.

高崎文子（2019）. 新動機付けの最前線 第6章 動機付けの発達. 北大路書房.

中央教育審議会（2008）. 幼稚園、小学校、中学校、高等学校及び特別支援学校の学習指導要領等の改善について（答申）.

Wehmeyer, M. L., Shorgen, K. A., Little, T. D., and Lopez, S. J. (2017). Introduction to the self-determination construct. (M. L. Wehmeyer, M L., Shorgen, K. A., Little, T. D. & Lopez, S. J. (eds) Development of self-determination through the life-course. Springer Publishing Company, New York. 3-16.

第Ⅶ部

投稿論文・海外視察等報告

第Ⅶ部は投稿論文1編、海外視察等報告2編を掲載している。

投稿論文では、「特別支援学校（知的障害）高等部の地域協働を通した生徒・教員・地域の変容について－「越境」の概念に着目して」を掲載した。高等部における地域協働や、それに伴う変容について、越境という概念を用いて整理、説明することを試みた意欲的な論文である。インタビュー調査やフィールドノーツからもたらされる、生徒や教員の豊かな語りには、資料性が高く、参考になる読者も多いことであろう。

海外視察等報告では、「障害者・認知症高齢者等の意思決定支援事業の実施に向けた調査・視察報告－イギリスにおける意思決定支援の実践事例と日本における先進的な取組」と「カナダ・ブリティッシュコロンビア州におけるインクルーシブ教育」を掲載した。世界的潮流を踏まえた上で、わが国のキャリア発達支援を考えてみたい。

投稿論文

特別支援学校（知的障害）高等部の地域協働を通した 生徒・教員・地域の変容について
―「越境」の概念に着目して―

広島県立呉特別支援学校教諭　広兼　千代子

本稿は、活動理論に基づき、特別支援学校（知的障害）高等部の地域協働を通した生徒・教員・地域の変容の様態を、越境の概念を用いて明らかにすることを目的としている。地域協働を越境の実践と捉え、地域協働を捉える活動システム図を仮説として提示し、予備研究では変容を捉える4つの軸を設定した。研究1では、X県立Y特別支援学校高等部における教員及び地域住民インタビュー調査から変容の概要図並びに拡張した活動システムを示し、越境の進行プロセスを明らかにした。研究2としてX県立Z特別支援学校高等部で同様の調査を行った結果、主に生徒及び教員の意識変容に強い共通性が見られた。これらの変容の構造をモデル化し、越境の実践を5つのカテゴリーにまとめた。

◆キーワード◆　地域協働、活動理論、越境

1　はじめに

　近年、多様化・複雑化する社会状況の変化を背景に困難化・深刻化する様々な社会問題を乗り越えていくための、多様な他者との協働の必要性が注目されている。特別支援学校における地域協働の取組は、生徒の自己肯定感や自己有用感、自尊感情を高め、生徒自身の成長や教員及び地域住民の変容を促すことが実践を通して明らかにされてきた。筆者自身の特別支援学校における勤務経験においても、地域と協働した教育活動を展開することによって、生徒・教員・地域住民が意識を変容させていく過程を幾度となく経験した。そこで、筆者は特別支援学校（知的障害）高等部の地域協働について、活動理論や越境の理論的枠組みを援用することで、その変容の様態を学校と地域からなる2つの活動システムとして可視化することが可能ではないかと考えた。本研究では、活動理論に基づき、特別支援学校（知的障害）高等部の地域協働を通した生徒・教員・地域の変容の様態を、越境の概念を用いて明らかにすることを目的とする。

2「地域協働」の定義

　先行研究によれば、「地域」「協働」という用語には統一された概念が存在していないが、その目的や対象に応じて概念が規定されており、協働には共通項や発展段階があることが分かっている。これらを踏まえて、本稿における「地域」とは、学校が立地する地域・児童生徒が居住する地域・学校のビジョンや課題、学校と地域のニーズに応じた「テーマ・コミュニティ」としての地域という3つの地域概念を含めたものとして定義することとし、本研究における「地域協働」とは、「学校と地域とが同じ目的を共有し、対等な関係性の下、相互に関わり合い

ながら共に活動するプロセス」と定義すること
とする。

3　活動理論の歴史的展開と越境の概念的特徴

　活動理論とは、現実社会の対象と相互作用す
る「活動」を通して人々が社会生活を組織化し、
その中で自らの知識や技能、意識や人格を発達
させていくことに注目し、人々の社会的実践
を協働の「活動システム（activity system）」
ととらえていく理論的な枠組みである（山住、
2015）。活動理論はその発展過程に「三つの
世代」があり、第三世代のエンゲストローム
は、異なる多様な活動システムの間の「境界横
断（boundary crossing）」や相互作用、ネッ
トワークやパートナーシップ、対話や協働をデ
ザインする、新しい概念的枠組みを、集団的活
動システムのモデルを発展させながら、対象を
部分的に共有して相互作用する最小限二つの
活動システムとしてモデル化している（山住、
2017）（Fig. 1）。山住（2004）によれば、二
つの活動システムが対象1から「対話」によっ
て対象2へと拡張し重なり合う。この境界を越
えた対象の「交換」において、新しい対象3
が立ち現れてくる。そして、このような「第

三の対象」は、新たな「変革の種子（seed of
transformation）」を生み出し、それぞれの
活動システムへフィードバックされることに
よって、もとの活動システムを変革していく原
動力となる。異なる活動システムが境界を横断
して新たに生じさせる「対象3」は、越境的
な相互作用の場である「境界領域（boundary
zone）」で構築される（山住、2017）。二つの
活動システムを学校・地域としたとき、Fig. 1
は地域協働における学校と地域の実践を表して
いると考えられる。

　また、地域協働において、学校と地域2つの
活動システムの境界領域では「越境」の実践が
繰り広げられていると考えられる。香川(2015)
は「越境」を「人やモノが複数のコミュニティ
をまたいだり、異質な文脈同士がその境界を越
えて結びついたりする過程を、さらには、そこ
で起こる人々やモノの変容過程」と定義し、越
境過程のパターンを「状況間移動」「間接横断」
「多重混成」の3つに整理し示している（香川、
2008）。さらに、香川（2015）では、越境が
進行するプロセスを「6段階からなる越境過程
モデル」として提唱している。

　山住（2017）は、学校と学校外の複数の異な

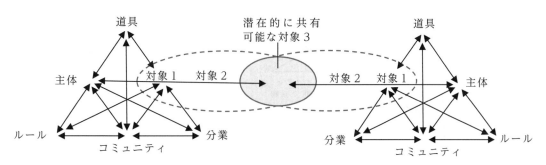

**Fig. 1　第三世代活動理論のための「最小限二つの相互作用する活動システムのモデル
（Engeström，2001）」（山住、2017）**

る活動システムの協働・交流による「ハイブリッ
ド型教育」が、子どもや教師、学校外の多様な
参加者の間に協働の「拡張的学習（expansive
learning)」を生み出すと述べている。この「ハ
イブリッド型教育」とは本研究における「地域
協働」と同義であると考えられる。

　以上のことを踏まえ、エンゲストロームによ
る第三世代活動理論に依拠し、地域協働を越境
の実践と捉えた上で、「活動システム図による
特別支援学校（知的障害）高等部の地域協働の
全体像（案）」(Fig. 2) を地域協働の全体像
を捉える枠組みとする。

4　方法

　予備研究として、文部科学省の地域学校
協働活動データベースから抽出した変容部
分のカテゴリー化を行い、変容を捉える4
つの軸（以下、「4つの軸」）として、①協
働の質、②学校―地域の関係性、③個の意
識、④組織を設定した。変容の様態を捉える
4つの軸の概要を Table 1 に示す。研究1
では、調査対象期間を20XX年4月〜20XX

＋1年2月とし、X県立Y特別支援学校高
等部の地域協働における変容の様態と越境の

Table 1　変容の様態を捉える4つの軸の概要

番号	軸	概要
①	協働の質における変容過程	「協働の質」とは「活動内容の深まり」のことを指す。活動内容には3つの発展段階［①連携→②協力→③協働］が存在し、①連携は連絡・調整を行う段階、②協力は共に活動を行う段階、③協働は同じ目的を達成するために、相互に関わり合うプロセスを経て成果を共有する段階、とする。
②	学校―地域の関係性における変容過程	社会関係資本（ソーシャル・キャピタル）の概念を参考に、構造づくり・活動づくり・関係づくりを通して発展する学校―地域の関係性における変容過程には、3つの段階［①交流活動を行う段階、②対話・相互支援の段階、③信頼関係の段階］がある。
③	個の意識における変容過程	個の意識変容とは、自らの体験において、それを省察により自らの前提を批判的に問い直し、前提を修正し次なる思考や行動へとつなげていく一連のプロセスであると考えられる。
④	組織における変容過程	個の意識変容とは、自らの体験において、それを省察により自らの前提を批判的に問い直し、前提を修正し次なる思考や行動へとつなげていく一連のプロセスであると考えられる。

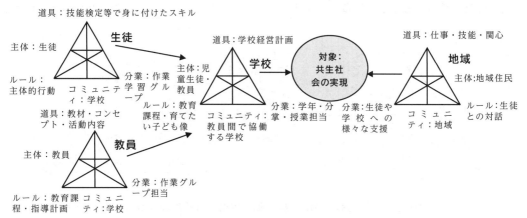

Fig.2　活動システム図による特別支援学校(知的障害)高等部の地域協働の全体像(案)

進行プロセスを検討するため、教員４名と地域住民５名のインタビュー調査及びフィールド調査を行った。教員４名のインタビュー調査は、個別に行ったのちフォーカス・グループを実施し、SCAT（Steps for Coding and Theorization）（大谷、2019）による質的データ分析を行った。地域住民インタビュー調査は、SCATによる分析を基に「越境の進行プロセス」（香川、2015；小山、2020）（Table ２）を用いて、越境の進行プロセスを明らかにした（Table ４）。また、高等部作業学習のフィールドノーツから越境に係るエピソードを抽出し、香川（2015）を参考に越境のプロセスに

Table 2　越境の進行プロセス（香川、2015；小山、2020）

レベル5	越境的対話の拡大	いったん経験し学んだ「越境の試み」自体が集合的、組織的に学習され拡散する段階。「越境の学習の時間」
レベル4	知のローカライズ	対話の場で想像された新しいアイデアやシステムを実行する過程で、再び課題や境界が現れる。ここでさらに新案や新システムの実行過程をモニターし、それらを変容させていく必要がある。
レベル3	異文化専有と変革	自文化を相対化し、従来の文化的振る舞いに変化の余地が生まれた段階（レベル3-1）。さらに進むと、他文化を独自のかたちで受け入れ、実際に振る舞い方を変えたり、新しいアイデアが創造されたり、新たなコミュニティ間関係が構築・変革されたりする（レベル3-2）。
レベル2	文化的動揺と抵抗	自文化の前提やそれまでの文化的振る舞いが揺さぶられている段階。
レベル1	文脈間の横断	異なる文脈をまたいだ段階。
レベル0	越境の根源性	実は、越境は特殊な事態ではない。そもそもいかなるコミュニティも単独では存在せず、意図の有無にかかわらず、互いに侵入しあい、複雑で巨大なネットワークを形成している。

おいて生じる様々な状況に対応した概念を用いて、越境の実践の解釈的分析を行った（Table ５）。

研究２では、調査対象期間を20XX年４月～20XX＋３年３月としてX県立Z特別支援学校高等部で調査研究を行い、教員２名と地域住民１名のインタビュー調査を実施した。インタビュー調査はSCATによる分析を行い、変容の様態と越境の進行プロセスを検討した。１例として、SCATによるA教諭のストーリーラインと理論記述をTable 3に示す。フィールド調査では、研究１と同様に越境の実践の解釈的分析を行った。

5　結果と考察

研究１では、教員４名のインタビュー調査から変容の全体像をとらえるため、個々のインタビュー調査から作成したコードとSCATによるテーマ・構成概念の仮配列、変容の様態を捉える４つの軸により作成した変容の概要図を作成し、４つの軸に沿って変容の様態を概観した。ここでは、４つの軸のうち、協働の質における変容の概要図をFig. 3に示す。協働の質の軸では、単独の視点による活動から、他者に貢献する活動へ拡大していき、貢献から協働へ、協働から共創へと進化し発展していったと考えられる。４つのどの軸においても、地域協働を通して拡張的な変容が見られ、４つの軸による変容の概要図から、冨澤（2016）を参考に、拡張した地域協働の活動システム（Fig. 4）を示した。

越境の進行プロセスにおいては、総体的には越境が進んでいくが、そのプロセスでは多様な境界の現れ方があり、複雑で不規則な進行プロセスをたどることが示された。さらに、香川

Table 3　X県立Z特別支援学校A教諭インタビュー調査のSCATによるストーリー・ライン及び理論記述

A教諭：ストーリー・ライン

　新体制による指導内容の構築により、実態を踏まえた指導内容のバージョンアップが図られた矢先に、コロナ禍による活動の縮小・停止となったが、コロナ禍における教員の試行錯誤の中、なぜなんためにの共有が、コロナ禍でも学びを止めない教員の意欲につながった。

　苦境を乗り越える強力な支援者の存在が、地域協働のスタートを支援する熱意の結集を支え、ネックである予算的問題の克服へとつながり、身内での限定的な活動から一般市民に向けた発展的展開へと進んだ。

　教員間の連携力の高さから、新規展開に瞬発力を発揮する教員集団であるが、企画・運営に関する指導内容の未構築ゆえに、教員主導の活動に対するジレンマがある。生徒の参画不足という教員の課題意識から、地域で学ぶ必然性を踏まえた、目指すべき生徒主体の活動が、他者と協働することの楽しさにつながる。

　アクシデント続出による混乱や、異物混入事件の笑い話的結末などの地域で起きる予想外の出来事が、地域住民との対話の必要性を生み、地域住民の意外なリアクションが、機動力を発揮する教員のチーム力を育てる。

　知的障害生徒に対する無理解があるため、地域キーパーソンの存在による地域協働を促進する人と人とのつながりが、生徒と地域住民の直接的かかわりから始まる関係性へと発展する。

　地域で様々な顔を見せる生徒たちは、未経験によるイメージの難しさから、経験の有無による接客に対する意識の違いがあるが、学校外で意外な特技を発揮する生徒もおり、教員の想定を超える生徒の成長が見られる。

　A教諭は、新たなことに対する抵抗が強い教員集団の経験があり、組織文化の違いによる指導内容の相違を感じている。現在校は、地域との関係づくりに必要な組織の柔軟さをもち、学校組織の変化による教員集団の質の変化を経て、適正規模ゆえの高いスピード感がある。しかし、A教諭は、地域協働のとらえにくさからくる教員の暗中模索から、次なる展開の不透明さを感じ、自己の内面で沸き起こる今後の展開への疑問がある。また、相手方とのスケジュール感の違いや生徒の参画方法に関する認識のズレなど、展開の予想が困難な地域協働活動ゆえに、活動が先走ることへの懸念もある。

　1つのつながりから広がる協働のアイデアから、地域協働の多様な場の可能性が生まれ、生徒と共に創る活動の構築により、地元企業とコラボしたオリジナル企画が進んでいる。

A教諭：理論記述

・地域キーパーソンの存在による地域協働を促進する人と人とのつながりが、身内での限定的な活動から一般市民に向けた発展的展開へと進める。

・目指すべき生徒主体の活動が、生徒と地域住民の直接的かかわりから始まる関係性をはぐくみ、他者と協働することの楽しさにつながる。

・地域で起きる予想外の出来事が、地域住民との対話の必要性を生む。

・地域で様々な顔を見せる生徒たちは、地域で学ぶ必然性による生徒と共に創る活動の構築によって、教員の想定を超える生徒の成長を見せる。

・展開の予想が困難な地域協働活動によって、地域との関係づくりに必要な組織の柔軟さが生まれ、機動力を発揮する教員のチーム力が育つ。

・1つのつながりから広がる協働のアイデアから、地域協働の多様な場の可能性が生まれる。

	発展的経過 →				
キーポイント		地域協働のモデルケース②	コンセプトの設定⑮		
段階コード	自校の目的のみの活動	地域への貢献	活動の拡大⑥	地域との協働	地域との共創
内容コード	イベント的活動①	コンセプトの具体化⑮	活動の場の広がり④	目的の共有⑨⑯	「共創」のテーマ共有⑦
	技能検定のスキルの発揮①③	生徒主体の活動の重視⑤⑧⑪⑫	教員間の広がり⑥	プロセスの共同作業⑰	地域をつくる主人公⑱
		他者意識の重視⑩	地域の認知度の広がり⑥	成果の共有⑰	地域づくり㉒ 人づくり⑲㉑
				対話⑨⑯	新たな活動へのチャレンジ⑳
				創造的な活動へ⑬	
				生徒の主体的行動⑭	

Fig. 3　４つの軸による変容の概要図【協働の質】
教員インタビュー調査から作成したコードとSCATによるテーマ・構成概念に番号を振り、発展的経過に沿って配列した。発展のきっかけとなった象徴的な出来事を「キーポイント」、発展段階を示すコード又はテーマ・構成概念を「段階コード」、段階ごとの内容に当たるものを「内容コード」として示している。

(2015）の言う境界や越境の多様性が特徴的に表れている地域住民Ｂ氏及びＣ氏の「越境」のプロセスを概観した結果、地域協働を通して地域と学校が接近し、対話などの相互作用による越境の実践が活発化することで、境界が徐々に低くなり越境が進行していくことが明らかになった。しかし、それは必ずしも直線的に進行したとは言えず、越境が進行するに伴って新たな境界が生じたり、進行の途上で潜在的な境界が浮上したりと、そのプロセスは複雑で不規則であるということができる。また、香川(2015)が「境界は克服すべき問題であると同時に必要なものでもある」と述べているように、越境の実践が進んでもあえて境界を維持したままにしておく事例も見られた。語りの背景には、多くの境界と多様な越境の実践の積み重ねがあり、常に変動や揺らぎが起きていると考えられる。

研究１のフィールド調査からは、地域協働を通して対象・役割・目的の変容が現れ、第三の知（越境知）が生み出された例もあった。第三の知（越境知）が生み出された例について、次に述べる。メンテナンスグループでは、それまで「依頼された場所をきれいに清掃する」という目的から、「地域の人に清掃を広げる」という目的への変容が現れている。その後、２学期の地域協働活動の振り返りでは、教員Ａの問いかけに対し、生徒は「バス停の清掃をしていることを知ってほしいし、地域をきれいにすることが広がってほしい」と答える。これは、清掃という地域協働活動を通して、清掃の目的に変容が起きたと考えられる。これまでは、Ｍ商業施設等地域からの依頼で定期的に清掃を行っており、依頼主に満足してもらえるよう、指定された場所をいかに美しく清掃するかを考え実践してきた。

Ｍ商業施設の地域活性化を目的としたイベントへの参加をきっかけに、生徒は地域住民を視野に入れた清掃の目的に気付き、共創の日のバス停清掃へとつながっていく。

【フィールドノーツより―「２学期の地域協働活動の振り返り」の場面】

教員Ａ「ここから考えてください。質問します。Ｍ商業施設のイベント、学び合いチャレンジ、共創活動では、窓拭きの掃除、教室の掃除、バス停の掃除をしました。これらはきれいにすることが目的ですか」

生徒　口々に、「違います」

―中略―

教員Ａ「窓清掃としてこういうことをしたんですね。じゃ最後、地域共創活動で、バス停の清掃をしました。これは、バス停の清掃をすることでどうなるん？」

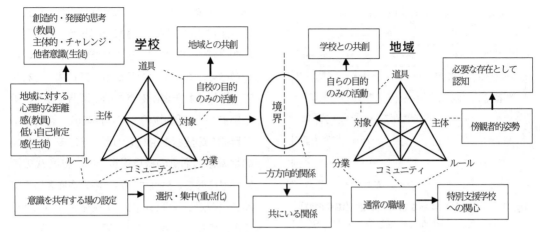

Fig.4　X県立Y特別支援学校高等部と地域の活動システムの全体的な拡張

*生徒B　「バス停の清掃をしていることを知っ
てほしいし、地域をきれいにすることが広
がってほしい」*

　M商業施設主催の地域イベントで行った清
掃は、M商業施設と生徒とが協働した地域貢
献ということができ、生徒は「M商業施設を
きれいにする」から「地域をきれいにする」に
対象とする相手が広がり、役割が「清掃をする」
から「地域をきれいにする人づくり」に転換し、
目的は「指定された場所をきれいにする」から
「（依頼主と協働して）地域にきれいを広げる
（地域を元気にする）」に変容したと考えられる。
このような目的の変容は、香川（2015）が述
べている、学校と地域の2つの活動システムの
境界領域で新たに生み出された第三の知（越境
知）であると考えられる。香川（2015）によ
れば、第三の知（越境知）とは、「潜在的で不
可視だった相互の利害や思いや視点のズレや対
立を顕在化して共有し、その矛盾を乗り越えよ
うとして生まれる新しい独自の知」であり、「第
三の知の発達は、単に知識だけではなく、コ
ミュニティ（間）への見方や関わり方、参加者

の価値観やアイデンティティや情動、コミュニ
ティ間の関係性等の変容と切り離せないもので
ある」とある。M商業施設と学校が清掃を通
して境界へと接近し、越境の実践を行うことで
信頼関係を築き、依頼する側とされる側から協
働相手へと関係性が変容し、それに伴って生徒
の役割が変わり、「地域にきれいを広げる」と
いう第三の知（越境知）を生み出したと考えら
れる。

　研究2では、4つの軸のうち、協働の質・学
校ー地域の関係性・個の意識の変容が見られ、
研究1と同様に拡張した地域協働の活動システ
ムを示した。研究1・研究2の変容の様態は共
通しており、特に、学校が地域に開かれていく
過程で、地域との双方向の関係がつくられてい
き、多様な相手とのコミュニケーションの場が
生まれていること、地域との関わりを通して生
徒の主体的な行動が増え、校内で見せる姿とは
異なる姿を発揮する生徒に驚き、教員は楽しい
と感じていることについては、特に強い共通性
が見られた。相違点としては、研究2において
は協働の質の変容が少なく、個の意識（地域住

民）・組織の変容については挙げられなかった。これは、Ｚ特別支援学校では地域協働活動の数がそれほど多くなく、協働の質の変容までは実感できていないことや地域住民の変容が教員に把握できていないこと、さらに、組織の変容については現時点においてまだ至っていないものと考えられる。研究１・研究２の結果から地域協働を通して起きた変容の構造をモデル化し（Fig. 5）、明らかになった複雑で多様な境界の在り方と越境の実践を、①境界を乗り越え、協働して越境する実践、②協働に不可欠な越境の実践、③異なる境界の捉え方による越境の実践、④見え隠れする境界における越境の実践、⑤維持・消失する境界における越境の実践、の５つにまとめた。そのうち、③と④の例を以下に示す。

③異なる境界の捉え方による越境の実践

　生徒と大学生の協働活動において、教員Ａによる越境の目標化によって、ある清掃場面では生徒と大学生が対話をすることで双方の間にある境界を越境できたかに見えた。しかし、教員Ａはそれを越境したとはみなさず、生徒の発言理由を確かめるよう大学生に促している。大学生にとっては緊張関係を保っていた生徒と実際にやりとりできたことで生徒の思いを知る

ことができたと感じ、最初の境界を越えたことへの安堵感があったが、教員Ａは境界を乗り越えられていない可能性を示唆する。大学生は、生徒の言葉から境界を越えたと感じたが、教員Ａは生徒の本当の思いは別にあると見抜き、双方の境界は簡単には乗り越えられないものであると認識していたと考えられる。

④見え隠れする境界における越境の実践

　ある地域住民Ｂは、障害者に対してネガティブなイメージをもっていたが、先進的に障害者雇用に取り組む企業や特別支援学校との協働活動を通して、境界が低減し、むしろ障害者雇用を積極的に推し進める主体へと変容する。しかし地域協働を支援する一方で、Ｂ氏自身の経験から障害者が地域に出ることに対する保護者の思いを考え、地域協働の広がりを懸念する気持ちが表れる。越境とは一方向に段階的に進んでいくのではなく、進行しながらも従来の境界がある局面で立ち現れることがあり、大きく立ちはだかる境界であればあるほど、越境の実践によって簡単に消えてしまうものではなく、見え隠れしながら現れては乗り越えていくという実践の繰り返しであると考えられる。

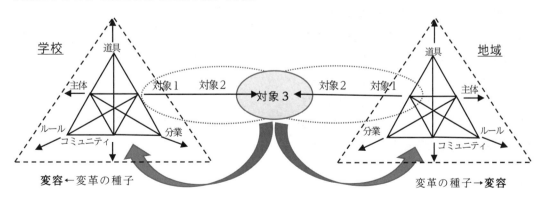

Fig.5　活動システム図による地域協働を通した変容の構造

6　おわりに

　本研究では、特別支援学校（知的障害）高等部の地域協働やその変容を概念的に捉える試みを行った。その意義として、特別支援学校（知的障害）高等部の地域協働を捉える枠組みについて、活動システム図による特別支援学校（知的障害）高等部の地域協働の全体像（案）（Fig.2）を提案し、地域協働を通した変容とは、学校と地域2つの活動システムの境界領域で起きる越境の実践によって、それぞれの活動システムが拡張する現象であること、また、地域協働における複雑で多様な境界の在り方と越境の実践を明らかにしたことが挙げられる。本研究では、香川（2011）の状況境界論を土台にして、特別支援学校（知的障害）高等部の地域協働において臨場的に立ち現れる境界、見え隠れする境界など複雑で多様な境界の在り方と越境の実践を、具体的な事象を通して「生々しい実践」（香川、2015）として描き出すことができた。

　地域協働やその変容を概念的に捉えることができたことで、今後の地域協働の充実・発展や、子どもの学びに対する教員の見取り方に貢献できるものと考えている。教育活動を境界や越境の実践という視点で捉えるためには、教員は子どもに対し、行動として現れる姿のみならず、内面の揺れ動きや潜在的に存在しているもの、ときに見え隠れするものなど、多角的にアンテナを張り巡らしながら、起きている現象を深く分析的に捉える必要が生じる。それはすなわち、子どもの学び方や学びのプロセスへの注目であり、学びに向かう姿を顕在化する取組であると言え、教員自身のやりがいや成長にもつながると考えられる。

　今後の課題としては、それぞれの立場や役割による越境の進行プロセスの違いを検討すること、変容が起きた要因について検討すること、多様な境界の在り方や越境の実践を今後さらに多角的に検討し追及していく必要性が挙げられる。今後も、地域協働の拡充・発展を願うとともに、活動理論や越境の概念を踏まえた特別支援学校高等部での地域協働研究の活性化を図っていきたい。

付記

　本論文は、広島大学大学院 2022 年度の修士論文に加筆・修正を加えたものである。

文献

Engeström, Y., Engeström, R., & Kärkkäinen, M.（1995）. Polycontextuality and boundary crossing in expert cognition: Learning and problem solving in complex work activities. Learning and Instruction, 5, Elsevier Science Ltd, Great Britain.

香川秀太（2008）.「複数の文脈を横断する学習」への活動理論的アプローチ―学習転移論から文脈横断論の変移と差異―. 心理学評論 .51. 4 .

香川秀太（2011）. 状況論の拡大：状況的学習、文脈横断、そして共同体間の「境界」を問う議論へ. 認知科学 .18. 4 .

香川秀太・青山征彦編（2015）. 越境する対話と学び　異質な人・組織・コミュニティをつなぐ. 新曜社.

小山健太（2020）. 越境者を受け入れる側の学習―外国人部下と日本人上司の相互学習を事例に―. 経営行動科学 .32. 1・2 .

大谷尚（2019）. 質的研究の考え方　研究方法論から SCAT による分析まで. 名古屋大学出版会.

冨澤美千子（2016）. 教師と子どもが協働するための媒介物としての学習教材の役割―「吹田くわい」をテーマにした授業実践を事例にして. 活動理論学会「活動理論研究」. 1 .

山住勝広（2004）. 活動理論と教育実践の創造―拡張的学習へ―. 関西大学出版部.

山住勝広（2015）. 子どもの主体的な探求学習と概念形成―UCLA ラボスクールにおける授業実践の活動理論的分析―. カリキュラム研究 .24.

山住勝広（2017）. 拡張する学校　協働学習の活動理論. 東京大学出版会.

Table4　地域住民インタビューによる越境の進行プロセス（一部抜粋）

テーマ・構成概念生成のもととなる具体的な発話例	テーマ・構成概念	越境の進行プロセス
課題っていうのは、人が変わりすぎるっていう印象があるんですよ。(B 氏：有限会社 S 代表取締役)	学校人事による停滞	レベル 4
教職員の皆さんに負担が増えているんじゃないかなということをずっと考えていたんですね。関わりを持たせてもらっていた時に、働き方改革とか、学校としての取り組みをされてましたので、そことのバランスっていうのは考えてました。(C 氏：Y 市社会福祉課)	地域協働の積極的展開と教員の働き方改革とのバランス	
お互いが何かをしたいとか何が貢献できるだろうみたいですね、そこが合わさることは数多く増えたんじゃないかなと思うんです。それまで一方的に投げる受け止めてるみたいな感じだったんですけど、お互いがこうしたい、ああしたいで何が生まれるみたいな、ですよね。(A 氏：有限会社 W 代表)	学校と地域の貢献意欲のマッチング / 貢献から協働への進化	レベル 3-2
生徒の皆さんの輝きっていうのを見てもらうと分かると思うんですね。それは私も保障しますって言うか、見てきて本当にそう感じましたので。…(中略)、もう生徒さんの動きや目の輝きが、キラキラ感が全然違いますので。それを見ていただくのが一番だと思います。(C 氏：Y 市社会福祉課)	人の心を動かす生徒の輝き / 3 年たって定着した地域協働	
一般の人たちとの交流じゃなく、小学校・中学校・高校との交流みたいなことができたらいいんじゃないかなあと思ってて。それも地域協働の一環というか一部ではあると思っていて。(E 氏：M(自家焙煎コーヒー屋) バリスタ)	小・中・高の児童生徒を対象とした地域協働の開始 / 対象年齢を考慮した取組の展開	
私はあれが M 商業施設の駐車場でできたってのは、(大きく息を吸って) すごくこういうイベントは必要だなあって思ったんですけど、特別支援学校さんがこういう個性を持っているっていうかね、自分たちが知らないとね、なかなか M 商業施設さんに呼んでみちゃってくださいという話もできないので、校長先生を始めね、皆さんのアピールというか発信力が実を結んでいるんじゃないかなあと思うんですけどね。(A 氏：有限会社 W 代表)	地域版多様性社会の風景 / ダイバーシティ・マネジメントによる地域デザイン / 学校から地域に投げた石の結合現象	レベル 3-1
彼らが入ることによって会社の雰囲気がすごく良くなったとか、やっぱり現実に話を聞いてるとそういうこともあるし。…(中略)、普通の戦力として役に立ってるっていうようなところもあったり、もちろん、さっき言ったような特性を生かすっていうことも含めてね。だから何て言うんですかね、全然こう自分にとっても、垣根が下がってきたと言うか、それは非常にありますね。(B 氏：有限会社 S 代表取締役)	障害者によるプラス効果 / 支援される存在から戦力への転換	
やっぱり一番はこんなにキラキラした素敵な資源っていうのが、学校の中とか I 商業施設でお店を開かれましたけど、それだけで終わってしまうのはもったいないなと。それと私の中にあったのは、K 町にある X 県立 Y 特別支援学校の生徒さんが、なぜ S 町というところまで出てこないといけないんだろうっていうところがあったんです。(C 氏：Y 市社会福祉課)	多忙による効率性の優先 / 生徒の輝きによる地域の活性化 / 所在地域における存在の確立	
賞を取ったっていう。あれが一番、もちろんそれだけじゃないんですけど、色の感性ですよね、ほんと感性、すげーなっていう、でそれだけじゃなくて、今の壁の絵にもいろいろちりばめられていますけども、すごくいいなと思って、…(B 氏：有限会社 S 代表取締役)	感動体験に突き動かされる職場のアート化	レベル 2
私も学校の現場っていうのが、入るまではなかなかイメージがつかなかったんです。特別支援学校っていうのが、まあ私の時代では養護学校って言ってたんですけど、イメージがつかなかったんですけど、実際に関わりを持たせてもらうと、本当にサービスグループだけじゃなくて、木工とか農業とか、資源が眠ってるなと思ったんです。(C 氏：Y 市社会福祉課)	埋もれた宝の発掘 / インパクトある特別支援学校の資源 / 教員の熱意による生徒の活躍の場の確保	
カフェをオープンするっていうことで、B 市長さんのところに来ていただいたと思うんですね。あれが関わりを持たせていただいたきっかけだったと思うんですね。あの時、実際市長さんにコーヒーを飲んでいただこうって言ったのが、私だったんですよ。(C 氏：Y 市社会福祉課)	X 県立 Y 特別支援学校で発見した価値ある社会資源 / 生徒と教員のカフェ開店への熱い思い / カフェの継続に向けた応援	レベル 1
その M さんが紹介してくださって E さんに言ってみたらってことで言ってくださったみたいなんですよ。それでお話いただいていいですよってことで行ったのが最初だったと思うんですね。(E 氏：M(自家焙煎コーヒー屋) バリスタ)	人の縁がつながった X 県立 Y 特別支援学校との出会い	
やっぱりどこかで助けが必要なこととか特別支援学校におられる方はね、やっぱり多いので、彼らが生き生きとして職業選択ができるとかね、選んで自活して、自分なりの人生を送ることができるっていうこと、やはり地域でちゃんとその子を見てないといけないでしょうし、…(中略)、やっぱりできれば地域の中で、人は地域で育っていければいいと思っていて。(A 氏：有限会社 W 代表)	自分らしい人生 / 支え合い、助け合える地域づくり / 地域で共に育つ重要性 / 多様な生き方を受容する地域	レベル 0
ほんとにおんなじ世代の子と遊んだりすることがメインで違う世代の人たちと交流することがないんですよね。私は知らないが一番怖いと思っていて。…(中略)、あの人はこうしてあげたらいいんだって気付くっていうのはほんとに早いうちの方がいいと思うんですね。(E 氏：M(自家焙煎コーヒー屋) バリスタ)	日常化した合理的配慮 / 違いが普通化した地域 / 子ども時代からの多様性が当たり前の経験	

Table 5　越境の実践（エピソード1）：フィールドノーツから

発話者	発話内容	越境の実践
教員A	「例えばよ。教室掃き掃除してくださいって言ったら、はしからはしまで掃除できない人がいるとします。給食前の掃除とかでもそうなんですけど、掃いてくださいって言ったら、はしっこ掃かん人もいるんですよ。その人にどういうふうにはしからはしまで掃くとか、掃除って隅々までするんですよっていうのを、どういうことを気をつけさせればいいかな。」	はしまで掃除できる人とできない人との境界の顕在（自明性の自覚化）
生徒B	無言	
教員A	「教室掃き掃除してくださいって言ったら、掃かないんですよ。どうすればいいかな。その人はどうやったらはしっこを掃けるようになるんですか。その人にどういうことを意識してもらったら、掃くっていう意識になるかな。」	越境の方法に係る思考の促し
生徒B	「細かいことに気付く。」	越境のアイデア
教員A	「細かいことに気付くってどうやったら気付くん。（笑）どうやったら気付けるようになるんかな。」	
生徒B	無言	（文化的動揺）
教員A	「そこなんよ、Bさん。気付ける人と気付けん人がおるんだと思うんよね。気付ける人ははしからはしまでいけると思うんじゃけど、気付けないからその人ははしっこ掃除できないんだと思う。その人が気付けるようになるためには、どうしたらいいかな。例えばおるかもしれん。Bさんは去年からメンテナンス入ってるから気付けるかもしれんけど、もしかしたら2年生とかFさん今年から入って気付けないかもしれないよね。そういうとき、気付けるようになるには、Bさん、どうすればいいかね。」	昨年作業を経験している生徒Bと今年初めて作業をする生徒C・D・Eとの境界の顕在化
生徒B	無言	
教員A	「じゃ、考えとってもらっていいですか。そしたら、Bさんの指示の出し方があそこ掃けてないよとか、あそこ拭けてないよってのもそれBさんが気づいて言よることなんじゃけど、それがどんどん気づいていけるような人になっていけば、たぶんみんなの掃除の効率が広がったり、早さが早くなったりするので、そういうところを他のメンバーの子がどういうふうにしたら気づけるかなと。そりゃ言えば絶対気づけるけんね。そこをどうやって教えてあげたらいいんかなっていうのを考えとってください。」	Bは越境の方法が答えられず宿題になる。教員AはBに「注意してできる人」でなく「自ら気づける人」を育てるよう促している。
生徒B	（うなずく）	
	―中略―	
生徒B	タオルをぬらしながら、他の生徒の様子を見ている。	リーダーのBとその他の生徒の境界
生徒B	生徒Cの所へ行き、Cに話している。Cに、「じゃけん、スクイージー…。」	
教員A	Bに、「ええよ。(Cと)話しんさい。話よる内容が違ったら後で言うから。いけん、(Cに)言うたげ。」	
生徒B	Cと話していたが、教員Aのところにやって来る。教員Aが生徒Dの指導が終わるのを待っている。	BとCの境界の顕在化（文化的動揺）
教員A	生徒Bに、生徒Cを見ながら、「どしたん。(Cは)作業が止まっとるじゃん。」Cのところに行く。	
生徒B	生徒B自分の作業を再開させる。	教員Aに対応を任せる。
	―中略―	
生徒B	「手がない(届かない)のさあ、動画って撮ってないんですか。」	
教員A	「撮ってない。今のしか撮ってない。1学期のこと全部忘れてるから。多分、この後モイスチャーでいくと思うよ、みんな。Bさんの、今さっきしたのしか頭に入ってないので。もう一回言ってあげた方がいいかもしれん。」	他の生徒の認識を初めて知る（文化的動揺）。BとC・D・Eとの境界の顕在化（窓清掃の方法の理解）
生徒B	「そうですか。」	
教員A	「手が届くところは黄色で濡らして、スクイージーで取ってするんじゃないん。」	
生徒B	「はい。」	
教員A	「ていうのをもう一回言ってあげた方がいいかもしれん。届かないところがモイスチャーと伸縮棒、届くところは黄色タオルとこれ(短いスクイージー)ていうのをみんなに言ってあげた方がいいかもしれん。OK?はい、言える？」越境方法の提案	
生徒B	「言うんですか。」	（異文化抵抗）

海外視察等報告 1

障害者・認知症高齢者等の意思決定支援事業の実施に向けた調査・視察報告
～イギリスにおける意思決定支援の実践事例と日本における先進的な取組～

横浜市教育委員会事務局学校教育企画部特別支援教育課首席指導主事　古川　晶大
横浜市立本郷特別支援学校副校長　坂本　征之
横浜市立若葉台特別支援学校教諭　大堀　明子

　2023 年 8 月、横浜市の職員 3 名が日本財団のご協力のもと、イギリス（スコットランド・イングランド）において、障害者等の意思決定支援に関する調査・視察を行った。
　今回の調査・視察を通して、障害者等の意思決定支援の基本となる考え方や意思決定支援に先進的に取り組んでいるイギリスの法制度の下に行われている実践、意思決定支援の有効なツールについて、多くを学ぶことができた。本稿では、本人の思いや願いをもとに、対話を通して、キャリア発達を促し、その過程を重視しながら、障害者等の意思決定支援に取り組んでいるイギリスおよび日本の先進的な取組についても報告する。
◆キーワード◆　意思決定支援、CRPD 第 12 条、アドボカシー、トーキングマット

1　はじめに

　2023 年 8 月 7 日から 11 日までの 5 日間、横浜市の職員 3 名（指導主事 1 名、副校長 1 名、教員 1 名）が、日本財団の協力のもと行った「イギリス（スコットランド・イングランド）における障害者等の意思決定支援に関する調査・視察」について報告する。

表 1　調査・視察のスケジュール

月日	調査・視察内容
8月7日	○アドボカシープロジェクト　ワークショップ →イギリスのグラスゴー市内で障害者等の権利擁護、意思決定支援を行っている団体 →アドボカシープロジェクトの歴史・基本的な考え方、ケースについてのワークショップ
8月8日	○スターリング大学　トーキングマットについて研修 →意思決定支援ツールの一つであるトーキングマットの活用方法、テーマや活用事例等に関する研修
8月9日 ～ 8月11日	○エセックス大学　サマースクール →世界各国から障害者等の権利擁護、意思決定支援を実践している方々（弁護士、大学教授、ソーシャルワーカー、保健師など）が参加 →意思決定支援に関する理論、実践、政治、世界的観点などについての活動報告、意見交換等

　はじめに、本調査・視察を行った経緯について述べる。日本財団は、2022 年 10 月から、豊田市、一般社団法人日本意思決定支援ネットワーク（以下、SDM-Japan）と協定を締結して、障害者や認知症高齢者等で判断能力が十分ではない人が、地域生活や社会参加を継続していくために自らの意思を形成、表明し、自分らしく生きていくための意思決定を支援する仕組みを構築・実践に取り組んでいる。その過程において、学齢後期（特別支援学校高等部卒業時）の進路決定における意思決定支援についても取り組んでいく必要性を感じ、「日本財団と横浜市が連携して、特別支援学校高等部卒業時の意思決定支援に取り組んでいきたい」という申し出をいただいた。また、その取組を進めていくために必要な海外実情調査への派遣・協力依頼が日本財団から横浜市にあったことから、本調

査・視察は実現した。なお、調査・視察のスケジュールは、表１の通りである。

2　意思決定支援の基本的な考え方

次に、５日間の調査・視察をとおして学んだ「意思決定支援の基本的な考え方」について説明する。障害者等の意思決定支援は、図１の障害者の権利に関する条約（Convention on the Rights of Persons with Disabilities　以下、CRPD）第12条の「法律の前に等しく認められる権利」に基づいている。CRPD第12条には、「障害者がすべての場所において、人として認められる権利を有していること」、「障害者が、他者との平等を基礎として法的能力を有していること」、そして、「その法的能力の行使に当たって必要とする支援を利用する機会を提供するための適当な措置を取ること」等の記載がある。この「必要とする支援」に、いわゆる「意思決定支援」が含まれている。さらに、CRPD第12条４項には、「法的能力の行使に

関連するすべての措置において、濫用を防止するための適当かつ効果的な保障を国際人権法に従って定めることを確保する」という記載もある。特に、本人が意思を表出することが難しい場合には、支援者が自分の考えで、本人の代わりに決めるのではなく、本人の権利、意思、および選好を尊重し、適切に意思決定を支援していかなければならない。

また、障害者等の自己決定や他者決定を含む「意思決定」には、三つの原則（名川、2019）がある。一つ目は、「表出された意思（expressed wish）」である。これは、支援者の傾聴によって表出された本人の内なる意思・希望であり、本人から意図的に表出される意思決定となる。二つ目は、「意思と選好に基づく最善の解釈（best interpretation of will and preference）」である。これは、本人から意図的に表出されたメッセージ（＝意思）と、意図的ではないが、本人の選考を明示する諸情報（＝選好）に基づき他者が解釈する、本人の意

1　締結国は、障害者がすべての場所において法律の前に<u>人として認められる権利</u>を有することを再確認する。

2　締結国は、障害者が生活のあらゆる側面において<u>他の者との平等を基礎として</u><u>法的能力</u>を享有することを認める。

3　締結国は、障害者がその<u>法的能力の行使</u>に当たって<u>必要とする支援</u>を利用する機会を提供するための適当な措置を取る。

4　締約国は、法的能力の行使に関連する全ての措置において、<u>濫用を防止するための適当かつ効果的な保障</u>を国際人権法に従って定めることを確保する。当該保障は、法的能力の行使に関連する措置が、障害者の<u>権利、意思及び選好を尊重</u>すること、利益相反を生じさせず、及び不当な影響を及ぼさないこと、障害者の状況に応じ、かつ、適合すること、可能な限り短い期間に適用されること並びに権限のある、独立の、かつ、公平な当局又は司法機関による定期的な審査の対象となることを確保するものとする。当該保障は、当該措置が障害者の権利及び利益に及ぼす影響の程度に応じたものとする。

5　略

引用：外務省訳

図1　障害者の権利に関する条約　第12条

思決定となる。三つ目は、「最善の利益（best interest）」である。これは、特に客観的な本人利益を重視して、他者が判断する最善の利益となる。障害者等の意思決定は、これら3つの原則を踏まえ、本人を中心（主体）とした適切な支援を行う必要がある。

3　アドボカシープロジェクト　ワークショップ

アドボカシープロジェクト（The Advocacy Project）は、スコットランドのグラスゴーを拠点に活動している意思決定支援が必要な人々の権利擁護のための団体であり、障害や精神疾患のある人、認知症の高齢者等が、思いや願いを聞いてもらい、自分の生活に影響を与える決定に参加できるよう支援を行っている。アドボカシープロジェクトは、精神疾患等のある人々からの訴えを受け、1980年代から活動が始まった。1990年代には、サービスが拡大し、グラスゴー市内で展開されるようになり、1992年にアドボカシープロジェクトとして正式に設立された。2005年には、スコットランドにおいて、新しい精神保健法が制定され、精神に課題を抱えている人はすべて、アドボカシーに相談するよう法に規定され、自治体からも資金提供を受けられるようになった。また、2015年には、スコットランド政府の管轄でアドボカシーを実施する人（アドボケイト）に資格を付与するようになったことから、アドボカシープロジェクトに所属しているアドボケイトは、ボランティアではなく、プロとして誇りをもって、障害者等の意思決定支援に取り組んでいた。

アドボカシーの基本的な考え方は、「本人中心の支援、利用者の権利を守る、利用者が選択肢を自分で探せるよう支援する」ということである。まずは、利用者に自分の置かれている状況や直面している被害等をわかりやすく伝え、本人が理解できるようにする（図2）。

そして、自分には、どのような権利があり、その権利の行使をどのように行うのかなどの情報を伝え、その情報をもとに意思決定できるよう支援していく。また、利用者が、自分の思いや意見、不安を表現したり、自分自身で生活を送ったりできるように支援していくこともアドボケイトの重要な役割の一つである。一方で、アドボケイトは、利用者に対するカウンセリングや指導助言、友達付き合い、自分で話せる方の代弁はしない。また、「アドボカシープロジェクトを利用すれば、何でも解決できる」など、利用者が非現実的な期待を抱かないように支援

What is harm?

Physical harm
Someone hitting, punching or kicking.

Psychological harm
Someone causing fear, alarm, distress or bullying.

Financial harm
Taking someone's benefits, money or property.
Fraud.

Sexual harm
Any unwanted sexual contact.

Neglect
Sometimes people cannot care for themselves or their family.
Friends or carers might not be taking care of them.

図2　直面している被害についての説明

を行っていた。このような基本的な考え方のもと、アドボカシープロジェクトでは、終末期医療を受ける方、重度知的障害のある方、認知症高齢者など様々な人が、法的なサポートが利用しやすいように、関係者と話ができるようにしたり、相談先につなげたりするといった支援を本人中心（主体）で行っていた。ここからは、具体的にどのような形で意思決定支援が行われているのか、2つの事例を紹介したい。

（1）ケース①：進行性の神経系の難病で終末期に近くなったAさん

　Aさんは、以前、バックパッカーをしながら、何マイルも歩いた経験のある活動的な精神科の看護師であった。服薬である程度、進行を抑えることはできたが、徐々に筋力が失われる難病を抱えていた。担当のアドボケイトは、彼と10か月間、丁寧に面談を繰り返し、信頼関係を築いていった。Aさんへの意思決定支援には、後述のトーキングマットが使用され、アドボケイトは、本人と一緒に「事前指示書」を作成した。「事前指示書」は今後、どのような治療を受けたいか、延命治療を望むかなどについての本人の意思が書かれたもので、医療関係者や社会福祉士などと共有された。Aさんは、急性期の病院やホスピスでの治療、胃ろうや経管栄養などの延命処置をすべて拒否したため、「事前指示書」には、その内容がすべて書かれた。10か月後、彼は、3回転倒し、入院を余儀なくされた。そのため、アドボケイトは、入院中の彼と面談を行い、延命処置について再度確認したが、その意思に変わりはなかった。Aさんは、入院中に亡くなることになるが、担当した

アドボケイトは、「彼は尊厳をもって死を迎えることができた」と、私たちに話してくれた。

（2）ケース②：重度の知的障害、自閉症スペクトラム障害のBさん

　Bさんは、施設入所をしていて、ひどい発作があり、言葉による意思表出が難しく、コミュニケーションは、身振り（ジェスチャー）で思いを伝えることができる程度である。彼は入所していた施設で、日中活動の時間に納屋から出られないように収容されていた。施設でそのような劣悪な環境に置かれていた彼の状況に気づいたソーシャルワーカーが、アドボカシープロジェクトの担当アドボケイトと連携を図り、施設側も参加した多職種会議を開催した。その会議で、「なぜ、日中納戸に鍵をかけてBさんを収容しているのか？」、「なぜ、Bさんの日中活動計画がないのか？」などの質問が、施設側にぶつけられた。施設側の回答は、「Bさんの自傷や他害がひどいため、納屋に収容していた」という、到底理解できないものであった。そのため、担当のアドボケイトらは、施設側に対して、Bさんに対する待遇改善と日中活動計画の作成を要望した。その後、多職種会議の中で、「Bさんは散歩が好きである」などの情報交換・情報共有等も実施され、本人の権利、意思、および選好を尊重し、適切に意思決定支援が行われた。アドボケイトが介入してからは、Bさんは、センサリーグループに入り、生活の質が向上し、大好きな散歩にも行けるようになった。最終的に、本人の最善の利益を考え、彼は、他施設へ移ることになった。

4　トーキングマット

（1）トーキングマットとは

　トーキングマット社は、コミュニケーションが困難な人々が、自分にとって重要なことを考え、意見を述べる能力を高めることで、人々の生活を向上させる社会的企業として2011年に設立された。トーキングマットのビジュアルコミュニケーションフレームワークは、スコットランドのスターリング大学で行われたジョン・マーフィー博士の研究プロジェクトから生まれている。人々が自分の見解を表現し、反映し、考えを変えることをサポートすることを可能にする視覚的なフレームワークであり、意思決定支援（コミュニケーション支援）ツールとして活用されているのが、トーキングマットである（図３）。長年にわたり、様々なコミュニケーション障害のある人々を対象に研究が進められており、日本やスウェーデン、オーストラリア、ニュージーランドで緊密な協力関係を築き、カード形式とデジタル形式の両方で、エビデンスに基づくコミュニケーションツールとして研究とトレーニングの両方が進行している。

　主にソーシャルワーカーやアドボケイト、SLT（言語聴覚士）などの専門職が、認知症高齢者、学習障害・知的障害のある人、その他記憶保持やコミュニケーション等に支障がある方

図３　トーキングマット

私について	私がすること	私の世界
このセットを使用すると、体の機能や出現しているスキルに焦点を当てることで、子供がどのように成長し、発達しているかを探ることができます。子供が身体的、社会的、認知的、行動的に進歩していると感じているという印象を得ることができます。	このセットは、子供が参加する活動や、受けるサポートについてどのように感じているかを尋ねることにより、子供の生きた経験に焦点を当てています。	子供たちが育つコミュニティは、子供たちと家族の両方の幸福に大きな影響を与えます。このセットは、保育園や学校の影響、および彼らが利用できるサポートシステムを探る、子供のより広い世界についての議論をサポートします。

図４　子ども・青少年との対話

に対する支援策として活用されている。自宅での過ごし方、外出先の過ごし方、セルフケア、仕事、お金の使い方、医療に関することなど様々なテーマが設けられている。近年では、触法少年等の少年司法に関するリソースや、自閉症の移行期をターゲットにした学校卒業後に向けたキャリア分野、感覚障害者をターゲットにしたリソースを新開発しており、これらのリソースは、学校教育における特別な支援を必要とする児童生徒の意思決定支援にも有効なリソースとなり得るものである。また、個別最適な環境の設定や合理的配慮の申請にも活用することが可能であり、イラストと言葉がマッチしていることで、自己理解の深化が期待されるとともに、同じツールで確認することで支援者とも共通した感覚で支援できる。

　リソースの一例として「子ども・青少年との対話」があり、世界保健機関の「国際生活機能分類（ICF）」に基づき、子どもや若者が家庭、学校、地域社会での生活についてどのように感じているかを全体的に把握できるように設計されている。これは、ターゲットとする年齢層に関連するトピックをカバーし、子どもや若者が自分の強みや能力を見るのを助けることにつながるものである（図4）。

　日本語版カードについては、トーキングマットを日本の意思決定支援の実践に取り入れるべく、トーキングマット社の協力を得て、SDM-Japanが開発を行っている。

（2）トーキングマットの基本的な活用方法

　トーキングマットの基本的な使い方は、以下の7つのステップを踏んでいく（図5）。

1．トピック（テーマ）と目的を説明する
2．絵のスケール（尺度）を定義する
3．オプション（選択肢）カードを1枚ずつ手渡す（待つことも大切、表情等も確認）
4．表現を促すための開かれた質問を試みる
5．空白のカードに文字や絵を書いて、活用する
6．内容を確認する（カードの位置変更も可能）
7．記録し、次の行動計画につなげる

　トーキングマットは、本人がどのように自分を捉えているのかを明らかにするツールとして活用されるものである。自発的な意思表出ができなくても意思はあるとの前提に基づくものとして、意思決定をするために、リスクを含めて必要なあらゆる情報が提供されていることが重要である。実際の活用に当たっては、支援者の非審判的な対話とかかわりが重要とされている。本人と支援者が同じカテゴリーで実施したとしてもズレが生じることがあり、対話が不可欠である。

　また、利用する支援者の価値観に左右されるツールでもあり、本人に能力があることを前提とした意思決定への支援に対する信条が不可欠となる。支援者の恣意的なかかわりや支援者が望む答えへの導き、選択肢の提供範囲、リスクがある方向性の回答への対応等が支援者に求められることを考えると、支援者が本人の意思決定能力をどのように捉えるのか、支援者が自分自身を振り返ることも必要となる。

　なお、トーキングマットのフレームワークを実施していくためには、効果的な使用方法を学ぶための入門研修と基礎研修が必要であり、基

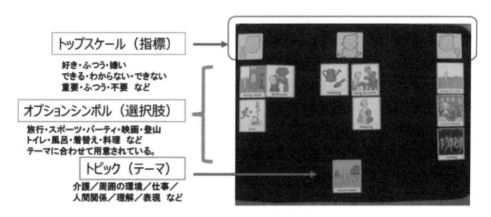

図5　トーキングマットの使い方

礎研修修了者には英国トーキングマット社名入りの修了証が交付される。研修には、トーキングマットの演習と、様々な実際の状況でのツールの使用に関するロールプレイ、ディスカッションおよび振り返りが組み合わされており、より具体的で実際的な活用に向けてプログラムされている。

5　日本における先進的な意思決定支援の取組

　ここまで英国における意思決定支援の在り方について述べてきた。ひるがえって、日本における意思決定支援はどのように行われているのであろうか。

　ここからは愛知県豊田市における意思決定支援の取組として、「自治体との連携による障害者・認知症高齢者等の意思決定支援モデル事業」を紹介する。本事業は、周囲の人が本人にとっての最善の利益を「良かれと思って」判断し、意思決定を代行していくものではない。あくまでも、本人が自らの意思や選好に基づいて自分らしい生活を目指し、決定していくことを支援する取組であり、先進的であると言える。特に

後述する「とよた意思決定フォロワー」の活動は、本人の意思決定を支援するのではなく、支持するとされていることが、この事業における特筆すべき点であろうことから、フォロワーの活動について厚く紹介したい。

（1）豊田市の都市特性

　愛知県豊田市は、全産業に占める自動車産業の割合が非常に高い、「クルマのまち」である。市内の製造業で働く人の約85％が自動車関連産業に従事しており、就労を機に豊田市で暮らし始める市民も多い。そのため、親族等が近くにいない市民や、単身高齢者、親亡き後の障害者など、家族や親族による支援を前提にすることの難しい市民が多く生活している。

（2）「豊田市地域生活意思決定支援事業」
###　　　立ち上げの背景

　身寄りを頼ることができず、なおかつ判断能力に不安のある障害者や認知症高齢者は、「契約や治療等の説明を本人と一緒に聞き、本人に寄り添って考えてくれる人がいない（適切に決

めることや手続きが難しい)」「生活に必要な金
銭管理を支えてくれる人がいない（身体が動か
ない人も含め預金の引き出し、現金の保管、支
払いなど)」など様々な課題を抱えがちである。
身寄りを頼ることが難しいとなると、成年後見
制度の利用が想定されるが、担い手不足や地域
偏在、強力な権限であるがゆえに支援者都合に
なりやすい等の課題がある。また、本人が必要
とするニーズからは成年後見制度まで必要がな
い場合も多いことからも、豊田市では成年後見
制度以外の新たな支援策の必要性を感じてい
た。

このような背景から、2022年に豊田市は、
日本財団およびSDM-Japanとの連携協定を
締結し、意思決定を支援する仕組みを構築し、
実践することを目指している。

（3）障害者、認知症高齢者が「自らの意思」を反映した生活を送るための取組内容

先に述べた3者での連携協定に基づき、豊田
市は地域生活意思決定支援事業を3年計画でス
タートさせた（図6）。

本事業では、これまで家族や成年後見人等に
求められていた役割を、活動・支援の性質ごと
に分解し、それぞれの特性を生かして分担し連
携する。

①金銭管理等の支援を中心に行う「生活基盤
サービス事業者（以下、サービス事業者)」、②
本人の意思決定を支持する「とよた意思決定
フォロワー（以下、フォロワー)」、③活動支援
と適切な支援の確認・監督を行う「豊田市権利
擁護支援委員会（以下、権利擁護支援委員会)」
がチームを構成し、本人はそれらの後押しや支
援を受けながら自分らしい生活を決め、実践し

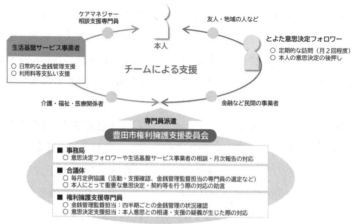

図6　支援付き意思決定支援の豊田市モデル

表2　フォロワーの活動事例

本人の概要	50代女性（知的障害・療育手帳あり）市内のアパートで１人暮らしをしている。
フォロワーの活動①	**本人の従前からの気持ち** ・頭の痛みに悩んでいた。 ・薬を飲んでも痛みが改善しないことを事業者に訴えても聞いてもらえない。 **本人とフォロワーとのやりとり** （本人→フォロワー） ・手術をしたほうがよいだろうか？（フォロワー→本人） ・手術の是非は、フォロワーの立場からは言えない。医師に自分の気持ちを伝えるよう促した。 **フォロワーとのやり取り後** （本人→医師） ・頭が痛いため、手術をしてほしいと伝えた。（結果）入院・手術を行った。（本人→フォロワー） ・痛みは残っているが、薬により痛みが治まるため、よかった。
フォロワーの活動②	**本人の従前からの気持ち** ・事業者の話し言葉が速くて聞き取れない、ゆっくり話してほしい。 **本人とフォロワーとのやりとり** （本人→フォロワー） ・フォロワーから伝えてほしい。（フォロワー→本人）・事業者にお願いするしかない。 **フォロワーとのやり取り後** 本人、フォロワー、施設長、事業者と話し合いをした。フォロワーが後押しし、本人が事業者に気持ちを伝えた。 （結果） ・事業者がゆっくり話してくれるようになった。 ・「もう一度言ってほしい。」と自ら伝えられるようになった。 ・施設の人に思いを話すと嫌われると思って心配していた。

ていく。もちろん、チームの中心にいるのは、実践の主体である本人であることを忘れてはならない。

　①は、豊田市の許可を得た、本人を日常的に支援している介護保険サービス事業者又は障害福祉サービス事業者である。サービス事業者は、本人の意思に基づく生活の実現に向けた日常的な金銭管理支援や利用料等の支払い支援を行う。しかしながら、本人とサービス利用者との２者の関係では、「金銭的な不正が起こってしまうかもしれない」、「本人が言いたいことを言い出せないかもしれない」などの懸念がある。

　そのために、本人の意思決定を支援する②のフォロワーを据えた。フォロワーは、研修を受けた豊田市民（市民後見人養成講座修了生、ピアサポーターなど）である。月に２回程度訪問し、本人の望むことや好きなこと、価値観などに関する話を聞きながら信頼関係を築く。その上で、本人の意思の表出や決定に必要な情報を提供したり、本人らしい生活の基盤となる意思決定を後押ししたりする。

　フォロワーの活動事例を表2にまとめた。ご参照いただきたい。

　これら３者の関係や活動が適切であるものかどうかを③の権利擁護支援委員会が監督し、必要に応じて助言を行う。このようにチームで役割を分担することにより、本人の意思および選好を尊重し、なおかつ利益相反を生じさせず、不当な影響を及ぼさないための仕組みづくりが可能になっている。

6　おわりに

　イギリス（スコットランド・イングランド）での視察を通して、改めて「意思決定支援」を考え直し、捉え直す機会となった。ワークショップや研修、サマースクールにおいて特に大きなキーワードとして掲げられていたのは、「意思決定支援は人権問題」であるということであった。学校現場では当然のことながらCRPD第24条「教育」に目が向いている。

「1　はじめに」でも述べたが、障害者等の意思決定支援については、第12条「法律の前に等しく認められる権利」に基づくものであるということを、特別支援教育のみならず、通常の教育においても意識する必要性を実感してきた。

　自分が体験した一つのエピソードを紹介したい。エセックス大学サマースクール初日冒頭、トーキングマットのエクササイズでの出来事である。英語が堪能ではない筆者は、コミュニケーション弱者である。片言の英語と身振り手振りでなんとか相手とコミュニケーションを図ろうとしたが、それでも困難な場合は翻訳ソフトのお世話になっていたのが現実である。そのような中で、シンボルカードを通して対話を重ねていくうちに、相手の伝えたいことをどのように読み取っていけばよいのかということを意識していった。さすがに細かな心情までは察するこ

とが難しかったが、ツールがあることによる安心感にも気付くことができた。このことで、トーキングマットが意思決定をサポートするツールとしての有用性も感じることができたのである。

　意思決定について本人中心（主体）として適切な支援を行っていくうえで、本人の願いから始まり、対話を重ねてキャリア発達を促し、その過程を重視していく教育実践の重要性をも体感することができた一週間であった。

　この場を借りて、英国滞在中に多大なるサポートをしてくださった日本財団とSDM-Japanの皆様に感謝申し上げたい。

　意思決定支援への取組は始まったばかりである。

文献
障害者の権利に関する条約（2006）.
アドボカシープロジェクト　ワークショップ資料（2023,8,7）.
名川勝・水島俊彦・菊本圭一（2019）.事例で学ぶ　福祉専門職のための意思決定支援ガイドブック.中央法規.
安藤亨（2023）.日常的な金銭管理を組み合わせた支援付き意思決定についての仕組みづくり〜豊田市モデル構築の実践〜.資料 P7.
一般社団法人日本意思決定支援ネットワーク（SDM-Japan）ホームページ.
https://sdm-japan.com/
トーキングマット社ホームページ.
https://www.talkingmats.com/

カナダ・ブリティッシュコロンビア州における インクルーシブ教育

横浜市立馬場小学校教諭　池野　絵美

　本稿では、カナダ・ブリティッシュコロンビア州のインクルーシブ教育に関して、2021 ～ 2022 年に筆者が実施したフィールドワークに基づき、その制度の特徴や実践事例について概観する。はじめに、カナダ BC 州の学校教育の概要と「インクルーシブ教育」の概念の変遷について述べる。次に、インクルーシブ教育の実践を支える制度の特徴の一部として、学校チームと教育アシスタント（EA）の役割について述べる。最後に、ノースバンクーバー学区の公立学校の環境設定、セルフレギュレーションの実践例、学校チームを中心とする協働の例について述べる。

◆キーワード◆　インクルーシブ教育、多文化教育、セルフレギュレーション

1　はじめに

　本稿では、カナダ・ブリティッシュコロンビア州（以下、BC 州）のインクルーシブ教育に関して、2021 ～ 2022 年に筆者が実施したフィールドワーク[1]に基づき、その制度の特徴や実践事例について概観する。2022 年、国連障害者権利条約の実施状況に関する初の対日審査が行われ、「分離された特別教育を中止」し、インクルーシブ教育に関する国の行動計画を策定するよう改善勧告が示された。日本が条約に基づいてインクルーシブ教育を推進していくために、具体的な政策の在り方や現場の実践について議論を深めることが求められており、諸外国の事例を知ることは、そのための参照点となり得ると考える。以下では、カナダの学校教育

の概要、BC 州の「インクルーシブ教育」の定義や実践を支える制度について説明した後、筆者が実際に参加した教育アシスタント養成課程、勤務した学校の様子について紹介する。最後に、インクルーシブ教育が人権の観点はもとより、すべての子ども及び教職員のキャリア発達という点においても重要であることについて考えを述べ、まとめにかえたい。

2　カナダ BC 州の学校教育

　カナダは、10 の州と 3 つの準州で構成される連邦制国家である。古来より先住民が暮らしてきた土地に、仏英両国から人々が移り住み、植民地化を経て、1931 年に独立を果たした。以来、国として多文化主義を掲げ、世界各国か

1　筆者は、2020 年末にカナダ BC 州に渡り、現地の教育実践について下記の概要で参加型調査を行った。(1) 2021 年 7 ～ 12 月：リッチモンド教育委員会において、教育アシスタント養成プログラムに参加。(2) 2022 年 2 ～ 9 月：ノースバンクーバー教育委員会において、教育アシスタントとして公立学校に勤務。

ら多くの移民を受け入れている。

　カナダ連邦政府には教育省はなく、各州が教育省をおいて管理・運営している。BC 州では、5 〜 16 歳までを義務教育期間としており、公立学校では無料で教育を受けることができる。その教育活動は、日本でいえば学習指導要領にあたる、「BC カリキュラム」に基づいて行われる。

　障害のある学生の教育に関しては、1989 年の学校法改正以降、BC 州に特別支援学校や特別支援学級は設置されておらず[2]、州内に暮らす子どもたちは原則、地域の近隣の学校へと入学する。支援の在り方等は、1995 年発行以降改訂が重ねられている『BC 州特別教育サービスー政策、手順及びガイドラインのマニュアルー』に定められている。また、これを踏まえて BC 州内に設置されている 60 の各教育委員会が、独自に関連する政策を定め、実施している。次項では、BC 州では「インクルーシブ教育」の概念がどのように理解されているか見ていきたい。

3　「インクルーシブ教育」とは何か－ BC 州の "Inclusion 2.0" －

（1）国際的潮流にみるインクルーシブ教育

　1994 年、ユネスコとスペイン政府によって採択された「サラマンカ宣言」において、初めて国際文書の中にインクルーシブ教育が明記され、「万人のための教育（Education for ALL）」の達成や、そのために通常の学校をインクルーシブに変革していく必要性が述べられた。

　2006 年、国連は障害者権利条約を採択し、第 24 条（教育）において「障害のある者が一般的な教育制度から排除されずともに学ぶこと」、そのために必要な「合理的配慮」の提供等を定めた。同条約におけるインクルーシブ教育の解釈に関しては、2016 年に障害者権利委員によって策定された「一般的意見第 4 号」に説明されており、例えば、インクルーシブ教育が「すべての学習者の基本的人権」であること、「通常学校の文化、方針及び実践の変革を伴う」こと等が明記されている。また、同文書で委員会は「排除（Exclusion）、分離（Segregation）、

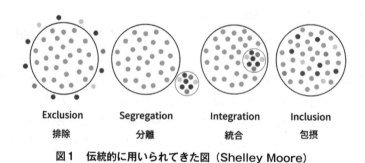

図1　伝統的に用いられてきた図（Shelley Moore）

Exclusion　Segregation　Integration　Inclusion
排除　　　　分離　　　　統合　　　　包摂

2　聴覚障害に関しては、ろう文化の継承のための学校（BC school for the deaf）が州立で運営されている。

統合（Integration）と包摂（Inclusion）の違いを認識することの重要性を強調」している[3]。

国際文書の中でこのように整理されてきた一方、これらの概念は、その抽象度等から、日本国内で必ずしも十分に共通の理解がもたれてきたとは言えない。しかし、それは英語を公用語とするカナダも例外ではなかった。

(2)　BC州教育省の問題提と "Inclusion2.0"

上述の4つの概念の違いに関して、北米において、図1のような4つの円図が示されることがある。この図に即して考えた場合、「インクルージョン」とは、緑色で表されているマジョリティの中に、色の異なるマイノリティが含み込まれている状態を表している。

しかし、この認識に対し、2019年、BC州教育省は、インクルーシブ教育研究者のShelley Mooreと協働で作成した動画の中で次のような問題提起をする。それは、「マジョリティとして表される緑色の点は、本当に緑色なのか？」という問いである。Mooreは、緑色の人を育てるという考えが、産業革命以降に多くの工場労働者を育成するという社会的な背景によって生まれ根付いていること、しかし、「平均的な人」というのは実際には存在せず、「緑の人」を育てる教育モデルは現実に即していない、という問題意識をTodd Roseの研究を参照しながら提示する[4]。

このような認識から、同動画では、誰一人「平均的な人」はいないという実態を表すため、次のような図を提示する（図2）。この図では、「インクルーシブ教育」とは、緑色のマジョリティの中に色の異なるマイノリティを含み込むことではなく、実は異なる色をもつ一人ひとりの多様性を認識し、教えていくことである、ということが示される。

そして、この図にはさらに続きがある。それが、図3である。ここでは、「一人の人の中にも、様々な色やその組み合わせがあるのでは」という問いかけが示される。「インクルーシブ教育」という言葉は、障害のある学生に関する用語として用いられることがあるが、それは本来、ジェンダーや民族、人種、言語、文化など、あらゆる多様なアイデンティティを対象に

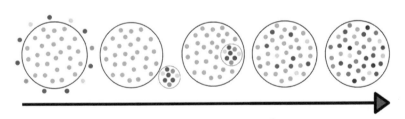

where are you on this continuum? what's the next step?

図2　Inclusion 2.0(Shelley Moore)

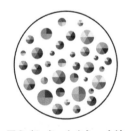

図3インターセクショナリティが表現された図
(Shelley Moore)

3　詳しくは、「一般的意見第4号」10,11を参照されたい。
4　Todd Rose, 2015, The end of average

含む概念であり、この図では、これら多様なア
イデンティティが個々人の内で交差している様
子（インターセクショナリティ）も表されてい
る。Moore は、このアイデンティティの多様
性をコミュニティの強みとして祝福し、教えて
いく教育への転換を呼びかけている。

4　BC 州のインクルーシブ教育を支える制度
　－学校チームと教育アシスタントの役割－

　上述したような「インクルーシブ教育」の理
念を実践につなげていくために、BC 州はどの
ような教育制度を実施しているのか。1989 年
の学校法改正以降、学級規模の縮小、合理的配
慮の提供、社会モデルに基づいた IEP（個別の
教育計画）の策定、RTI モデルの導入、コア・
コンピテンシーを重視するカリキュラムへの
改訂など、その変遷は多岐に渡る。ここでは
紙面の制約上、「学校チーム（School-based
team）」と、筆者が実際に従事した教育アシ
スタント（通称 EA）について限定して述べる
ことにしたい。

(1)　学校チーム－様々な専門的支援が学校に
　　集まる仕組み－

　インクルーシブ教育の実践を支える仕組みの
一つとして、BC 州の各学校には、「学校チー
ム（School-based-team）」が置かれている。
これは、障害のある学生が入学した際に、その
支援を学級担任だけが担うのではなく、様々な
立場の職員が役割分担し、協力して行う仕組み
である。このチームは、学級担任、支援に関す
る専門性を身につけたリソースティーチャー、
学校カウンセラー、管理職によって構成される。
このチームが中心となって、本人や保護者と共

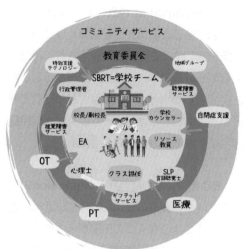

イメージ図は各教育委員会の政策文書等を元に話者作成
図4　専門的支援が学校に集まる

に個別の教育支援計画を作成し、支援の方針を
立てる。また、その実施にあたっては、実際に
クラスに入り学生をサポートする教育アシスタ
ント（EA）が配置される。

　学校チームだけでは支援のニーズが満たされ
ない場合、教育委員会や地域から各領域の専門
性を持った職員が学校に派遣される。例えば、
理学療法や作業療法、ICT 機器支援などがある。
こうした専門性の高い支援を受けるために、学
生自身が移動する必要はなく、支援サービスが
学生の在籍する地域へと移動することによって、
地域での学習機会と専門的な支援へのアクセス
を同時に保障することが図られている。以下で
は、筆者が実際に担った EA について述べる。

(2)　教育アシスタント（EA）の役割

　筆者は 2021 年 7 ～ 12 月、リッチモンド教
育委員会において、教育アシスタント養成プロ
グラムに参加した。EA は、日本における「特
別支援教育支援員」の役割に近いが、カナダで

は資格を要し、大学や教育委員会で実習を含め半年～1年半（540時間程度）学んでから現場に立つことになる。その内容は、発達心理学や各障害に応じた支援方法も含まれるが、脱施設の歴史、優生思想、能力主義、特権、障害の医学モデルと社会モデル等、社会構造の問題に視点を置いて学ぶ機会も多く盛り込まれていることが特徴的だった。

すべての講座がインクルーシブ教育を前提として進められ、EAの役割は、子どもの自立を支援し、権利を擁護するアドボケーターとしての役割があることも強調されてい

表1　リッチモンド教育委員会の講座内容

講座	時間
EA-Roles & Responsibilities（EAの役割と責任）	36
Supporting Students with Special Needs（特別なニーズのある学生の支援）	36
Team Building & Effective Communication（チーム作りと効果的なコミュニケーション）	30
Understanding Behavior（行動の理解）	42
Child Development（子どもの発達）	30
Personal and Health Care（個別のヘルスケア）	6
Current Issues in Education（現在の教育課題）	30
Current Issues in Special Education（現在の特別支援教育の課題）	39
Non-Violent Crisis Intervention（非暴力的危機介入）	12
Curriculum & Learning Resources（カリキュラムと学習リソース）	36
Introduction to Autism Spectrum Disorders（自閉症スペクトラム入門）POPARD	30
Practicum1・2（実習1・2）	207

た。また、プログラムを通じてよく耳にしたのは、"Give space"という言葉である。これは、EAが個別のニーズがある子どもを支援する場合、その存在が周囲の子どもとの関係構築を阻害してしまう可能性があることへの自覚を促すためである。多くの議論やプレゼンテーション、ロールプレイ等を中心に学び、学校での実習を経て、現場に立つことになる。

5　ノースバンクーバー学区の学校の実践

筆者が教育アシスタント（以下、EA）として勤務したノースバンクーバー学区は、25校の小学校（1～7年生）と、7校の中学・高校（8～12年生）をもつ中規模の学区である。筆者は、2022年2月から9月にかけて、教育委員会から派遣される形で、その内21校の小学校、5

つの中学・高校で勤務した。在籍人数は地域によって異なり、小学校は約200～500人、中学・高校は約900～1500人の規模だった。クラスの規模は小学校低学年では20人前後、高学年以降では25人前後で、小学校では二学年合同のクラス編成も一般的である。EAの配置人数は、支援を必要とする学生の在籍人数によっ

写真1　リッジウェイ小学校の外観

て変わるものの、200人規模の学校には10名程度、400人以上の学校には25名程度が配置されていた。リソースティーチャーや副校長がEAのシフトを組み、必要な支援が行き届くようにマネジメントを担っている。

写真2　「すべての人を歓迎する」という掲示

（1）学校や教室の環境

　ノースバンクーバーの学校でまず目に入ってくるのは、いずれの学校にも"All are welcome"や"Everyone welcome"（すべての人を歓迎します）というポスターが、教室の入口や廊下等に掲げられていたことである（写真2）。学校に在籍する子どもたちはもとより、教職員や、保護者も含め、学校を訪れる人々が、その地域の一員として認められ歓迎されていることが、目で見てわかるメッセージとして発信されていた。また、全教室の入口には、レインボーフラッグも必ず掲示されており、学校が、様々なジェンダーアイデンティティをもつ人々にとって安心して過ごせる場所であることも、同様に発信されていた。また、校名や教室名の看板には、先住民族の言語が、英語や仏語に併記される（写真3）。このような環境においては、日本を出自とし、異なる文化的背景を持つ筆者自身も、職員として働く際に、存在を認められている感覚をもつことができた。

　教室内は、子どもたちが居心地よく安心して過ごせることが大切にされており、照明や装飾の工夫がなされていたり（写真4・5）、一般的な学習机と椅子だけでなく、揺れる椅子やソ

写真3　先住民の言語で表記される教室名

写真4　小学校6年生の教室入口

に育成する力として、コミュニケーション力、思考力、個人的・社会的な力（世界におけるアイデンティティ）という 3 つのコア・コンピテンシーの育成を掲げている。そのため、学問のみならず、Social Emotional Learning（SEL: 社会性と情動の学び）に力が入れられており、それが、インクルーシブ教育の実践においても重要であると考えられていた。

（2）セルフレギュレーション

この SEL の実践面を支える理論の一つに、セルフレギュレーションがある。セルフレギュレーションとは、身の回りで起こっていることに対する感情や反応を理解し、自身の行動を調整する力のことであり、カナダでは脳神経科学を専門とする Stuart Shanker 博士の研究が参照されている。教員や EA は必ず学ぶ理論の一つであり、教員や EA の役割は、子どもたちが自分の状態を意識したり、調整したりするのを手助けすることである。ノースバンクーバー学区でも、実践面では "The Zones of regulation" [5]という 4 色の色分けをしてセルフレギュレーションを支援する手立て等が導入されており、幼稚部から高校まで幅広く活用されている。

実際、筆者が現地の学校で勤務した際には、セルフレギュレーションは、すべての子どもや教職員が学び、実践するものとして、共通言語になっていた。例えば週の初めのホームルームで、自分が今何色であるか等を話し合ったり、教室内の色毎の掲示に学生が名前を貼れるようにしたりすることで、自己理解や他者理解を促

写真 5　小学校 2/3 年生の教室

写真 6　揺れる椅子　　写真 7　足元にペダル

ファが置かれていたり、足元にペダルを置いて使えるようにしている教室も多くあった（写真 6・7）。このような環境設定の背景には、ユニバーサルデザインの考え方や、学習者中心の学びの環境を作るフレキシブル・シーティングに関する研究がある。また、次項で触れるセルフレギュレーションの観点からも、学生自身が、学習に向かうために自分の状態を調整することを重視して、多様な選択肢が用意されていた。

BC 州は 2021 年、インクルーシブ教育をより充実させるため、カリキュラムの改訂を行なっており、21 世紀の社会で生きていくため

5　Leah Kuypers と The zones of regulation inc. の知的財産として商標登録されている。

写真8　掲示されていた図の一つ

していた。教職員がモデルになることで、誰でも、いつでも穏やかな気持ちでいるわけではなく、さまざまな理由によって揺れ動いていることや、気持ちが揺らいだときにどのように自分や他者が落ち着くことを手助けできるのかということを、子どもたちは少しずつ意識したり理解したりしていく。それが、お互いにケアし合う文化にもつながっていたように思う。

（3）学校チームと専門サービスの連携

　最後に、学校チームと専門サービスの連携の例について紹介する。4（1）で述べたように、BC州の学校では、各学校の学校チームを中心に、個別のニーズに応じた支援に取り組んでいるほか、より専門的な支援を必要とする場合には、教育委員会や地域の資源から専門家が派遣される仕組みがある。

　筆者が勤務した学校では、SLP（言語聴覚士）は週1〜3日程度勤務し、言語やAAC（代替コミュニケーション）の支援に携わっており、実際にEAと連携してPECS（絵カード交換式コミュニケーションシステム）の作成等に取り組んでいた。自閉症支援の専門家も教育

委員会から巡回派遣され、ABA（応用行動分析）の視点で支援の手立てを立てたり、視覚教材を開発したりしている。なお、ABAは自閉症支援のみならず、PBIS（ポジティブな行動介入と支援）と呼ばれるアプローチによって、学校全体でユニバーサルに取り入れられてもいる。PT（理学療法士）やOT（作業療法士）は、地域の福祉機関から派遣され、教室環境の改善について助言したり、運動、アート、音楽療法等を提供したりしていた。

　また、ICT支援はBC州教育省が資金援助する公的機関（SET-BC）からもOTがチームに派遣され、Proloquo2Go（タブレット端末でシンボルを操作してコミュニケーションを助けるアプリ）の導入や、Tobbiの視線入力装置の導入を支援している。筆者が勤務した小学5年生の学級には、身体障害があり、実際にクラスで視線入力を活用して学んでいる学生が、読書の時間に本のページを視線で操作しながら読書を楽しんでいた。また、算数の授業では、担任がプロジェクターで示している分数を、彼女のタブレットからも操作できるように設定し、分数の大小の並べ替え問題に参加できるように工夫をしていた。この日、担任は初めてこうした実践に取り組んだということで、日々、試行

写真9　視線入力を活用して算数の授業をする様子

錯誤の中で実践している様子が窺えた。

6　おわりに

　以上、BC 州におけるインクルーシブ教育の理念、制度、実践例について、筆者の現地における経験をもとに、各章短くではあったが述べてきた。BC 州では、北米での公民権運動や障害者運動を背景に脱施設化を進め、教育においても数十年をかけインクルーシブ教育への転換、一人ひとりの多様性をコミュニティの強みとして祝う教育への転換を図ってきた。こうした歩みは、障害のある子どもたちの人権を保障するという点はもとより、地域の学校が、公正な社会を築くための礎であるという認識がその根底にはあった。多様な人々が共に暮らす社会において、学校も当然、多様な人々が共に学ぶコミュニティであると考えられていた。その意味で、インクルーシブ教育は、学生にとっても教職員にとっても、より公正で持続可能な社会の担い手としてのキャリア発達を促すものでもあると考えられる。

　それはまた、決してただ同じ空間にいればよいということではなく、適切な資源の分配や制度設計、実践面での工夫、チームの協働等の積み重ねに支えられて実現に近づくものである。BC 州では、学級担任と支援教員が別々に働く時代は幕を閉じ、学級担任は支援について、支援教員は通常学級についてお互いに学ぶ中で、その協働の在り方が模索されてきた。国連の障害者権利条約の初の対日審査から 1 年以上が経ち、条約批准国である日本においても、これからどのように人々がつながり協働していくことができるかが問われているのではないだろうか。今回紹介した BC 州の実践が、少しでも議論の参照点になれば幸いである。

文献

1) British Columbia, BRITISH COLUMBIA'S EDUCATION PROGRAM February 2016.
https://www2.gov.bc.ca/assets/gov/education/administration/kindergarten-to-grade-12/diverse-student-needs/educationwelcomeletter_jan2016_english_final.pdf（2023 年 9 月 10 日閲覧）
2) British Columbia, Special Education Services A Manual of Policies, Procedures and Guidelines.
https://www2.gov.bc.ca/assets/gov/education/administration/kindergarten-to-grade-12/inclusive/special_ed_policy_manual.pdf（2023 年 8 月 16 日閲覧）
3) British Columbia, Inclusive education resources.
https://www2.gov.bc.ca/gov/content/education-training/k-12/teach/resources-for-teachers/inclusive-education（2023 年 8 月 16 日閲覧）
4) BC Teacher's Federation (2018). Teacher Sep/Oct – Everyone welcome in our schools.
5) Shelley Moore (2016). One without the other-Stories of Unity Through Diversity and Inclusion.
6) Stuart Shanker (2017). Self-Reg: How to help your child (and You) Break the Stress Cycle and Successfully Engage.
7) Leah Kuypers (2011). The zone of regulation.
8) 障害保健福祉研究情報システム（2016）．障害者権利委員会 インクルーシブ教育を受ける権利に関する一般的意見第 4 号 .
https://www.dinf.ne.jp/doc/japanese/rights/rightafter/crpd_gc4_2016_inclusive_education.html（2023 年 9 月 10 日閲覧）
9) 児玉奈々（2017）．多様性と向き合うカナダの学校－移民社会が目指す教育 .
10) ジョン・ロード , シェリル・ハーン / 鈴木良訳（2018）．地域に帰る知的障害者と脱施設化－カナダにおける州立施設トランキルの閉鎖過程 .
11) 鈴木良（2019）．脱施設化と個別化給付－カナダにおける知的障害福祉の変革過程 .

第VIII部

資　料

「キャリア発達支援研究会
設立 10 周年記念大会」記録

キャリア発達支援研究会設立10周年記念大会

１．大会テーマと趣旨
「本人を中心とした柔軟な思考としなやかな対話をとおして新たな価値を相互に生み出すキャリア発達支援」

　　キャリア発達支援研究会は 2013 年の設立から 10 年目の節目を迎える。これまで本研究会では、障害等による特別な支援を必要とする児童生徒及び成人のニーズを踏まえ、教育を中心に、福祉や医療、労働等、多様な分野における本人へのキャリア発達支援の実践やその在り方について追究してきた。また、その取組をとおして支援者自身のキャリア発達についても振り返り、対話を重ねてきた。

　　変化の激しい予測困難な時代の中で、キャリア発達支援の充実・発展を図り、新たな価値を創りだしていくためには、改めて本人を中心としたキャリア発達支援の原点に立ち返るとともに、支援者自身が肯定的に物事を捉え、合意形成を図り、前向きに未来を切り拓いていく力を高めていくことが求められる。

　　以上のことを踏まえ、本大会は 10 周年記念大会として、記念講演をはじめ、ポスターセッションやシンポジウム等を企画した。より多くの方々と共に大会テーマに示した「本人を中心」とした「柔軟な思考」や「しなやかな対話」を意識し、学び合い、高め合っていくことにより、キャリア発達支援のさらなる充実・発展を目指していきたい。

　　「柔軟な思考」と「しなやかな対話」とは。

　　自身の視点に対して、他者の視点が加わることで、考えの広がりや深まりが期待される。その際には、異なる視点や発想を受け入れていく柔軟な思考が必要である。その一方で、異なる視点や考えを尊重しつつ、クリティカルな視点で聴くことも大切である。相互の考えを尊重しながら、命題に対して真摯に向き合い、その考えを交わすことをとおして、ある意味で揺れながらも、最適解を目指して互いに聴き合うしなやかな対話が求められる。

　　このような柔軟な思考やしなやかな対話によって、単独では気付くことのできなかった新たな価値の創造が可能となる。また、柔軟な思考としなやかな対話は、それぞれが独立しているわけではなく、絶えず往還するものである。そのプロセスにおいて、「柔軟な思考」と「しなやかな対話」は、自己の見方や考え方等の志向性を自覚することにもつながる。さらにこれらをとおして新たな目標を見出すことは、本人にとっても、支援者にとっても「自分らしさ」の探求につながるものであり、新たな自己の発見や自己の確立への糸口となる。

　　キャリア発達支援研究会では、本人と支援者のキャリアは同時に、相互に発達することを理念の根底に据えている。異なる視点や考えによるしなやかな対話をとおして、新たな価値の発見を重ねながら、特別なニーズのある児童生徒等本人を中心に協働し未来を切り拓いていく、そのようなキャリア発達支援を目指していきたい。

２．大会概要
　　主催：キャリア発達支援研究会
　　主管：キャリア発達支援研究会設立 10 周年記念大会実行委員会
　　後援：全国特別支援学校長会、全国特別支援学級・通級指導教室設置学校長協会
　　　　　全国特別支援教育推進連盟、全日本特別支援教育研究連盟、日本障害者協議会
　　協力：株式会社ジアース教育新社
（１）目的
　　① 全国の特別支援学校や特別支援学級をはじめとする各校及び関係諸機関における実践や組織的な

取組について情報交換し、今後のキャリア教育の充実と改善に向けての情報を得る。

② 全国各地のキャリア教育の取組事例を基に研究協議を行い、今後の特別支援教育の充実に資する具体的方策について検討する。

（２）方法と期日

①オンデマンド事前配信

令和４年１２月３日（土）１３：００〜１２月１８日（日）２３：００

②Ｗｅｂ開催

令和４年１２月１０日（土）９：００〜１７：３０

（３）日程

①オンデマンド事前配信

基調講演「子どもたち一人ひとりが幸福に生きることのできるように」

講師　独立行政法人教職員支援機構理事長　荒瀬　克己　氏

②令和４年１２月１０日（土）

時間		内容
8:30 〜 9:00	30分	受付
9:00 〜 9:15	15分	○開会行事
9:15 〜 10:45	90分	○記念講演 「多様に生きる。今をあきらめない社会を目指して。」 　講師　株式会社クリスタルロード　代表取締役社長 　　　　感覚過敏研究所　所長　　　　　　　　　　加藤　路瑛　氏
	15分	休憩
11:00 〜 12:25	85分	○参加者企画「ポスターセッション」＊別掲
	50分	昼食休憩
13:15 〜 14:15	60分	○研究大会企画「テーマ別トークセッション」＊別掲
	15分	休憩
14:30 〜 16:00	90分	○自主企画「自主シンポジウム」＊別掲
	15分	休憩
16:30 〜 17:30	60分	○鼎談 「本人を中心とした柔軟な思考としなやかな対話をとおして新たな価値を相互に生み出すキャリア発達支援〜キャリア発達支援研究会の10年の歩みを俯瞰し、今後に向けて〜」 　ゲスト　　　　独立行政法人教職員支援機構理事長　　　荒瀬　克己　氏 　スピーカー　　京都市教育委員会指導部学校指導課参与　森脇　勤　　氏 　　　　　　　　札幌大学地域共創学群教授　　　　　　　木村　宣孝　氏 　コーディネーター　東京都立久我山青光学園統括校長　　丹野　哲也　氏
17:30 〜 17:45	15分	閉会行事

○参加者企画「ポスターセッション」

ルームＡ	座長　鈴木　奈都　北海道札幌あいの里高等支援学校
児童参画型作成ツールを活用した支援についての研究−小学校特別支援学級知的障害児と作成する個別の指導計画についての検討を通して− 　　　　　　　　　　　　　　　　　　　　　　　兵庫教育大学大学院　小倉　早織	
キャリア発達のための取組〜個別の教育支援計画の活用とこれから〜 　　　　　　　　　　　　　　　　　　　　　福島県立大笹生支援学校　鈴木　新太郎	

ルームB	座長　原　　文子　青森県立森田養護学校
知的障害特別支援学校のキャリア教育におけるキャリア・パスポートの有効性	
	宮崎県立みやざき中央支援学校　山田　裕子
主体的に生きる力を育むための支援の在り方〜将来像を導くための試みから〜	
	東京都立光明学園　逵　　直美
特別支援教育(知的障害)における主体的なキャリア発達を目指して〜キャリア・パスポートを作ってみた！〜	
	京都市立東山総合支援学校　井澤　典之

ルームC	座長　高橋　　慎　静岡県立静岡北特別支援学校南の丘分校
Society5.0時代の障害のある生徒の職業選択とICTレディネスに関する研究	
	高松大学　山口　明乙香
自分らしく安心した生活を目指して〜避難訓練に向けた学習を通して〜	
	青森県立森田養護学校　今井　陽子
小・中・高連携のキャリア発達の視点を取り入れた年間指導計画の作成について	
	青森県立青森若葉養護学校　上村　愛輝子

ルームD	座長　清水たくみ　滋賀県立長浜養護学校
地域資源を活用し、学びを深める授業づくり〜生活単元学習を通して〜	
	青森県立森田養護学校　下山　永子
三原特別支援学校×八天堂〜八天堂ぶどう園との共創活動の歩み〜	
	広島県立三原特別支援学校　山﨑　めい

ルームE	座長　高岡　竜太　広島県立庄原特別支援学校
教師のさらなるキャリア発達を目指して	
	宮崎県立みなみのかぜ支援学校　湯淺　　真
支え合い、学び合う環境の構築〜出会いは一瞬、繋がりは一生〜	
	静岡県立浜名特別支援学校　木本　恭嗣
特別支援教育に携わるキャリアのスタートに向けた、大学等との連携による教員養成	
	東京都立高島特別支援学校　深谷　純一

○研究大会企画「テーマ別トークセッション」

重度・重複障害児・者のキャリア発達	
	進行　和田　茉莉子　名古屋市教育センター
プール活動を通して感じていること	
	青森県立青森第一養護学校　上村　直威
『わかる』『できる』『伝わる』をみつけよう	
	横浜市立左近山特別支援学校　佐藤　裕子

障害のある幼児・児童のキャリア発達	
	進行　杉中　拓央　東北文教大学
僕は僕である	
	東京こども専門学校　尾島　幼子
障害のある幼児・児童のキャリア発達−聴覚障害当事者の立場から−	
	東京大学先端科学技術研究センター　志磨村　早紀

高等学校における障害のある生徒のキャリア発達	
	進行　鈴木　龍也　福島県特別支援教育センター
定時制高等学校における障害のある生徒に対する支援の現状〜特別支援学校から定時制高等学校の副校長として着任して〜	
	東京都立一橋高等学校　江見　大輔

高等学校における障害のある生徒の現状とキャリア教育	
	札幌学院大学　栃真賀　透

障害者の成人期の生涯学習とキャリア発達	
	進行　竹林地　毅　広島都市学園大学
生涯学習の基点となる芸術活動　私と他者をつなぐ芸術活動で自己肯定感を高める	
	東京都立光明学園　伊勢川依里／逵　直美
新しい時代で学び続ける児童生徒を育てる	
	秋田大学教育文化学部附属特別支援学校　後松　慎太郎

デジタル活用を通した児童生徒のキャリア発達	
	進行　太田　容次　京都ノートルダム女子大学
デジタル活用を通した児童生徒のキャリア発達～社会的・職業的自立を目指した ICT 活用～	
	茨城県立つくば特別支援学校　岡本　功
デジタル活用を通した児童生徒のキャリア発達	
	広島県立尾道特別支援学校しまなみ分校　和田　克彦

多職種との連携による児童生徒のキャリア発達	
	進行　藤川　雅人　名寄市立大学
他職種との連携による児童生徒のキャリア発達	
	富山県リハビリテーション病院・こども支援センター　木立　伸也
多職種連携による児童生徒のキャリア発達～帯広養護学校（おびよう）の多職種連携について～	
	北海道帯広養護学校　業天　誉久

○自主企画「自主シンポジウム」

地域と共創し、子どもたちがありたい自分へと学びを繋ぐ授業づくり～自己の見方・考え方の深まり(内面の育ち)に焦点を当てて～		
代表：	岡山県立岡山東支援学校	岸本　信忠
進行：	広島県立広島北特別支援学校	追原　健太
話題提供：	岡山県立岡山東支援学校	岸本　信忠
話題提供：	広島県立三原特別支援学校	中塔　大輔
話題提供：	愛媛県立松山盲学校	谷口　泰祐
話題提供：	岡山県立岡山東支援学校	神谷由里奈
指定討論：	広島都市学園大学	竹林地　毅
運営：	広島県立広島特別支援学校	吉原　恒平

キャリア・パスポートの活用に向けた可視化と対話の視点を踏まえた実践の検討－「可視化」「具体化」「共有化」「段階化」の視点を踏まえて－		
代表：	弘前大学	菊地　一文
進行：	弘前大学	菊地　一文
話題提供：	千葉県立夷隅特別支援学校	石羽根里美
話題提供：	横浜市立若葉台特別支援学校	岡本　洋
話題提供：	青森県立青森第二高等養護学校	田中　美紀
指定討論：	弘前大学	菊地　一文
指定討論：	名寄市立大学	藤川　雅人
運営：	東北文教大学	杉中　拓央

音嫌悪症（ミソフォニア）の当事者目線からキャリア発達支援を考える		
代表：	静岡県立静岡北特別支援学校南の丘分校	鈴木　雅義
進行：	静岡県立静岡北特別支援学校南の丘分校	鈴木　雅義
話題提供：日本ミソフォニア協会（法政大学）		高岡　稜
話題提供：		Ａさん
話題提供：		Ｂさん
話題提供：		Ｃさん
話題提供：		Ｄさん
助言者：	山梨大学	松下　浩之
運営：	宮崎県立みなみのかぜ支援学校	湯淺　真
運営：	静岡県立沼津特別支援学校	中村　真

障害を有する人の社会参加や社会的自立を考える〜当事者の視点から〜		
代表：	金沢星稜大学	柳川公三子
進行：	金沢星稜大学	柳川公三子
話題提供：		Ａ 教諭
話題提供：		Ｂ 氏
話題提供：		Ｃ 氏
指定討論：秋田県立秋田きらり支援学校		二階堂　悟
運営：	静岡県立静岡北特別支援学校南の丘分校	髙橋　慎

これからの時代を生きる教員のキャリア発達〜これまでを振り返り未来を描くトークセッション〜		
代表：	東京都立光明学園	逵　直美
進行（全体・グループ）：東京都立光明学園		逵　直美
進行（グループ）：	大垣女子短期大学	川島　民子
進行（グループ）：	青森県立森田養護学校	下山　永子
進行（グループ）：	北海道旭川高等支援学校	高木　美穂
進行（グループ）：	広島県立三原特別支援学校	広兼千代子
企画協力：	金沢星稜大学	柳川公三子
運営：	北海道札幌稲穂高等支援学校	西野　護

特別支援学級について語ろう！〜子どもの今と将来をつなぐために私たちにできること〜		
代表：	松山市立城西中学校	土居　克好
話題提供：松山市立城西中学校		土居　克好
進行：	松山市立東中学校	中村　泰敏
討論者：	福岡市立早良中学校	加藤　賢昭
討論者：	広島大学附属東雲中学校	高木　由希
運営：	福岡市立早良中学校	加藤　賢昭

キャリア発達支援研究会機関誌

「キャリア発達支援研究 10」

【執筆者一覧】

巻頭言

　　森脇　勤　（キャリア発達支援研究会会長・京都市教育委員会学校指導課参与）

第Ⅰ部

論説

　　菊地　一文（弘前大学大学院教育学研究科教授）

主要な用語やトピック等の解説

　　松見　和樹（千葉県立特別支援学校流山高等学園校長）

　　清水　潤　（秋田県立大曲支援学校せんぼく校副校長）

　　滑川　典宏（国立特別支援教育総合研究所情報・支援部総括研究員）

　　竹林地　毅（広島都市学園大学子ども教育学部教授）

　　武富　博文（神戸親和大学発達教育学部准教授）

　　藤川　雅人（島根大学教育学部准教授）

　　菊地　一文（弘前大学大学院教育学研究科教授）

第Ⅱ部

対談

　　荒瀬　克己 氏（独立行政法人教職員支援機構理事長）

　　森脇　勤　（京都市教育委員会学校指導課参与）

座談会1

森脇　勤　（京都市教育委員会学校指導課参与）

木村　宣孝（キャリア発達支援研究会副会長・札幌大学地域共創学群教授）

丹野　哲也 氏（東京都立多摩桜の丘学園統括校長）

座談会2

武富　博文（神戸親和大学発達教育学部准教授）

松見　和樹（千葉県立特別支援学校流山高等学園校長）

菊地　一文（弘前大学大学院教育学研究科教授）

第Ⅲ部

1　企画主旨

森脇　勤　（京都市教育委員会学校指導課参与）

2　基調講演

荒瀬　克己 氏（独立行政法人教職員支援機構理事長）

文責　湯田　秀樹（青森県立青森第一養護学校校長）、

坂本　征之（横浜市立本郷特別支援学校副校長）

3　記念講演

加藤　路瑛 氏（株式会社クリスタルロード 代表取締役社長／感覚過敏研究所 所長）

文責　深谷　純一（東京都教育庁指導部主任指導主事、都立学校教育部主任指導主事
兼務）

4　自主シンポジウム報告

１）岸本　信忠（岡山県立岡山東支援学校教諭）

２）菊地　一文（弘前大学大学院教育学研究科教授）

３）鈴木　雅義（静岡県立静岡北特別支援学校南の丘分校教諭）

４）柳川公三子（金沢星稜大学専任講師）

５）逵　直美　（東京都立光明学園主任教諭）

６）土居　克好（松山市立城西中学校教諭）

5　各支部リレー学習会概要報告

関東支部：逵　直美　（東京都立光明学園主任教諭）

東北支部：下山　永子（青森県立森田養護学校教諭）

北陸・東海支部：柳川公三子（金沢星稜大学専任講師）

中国・四国支部＋九州支部：広兼千代子（広島県立呉特別支援学校教諭）

関西支部：川島　民子（大垣女子短期大学幼児教育学科教授）

北海道支部：西野　護（北海道南幌養護学校教頭）

6　記念大会を終えて

木村　宣孝（札幌大学地域共創学群教授）

第Ⅳ部

最新レポート

1　菊地　一文（弘前大学大学院教育学研究科教授）

キャリア発達支援研究会機関誌「キャリア発達支援研究」

■編集規定
1. 本誌は「キャリア発達支援研究会」の機関誌であり、原則として 1 年 1 号発行する。
2. 投稿の資格は、本研究会の正会員とする。
3. 本誌にはキャリア発達支援に関連する未公刊の和文で書かれた原著論文、実践事例、調査報告、資料などオリジナルな学術論文を掲載する。
   （1）原著論文は、理論的または実験的な研究論文とする。
   （2）実践報告は、教育、福祉、医療、労働等における実践を通して、諸課題の解決や問題の究明を目的とする研究論文とする。
   （3）調査報告は、キャリア発達支援の研究的・実践的基盤を明らかにする目的やキャリア発達支援の推進に資することを目的で行った調査の報告を主とした研究論文とする。
   （4）資料は、原著論文に準じた内容で、資料性の高い研究論文とする。
   （5）上記論文のほか、特集論文を掲載する。
      特集論文：常任編集委員会（常任理事会が兼ねる）の依頼による論文とする。
      上記の論文を編集する際は、適宜「論説」「実践報告」等の見出しをつけることがある。
4. 投稿論文の採択および掲載順は、編集委員会の査読をもって決定する。また、掲載に際し、論旨・論拠の不明瞭な場合等において、編集委員が内容を補筆することがある。
5. 掲載論文の印刷に要する費用は、原則として本研究会が負担する。
6. 原著論文、実践報告、調査報告、資料等の掲載論文については、掲載誌 1 部を無料進呈する。
7. 本誌に掲載された原著論文等の著作権は本研究会に帰属し、無断で複製あるいは転載することを禁ずる。

■投稿規程
1. 投稿する際は、和文による投稿を原則とする。
2. 原則として Microsoft Word により作成し、A4 判用紙に 40 字× 40 行（1600 字）で印字された原稿の電子データ（媒体に記憶させたもの）を提出すること（E メール可）。本文、文献、図表をすべて含めた論文の刷り上がり頁数は、すべての論文種について 10 ページを超えないものとする。なお、提出された論文は、原則として返却しない。
3. 投稿時は、文書（ファイル）を二点にわけ作成し、送付すること。
   ① 投稿者情報（形式自由） 氏名・所属・投稿を希望する細目（例・原著論文）・論文タイトル・住所・e メールアドレスを必ず記載すること。
   ② 投稿論文本体 査読者に回送するため、こちらには論文タイトル・要旨（300 字）・キーワード（3 点）・本文のみを書き、氏名等、投稿者の特定につながる情報を一切記載しないこと。
4. 図表は、白黒印刷されることを念頭に、図と地の明瞭な区分のできるもの、図表の示す意味が明瞭に認識できるもの、写真を用いる場合は鮮明なものを提出すること。
   図表や写真の番号は図 1、表 1、写真 1 のように記入し、図表や写真のタイトル、説明とともに一括して別紙に記載すること。また、本文中にその挿入箇所を明示すること。写真や図、挿絵の掲載、挿入に当たっては、著作権の侵害にあたるコンテンツが含まれないよう十分注意すること。
5. 必要がある場合は、本文中に 1）、2）・・・のように上付きの通し番号で註を付し、すべての註を本文と文献欄の間に番号順に記載すること。
6. 文献を引用する際は、文末に「文献」と見出しを立ててリスト化し、文献の登場順に 1）、2）・・・のように上付きの通し番号をつけた上で、以下の例に従って書誌情報を明示すること。
【論文・報告書等の場合】
   著者名（発表年）. 論文題目. 掲載誌名. 巻数. 掲載ページ範囲.
   例 教育新太郎（2023）. キャリア発達に関する研究. 発達教育学会論文誌. 24. 234-241.
【書籍の場合】
   著者名（発表年）. 書籍名. 出版社.
   例 教育新次郎（2023）. キャリア発達と共生. ジアース教育新社.
   また、いずれも本文中には、どの文献に基づいた引用、記述であるかを、上記文献リストの通し番号を付すことで明示し、文献リストとの対応がわかるようにすること。
7. 印刷の体裁は編集委員会に一任する。
8. 論文の投稿に際しては、投稿者の所属機関の承認を得ること。
9. 研究課題そのものや記載内容、表現方法において、倫理的配慮を行うこと。また、研究対象者のある場合は、先方よりインフォームド・コンセントを得て、その旨を必ず論文の文中に示すこと。

■投稿先
   ジアース教育新社
   〒 101-0054 東京都千代田区神田錦町 1-23 宗保第 2 ビル
   TEL 03-5282-7183　FAX 03-5282-7892
   E-mail：career-development@kyoikushinsha.co.jp
   （E メールによる投稿の場合は件名に【キャリア発達支援研究投稿】と記すこと。

キャリア発達支援研究 10

本人を中心とした柔軟な思考と
しなやかな対話をとおして
新たな価値を相互に生み出すキャリア発達支援

令和 6 年 3 月 29 日　初版第 1 刷発行

編　著　キャリア発達支援研究会
　　　　会長　森脇　勤
発 行 人　加藤　勝博
発 行 所　株式会社ジアース教育新社
　　　　〒 101-0054　東京都千代田区神田錦町 1-23　宗保第 2 ビル
　　　　TEL：03-5282-7183　FAX：03-5282-7892
　　　　（https://www.kyoikushinsha.co.jp/）

■表紙・本文デザイン・DTP　株式会社彩流工房
■印刷・製本　三美印刷株式会社

Printed in Japan

ISBN978-4-86371-681-0

キャリア発達支援研究会設立10周年に際し、
共生社会の未来を語り、共に夢を追いかけた初代会長故尾崎祐三氏と
研究会の運営を全力で支えていただいた故橋村智氏に本書を捧げる。